新文科·普通高等教育人力资源管理专业系列教材

组织设计与工作分析

主　编　贾　隽　魏泽盛
副主编　王亚芬　李　华

西安交通大学出版社
XI'AN JIAOTONG UNIVERSITY PRESS

内容简介

本书系统整合了组织设计与工作分析两方面的内容,形成人力资源管理工作的基础和重要工具。全书分为组织设计基础和工作分析工具两个部分。组织设计基础部分的内容涵盖了组织设计概述、组织设计的理论基础、组织结构的发展演变、组织结构设计的内容与方法、影响组织设计的权变因素等方面,工作分析工具部分的内容涵盖了工作分析概述、工作分析的流程、工作分析方法、工作分析的成果、工作分析的应用等方面。本书内容全面、逻辑清晰、重点突出、注重实用。每章开篇都设有研究内容、关键概念、开篇案例,帮助学生清楚地了解章节核心知识内容,章末设有本章小结、批判性思考与讨论题、案例分析和实操训练题,以强化学训结合,增进学习效果,提升学生在组织设计与工作分析领域的理论知识理解和实际应用能力。

本书既可作为高等院校人力资源管理等管理类专业的教材,也可作为企业管理者和对企业组织设计与工作分析问题有兴趣的研究人员的参考书。

图书在版编目(CIP)数据

组织设计与工作分析 / 贾隽,魏泽盛主编. — 西安:西安交通大学出版社,2025.1. — ISBN 978-7-5693-0073-4

Ⅰ. F243

中国国家版本馆 CIP 数据核字第 2025M249J8 号

书　　名	组织设计与工作分析
	ZUZHI SHEJI YU GONGZUO FENXI
主　　编	贾　隽　魏泽盛
责任编辑	史菲菲
责任校对	李逢国
封面设计	任加盟
出版发行	西安交通大学出版社
	(西安市兴庆南路1号　邮政编码 710048)
网　　址	http://www.xjtupress.com
电　　话	(029)82668357　82667874(市场营销中心)
	(029)82668315(总编办)
传　　真	(029)82668280
印　　刷	西安日报社印务中心
开　　本	787mm×1092mm　1/16　印张 18.875　字数 475千字
版次印次	2025年1月第1版　2025年1月第1次印刷
书　　号	ISBN 978-7-5693-0073-4
定　　价	54.80元

如发现印装质量问题,请与本社市场营销中心联系。

订购热线:(029)82665248　(029)82667874
投稿热线:(029)82665379
读者信箱:511945393@qq.com

版权所有　侵权必究

前言 Foreword

组织设计与工作分析是人力资源管理领域的核心基础和重要技术,是企业有效管理的重要抓手,更是企业实现企业使命和战略目标、提高企业经济效益的重要保障。组织设计的过程涉及对企业组织各要素的排列与组合,明确管理层次,并清晰划分各部门、各岗位之间的职责和协作关系,旨在构建高效的组织结构。工作分析是在组织设计的基础上,对不同职位的工作结构因素及其相互关系进行深入的分解、比较、综合。这一过程规范和描述了工作岗位的实际状况、职责与任职要求,使得各岗位在组织中的功能更加明确、有效。因此,组织设计是组织结构的宏观设计,而工作分析是对组织设计的微观落实,二者从不同层面上规范与落实组织结构的科学设计和深度优化。

值得注意的是,当前VUCA[①](乌卡)时代下的移动互联、云计算、大数据、人工智能等正在以颠覆性的力量重塑人们的工作与生活方式。在这样的背景下,企业要想在激烈的竞争中立于不败之地,迫切需要洞察组织设计与工作分析的动因与发展趋势,重构组织体系,优化工作关系与流程,明晰人员职权与责任。同样,高校也要培养满足企业需求的组织设计与工作分析人才。因此,适应时代需求,提高人力资源管理的适应性、科学性和专业化水平,更新组织设计与工作分析的教学内容和要求成为当务之急。为此,我们编写了《组织设计与工作分析》这本教材,旨在为相关领域提供指导和参考。

本书编者结合多年的理论研究、授课积累和企业管理咨询经验,力求编写一本既具有理论深度又具有实践可操作性的教材,全面反映组织设计与工作分析领域的最新发展变化。本书从组织设计概述、组织设计的理论基础、组织结构的发展演变、组织结构设计的内容和方法、影响组织设计的权变因素、工作分析概述、工作分析的流程、工作分析方法、工作分析的成果及其应用等方面,系统阐述企业应如何有效运用组织设计与工作分析构建良好的组织运行机制,为人力资源管理其他模块活动提供有效的基础平台,以提高企业的整体有效性。

本书的编写原则是内容完整、逻辑清晰、重点突出、注重实用,强化学训结合,增进学习效果,提升学生在组织设计与工作分析领域的理论知识理解和实际应用能力。本书不仅包括组织设计与工作分析的基本知识、基本原理和方法,还整合了理论前沿的变化和实战的应用案例。每一章的前面均设有研究内容、关键概念、开篇案例,以帮助读者迅速掌握章节核心要点;每章最后则有本章小结、批判性思考与讨论题、案例分

---

① VUCA 是 volatility(易变性)、uncertainty(不确定性)、complexity(复杂性)、ambiguity(模糊性)的缩写。

析、实操训练题,以促进读者深入思考和实践。

  本书是多位老师集体智慧的结晶。本书由西安工业大学贾隽、魏泽盛担任主编,王亚芬、李华担任副主编。另外,西安工商学院的马艳芝老师、西安理工大学的吕霄老师、西安工业大学的曲峡老师也参加了教材的编写工作。

  本书在编写过程中参考了大量的文献和资料,已尽量列于参考文献处。如有疏漏之处,敬请指出,我们将在后续的重印和再版中进行修订。在此,谨向本书写作过程中引用或参考过资料的作者表示衷心的感谢!同时,还要感谢西安交通大学出版社的编辑为本书的顺利出版所做出的大量指导与组织工作!

  由于水平有限,编写时间仓促,本书难免存在疏漏和不足之处,恳请专家与读者给予帮助、批评与指正!

编 者

2025 年 1 月

目录 Contents

第1章　组织设计概述 ………………… 1
1.1　关于组织 ……………………… 2
1.1.1　组织的含义 ……………… 3
1.1.2　组织的构成要素 ………… 4
1.1.3　组织的特点 ……………… 5
1.1.4　组织的价值 ……………… 5
1.1.5　组织的类型 ……………… 6
1.2　企业及其发展演变 …………… 8
1.2.1　什么是企业 ……………… 8
1.2.2　企业发展史……………… 12
1.3　企业制度……………………… 14
1.3.1　现代企业制度的含义与特征
　　　 ……………………………… 14
1.3.2　现代企业制度的内容…… 17
1.4　关于组织设计………………… 18
1.4.1　组织设计概述…………… 18
1.4.2　组织设计的内容………… 19
1.4.3　组织设计的依据………… 20
1.4.4　组织设计的流程………… 22
1.4.5　组织设计的原则………… 23

第2章　组织设计的理论基础 ……… 28
2.1　古典组织理论………………… 29
2.1.1　泰勒的科学管理理论…… 29
2.1.2　法约尔的一般管理理论… 31
2.1.3　韦伯的科层组织理论…… 32
2.2　行为科学组织理论…………… 34
2.2.1　人际关系理论…………… 34
2.2.2　决策组织理论…………… 36
2.2.3　激励理论………………… 37
2.2.4　支持关系理论…………… 43
2.3　现代组织理论………………… 44
2.3.1　系统组织理论…………… 45
2.3.2　组织平衡理论…………… 46

2.3.3　权变组织理论…………… 46
2.4　组织理论的新发展…………… 49
2.4.1　学习型组织理论………… 49
2.4.2　组织生态理论…………… 50
2.4.3　混沌理论………………… 51
2.4.4　网络组织理论…………… 51
2.4.5　组织资源依赖理论……… 52

第3章　组织结构的发展演变 ……… 55
3.1　组织结构与组织结构设计…… 56
3.1.1　组织结构………………… 56
3.1.2　组织结构设计…………… 57
3.2　组织结构的设计原则及流程…… 61
3.2.1　组织结构的设计原则…… 61
3.2.2　组织结构的设计程序…… 63
3.3　常见的组织结构类型………… 65
3.3.1　直线结构………………… 65
3.3.2　职能结构………………… 66
3.3.3　直线职能结构…………… 67
3.3.4　事业部结构……………… 68
3.3.5　子公司型分权型结构…… 70
3.4　信息时代组织结构设计的发展趋势
　　　……………………………… 71
3.4.1　矩阵型组织结构………… 71
3.4.2　虚拟组织结构…………… 73
3.4.3　流程型组织结构………… 76
3.4.4　原子型组织结构………… 78

第4章　组织结构设计的内容与方法 … 83
4.1　管理幅度与管理层次设计……… 85
4.1.1　管理幅度与管理层次的关系
　　　……………………………… 85
4.1.2　管理幅度设计…………… 86
4.1.3　管理层次设计…………… 89
4.2　部门设计……………………… 91

    4.2.1 部门划分的原则………… 92
    4.2.2 部门划分的方法………… 92
    4.2.3 部门的组合方式………… 94
  4.3 职权设计…………………… 94
    4.3.1 职权的定义……………… 95
    4.3.2 职权的特征……………… 95
    4.3.3 职权的分类……………… 95
    4.3.4 组织职权设计的方法…… 97
  4.4 公司治理结构体系及其构成… 100
    4.4.1 公司治理结构的概念…… 100
    4.4.2 公司治理结构的形式…… 102
    4.4.3 公司治理结构的构成要素
       ………………………… 103
    4.4.4 公司治理结构中的权力制衡
       ………………………… 104

第5章 影响组织设计的权变因素…… 108
  5.1 权变因素概述……………… 109
  5.2 内部环境与组织设计……… 110
    5.2.1 企业规模对组织设计的影响
       ………………………… 110
    5.2.2 技术对组织设计的影响… 114
    5.2.3 企业文化及人员素质对组织设
       计的影响…………… 118
    5.2.4 生命周期对组织设计的影响
       ………………………… 120
  5.3 外部环境与组织设计……… 122
    5.3.1 组织环境………………… 122
    5.3.2 环境的不确定性………… 125
    5.3.3 环境依赖性……………… 130
  5.4 战略与组织设计…………… 132
    5.4.1 钱德勒的研究…………… 132
    5.4.2 波特的研究……………… 133
    5.4.3 迈尔斯与斯诺的研究…… 134
    5.4.4 知识对组织结构设计的影响
       ………………………… 135

第6章 工作分析概述………………… 138
  6.1 工作分析的内涵、内容与结果

    6.1.1 工作分析的内涵和特征… 139
    6.1.2 工作分析的内容及类型
       ………………………… 141
    6.1.3 工作分析的结果………… 142
    6.1.4 工作分析的相关术语…… 144
  6.2 工作分析的目的、作用及意义
     ………………………… 146
    6.2.1 工作分析的目的………… 146
    6.2.2 工作分析的作用………… 147
    6.2.3 工作分析的意义………… 148
  6.3 工作分析的原则与流程…… 149
    6.3.1 工作分析的原则………… 149
    6.3.2 工作分析的流程………… 150
  6.4 工作分析的理论演进……… 151
    6.4.1 社会分工孕育工作分析的萌芽
       ………………………… 151
    6.4.2 管理活动奠定工作分析的基础
       ………………………… 152
    6.4.3 分析工具促进工作分析的深入
       ………………………… 153
    6.4.4 知识经济推动工作分析的变革
       ………………………… 154
  6.5 数字时代工作分析的发展趋势
     ………………………… 155
    6.5.1 数字时代组织发展的新变化
       ………………………… 155
    6.5.2 数字时代人力资源管理的新趋势
       ………………………… 156
    6.5.3 数字时代工作分析的新方向
       ………………………… 158

第7章 工作分析的流程……………… 161
  7.1 工作分析的前期准备工作… 162
    7.1.1 工作环境分析…………… 162
    7.1.2 组织分析………………… 165
    7.1.3 岗位分析………………… 171
  7.2 工作分析的实施过程……… 178
    7.2.1 工作分析计划的制订阶段
       ………………………… 178
    7.2.2 工作分析的设计阶段…… 183

7.2.3 工作信息资料的收集与分析阶段 …… 187
7.2.4 工作分析结果的表达和应用阶段 …… 192

第8章 工作分析方法 …… 196
8.1 工作分析信息收集的基本方法 …… 197
  8.1.1 问卷调查法 …… 197
  8.1.2 访谈法 …… 200
  8.1.3 观察法 …… 202
  8.1.4 工作日志法 …… 205
  8.1.5 关键事件法 …… 206
  8.1.6 其他方法及各方法比较 …… 209
8.2 任务分析 …… 211
  8.2.1 任务分析概述 …… 211
  8.2.2 任务分析的基本步骤 …… 212
  8.2.3 任务分析的方法和工具 …… 216
8.3 人员分析 …… 217
  8.3.1 人员分析概述 …… 217
  8.3.2 人员分析在人力资源管理中的应用 …… 220
  8.3.3 人员分析的步骤 …… 221
  8.3.4 人员分析的方法和工具 …… 223
8.4 方法分析 …… 227
  8.4.1 方法分析概述 …… 227
  8.4.2 方法分析的基本步骤 …… 228
  8.4.3 方法分析的方法和技术 …… 229

第9章 工作分析的成果 …… 236
9.1 工作描述 …… 237
  9.1.1 工作描述概述 …… 238
  9.1.2 工作描述的基本内容 …… 238
  9.1.3 工作描述的编写 …… 244
  9.1.4 编写工作描述的注意事项 …… 246
  9.1.5 工作描述举例 …… 246
9.2 工作规范 …… 247
  9.2.1 工作规范概述 …… 248
  9.2.2 工作规范的基本内容 …… 248
  9.2.3 工作规范的编写步骤 …… 250
  9.2.4 编写工作规范的注意事项 …… 251
  9.2.5 工作规范编写举例 …… 251
9.3 工作说明书 …… 253
  9.3.1 工作说明书的概念 …… 253
  9.3.2 工作说明书在人力资源管理中的应用 …… 253
  9.3.3 工作说明书的内容 …… 255
  9.3.4 工作说明书的编制规范 …… 255
  9.3.5 工作说明书的修改 …… 257
  9.3.6 工作说明书的动态调整 …… 258
  9.3.7 工作说明书编制的注意事项 …… 258
  9.3.8 工作说明书编制中存在的问题和误区 …… 259
  9.3.9 工作说明书编制举例 …… 261

第10章 工作分析的应用 …… 267
10.1 工作评价 …… 268
  10.1.1 工作评价概述 …… 268
  10.1.2 工作评价的方法与技术 …… 270
10.2 工作设计 …… 275
  10.2.1 岗位设置 …… 276
  10.2.2 工作再设计 …… 277
10.3 工作分析在人力资源管理中的应用 …… 281
  10.3.1 工作分析在人力资源规划中的应用 …… 281
  10.3.2 工作分析在员工招聘与选拔中的应用 …… 283
  10.3.3 工作分析在员工培训中的应用 …… 284
  10.3.4 工作分析在绩效管理中的应用 …… 286
  10.3.5 工作分析在薪酬管理中的应用 …… 289

参考文献 …… 292

第1章 组织设计概述

研究内容

1. 组织的定义和构成要素,组织的特点、类型及价值;
2. 企业的概述和企业发展史;
3. 现代企业制度的含义与特征;
4. 现代企业制度的内容;
5. 组织设计的概念和内容;
6. 组织设计的流程、依据和原则。

关键概念

组织(organization)

现代组织(modern organization)

开放系统(open systems)

封闭系统(close systems)

正式组织(formal organization)

非正式组织(informal organization)

组织设计(organization design)

组织结构(structure of organization)

企业(enterprise)

现代企业制度(modern enterprise system)

 开篇案例

IBM 的组织创新

IBM(国际商业机器公司)是全球最大的信息技术和业务解决方案公司,业务遍及 160 多个国家和地区。在如此庞大的规模下,IBM 努力使其管理创新与产品技术、企业规模和经济形势相适应,在不同的阶段都会推出新的管理构架。自 20 世纪 70 年代至 90 年代,其创新过程可分为四大阶段。

1. 第一阶段

20 世纪 70 年代开始,由于科技的快速发展(特别是在电子领域),产品的更新周期日益缩短,世界范围内众多企业产品层出不穷,IBM 在此局势下为了加快开发新产品的速度,扭转被动局面,首先进行组织改革试点,建立开发新产品的"风险组织",以激发公司产品创新的活力。

IBM 的风险组织包括两种形式：一是独立经营单位，二是战略经营单位，它们均是拥有较大自主权的相对独立的业务单位。其中，独立经营单位为 IBM 首创，它既具有小企业的灵活性，又具有大公司的实力。公司总部除提供必要的资金和审议其发展方向外，不干涉其任何具体经营活动，故有"企业内企业"之称。设立这种组织的目的在于激发小组织内部个人的创造性和企业家精神，使大企业在总体上更有活力。这一举措使 IBM 在小型机和微型机等领域中推出了很多有竞争力的产品。

2. 第二阶段

20 世纪 80 年代，IBM 进一步按专业化、效率化、科学化、民主化和智能结构合理化的要求，对管理体制进行了大规模的调整和改革。首先，IBM 改革了最高决策机构，把原本由董事长和总裁组成的办公室以及作为协调机构的经营会议改组为企业管理办公室，员工由 6 人增加到 16 人。这一改组是为了吸收更多的经理参与最高决策，从而改进决策层的智力结构，加强集体决策。其次，公司建立政策委员会和事业运营委员会，前者是企业管理办公室决策的战略指导机构，后者是企业管理办公室的执行机构。再次，公司调整了行政层级，形成"公司总部—事业部—地区子公司—工厂"四级管理体制。同时，公司突出了信息和通信事业部的重要地位，并裁减、合并和淘汰了下属事业部。在这个时期，IBM 公司进一步明确了个人电脑、中小型机和通信产品的发展方向。

3. 第三阶段

IBM 公司进一步改革子公司等部门的领导体制，公司总部允许事业部扩大自身的销售职能，如新建的信息系统事业部增设了地区销售部门，同时公司总部对新的事业部和地区子公司体系采用分散化管理原则，使它们在开发、生产和销售上比原有的子公司具有更大的自主权，以适应市场迅速变化的需要。

4. 第四阶段

20 世纪 90 年代，IBM 把经营管理的重点延伸至发展与经营伙伴的关系上。70 年代以前公司的产品实行自身行销，80 年代开始寻求与外部厂商的合作，至 90 年代则彻底改革了与合作营销商的关系。原先 IBM 的各产品部门按销售地区寻找各自的代理商，这不仅限制了代理商的发展，也阻碍了 IBM 技术与产品的推广。而当时 IT（信息技术）市场竞争激烈，产品差异缩小，因此寻求长期的合作伙伴关系成为高科技产品营销的关键。为了适应这种情况，IBM 公司于 1998 年开始推行"种子计划"，大力扶持那些能够充分覆盖大中城市以外地区客户的营销伙伴，以及支持具有开发行业应用解决方案能力的代理商。此外，IBM 公司还对其已有的总代理商和各类合作企业提供多层次的技术和管理培训，并将国际上成功的经验系统介绍给合作伙伴，以巩固长期合作关系。

作为一个高科技公司，IBM 的长盛不衰在很大程度上得益于它适时的管理创新，企业具备了在不同阶段都能进行不同管理创新的能力。

资料来源：朱颖俊.组织设计与工作分析[M].北京：北京大学出版社，2018. 有修改.

1.1 关于组织

组织是人与社会联系和沟通的中介，是人类社会普遍存在的社会现象。在原始的渔猎农耕活动中，人类的先祖就已经发现集体的效果要远好于个体，自然地形成相互协作的以部落、氏族为代表的组织。今天，各种社会组织蓬勃发展，对人类生活的渗透和影响无所不在，每个人都不能逃避组织对自己的影响。比如，人一出生就是一个家庭组织的成员；长大上学后，是班级、学校的一员；成年参加工作后，又成为工作单位的一员。同时，他还是某一民族的成员，或某一社团组织的成员，等等。一个人同时可以是若干个组织的成员。这充分说明，组织是人们生活的普遍形式和存在方式。组织已经成为现代社会中一个突出的特点，正如美国著名社会学家塔尔科特·帕森斯所说："组织已经发展成为高度分化社会中的主要机制，通过这个机制，人们才有可能完成任务，达到目标。"

1.1.1 组织的含义

1. 中国古代汉语中组织的含义

据《说文解字》解释，组系形声字，从糸且声，与丝织品有关。早期组的含义是丝线。后来组的含义出现延展，分化出名词与动词两种词性。组作名词时泛指具有某一属性的若干对象，譬如将某班同学分为几个小组；作动词时指使特定对象具有某种属性或功能，如组阁、组建等。织系形声字，从糸戠声。织从古到今含义未发生重大变化，均是将操作对象纵横交错编织成更具使用价值的物品。

早期的组织一词多用作动词，是指将"组"经纬相交，织作布帛。如《辽史·食货志》有"饬国人树桑麻，习组织"之说，意即告诫国人广种桑麻，推广纺织技艺，以富民强国。南北朝时期，组织已开始突破织锦这一狭小区域，用来表示对词汇的组织与安排。南朝梁刘勰在《文心雕龙·诠赋》中有言："丽词雅义，符采相胜，如组织之品朱紫，画绘之著玄黄。"《文心雕龙·原道》中有"雕琢情性，组织辞令"。可见，组织辞令就是要将言辞进行有效的组织，以便最具有说服力，最具有格律美感。

自此，组织的含义相对稳定地发展到清末时期。它一般表示为了使组织对象具有更大的使用价值，或者为了让组织对象具有更美好的视觉、听觉效果，而对组织对象进行刻意的、有意识的安排。

2. 现代组织的含义

组织的现代含义更多是反映英文 organization 的含义，它是人与社会联系和沟通的中介，是人类社会普遍存在的社会现象。现代社会中，组织一词既可作动词，也可作名词。

在管理学研究中，"组织"作为一个动词，最早见于法国古典管理学家法约尔提出的"组织是管理的重要职能"。法约尔认为"组织一个企业，就是为企业的经营提供所有必要的原料、设备、资本、人员"。美国管理学家哈罗德·孔茨（Harold Koontz）、西里尔·奥唐奈（Cyril O'Donnell）认为，"高明的人和愿意合作的人一定会非常有效地在一起工作的，因为他们知道自己在相互协作中所起的作用，知道彼此职务之间的联系……设计和保持这种职务系统基本上就是管理人员的组织工作的职能"。在现代组织理论看来，作为动词使用的"组织"这一概念至少可以有三种不同的解释：一是组织是井然有序地、高效率地安排人员、资源、知识和任务的管理活动；二是组织是一切有组织活动的总称；三是组织泛指有组织的任何事务和活动。

作为一个名词的组织有多种说法。简单地说，组织就是一个有效的工作群体。法约尔在管理研究中提出，把人们组织成有效的工作群体一直是管理过程的核心。美国的史蒂文·L.

麦克沙恩(Steven L. McShane)为组织下了一个简短的定义:组织是向着某个目标而相互依赖工作的人的团体。在这里,他主要强调组织目标和组织中人的因素。切斯特·I.巴纳德(Chester I. Barnard)认为,组织就是有意识地协调两个或两个以上的人的活动或力量的协作系统。詹姆斯·G.马奇(James G. March)和赫伯特·A.西蒙(Herbert A. Simon)认为,组织理论的对象为"相互关联的活动的系统,这种系统至少包含几个主要的群体,而且通常具有这样的特点:按照参与者的自觉程度,其行为高度理智地朝向人们一致认识到的目标"。

综上所述,作为名词的组织,学者们一般从两个角度来认识。一是具体的、有形的组织。他们一般认为有形组织是一个开放系统。所谓系统,指的是一组相互作用的要素集合体。开放系统指的是组织必须与环境相互作用才能生存,这与不依赖于环境的封闭系统是相对应的。本书主要针对的是企业这种组织形式,不过其他各类组织也可以从本书的内容中得到启示。另一种是抽象的、无形的组织,如某种特定组织形态或形式的关系网络和结构概念,其实质是组织中权、责、利的分配。无形的组织反映的是作为活动或力量协作系统的各要素的关系。市场体制、企业内部组织体制以及介于市场与企业之间的网络型组织体制是三种典型的组织形态。本书接下来的章节正是围绕后两种组织形态展开的,介绍企业组织的设计和变革,以及企业间关系的形成和运行,也就是说,本书所提到的组织概念主要指的是名词中无形的组织和动词的组织。

3. 组织的概念

像工厂、超市、银行、医院、学校、法院、剧团等各式各样的组织都有着共同的特征。本书以下定义形式描述组织:组织是一个社会实体,由两个以上成员组成,经过密切的协调和整合,以回应环境的需求,完成共同目标。

组织有两个基本含义:其一是有一定目的、结构,互相协作,并与外界相联系的人群集合体;其二是组织工作,即管理的基本职能之一,指设计、建立并保持一种组织结构。具体地说,组织工作职能的内容包括以下四个方面:①设计和建立一套组织机构和职位系统;②确定职权关系和信息系统,把各层次、各部门结合成为一个有机的整体;③与管理的其他职能相结合,以保证所设计和建立的组织结构有效运转;④根据组织内外部要素的变化,适时地调整组织结构。

1.1.2 组织的构成要素

1. 资源——组织的基础要素

任何一个组织要想存在和发展都必须掌握一定的资源,正所谓巧妇难为无米之炊,资源是组织赖以实现目标的基础性保障。这里的资源是广义的资源,既包括人力资源,也包括物质资源,还包括其他无形资源(如专利等知识产权资源)。其中,最基本、最主要的是人力资源,它是组织中唯一具有主观能动性的要素。

2. 目标——组织的前提要素

共同的目标是组织获得成功的必要条件。组织目标反映了组织存在的理由,是凝聚组织成员意志的载体。组织的目标应该与员工个人的目标相辅相成。员工应该在组织目标实现过程中实现自己的目标,这样组织目标将成为全体员工努力的方向。同时,组织也必须最大限度地整合组织成员共同感兴趣的目标,使之成为组织目标的有机组成部分。当然,目标可以分为远期目标和近期目标,也可以分为整体目标与局部目标。目标对组织成员应具有激励性。

3. 结构——组织的载体要素

组织将成员集中在一起必然要对成员进行分工与协作的制度安排,否则,组织将成为一群乌合之众。组织结构是组织成员为实现组织目标,在工作中进行分工协作,在职务范围、责任、权力方面所形成的结构体系。它是实现目标的一种手段,反映员工间的分工协作关系。组织结构不同,组织的效率也会有显著差异。

4. 管理(协调)——组织的维持要素

为了实现目标,组织应该拥有一套计划、控制和协调的流程,以协调组织的资源。管理手段与策略是动态的,不是一成不变的。组织需要依据环境的不同、资源禀赋的差异、目标实现的难易程度,及时地调整组织结构,优化组织制度,以计划、执行、监督、控制等手段保证目标的实现。

1.1.3 组织的特点

从不同角度的组织定义来看,组织是动态的组织活动过程和相对静态的社会构造实体的统一。组织一般有如下共同特点。

1. 目标导向性

每一个组织,无论其规模大小,存在的形态方式如何,都有明确的目标。如企业要实现利润最大化,医院要救死扶伤、提供最优质的医疗服务,学校要培养人才。组织的使命和目标是组织存在的理由。组织的目标引导组织成员运用组织所拥有的各种资源,完成组织的使命和任务。

2. 要素集成性

组织要实现自己的目标,必须拥有相应的资源,如企业拥有机器、设备、土地、人才、资金、品牌、技术等各种资源。例如,玻璃生产企业必须利用石英砂等原材料生产人们所需要的各种玻璃。

3. 功能结构性

组织需要科学地划分部门和层级,需要明确各部门和层级的责任、权利与义务,需要根据每个成员的才能安排工作、分配职务,并落实每个职务的责权利。组织还需要建立有效的沟通协商机制。只有分工清晰、协作通畅,组织才能正常运作。组织不仅是权责分配系统,而且是其各成员根据自身在组织中的特定地位,扮演一定的角色,并由此构成等级体系的人际关系网。

4. 系统开放性

组织是一个开放的系统。任何组织的生存和发展都离不开环境、离不开其他组织,都需要与环境进行物质、能量、信息的交换。封闭的组织是不存在的。从静态观点来分析,组织就是指社会集团,是人与人、人与事的关系的系统或模式;从动态观点来分析,组织则是一个开放的社会系统。

1.1.4 组织的价值

组织是在人类社会长期进化中出现的一种社会现象,是物竞天择、适者生存法则下的必然结果。

1. 组织使组织对象具有更高的使用价值

组织不仅可以使细软的丝变成给我们遮挡风寒的衣物,还可以使其美化我们的生活;组织不仅可以使一地碎石变成一道坚固的城墙,还可以用它修建起雄伟的建筑;组织不仅可以使语言成为人们交流的工具,还可以使语言成为陶冶情操的手段;组织不仅可以使人发挥特长,还可以使人在协作中创造财富。

2. 组织使组织对象具有更多的生存机会

不论是自然界还是社会界,人与自然、人与人、组织与组织的竞争都是异常激烈的,正所谓英雄难敌四手,恶虎还怕群狼。单独的一匹狼有时甚至打不过一条狗,但一群有组织有分工体系的狼却可以与恶虎争食。组织使成员在相互抱团取暖中增强了抵御风险的能力,得到了更多的生存机会。

3. 组织使组织对象具有更多的创造机会

组织的意义在于寻求1+1>2的效果。因为分工,成员可以专注于某一技能的熟练与提高;因为合作,彼此的联系更加紧密而不可分割。在分工与合作中,组织不仅为成员创造出更多的发明创造机会,也可以满足个体成员在组织中找到归属与爱的需求,使社会呈现加速发展的态势。

4. 组织化程度提高是社会进步的根本标志

人类社会从蒙昧走向文明,从丛林走向地球上几乎每一个角落,都伴随着组织化程度的提高;从原始社会的部落组织到国家成立后的暴力组织,从家庭小作坊到机器大工业组织,从国内组织到国际协调组织。人们在社会中的分工日渐加深,协调与合作日渐加强,人类社会的文明形态更趋完美。发达国家与落后国家的区别、文明社会与野蛮社会的区别,体现组织对于个体及社会的重要意义。组织化程度是社会进步的根本标志之一。

1.1.5 组织的类型

对组织的进一步理解还来自组织归类。正确划分组织类型,有利于发现各种组织之间的共性、个性及差别,从而能够更全面地了解组织现象,摸清组织结构,做好组织设计。

组织分类就是对组织的式样、种类进行归纳和组合。不同的人可以从不同的角度根据不同的标准将组织划分成多种类型。美国学者帕森斯按组织的社会功能,将组织划分成生产组织、政治组织、整合组织和模型维持组织。其中,生产组织是指从事物质生产的企业组织和服务型组织;政治组织是指为了保证整个社会达到自己的目标进行权力分配的组织,如政府机关等;整合组织是指协调各种冲突、引导人们向某个既定目标发展的组织,如政党;模型维持组织是指维持固定的形式确保社会发展的组织,如社团。

彼得·布劳(Peter Blau)等人按组织成员的受益程度将组织划分为互利组织、商业组织、服务组织和公益组织四种类型。

阿米塔伊·埃齐奥尼(Amitai Etzioni)按组织成员的控制方式不同,将组织分为强制性组织、功利性组织和规范性组织三类。

除以上几种常见的分类方法之外,组织也可以按照其性质、目标和活动内容划分为经济组织、政治组织、科技文化组织、群众组织和宗教组织等。

1. 按照组织成员关系的不同划分

在组织行为学中,按照组织成员关系的不同,将组织划分为正式组织和非正式组织是比较典型的组织分类方法。

1)正式组织

正式组织是指为了实现工作目标,按有关规定确定组织成员的关系,明确各自的职责、权利与义务的一种群体机构。通常当人们能够相互沟通信息,乐于尽职以及具有共同的目标时,正式组织便产生了。正式组织有其特定的结构,并要求指挥系统规范化、组织成员纪律化和管理科学化。

正式组织的特点体现在以下方面:目标明确且一致;有计划、有组织、有纪律;有固定的工作程序和结构;注重效率和利益,以及部门之间的协调;分配角色任务,形成成员关系的层次;建立权威,贯彻命令,使组织内个人的职务可以轮换或取代等。

2)非正式组织

根据霍桑实验,组织内部存在着非正式组织的因素。所谓非正式组织是指组织成员关系为非官方规定,组织成员在自发的基础上为满足某种需要而有意或无意形成的一种不定型的组织。非正式组织的特点体现在以下方面:具有自发的、不定型的、满足某种需要的关系;任何正式组织的形成一定伴随着非正式组织的产生,非正式组织既可能产生于正式组织内,也可能独立于正式组织之外;其行为规范与正式组织可能一致,也可能不一致;非正式组织以情感为维系的纽带,来满足不同个人的心理需要,具有很强的聚合力等。

2. 按组织对环境的不同适应划分

美国学者 T. 伯恩斯(T. Burns)和 G. 斯托克(G. Stalker)最早提出,按照组织对环境的不同适应可将组织划分为机械组织和有机组织。他们在研究科学技术对组织成员及组织结构的影响时提出一种新的组织概念,即机械组织结构和有机组织结构。

1)机械组织

机械组织(mechanistic organization)是一种稳定的、僵硬的结构形式。机械组织又称官僚行政组织,它追求的主要目标是稳定运行中的效率。它通常出现在稳定的外部环境中,组织中具有大量的规则、程序和明确的职权层级。组织中大多数决策是由高层管理者做出的。机械组织的结构特点是:组织结构刚性强,有正式的职位说明,组织系统内强调理性和逻辑关系,强调组织机构的健全,强调程序规则、职责划分和职权明确等。在这样的结构下,每个人做什么、怎么做、在谁的领导和指挥下去做、要做到一个什么程度,均一一做出明确规定,人与人之间的关系及行为是以理性为基础来进行规范的。其不足之处在于适应性差,不能对复杂的外部环境做出迅速有效的反应,不适用高度不确定性的环境条件。

2)有机组织

有机组织(organic organization)是指对外部和内部能够灵活应变的柔性或活性组织,组织内部结构有利于发挥成员的个性、能动性和创新性,是一种人性组织形态。它一般出现在迅速变化的环境中,组织内部相当松散,成员可以自由流动,且具有适应性。它通常没有书面的规章条例,职权层级不明确,决策权分散。这种组织结构在简单稳定的环境下会显示出工作效率不高的缺陷,但在迅速变化的环境中具有良好的适应性,可以及时对外部环境的变化做出灵活有效的反应。它具有以下特点：强调非理性因素和非逻辑关系，强调情感因素和弹性，不会过于程序化和分工过细等。有机组织的管理人员需要更频繁的交流，沟通也必须改变过去那种单纯以垂直沟通为主的做法，而应以横向沟通为主。在这样高度变化的环境中，为了维持组织的生存和发展，组织还必须改变原有的直线参谋的关系，以保持更大的灵活性和适应性。人与人之间的关系注入了更多的感情色彩，非正式的关系大为增加，员工的行为规范也不再过分依赖纪律、权威与强制，而更多地依靠自我调节、自我指挥、自我控制。

随着环境不确定性的提高，组织更趋向于有机式结构，即将权力和责任分散到较低的管理层级，鼓励员工在直接协同工作中发现和解决问题，倡导团队合作，并以非正式的方式分派任务和职责。组织更具灵活性，能对外部环境的变化持续做出有效的反应。

1.2 企业及其发展演变

1.2.1 什么是企业

企业是一个经济性组织，同时又是一个社会性组织。在市场经济高度发达的今天，企业已成为社会经济的细胞和基本单位。

1. 企业的定义

企业是指从事生产、流通与服务等经济活动的营利性组织，通过各种生产经营活动创造物质财富，提供满足社会公众物质和文化生活需要的产品或服务，在市场经济中占有非常重要的地位。

企业概念主要包括以下几个方面的内容。

(1) 企业必须拥有一定的资源(人、财、物、信息等)，是一个以营利为目的的经济实体，是从事生产、流通、服务等经济活动的组织。

(2) 企业是依法设立、自主经营、自负盈亏、独立核算的经济组织，具有独立的经济权益。为了自身的发展，企业可以自主决策，谋求更大的效益。

(3) 企业通过交换生产经营成果(产品或劳务)与消费者或其他生产单位发生经济联系，在满足社会需要的同时获得盈利。

(4) 企业是国家的基本经济单位，是社会经济力量的基础。企业生产力的高低、经济效益的好坏，对国民经济的发展有着重要的影响。

企业最本质的要素是企业的生产经营活动要获取利润。对于这一点，国内外许多企业家都有评述。一种观点直言不讳地认为，企业是以获取利润为目的的经济组织。企业作为一个经济系统，其中心任务就是要千方百计地提高经济效益，若企业把利润作为最高目标加以追求，那么其他的一切都只是实现这一目标的手段而已。这种观点容易导致经营方面的短期行为，影响战略目标的稳定，也不利于企业在长期竞争中着重提高自身素质。另一种观点认为，追求利润不是企业的唯一目的，企业需要利润，同时又必须承担社会责任，为社会提供服务，利润只是为社会提供服务的合理报酬，是服务的结果。因此，企业要把为社会提供服务作为自己的宗旨。相比较而言，后一种观点比较全面，具有企业家的战略眼光，在追求利润的同时，更讲求企业的社会责任，代表了当今企业发展的趋势。

2. 企业的一般特征

1) 企业的职业特征

企业是从事商品或劳务的生产和经营的基本经济组织。企业的这一特征,表明在社会经济活动中企业主要进行的是什么活动,发挥的是什么作用,从事的是什么行业等。

2) 企业的行为特征

企业是自主经营、自负盈亏的经济实体。企业的这一特征是判断经济组织能否形成真正的企业形态的重要标志。企业能够根据市场的需要,独立自主地使用和支配其所拥有的人力、物力和财力,并能够对其经济结果独立地享有相应的权益且承担相应的责任。企业自主经营必须自负盈亏,用自负盈亏来制约自主经营。

3) 企业的人格特征

企业的人格特征决定了企业必须依法成立,具有民事权利能力和民事行为能力,是依法独立享有民事权利和承担民事义务的组织。它必须拥有自己能够独立支配和管理的财产,有专门的组织名称、固定的经营场所和一定的从业人员,有一定的组织机构和组织章程等。

4) 企业的目标特征

企业的目标是满足社会需要和获取利润,其中追求利润最大化是基本目标。企业不同于政府部门、事业单位,它必须追求经济效益,获取利润。利润是企业创造附加价值的重要组成部分,也是社会对企业所生产的产品或服务满足社会需要的认可和评价。

3. 企业的组织形式

企业的组织形式是指企业生产经营的形态和运作方式。随着市场经济的深入发展,组织的存在形态和运作方式发生了很大的变化,组织形式多种多样。

1) 企业的法律形式

按照财产的组织形式和所承担的法律责任不同,企业的法律形式主要包括业主制企业(个人独资企业)、合伙企业、公司制企业。

2) 企业的管理形式

管理学家彼得·德鲁克指出:"任何企业都必须成为一个真正的协作体,把个人的努力凝合成共同的努力。企业中每一个成员的贡献可以有所不同,但是大家都必须为一个共同的目标努力。"管理者为实现组织目标,必须采用科学的管理形式,以形成一个职位顺序清晰、意见沟通渠道流畅的协调合作体系。按照人与事、人与人的相互关系的密切程度,企业的管理形式有直线制、职能制、直线职能制、事业部制、矩阵制等。

3) 企业的经营形式

企业的经营形态及其运作方式实质上是企业在运作过程中主体与客体相结合的方式,也叫作经营形式。为适应市场经济体制,提高生产经营的运作效率,企业的经营形式大体呈现批发、零售、合作三大类若干具体形式。

4. 现代企业系统的构成

系统是指由若干互相联系、互相依存的部分组成的,具有某种特定功能的有机整体。在自然界和人类社会,一切事物都是以系统的形式存在的,任何事物都可以看作一个系统。企业便是由许多车间和职能部门等组成的、为实现其特定功能服务的人造系统。

1) 现代企业系统的基本构成要素

企业作为一个完整的经营体系，为了从事生产或劳务活动、实现经营目标，就必须具备实现目标的特殊功能，即必须拥有生产某种产品、提供某种劳务所需的人力、物力、财力，以及反映这些要素相互结合、运动的各种信息。因此，企业系统主要由人、财、物、信息四个基本要素构成。

2) 现代企业系统的结构

现代企业系统的结构可以从静态组织结构和动态组织结构两个方面来分析。

(1) 现代企业系统的静态组织结构。从静态的角度来分析，现代企业系统结构可分为垂直分系统结构和水平分系统结构两种。

垂直分系统结构是指为了对各个职能子系统进行协调和控制，从纵向划分的垂直子系统。它一般可分为最高经营决策层、中层管理层和基层作业层。

水平分系统结构是根据企业系统中不同的经济活动，按系统的横向职能及活动范围来划分的，主要包括生产子系统、营销子系统、技术子系统、财务子系统和人事子系统五大职能子系统，它们各自有特定的功能和目标，通过分工与协作实现企业系统的总目标。

以上两种分系统结构相结合，便形成了现代企业系统纵横交错的静态组织结构，如图1-1所示。

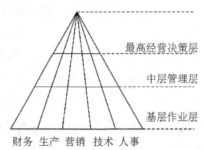

图1-1 现代企业系统静态组织结构图

(2) 现代企业系统的动态组织结构。现代企业系统是一个不断地由输入经过转换到输出的动态系统。在不断转换过程中，系统同时存在物流、人流、价值流和信息流，从而形成了现代企业系统的动态组织结构。

① 物流，指由物资、设备、制品、能源等汇合而成的物质流动。它贯穿物质从外部环境流入后进行内部流转，直至物质流出的全过程。物流是企业系统最基本的运动形态，物流的特征由产品和加工工艺的特性决定，其流量的大小受制于企业系统的规模和一定时期内的市场供求状况。

② 人流，指由工人和各类管理、服务人员汇合而成的人力资源的流动。人流在整个企业系统中处于主导地位，即企业系统的全部活动都是在人流的推动和控制下进行的，并受到人流能量的限制。

③ 价值流，指现代企业系统运动中，价值的转移、交换和增值过程，它直观地表现为企业资金的运动过程。现代企业既是商品生产经营者，又是资本运营者。现代企业系统的生产经营

活动,既是原有使用价值的消费和新的使用价值的再生产过程,又是原价值的转移和创造、实现新的价值的过程。因此,价值流与物流同时并存于现代企业系统的运动之中,并综合反映现代企业生产经营的状况和成果。

④信息流,指由各种数据、标准、图纸、情报、计划、规章制度、指令等汇合而成的指导生产过程和管理过程的信息流动。信息流在系统的四大流中占据了十分重要的地位,影响和制约着其他三大流的流向和流量。

上述现代企业系统静态结构中的三个层次和五大职能子系统,与其动态结构中的四大流相互渗透并有机结合在一起,形成了现代企业系统有序的"三四五式立体结构"。

5. 企业的分类

随着市场的不断发展,现代企业形式越来越多样化,而不同企业的运行规律并不完全相同。为了更深入地研究企业管理的特点与规律,我们可以根据不同的分类标准,把现代企业分为不同的类型。

1) 根据所从事的经济活动的不同,企业可以分为生产型企业、流通型企业和服务型企业

生产型企业主要是指从事生产的工业企业、农业企业和建筑安装企业等。流通型企业主要是指交通运输企业、邮政电信企业和贸易型企业等。服务型企业主要是指金融、饮食、旅游、咨询和信息服务等行业的企业。

2) 根据生产要素结构的不同,企业可以分为劳动密集型企业、资本密集型企业和知识技术密集型企业

劳动密集型企业是指技术装备程度较低、用人较多、产品成本中劳动消耗所占比重较大的企业,如纺织、服装、食品和家用电器等行业的企业。资本密集型企业是指所需投资较多、技术装备程度较高、用人较少的企业,如钢铁、造船和汽车制造等行业的企业。知识技术密集型企业是指拥有较多中、高级科技专家,综合运用先进科学技术成果的企业。航天、电子计算机和生物工程等行业的企业一般被划分为知识技术密集型企业。

3) 根据规模的不同,企业可以分为大型企业、中型企业和小型企业

衡量企业规模的主要指标包括企业的生产能力、机器设备的数量或装机容量、固定资产原值、职工人数、总投资或注册资本以及销售收入等。划分企业规模的具体数值和内容重点随着科学技术水平和生产社会化程度的不断提高以及行业的不同而有所变化,如汽车行业一般以生产能力的大小即汽车的年产量作为划分标准,而综合经营的公司一般以年销售收入作为划分标准。规模不同的企业,其内部组织结构与运行方式以及在市场竞争中占有的优、劣势地位各不相同,对经营者素质的要求也不同。另外,企业规模的划分也为企业确立合理的经济规模、获得规模经济效益创造了条件。

4) 根据法律形式划分,企业可以分为业主制企业、合伙企业和公司制企业

(1) 业主制企业。业主制企业是由业主个人出资兴办、个人直接经营的企业。这类企业完全归业主个人所有,即业主不仅享有企业的全部经营所得,同时对企业的债务负有完全责任。如果经营失败,出现资不抵债,业主要用自己的所有财产来清偿。这种企业在法律上是自然人企业,不是法人企业,是最古老和最简单的企业形式。在西方国家,这种企业数量庞大,占到企业总数的大多数,但在整个经济中并不占据支配地位,如个体农业、个体服务业、自由职业者(注册医师、注册会计师、注册律师、职业投资者等)。这种企业具有家族性、世袭性和传统性的

特点。

(2) 合伙企业。合伙企业是由两个或两个以上的出资者共同出资兴办,实行联合经营和控制的企业。我国现行法律规定了合伙企业有普通合伙企业和有限合伙企业两种形式。普通合伙企业由普通合伙人组成,合伙人对合伙企业债务承担无限连带责任。有限合伙企业由普通合伙人和有限合伙人组成,普通合伙人对合伙企业债务承担无限连带责任,有限合伙人以其认缴的出资额为限对合伙企业债务承担责任。合伙企业的出资创办人(即合伙人)为两人以上,基于合伙合同建立企业。成立合伙企业时必须有书面协议,以合伙合同形式规定该合伙经济组织的合伙人的范围、组织管理、出资数额、盈余分配、债务承担及入伙、退伙、解散等基本事项。合伙企业的财产归合伙人共同所有,由合伙人统一管理和使用,合伙人都有表决权,不以出资额为限,合伙人经营积累的财产归合伙人共同所有。普通合伙企业的每个合伙人对企业债务负无限连带清偿责任,即使其中某合伙人不能全部负起他应负的责任,其他合伙人也要对他负不起责任的部分负责到底。合伙人内部之间按协议规定承担责任,协议未规定的按照出资比例承担责任。有限合伙企业中普通合伙人与普通合伙企业合伙人责任形式相同,而有限合伙人仅以其出资为限对合伙企业承担相关责任。

(3) 公司制企业。它是指依法由股东出资组成,或是由两个以上企业出资联合组成的企业。公司是法人,在法律上具有独立人格,这是公司与个人独资企业、合伙企业的重要区别。目前,我国现代企业制度的组织形式主要有有限责任公司和股份有限公司两种。①有限责任公司,是指由 1 个以上 50 个以下股东共同出资,每个股东以其出资额对公司承担有限责任,公司以其全部资产对其债务人承担责任的法人。其基本特点是:公司的全部资产不分为等额股份,公司向股东签发出资证明书,不发行股票;公司股份的转让有严格限制;股东人数在法律上有上下限度;股东按出资额享有权利及承担义务。②股份有限公司,是指注册资本分成等额股份,并通过发行股票或股权证筹集资本,股东以其所认购的股份对公司承担有限责任,公司以全部资产对公司债务承担责任的企业法人。其基本特点是:股份有限公司的股票可以自由交易、转让;股东人数必须达到法定人数;每一股有一票表决权;股东以其持有股份数享有相应的权利、承担相应的义务;公司应将经注册会计师审查验证的财务报告公开。

1.2.2 企业发展史

1. 企业发展的三个历史阶段

1) 企业组织的萌芽阶段

企业组织首先是一种生产组织,因而企业的产生可以从生产组织形式的历史沿革中去考察。最早的生产组织形式产生于原始社会的部落中。人类早期的生产组织形式与其他社会组织形式是融合在一起的。当时的人们不是为了节约交易费用而创造组织形式,而是为了生存的需要,联合起来形成一个群体或一个部落,来抗击自然对人类的侵害。在这种最早的自给自足的经济中,联合生产的技术发生了变化,出现了劳动剩余,为交换行为的产生提供了可能。到了原始社会末期和奴隶社会,由于联合生产技术的变化,人们的生产范围不断扩大,生产的种类也日益增加,结果是社会分工的发展和人们之间交换行为的产生及不断扩大。生产组织也正是在这种社会分工的不断深化和交换行为的不断扩大中,从单个私有生产者、部落联合生产向手工作坊演进和转变。而这些手工作坊实际上就是早期企业的萌芽。

2) 近代企业组织的产生与演化

近代企业组织的产生与演化可以进一步划分为三个阶段：早期工场手工业、近代资本主义机器大工业，以及以机器大生产为主的企业向以专业化为表征的近代企业发展。

首先，从工场手工业自身的发展来看，这种初级的企业形式也有一个由低级形态向高级形态发展的过程。混成的工场手工业是初级的形式，接着开始向有机的工场手工业转变，继而从有机的工场手工业向以机器为主的近代典型企业转变。

其次，近代企业组织由工场手工业向以机器大生产为主的古典企业的演进，可以进一步从以下几个方面来研究。一是从社会的科技进步看，18世纪中叶发生了以纺织机械的革新为起点，以蒸汽机的发明和广泛使用为标志的第一次技术革命，促使各资本主义国家先后建立起以蒸汽机为动力的工业技术体系。19世纪中叶，以电力技术为主导，以化工技术、钢铁技术、内燃机技术等为标志的第二次技术革命则进一步促进了资本主义大工业体系的形成。所有这些都为近代企业组织从工场手工业向以机器大生产为主的古典企业演进提供了物质准备。二是从社会分工的角度看，企业组织是社会分工的结果和标志，同时又是社会分工的基础。三是从企业的内在动力看，追逐自身的利益无疑是企业最为原始也最为根本的动力。此外，这一时期市场规模与市场范围的扩大也为企业组织的演进提供了现实的可能性。

最后，以机器大生产为主的古典企业向以专业化为表征的近代企业发展，与工场手工业向以机器大生产为主的古典企业的演进，几乎是同时发生的。这是因为在社会分工深化的同时，必然会导致社会生产的专业化。专业化提高了生产效率，增强了企业的盈利能力，为企业组织的演进提供了动力。

3) 现代企业组织的产生与发展

现代企业组织的产生是以企业所有者与经营者的分离为标志的。随着企业规模的不断发展，企业产品生产、市场销售、财务管理以及组织管理变得极其复杂，专业的经营管理知识在企业运营过程中的作用越来越大，如果投资者不将企业的经营管理职能让渡给专业人士，则尽管其财产增值动机很强，但也会由于缺乏专业经营管理能力，难以驾驭越来越复杂的企业经营管理，从而其获取利润的能力将远不如专业人士。因而，资本家将其掌握的经营管理权力让渡给专业的经营管理人士，不仅是企业环境变迁的应对措施，也是资本家逐利本性的客观要求。

从企业的历史演化来看，无论是外部环境，还是其经济活动内容，早期的古典企业与现代企业都有着不同的特征。无论是早期简单的手工作坊、工场手工业，还是现在规模巨大、结构更为复杂的股份公司，作为生产组织的企业一定都含有企业所特有的质的规定性。在现代企业组织的演进中，比较流行的是一种U形结构的组织形式。但是这种组织形式有其明显的缺陷，即由于公司的管理跨度大，平行机构多，组织管理的费用比较大。为了克服U形结构的弊端，21世纪初新型的公司组织结构即M形结构出现了。这种结构的每一分部相当于一个U形企业，这样M形企业既吸收了U形企业的优点，又弥补了它的缺陷。

2. 企业生命周期

企业生命周期理论由美国著名管理学家伊查克·爱迪思提出。他在《企业生命周期》一书中对企业的生命历程及其面临的问题进行了详细论述。他将企业生命周期划分为孕育期、婴儿期、学步期、青春期、盛年期、稳定期、贵族期、官僚早期、官僚期、死亡期十个阶段，其中稳定期是企业成长阶段和老化阶段的转折点。结合企业实际情况，企业生命周期可划分为以下四个阶段。

1)初创阶段

企业生命周期的第一个阶段称为初创阶段。这一阶段企业的主要特点有:企业还没有得到社会的承认,实力也很弱,却极富灵活性和成长性;企业内部的各种正式组织、规章制度和经营方针尚未健全,企业文化也未形成,管理上人治色彩浓厚;企业的领导者和管理者基本上是创业者,他们的个人作用突出,各项业务的开展以企业领导者为核心。

2)成长阶段

如果企业运行良好,成长性、竞争性增强,就会过渡到下一个发展时期,即企业生命周期的成长阶段。这一阶段的特征主要有:经营规模不断扩大,主营业务不断扩展并快速增长,资源日趋紧张;企业组织形态走向正规化,机构相对完善,企业规章制度不断建立健全,企业文化逐渐形成;企业创业者的个人作用开始弱化,更多地担当起领导者和管理者的角色,职业经理人开始进入企业并发挥关键作用。

3)成熟阶段

成熟阶段是企业生命历程中最为理想的阶段,在这一阶段,企业的灵活性、成长性及竞争性达到了均衡状态。这一阶段企业的特征有:企业能够获取最大利润,财务状况大为改观,现金流相对宽裕;企业的制度和组织结构相对完善并能充分发挥作用,企业的创造力和开拓精神得到制度化保证;企业非常重视顾客需求,一切以顾客至上为原则,即重视市场、重视公司形象;计划能得到不折不扣的执行,企业对未来趋势的判断能力突出,并且完全能承受增长所带来的压力。

4)老化阶段

老化阶段是企业生命周期的衰落阶段,此时企业内部缺乏创新,没有了创业时的冒险精神,预示着危机的到来。老化阶段的企业特征表现如下:企业增长乏力,整体竞争能力和获利能力全面下降;企业内部执行力缺乏,互相推脱责任的情况经常发生;企业员工自保意识不断增强,做事越来越拘泥于传统、注重形式,只求维持现状和稳定。

1.3 企业制度

企业制度是指以产权为核心的企业组织与管理制度。产权,即财产权,是指建立在一定生产资料所有制基础上的财产的归属权利和经营权利,通常包括财产的所有权,财产的占有、使用、收益和处置的权利。产权和所有权并不是对等的,产权代表着与产权客体处置有关的一组财产权利,所有权只是产权的一种表现形式。在这组财产权利中,所有权处于核心地位,其他一切财产权利都是从所有权中派生出来的。

1.3.1 现代企业制度的含义与特征

1. 现代企业制度的含义

现代企业制度是相对于传统企业制度而言的,它从传统企业制度发展而来,是商品或市场经济及社会化大生产发展到一定阶段的产物。从企业组织发展的历史来看,企业形式经历了从独资企业到合伙企业再到公司制企业的过程,公司制企业是现代企业制度的典型企业组织形式。

现代企业制度是以企业法人制度为基础,以企业产权制度为核心,以产权清晰、权责明确、政企分开、管理科学为条件而展开的由各项具体制度所组成的,用于规范企业基本经济关系的制度体系。它是为适应我国国有企业制度创新的需要而提出来的特定概念,是企业制度的现代形式。

现代企业制度包括以下几层含义。

1) 现代企业制度是企业制度的现代形式

企业制度不断发展变化,现代企业制度是从原始企业制度发展而来的,是商品经济或市场经济及社会化大生产发展到一定阶段的产物。现代企业制度中的"现代"一词具有双重含义:一是相对于我国原有产品经济体制条件下的传统企业制度而言;二是相对于企业组织发展史的角度而言。

2) 现代企业制度是由若干具体制度相互联系而构成的系统

现代企业制度是一种制度体系。现代企业制度不是企业的某一种制度,而是企业及涉及企业的一系列制度和制度环境的统称,是现代企业法人制度、现代企业产权制度、现代企业组织制度和管理制度等有机耦合的统一体。这层含义有利于防止把建立现代企业制度简单地理解为公司化的倾向,有利于我们用新的观点来审视我国已经改建成的股份有限公司和有限责任公司,以及正在进行的企业改制实践,有利于我们加深对建立现代企业制度复杂性和艰巨性的理解。

3) 企业法人制度是现代企业制度的基础

现代企业法人制度是企业产权的人格化。法人有其独立的民事权利能力和民事行为能力,是独立享受民事权利和承担民事义务的主体。规范和完善的法人企业享有充分的经营自主权,并以其全部财产对其债务承担责任,而终极所有者对企业债务责任的承担仅以其出资额为限。所以,正是在现代企业法人制度的基础上,有限责任制度才产生。我们强调建立现代企业制度,转换国有大中型企业经营机制,实质内容之一就是在我国确立规范、完善的现代企业法人制度,使国有大中型企业成为自主经营、自负盈亏、自我约束、自我发展的市场竞争主体,使作为终极所有者的国家承担有限责任。

4) 产权制度是现代企业制度的核心

产权亦即财产权。构成产权的要素有所有权、占有权、处置权和收益权等。现代企业制度的核心是企业法人财产权制度。在此制度下,终极所有权的实现形式主要是参与企业的重大决策,获得收益;法人企业则享有其财产的占有权、处置权等。这是用建立现代企业制度去改造我国国有企业的核心所在。因为只有建立现代企业产权制度,国家公共权力与法人企业民事权利才能分离开来,全民所有权(国家所有权)与法人企业财产权才能分离开来,政企才能真正分开。

5) 现代企业制度以公司制为主要组织形式

公司制是现代企业制度的主要组织形式,但现代企业制度不等于现代企业组织形式。公司制是一种现代的企业组织形式,它仅仅是现代企业制度的一项组成内容,而不是现代企业制度的唯一内容。

2. 现代企业制度的特征

现代企业制度的基本特征概括起来就是产权清晰、权责明确、政企分开、管理科学。

1) 产权清晰

产权清晰是指产权在两个方面清晰：一是法律上的清晰；二是经济上的清晰。产权在法律上的清晰是指财产归属关系是清晰的，即财产归谁所有，产权的归属主体是清楚的。产权在经济上的清晰是指产权在现实经济运行过程中是清晰的，在产权的实现过程中，各个不同权利主体的责权利是明晰的，以使各不同权利主体之间的行为、关系得到规范。它包括产权的最终所有者对产权具有极强的约束力，以及企业在运行过程中真正实现自身的责权利的内在统一。前者即产权归属主体明晰是产权明晰的核心内容，也是后者得以实现的基础。

2) 权责明确

权责明确是指要在产权清晰、理顺产权关系、建立公司制度、完善企业法人制度的基础上，通过法律法规明确出资人和企业法人对企业财产分别拥有的权利、承担的责任和各自履行的义务。公司制度、法人制度与有限责任制度是现代企业制度在组织方面的三个典型特征，也是权责明确的基础。

现代企业制度形成了相互制衡的法人治理结构，这就是用法律来界定投资者、经营者、生产者的相互关系，明确各自的责权利，做到利益分配合理，各方权力相互制衡。

企业的出资人要按照其对企业的出资额依法享有股东的各项权利，同时也要以其出资额为限对企业债务承担有限责任。出资人不直接参与企业的具体经营活动，不能直接支配企业的法人财产。

3) 政企分开

政企分开是指在理顺企业国有资产产权关系、产权清晰的基础上，实行企业与政府的职能分离，建立新型的政府与企业的关系。

在市场经济条件下，政府的主要职责是对国民经济进行宏观调控，通过经济手段、法律手段对企业的经济活动进行引导和有效监督。企业则完全按照市场规则、市场信号自主经营、自负盈亏、自我约束和自我发展。企业与政府之间的关系不再是纵向的行政隶属关系，而应当是横向的经济关系。

4) 管理科学

管理科学是指要把改革与企业管理有机地结合起来，在产权清晰、权责明确、政企分开的基础上，加强企业内部管理，形成企业内部的一系列科学管理制度，尤其要形成企业内部涉及生产关系方面的科学的管理制度。

管理科学是建立现代企业制度的保证。一方面，企业要适应现代生产力发展的客观规律，按照市场经济发展的需要，积极应用现代科技成果，在管理人才、管理思想、管理组织、管理方法、管理手段等方面实现现代化，并把这几方面的现代化内容同各项管理职能有机地结合起来，形成有效的现代化企业管理。另一方面，企业要建立和完善与现代化生产要求相适应的各项管理制度，主要包括以下内容。

第一，现代企业领导制度。现代企业领导制度的核心是关于对企业内部领导权的归属、划分及如何行使等所做的规定。管理科学要求改革企业领导体制,建立和实行科学规范的公司治理。科学规范的公司治理是确立公司制度、实现公司正常运转和有效经营的基本保障。企业要根据决策权、执行权、监督权相互分离、相互制衡和相互配合的原则,建立由股东会、董事会、监事会和经理层组成的公司治理结构,不同的机构权责明确、各司其职、相互制衡、相互配合,分别行使决策权、执行权和监督权。这从企业内部而言,也是权责明确的一个方面。建立科学完善的企业领导制度,是搞好企业管理的一项最根本的工作。现代企业领导制度应该体现领导专家化、领导集团化和领导民主化的原则。

第二,现代企业劳动人事制度。现代企业劳动人事制度是用来处理企业用工方式、工资分配,以及企业法人、经营者与劳动者在劳动过程中所形成的各种经济关系的行为准则。建立与市场经济要求相适应的,能促进企业和劳动者双方相互选择、获得最佳经济效益和社会效益的,市场化、社会化、法制化的企业劳动、人事和工资制度,从而实现劳动用工市场化、工资增减市场化、劳动争议仲裁法规化,是建立现代企业制度的重要内容。

在市场经济条件下,企业实行市场化用工,即实行企业与职工双向选择的企业自主用工、劳动者自主择业的用工制度,并打破身份界限,实行能者上、庸者下的管理人员聘任制度。

现代企业根据劳动就业供求状况和国家有关政策规定,由董事会自主确定本企业的工资水平等内部分配方式,实行个人收入货币化和规范化。职工收入依岗位、技能和实际贡献确定。高层管理人员的报酬由董事会决定;董事、监事的报酬由股东会决定。

第三,现代企业财会制度。现代企业财会制度是用来处理企业法人与国家、股东、劳动者之间财会信息沟通和财产分配关系的行为准则,以保护股东和国家的利益不受侵犯。

现代企业财会制度应充分体现产权关系清晰、财会政策公平、企业自主理财并与国际惯例相一致的原则。现代企业有充分的理财自主权,包括自主的市场取向筹资、自主投资、资产处置、折旧选择、科技开发费提取及留用资金支配等权利。现代企业有健全的内部财会制度,并配备合格的财会人员。其财务报告须经注册会计师签证,上市公司要严格执行公开披露财务信息的制度。

第四,现代企业破产制度。现代企业破产制度是用来处理企业在生产经营过程中形成的各种债权债务关系,维护经济运行秩序的法律制度。它不是以行政命令的方式来决定企业的存亡,而是以法律保障的经济运行方式"自动"筛选和淘汰一些落后企业,为整个经济运行提供一种优胜劣汰的途径。

1.3.2 现代企业制度的内容

现代企业制度是一种制度体系,这个体系主要包括以下三部分内容。

(1)法人财产制度。现代企业制度的核心是建立法人财产制度。法人财产制度是以企业法人作为企业资产控制主体的一项法律制度,它是以企业出资者不直接控制企业的资产为特征的。法人财产制度的建立,使企业的财产权利被分解为财产终极所有权和法人财产权。在这种制度中,财产终极所有权即出资者所有权,在一定条件下表现为出资者拥有股权,并只能运用股东权利影响企业行为,而不能对法人财产中属于自己的部分进行支配,也不能直接干预企业的经济活动。出资者投入企业的资本金形成企业的法人财产,企业对法人财产依法拥有独立支配的权利,具体表现为企业对法人财产的占有、使用、收益和处分的权利。法人财产制度割断了出资者与企业法人财产的直接联系,从而保证了企业资产的相对独立性和完整性,使企业的经营者能够对企业资产进行统一支配和运营。

(2)有限责任制度。所谓有限责任,一是企业以出资者出资构成的法人财产为限对债务承担有限责任。当企业出现资不抵债时,企业以其全部财产进行清偿,不牵涉出资者以外的其他个人和法人的财产。二是出资者以其投入企业的资本额为限对企业的债务承担有限责任。实行有限责任制度,既划清了各个主体的责任,又能够降低出资者的风险。这种有限财产责任制度不仅能够使出资者的权利与义务相对等,而且对企业的经营者也构成了一种财产约束,强化了企业经营者的财产责任。

(3)组织管理制度。在现代企业中,企业财产权利的分解及委托代理关系的存在,要求保护企业出资者的权益,同时对代理人损害委托人利益的行为进行有效的控制,这在客观上就需要对企业内部的权力进行适当的安排,形成科学的法人治理结构。建立法人治理结构的核心是在企业内部形成激励机制和约束机制,使企业的股东会(权力机构)、董事会(决策机构)、监事会(监督机构)和总经理(执行机构)之间相互独立,并且权责利明确,从而使各方的积极性得到调动,行为受到约束,利益得以保证。

1.4 关于组织设计

1.4.1 组织设计概述

管理者设计组织结构的过程是非常重要的。组织结构是组织内正式的工作安排,以组织结构图的形式直观展现,同时服务于很多目的。管理者创造或者改变组织结构,就是在进行组织设计。

1. 组织设计的定义

从广义上说,组织设计是对组织从目标使命到业务构成,从组织结构形式到制度、文化的全方位设计与再造过程。其具体包括组织战略的设计、组织结构的设计、组织人员的设计、组织制度的设计、组织文化的设计等。

狭义的组织设计就是指组织结构的设计。它通过对组织资源(以人力资源为主)的整合和优化,确立企业某一阶段最合理的管控模式,实现组织资源价值最大化和组织绩效最大化。也就是说,组织设计是通过对实现目标与拥有资源的分析,合理确定职能分工、层次分级,建立权力链、功能组合的过程。组织设计使组织构建起纵向层级结构与横向部门结构,使组织成员配置在组织结构中,明确各部门、各岗位之间的职责和相互协作关系,从而提高组织的执行力和战斗力。

企业的组织结构设计实质上是一个组织变革的过程,它是把企业的任务、流程、权力和责任重新进行有效组合和协调的一种活动。企业根据时代和市场的变化进行组织结构设计或组织结构变革的结果是大幅提高企业的运行效率和经济效益。

2. 进行组织设计的原因

1)组织之间存在极大的效率差异

日常生活中不乏这样的情况:由同样一些成员组成的组织在不同的阶段,在不同的领导者领导以及不同的组织战略、结构、制度、文化环境下,会表现出截然不同的组织效率。

2)优秀的组织设计可以激发系统合力,产生协同放大效应

"三个和尚没水吃"的典故众所周知,类似"三个臭皮匠,胜过诸葛亮"的故事也耳熟能详,其实这就是组织结构设计的功效。从现代管理研究的最新成果看,一个企业是否优秀、能否长寿,不是看企业的领导者是否伟大,而是看企业的组织结构是否能让平凡的员工通过不平凡的努力,创造伟大的业绩。那么,什么导致了这两种截然不同的组合效果?或者说,为什么整体可能大于各部分的总和,也可能相反呢?其根本的原因就在于组织结构不同,要素组合在一起的方式不同,从而造成了要素间配合或协同关系的差异。

组织结构设计得好,可以形成整体力量的汇聚和放大效应;否则,就容易出现"一盘散沙",甚至造成力量相互抵消的"窝里斗"局面。也许正是基于这种效果,人们常将"组织"誉为与人、财、物三大生产要素并重的"第四大要素"。

3)现代组织需要有意识地设计

如果说早期的组织现象具有模糊性、非自觉性,现代组织越来越成为人类有目的、有意识雕琢设计的结构和协调活动系统的社会实体。现代组织呈现出精巧性、系统性、严谨性、适应性,而非随意的要素资源集结。从韦伯的官僚组织结构到目前的矩阵型组织结构,从注重组织内部分工到注重组织内部人性化调动,从注重组织与环境的适应性再到组织之间的虚拟化联合,组织的发展越来越受理论的指导与影响。不研究组织设计就无法保证组织健康发展。现代组织设计具有丰富的内容,往往从组织战略定位与目标设计入手,精心设计组织结构、资源配置、制度、文化等,进一步还涉及组织治理结构、责权体系、管理流程、业务流程、控制体系等一整套工程。

由此,我们可以得出结论:组织效率的差异可能来源于组织战略制定、组织结构、组织人力资源、组织制度和文化等方面的差异,而这种差异是可以通过组织设计弥补和修复的。同时,如何进行有效的组织是一门有其内在规律的学问,需要用心经营和设计。

1.4.2 组织设计的内容

组织设计从其发展的历史来看,可以分为传统组织设计和现代组织设计。传统组织设计,即科学管理时代的组织设计,是静态的组织设计。近二三十年出现了很多新理念、新方法,形成了现代组织设计,即动态组织设计。传统的组织设计内容单一,而现代组织设计的一个重要特点是内容全面、程序完整。现代组织设计的基本内容可以概括为以下两个方面。

1. 组织结构本身的设计

1)职能设计

职能设计是指对企业应具备的经营职能,以及保证经营顺利进行的管理职能的设计。它确定了为完成组织任务、目标而需要哪些基本职能,其中对于实现组织战略具有决定意义的关键性职能是什么;把各项职能由粗到细地一级一级地进行分解,使其成为一项一项独立的、可以操作的业务活动,使得各项职能得以落实。

2)框架设计

框架设计是指设计承担这些管理职能和业务的各个管理层次、部门、岗位及其权责。这是组织设计的主要内容和主体工作。从设计内容看,组织结构的框架设计可以分为层次结构设

计和部门化设计两个方面。前者主要是确定组织的管理层次以及上下层次之间集权与分权的关系,从而把组织的管理体制确定下来,又称组织的纵向结构设计;后者主要是确定各个管理层次的部门设置及其相互关系,解决适合组织具体条件的部门化方式的问题,又称组织的横向结构设计。

3)协调方式设计

协调方式设计也称横向协调设计或组织联系设计。框架设计的实质是研究分工,即整个管理系统如何分工,纵向分层次,横向分部门。而有分工必然有协作,这就需要协调方式设计。协调方式设计是设计各管理层次之间、各部门之间的协调方式和沟通手段。这一工作很重要,它要把各个组成部分再联结成为一个整体,即实现组织的一体化,从而使各层次、各部门之间相互配合、步调一致,整个组织结构协调运转,使组织管理的整体功能得以有效实现和不断强化。

2. 组织的各项管理制度和方法的设计

这包括三项主要内容:一是管理规范设计,又称规章制度设计;二是人员设计,确定组织结构正常运行所必需的人员数量和质量;三是激励制度设计,包括正激励和负激励,俗称奖惩制度设计。

1.4.3 组织设计的依据

组织活动总是在一定的环境中利用一定的技术条件,并在组织总体战略的指导下进行的。组织设计应考虑这些因素的影响。此外,组织规模及组织所处阶段不同,也会要求与之相应的结构形式。

1. 战略

战略是企业面对竞争和挑战的环境,为了实现组织的总体目标而对组织发展方向、行动方针以及资源配置等一系列通往目标的途径和方法所做的总体规划。这是一种实现预定目标的计划。组织目标是最终目的,组织战略是实现目的的手段策略。

战略学家迈克尔·波特在《什么是战略》一文中指出,战略指的是组织如何界定独特定位,如何做出明确取舍,如何加强各项活动之间的匹配度。实施战略是为了使组织获得优势竞争力。波特认为组织有三种基本战略定位:

(1)基于种类的定位(variety-based positioning),即当组织通过独特的经营而提供特定的产品与服务时,组织的战略定位应该基于产品或服务种类的选择而不是基于客户细分市场。

(2)基于需求的定位(needs-based positioning),是指企业组织基于顾客的需求,而为顾客提供某些特定的运营活动以满足这些需求。

(3)基于接触途径的定位(access-based positioning),即为了使组织能够以最有效的方式为顾客服务,企业组织需要相应地设计不同的运营服务以弥补地理或客户规模变化带来的不确定性。

从辩证的观点看,企业战略决定组织结构,而组织结构也反作用于企业战略,即结构对战略有促进或制约的作用,两者相互影响、相互制约。战略在两个层次上影响组织结构:不同的战略要求不同的业务活动,从而影响管理职务的设计;战略重点的改变,会引起组织工作重点的变化,进而使各部门与职务在组织中的重要程度发生变化,因此要求各管理职务以及部门之间的关系做出相应的调整。组织结构对企业战略的作用主要表现在以下三个方面：第一，组织结构直接影响组织行为的效果和效率，从而影响企业战略的实现。第二，组织结构存在交易成本。要调整或重建组织结构，就要耗费大量的时间、人力、物力，会增加实施战略的总成本。第三，组织结构影响信息传递。不同的组织结构下，信息传递的效率和效果是不一样的。总体上来说，企业战略对组织结构的影响相对于组织结构对企业战略的影响而言更占主导作用。

2．环境

外部环境是否稳定，对组织结构的要求也是不同的。稳定的环境要求机械式管理系统的稳固结构，管理部门与人员的职责界限分明，工作内容和程序经过仔细的规定，各部门的权责关系固定，等级结构严密；而多变的环境则要求组织结构具有灵活性，各部门的权责关系和工作内容需要经常做适应性的调整，并且组织设计中强调的是部门间横向的沟通而不是纵向的等级关系。

3．技术

技术是指用以将组织的投入（原材料、信息、思想）转换为产出（融资品和服务）的各种业务流程、技术、机器和方法。技术是组织的生产过程，是实现组织目标的重要手段。技术一般可以进行以下区分：

（1）核心技术，即直接影响到组织是否能够实现组织目标的关键工作方法和流程。

（2）非核心技术，即对组织而言比较重要的工作方法和过程，但并不能对组织是否能够实现其使命产生决定影响。

现代企业一个最基本的特点是在生产过程中广泛使用了先进的技术和机器设备。不同的技术对组织结构的设计要求不同。程序化的、常规的技术一般要求高度机械化的组织，而非程序化的、非常规技术则要求组织采用有机式的结构。

4．规模与组织所处的发展阶段

对于企业组织而言，企业的规模可以用三个方面来衡量。

1）组织的成员数量

组织是一个社会系统，其规模通常以成员数目来衡量。组织的成员数量代表了组织的人力资源。组织拥有的成员数量越多，组织的人力规模越大。

2）组织的资源涵盖力

组织的资源涵盖力既包括组织能够消化多少资源，也包括组织能够获得多少资源。组织的资源涵盖力越大，组织所占有的资源越多。

3）组织的投入产出能力

组织的投入产出能力可以通过组织的业务量和运行状态进行衡量。此外，投入与产出的比值也可以用来衡量组织的效率。

规模是影响组织结构的一个不容忽视的因素。一般而言，大型组织往往比小型组织工作专门化程度更高、部门更多、集权程度更高、规则条例更多。然而，这一影响随着规模的增大有递减的趋势。比如，一个具有 5000 名员工的组织，如果再增加 50 人，对组织的结构并不会产生多大的影响；然而，一个只具有 50 名员工的组织，如果增加 50 人，则组织可能会向更为机械化的方向发展。

另外,组织的规模往往与组织的发展阶段相联系。伴随着组织的发展,组织活动的内容日趋复杂,人数逐渐增多,活动的规模越来越大,组织结构也应随之调整。

1.4.4 组织设计的流程

组织设计是一个动态的工作过程,包含了众多的工作内容。需要组织设计的情况一般有三种:一是新建企业需要进行组织结构设计;二是原有组织结构出现较大问题或企业战略目标发生较大变化;三是组织结构需进行局部调整。组织设计要根据其内在规律有步骤地进行,才能事半功倍。

(1)确定组织设计的基本方针和原则。这就是根据计划的任务、目标以及外部环境和内部条件,确定设计的基本思路。其中,组织目标是进行组织设计的基本出发点。任何组织都是实现一定组织目标的工具,没有明确的目标,组织就失去了存在的意义。

(2)进行职能分析和职能设计。即根据组织目标的要求,确定为实现组织目标所必须进行的业务管理工作项目,并按其性质适当分类,如市场研究、经营决策、产品开发、质量管理、营销管理、人员配备等。组织只有明确各类活动的范围和工作量,进行业务流程的总体设计,才能使总体业务流程优化,提高管理工作效率。

(3)进行企业外部跨企业的组织联系设计。这一点是指根据企业发展战略和外部环境特点,研究确定企业采取怎样的组织形式,处理产业链上下游企业之间以及横向各个经营领域企业之间的联系,即研究确定企业同主要供应商、协作者以及竞争对手等各类企业采取怎样的组织形式,建立怎样的合作关系。总之,组织设计人员要深入思考,如何最大限度地利用社会分工体系和各种社会资源,使得本企业组织具有很强的竞争力以及适应能力。

这一步骤与前一步骤的实质相同,都是在研究解决企业及其管理的职能结构问题,因此这两个步骤密不可分,相互影响。例如,企业决定某项事业要采取虚拟公司的组织形式来推进,则企业内部的组织结构必然十分简单,因为在虚拟公司形式下,设计、生产、分销、服务等职能可进行外包,企业自身只需健全计划、协调、控制即可。

(4)设计组织结构的框架。即设计承担各项管理职能和业务的各个管理层次、部门、岗位及其职责。从设计的方法来看,框架设计有两种方法。①自下而上地进行设计。首先,确定企业运行所需的各个岗位和职务;其次,按照一定的要求,将某些岗位和职务组合成多个相应独立的管理部门(职能处室);最后,根据部门的多少和设计的幅度要求,划分出各个管理层次。②自上而下地进行设计。它的设计程序与前一种方法相反。首先,根据企业的各项基本职能和集权程度的设计原则,确定管理层次;其次,进一步确定各管理层次应设置的部门(职能处室);最后,将每一个部门应承担的工作分解成各个管理职务和岗位。因为职务、部门、层次相互联系、相互制约,所以在实践中一般是两种方法相结合使用,相互修正,经过多次的反复才能将最后的框架确定下来。

(5)设计联系方式。即设计上下管理层次之间、左右管理部门之间的协调方式和控制手段。这一工作很重要。如果说框架设计的重点在于把整个企业的经营管理活动分解成各个组成部分,那么这一步骤就是把各个组成部分整合成一个整体,使整个组织结构能够协调一致、有效地实现企业管理的整体功能。在这一步骤中,组织设计人员需要注意组织运行中可能产生的各种矛盾、人员不适应等问题,并在相关步骤中采取有效对策加以解决。

(6)设计管理规范。即确定各项管理业务的工作程序、工作标准和管理人员应采用的管理方法等,并使之成为各管理层次、部门和人员的行为规范。这一步骤是组织结构设计的细化,为各层次及各部门人员提供行为准则,使得组织有了高度的统一性和高效性。

(7)进行人员配备和训练管理。根据各单位和部门所分管的业务工作的性质和对职务人员素质的要求,挑选和配备称职的职务人员及其行政负责人,并明确其职务和职称。一般来说,结构设计时先暂不考虑企业现有人员的具体情况,而是在设计实施时按设计要求的数量与质量来配备各类管理人员。

(8)设计各类运行制度。组织结构的正常运行不仅需要一套行为规范,还需要一套良好的运行机制来保证。这一运行机制主要是绩效评价和考核制度、激励制度、人员补充和培训制度等。一系列的机制安排,可以充分调动员工的积极性与创造性,促使组织不断蓬勃发展。

(9)反馈和修正。这是一个动态的过程,即将组织结构运行中出现的各种信息反馈到前述各个环节中去,定期或不定期地对原有组织设计做出修正,使之不断完善,不断符合新的情况。

1.4.5 组织设计的原则

科学的组织形式需要遵循一定的设计原则,这些原则既能指导企业进行组织设计,也能评估现有组织结构的合理性。

1. 传统的职能型组织设计的一般缺陷

随着信息技术的发展,传统的职能型组织设计已不适应目前的社会企业发展状况,主要表现在以下几点:

(1)传统的组织设计以制造企业为研究对象,随着产业的演进与分化,非制造企业比例越来越大。企业的性质不同,则其组织设计也与传统的组织设计不同。

(2)传统的职能组织结构源自一个单一产品、单一技术、单一市场的企业,而目前的企业普遍存在多种产品、多种技术和多个市场的状况,因此传统的组织设计显然不能适应现代企业的需要。

(3)传统的职能组织是在稳定的环境中诞生的,而现代企业面临的是剧烈多变的环境。环境的剧烈变化,必然要求企业的组织结构随之变化。传统的组织结构刚性高,而现代企业要求组织结构趋向柔性化。

(4)传统的职能组织没有创新空间。传统的组织解决常规的问题往往有效,但在当代,外部环境剧烈变化,非常规问题频繁出现,这就需要采用非程序化的、创新的方法进行解决。总之,传统的职能组织制约了组织的发展,不能更快地适应环境的变化。

(5)传统的职能组织结构是基于组织成员被动服从而设定的,这种状况目前已经受到严重冲击,尤以开发与设计人员等的工作主动性与创造性对其影响重大。

(6)传统的职能组织受到信息技术革命的强烈冲击。传统的组织结构设计中的机构设置和人员配备有很重要的一部分功能是为了应付信息处理。随着计算机的普及,数据的处理更加迅速快捷,因此管理层次与管理人员的数量大幅下降。信息技术在监控、远距离沟通等方面对企业组织管理也产生了重大影响。总之,作为典范的职能组织模式,面对当代剧烈变化的内外环境和日益严峻的挑战,其适用空间不断萎缩。

2. 现代组织设计的一般原则

1) 任务目标原则

任何一个组织都有其特定的目标,组织结构是为实现组织的目标而设置的。组织结构的调整、合并、增加、减少都应以对实现目标有利为衡量标准,而不能有其他标准。任务目标原则是组织设计全部工作的出发点,也是组织设计最终的归宿点。因此,这一原则对组织设计有重大意义。

2) 精简高效原则

精简原则是指组织结构的设计与组织目标任务相适应,根据任务设置机构,包括管理层次和部门设置的合理性。这一原则要求:管理层次要与垂直分工的精细程度相适应,考虑管理等级之间的沟通和联络;部门划分精细适当,要有明确的职责和足够的工作量;每个部门的规模(即人员配备)与其任务相适应,防止人浮于事现象的产生。

一个组织整体只有结构合理,内部比例恰当,机构设置得当,才能有效率。如果机构重叠、臃肿,必然会人浮于事、权责不清,难以达到有效沟通和联络。精简的重点应该突出"精",以精求简、精干高效。简而不精、势单力薄,既不符合组织建设的目的,也不利于完成组织任务。

3) 分工协作原则

组织目标的实现要靠组织全体成员共同的努力。这就要求组织必须坚持分工协作原则,把组织目标分解并落实到各个部门和各个成员,这就是分工。分工不可一味追求过细或过粗,应以企业的具体情况而定。分工时尽可能按专业化的要求来设置组织结构,此外还应注意分工的经济效益。

有分工还必须有协作。为了确保组织目标的完成,组织内各部门、各岗位都必须进行协作。协作就是要规定各个部门、各层次和各岗位相互之间的关系,以及协调配合的方法。如果组织内各部门、各岗位不协调一致,相互间的力量就会抵消,组织的职能将受到严重削弱。在协作中要明确各部门之间的相互关系,找出容易发生矛盾的地方,加以协调。

4) 有控制的竞争原则

这一原则是指在分工协作的同时,组织内部存在一定程度的竞争。有控制的竞争强调的是部门之间的差异以及各部门为实现各自的利益奋力进取。有意识地在某些部门保持一定程度的竞争,可增强组织的活力,继而推动管理工作的改善与创新。

5) 统一指挥原则

统一指挥原则是指组织设计必须使组织的各分系统和个人在完成任务的过程中服从一个上级的命令和指挥,以达到协调统一。

6) 合理的管理幅度和管理层次原则

管理幅度是指在企业内部的各级管理层次上,一个指挥、监督或管理人员能够领导人员的最多个数。这一原则要求必须分析影响管理幅度的直接因素与间接因素,以使管理人员能确定一个适合自己的幅度,避免管理人员的能力过剩和能力不足。如果一个人领导或监督的人员过多,会因为不能有效地管理而降低领导质量和被管理人员的工作效率;如果领导或监督的人员过少,又会浪费领导的才能。一个管理人员的管理幅度大小受管理机构的层次高低、管理人员才能和上级领导授权程度等的影响。一般情况下,管理机构层次越高,管理的幅度应该相对较小,而基层领导可以多领导一些下属人员。

企业以工作为中心设置管理机构,必然会联系到企业的管理层次设置问题。适当的管理层次原则要求企业管理层次的设置应该尽可能少。因为如果企业管理层次过多,对上下级之间的沟通不利,各种指示和信息经过多层次的传达,容易造成"打折扣"。反之,不适当地减少管理层次,又会影响管理的效能。一般来说,大型企业的管理层次以 3~4 层为宜,中小企业的管理层次以 2~3 层为宜。

7)权责对等原则

权力和责任是同一事物的两个方面。权责对等原则是指组织中的每个部门和部门中的每个人员都有责任按照工作目标的要求保质保量地完成工作任务,同时,组织也必须委之以自主完成任务所必需的权力。

这一原则要求职权与职位、职责相对应,职责与职位、职权相对应,不允许职权程度大于或小于职责程度;职责、职权要形成规范,使各职位之间的权力责任关系清晰,指挥明确,以减少组织中的重复、抵消、推诿、扯皮、争权、卸责等权责不清的现象,提高组织的工作效率。

这一原则还要求工作人员做到人职相符,人尽其才,人得其用、用得其所、各尽所能。人职相符既是组织设计的原则之一,又是领导者用人的基本原则。

8)效率效益原则

效率是衡量任何组织结构的基础,是组织结构合理协调的标志。效益则是设置组织结构的目的,规定了组织活动必须达到一个什么样的目标。效率效益是设置组织结构的最根本的准则。这一原则要求所设计的组织结构必须能实现高效率运转,而组织活动的结果必须有一定的效益。

9)弹性原则

组织结构要富有弹性,要根据客观情况的变化实行动态管理。组织是整个社会环境的一部分。组织与社会环境的密切关系受社会政治、经济、文化等因素的制约。组织内的各个方面因素也在不断地变化着。因此,组织结构既要有相对的稳定性,不要轻易变动,又必须按照组织内部和外部条件的变化,根据长远目标做出相应的调整,具有弹性。墨守成规长期不变的管理结构,不符合组织结构设计的弹性原则,它抑制了职工的积极性与创造性。组织结构的弹性原则要求组织定期分析社会环境、组织内的人的因素及技术因素等的变化,对组织结构进行适当的调整与改进,这样才能使组织适应外部环境的变化。

3. 现代组织设计原则的新发展——CHORT 原则

(1)个性化(characteristic)原则。个性化原则的主要内容有:①组织中人的个性因素。不论是上到高层管理者还是下到基层员工,在利益、需求、价值观念和知识能力上都存在着不一致之处,组织设计应充分考虑这种差异性。②组织中物的个性因素。物之间的生产属性和社会属性不同,对生产、使用和消费的技术要求、劳动分工的程度等都不一样。因此,组织设计特别是组织流程设计更要充分考虑各个流程的特点,有的放矢,以提高效率。

(2)横向(horizontal)原则。横向组织设计主要处理组织内部的横向关系和组织外部的横向关系。组织内部的横向设计要求以"分工明确、责权清晰、协调有序、配合有效"为指导原则,通过对各职能部门工作需求的准确分析,明确其职责,同时建立起有效的工作协调机制来解决上述组织运作中的问题。组织外部的横向设计主要是处理好企业与供应商、政府和社区等利益相关者的关系,这种横向设计的主要目的是获取更多的战略资源、支持和巩固自身的核心能力。

(3)纵向(ordinate)原则。组织设计的纵向原则主要解决两个主要问题:①如何处理好所有权与经营权的关系;②如何处理好企业经营管理中的集权和分权的关系。因此在设计权力分配时,组织应按照"集权有道、分权有序、授权有章、用权有度"指导原则,设计出科学合理的组织结构和管理办法,从而保证管理流程运行顺畅。

(4)区域(regional)原则。不同的区域有不同的经济状况、生活习俗和工作价值观,因此,企业组织应根据其所处区域和环境的实际情况及特点,灵活构建组织结构形式。企业组织设计的区域原则充分体现了不同区域特点对企业组织设计的影响。

(5)时间(time)原则。企业组织设计应遵循时间原则,主要基于两点考虑:①每个企业的发展是一个过程,处于不同阶段的企业组织的规模、战略、目标、结构和集权程度都不一样,因此组织设计应随着企业周期变化而变化。②企业从一种状态过渡到另一种新的状态,需要一个时间过程,这决定了组织设计的实现也是一种过程,一个周期。

CHORT原则体现出了理论上的完整性、系统性和实践上的可操作性。它既考虑了一般因素,又照顾了特殊因素;既涉及时间因素,又论及空间区域因素;既考虑了组织内部,又强调了组织外部关系的处理;既讲了设计的一般理论,又指出了实践的操作方法。总之,CHORT原则更加突出了企业组织设计的科学性及其运转的艺术性。

本章小结

任何一个组织,不论其大小,是简单还是复杂,都需要进行设计和管理。本章作为全书的绪论部分,分别从组织概述、企业与企业的发展历程、企业制度及组织设计这四个方面对组织的管理与设计进行了简单的引入。

"组织"一词有动词和名词两个词性。当作为动词时,组织是与计划、指挥、协调、控制并列的管理基本职能之一,指的是组织结构的设计、创立、运行和变革。当作为名词时,组织分为有形的组织和无形的组织两层意思。

企业是市场中的经营主体,是由各种生产要素的投入者集合而成的。现在一般认为,企业就是从事生产、流通和服务等经济活动的,为满足社会需要并获取盈利,进行自主经营、自负盈亏,实行独立核算的经济单位。

现代企业制度是以企业法人制度为基础,以企业产权制度为核心,以产权清晰、权责明确、政企分开、管理科学为条件而展开的由各项具体制度所组成的,用于规范企业基本经济关系的制度体系。它是社会化大生产和市场经济发展到一定阶段的法治完善的产物,基本特征有产权明晰、权责明确、政企分开和管理科学。

组织设计是一个动态的过程,包括以下程序:确定组织设计的基本方针和原则,进行职能分析和职能设计,进行企业外部跨企业的组织联系设计,设计组织结构的框架,设计联系方式,设计管理规范,进行人员配备和训练管理,设计各类运行制度,反馈和修正。现代组织设计需要遵循一定的原则。

批判性思考与讨论题

1. 简述组织的概念及特点。组织的构成要素有哪些?

2. 什么是企业？简述现代企业系统的结构。

3. 什么是现代企业制度？它的基本特征是什么？

4. 简述组织设计的程序与内容。

5. 如何理解CHORT原则的内容？和其他原则相比，CHORT原则有什么不同？

案例分析

实操训练题

实操内容：任选两个你所熟悉的组织，如学校、你工作的单位或你所了解的某民营科技类企业，针对学校或公司收集其历史发展脉络信息，同时对组织内部的老员工进行访谈。

实操要求：首先，根据资料描述两个组织的环境；其次，分析组织结构发展变革的背景和实效；最后，评价不同组织的结构设计标准及其设计的依据和所遵循的设计原则。

第2章 组织设计的理论基础

研究内容

1. 组织理论发展的历史脉络；
2. 古典组织理论的主要观点和内容；
3. 行为组织理论各流派的形成及相互区别；
4. 现代组织理论的发展与主要内容；
5. 组织理论的新发展。

关键概念

科学管理(scientific management)

科层制(bureaucracy)

例外原则(principle of exception)

组织权力(organizational power)

人际关系理论(human relations theory)

需要层次理论(hierarchy of needs theory)

激励因素(incentive factors)

保健因素(maintenance factors)

有限理性(bounded rationality)

公平理论(equity theory)

联结销(linking pin)

组织平衡理论(organizational equilibrium theory)

权变组织理论(contingency theory of organizations)

组织生态理论(organizational ecology theory)

组织资源依赖理论(resource dependence theory of organizations)

开篇案例

扁平化和平台化/生态化组织设计：以海尔为例

生态化组织或者说平台化组织，是指能够根据市场变化做到高度灵活、自我更新、新陈代谢，并在产业链上不断地延伸，深化企业间的相互协作，贯通或者掌控产业价值链的各个环节，把价值链的起点和终点实现连接，价值链之间形成互联互通的组织。它在经营上更加注重各环节的协同和聚合效应，注重与外部合作伙伴的合作与协同，而不那么关注竞争本身。

海尔集团经历了以下六个发展阶段：名牌战略发展阶段(1984—1991年)、多元化战略发展阶段(1991—1998年)、国际化战略发展阶段(1998—2005年)、全球化品牌战略发展阶段(2005—2012年)、网络化战略发展阶段(2012—2019年)、生态品牌战略阶段(2019年至今)。海尔在前两个发展阶段，也就是在1998年之前，主要采用的是直线职能和事业部的组织结构。在第三个发展阶段，组织结构在事业部的基础上转变成了矩阵式，也就是市场链的组织，将原来属于各事业部的研发、销售、财务、人力等部门进行整合，整合后形成统一的研发中心、营销中心、财务中心、人力资源中心。2005年，海尔创新性提出人单合一模式："人"即员工，"单"即用户价值，"合一"指员工价值与所创造的用户价值合一。在网络化战略发展阶段，海尔通过搭建开放式创新平台，引入用户、技术和产业资源，实现创新需求与能力供给的有效衔接。同时，海尔打破传统科层制管理模式，将公司组织结构由"正三角"转变为"倒三角"，取消所有职能部门及12000名中层管理者，同时孵化了4000多个小微创业组织，成为全球首个探索实践物联网管理模式的企业。公司变成只有平台主、小微主、创客三类主体的自主创业平台，让员工在为用户创造价值的过程中实现自身价值，成为自己的CEO(首席执行官)。海尔从"倒三角"组织又进一步转型成为平台型组织。

资料来源：王梅艳. 创业40载：海尔的革新与恒守[J]. 企业管理，2024(11). 有删改。

2.1 古典组织理论

古典组织理论产生于19世纪末20世纪初，是组织理论的最初形态。这个时期是公共行政学的早期研究时期，因此古典组织理论得到了广泛的关注和应用，成为当时组织设计和管理的主流理论。古典组织理论强调组织的稳定性、秩序性和可控性，注重组织结构和规章制度的建设，以提高组织的效率和效能。它的主要代表人物有弗雷德里克·泰勒、亨利·法约尔和马克斯·韦伯等人。这些学者和先驱们通过对组织活动和行为的研究，提出了许多关于组织结构、组织设计、组织行为和组织效率等方面的理论和观点，为后来的组织理论和管理学的发展奠定了基础。

2.1.1 泰勒的科学管理理论

19世纪末至20世纪初，美国工业快速发展。随着资本主义工商业的迅速扩张，生产效率低下、资源浪费严重、劳资矛盾加剧等问题日益凸显，企业普遍面临管理混乱、生产流程不清晰、员工积极性不高等困境。在此背景下，弗雷德里克·泰勒凭借其丰富的工程和管理实践经验，通过长期对工人劳动过程的观察、测量和实验，提出了科学管理理论。该理论旨在通过系统的方法分析工作流程、制定标准化的操作规程、实施科学化的培训和激励机制，以最大限度地提高生产效率、降低成本、减少浪费，并解决劳资之间的矛盾。泰勒也因此被认为是"科学管理之父"。他的组织理论内容主要体现在以下几个方面。

1. 设立独立的管理职能岗位

泰勒认为，在大型企业中，管理和执行是两个不同的职能，需要分别由专业的人员来承担。管理职能负责制定生产目标、计划和标准，而执行职能则负责按照计划和标准完成生产任务。两者之间的协调与合作，有助于提高管理的专业性和效率。企业通过设立独立的管理职能岗位，可以使管理者从烦琐的执行工作中解脱出来，专注于制定政策、监督和控制生产活动。

2. 实行职能工长制

泰勒不但提出将管理职能与执行职能分开，而且提出必须废除当时企业中军队式的组织而代之以"职能式"的组织，实行"职能式的管理"。

泰勒认为，在企业里工段长和班组长的责任是复杂的，需要相当的专门知识和各种天赋，所以只有本来就具有较高素质并受过专门训练的人才能胜任。泰勒列举了在传统组织中作为一个工段长应具有的几种素质，即教育、专门知识或技术知识、机智、充沛的精力、毅力、诚实、判断力或常识、良好的健康情况等，但是每一个工段长不可能同时具备这几种素质。为了事先规定好工人的全部作业过程，指导工人干活的工段长必须具有特殊的素质。因此，为使工段长职能有效地发挥，就要进行更进一步的细分，使每个工段长只承担一种管理的职能。为此，泰勒设计出八种职能工段长，来代替原来的一个工段长。在这种情况下，工人不再听一个工段长的指挥，而是每天从八个不同工段长那里接受指示和帮助。

泰勒的职能工长制是根据工人的具体操作过程进一步对分工进行细化而形成的。他认为每个职能工长只承担某项职能，职责单一，对其培训花费的时间较少，有利于发挥每人的专长等。泰勒认为职能工长制有许多优点，但后来的事实证明，这种单纯"职能型"组织结构容易形成多头领导，造成管理混乱。所以，泰勒的这一设想虽然对以后职能部门的建立和管理职能的专业化有较大的影响，但并未真正实行。

3. 提出例外原则

泰勒鼓励管理者将日常、常规的事务授权给下属，让他们在自己的职责范围内发挥专业能力和创造力。通过这种做法，高级管理者能够将精力集中在那些真正需要他们决策和控制的例外事项上，这些事项往往关乎企业的长远发展和重大决策。泰勒例外原则的实施，不仅有助于提升管理效率，还能够促进组织的健康发展和创新。当基层员工被赋予更多自主权时，他们的工作积极性和创造力会得到充分激发，从而提高整个团队的工作效率。同时，高级管理者通过聚焦于例外事项，能够更好地把握企业的战略方向，为企业的发展制定更加科学合理的规划。

此外，泰勒例外原则还强调了沟通和反馈的重要性。在授权过程中，管理者需要与下属建立明确的沟通机制，确保双方对授权事项有清晰的认识和期望。同时，下属在执行任务过程中也需要及时向管理者反馈进展情况，以便管理者能够及时调整策略，确保任务的顺利完成。

4. 提倡标准化管理

泰勒提出的标准化管理是他对管理学领域的重要贡献之一，其核心理念是通过科学化、标准化的管理方法来提高生产效率。

(1) 标准化工作方法：泰勒认为，生产作业应该通过制定标准化的工作方法来提高效率。这意味着每个工序都应该有明确的步骤和操作规程，工人必须按照这些规程进行操作，以确保作业的质量和效率。

(2) 专业化：泰勒主张将工人的工作分解成各个简单的任务，每个工人只负责其中的一部分，从而实现专门化和分工，提高效率和生产能力。工人可以通过重复性的操作来快速提高技能和效率。

(3) 时间与动作的测定：泰勒提出了时间研究法，即通过对每个动作的时间进行测定来确定工序的标准时间。这样可以确保员工合理地安排时间，并避免浪费时间，从而提高了生产效率。

(4) 固定工时制度：泰勒主张实行固定工时制度，即规定每天工作时间为固定的八小时，以提高生产效率和员工的工作积极性。

(5) 工具和设备：泰勒强调使用标准化的工具和设备，以确保工作的一致性和高效率。标准化的工具和设备可以提高生产效率，同时减少操作错误和浪费。

泰勒的组织理论通过强调科学管理和分工的重要性，为现代企业管理提供了重要的理论支持和实践指导。这些理论在工业生产中得到了广泛应用，并取得了显著的成效。同时，这些理论也为后来的管理学理论发展奠定了基础。但是该理论也有很多不足之处。①该理论认为企业是出于利益最大化目的来进行管理的，而员工则是为获取最大限度的回报而进行工作的。其实，员工除了获取薪酬的工作动机以外，还有其他许多社会方面和心理方面的动机。②管理过程过于机械化，过分强调管理制度，不注重员工的素质结构和社会因素，忽略了员工的主观能动性。

2.1.2 法约尔的一般管理理论

亨利·法约尔是一位具有多重身份的法国人，其身份包括管理实践家、管理学家、地质学家、国务活动家等。他提出的一般管理理论主要源自其1916年出版的《工业管理与一般管理》一书。该书标志着一般管理理论的形成，并因此确立了法约尔在管理学领域的重要地位。该理论对西方管理理论的发展有巨大的影响，也使法约尔成为管理过程学派的创始人，被誉为"管理理论之父"。法约尔的一般管理理论内容主要体现在以下几个方面。

1. 管理职能

法约尔提出了管理的五个基本职能，这些职能构成了管理过程的基础。

(1) 计划：探索未来，制订行动方案。法约尔认为，良好的计划应具备统一性、连续性、灵活性和精确性四个特点。

(2) 组织：建立企业的物质和社会的双重结构。这包括组织体系、结构框架、活动内容与规章制度以及职工的选拔、任用、奖惩、培训等。

(3) 指挥：使组织充分发挥其作用，使企业人员做出最大的贡献。

(4) 协调：调整和改善组织各部门之间、人员之间、活动之间的各种关系，使各项工作和谐地配合进行，以实现组织的目标。

(5) 控制：对组织的各项活动进行监督，使之按照计划进行，当出现偏差时，及时采取措施进行纠正。

2. 管理原则

法约尔提出了管理的十四条原则，这些原则对组织的成功至关重要。

(1) 劳动分工。分工可以提高工作效率，使每个员工专注于自己擅长的领域，从而发挥最大的工作效能。

(2) 职权与职责。管理者应拥有足够的权力来执行其职责，同时这些权力也应受到相应的限制，以确保管理者不滥用职权。

(3) 纪律。员工应遵守组织的规章制度，维护组织的秩序和效率。管理者应确保员工了解并遵守这些规定。

(4) 统一指挥。每个员工应只接受一个上级的命令,以避免多头领导带来的混乱和冲突。

(5) 统一领导。组织中的所有活动都应围绕一个统一的目标和计划进行,以确保资源的有效配置和组织的协调发展。

(6) 个人利益服从集体利益。组织的目标应高于个人的利益,员工应为了组织的整体利益而工作。

(7) 报酬。员工应得到公平合理的报酬,以激励他们更好地工作。报酬应与员工的贡献和绩效相匹配。

(8) 集权与分权。组织应根据实际情况,在集权与分权之间找到平衡点。过于集权可能导致决策迟缓,而过于分权则可能导致组织失控。

(9) 等级链。信息应按照组织的等级结构进行传递,以确保信息的准确性和及时性,但在特殊情况下,可以允许越级交流。

(10) 秩序。组织应建立和维护一个有序的工作环境,以确保员工能够高效地完成工作。

(11) 公平。管理者应公平地对待每一位员工,不偏袒、不歧视。这有助于建立和谐的员工关系,提高员工的工作积极性。

(12) 人员稳定。员工应保持相对稳定,避免频繁的人员流动给组织带来的不利影响。

(13) 精神。管理者应鼓励员工发挥创新精神,提出新的想法和解决方案。这有助于组织的持续发展和改进。

(14) 团结精神。组织应建立和维护一个团结的氛围,鼓励员工之间的合作和协作。这有助于增强组织的凝聚力和竞争力。

3. 组织理论

法约尔的组织理论强调了组织结构的重要性。他主张建立一个明确的组织结构,包括高层管理者、中层管理者和基层员工,每个层级都有明确的职责和权力。这种结构有助于实现组织的稳定性和有效性。在组织结构的设计上,法约尔强调了专业化的重要性。他主张根据职能和职权对组织进行专业化分工,并建立相应的管理部门,这样可以提高组织的效率和工作质量。此外,法约尔还强调了组织的协调和控制。他主张建立一个有效的控制系统,以确保组织的各个部门和员工都遵循既定的目标和政策。

总之,法约尔的管理理论是一个全面而系统的理论体系,它涵盖了管理职能、管理原则和组织理论等多个方面。这一理论的形成,使管理理论又发展到了一个新的高度,对现代管理学的发展产生了深远的影响,对企业的管理实践具有重要的指导意义。但该理论依然过于强调机械化管理,同样忽略了员工的主观能动性,将员工看作是机械化的个体,没有重视人文元素,大大削弱了员工的工作积极性。这种情况下,员工关注的是自己的利益,而不是企业的发展。

2.1.3 韦伯的科层组织理论

马克斯·韦伯是德国著名的社会学家和组织学家,被誉为"组织理论之父"。他的组织理论,尤其是科层组织理论(又称官僚制理论或理想的行政组织体系理论),对后世产生了深远的影响。

1. 科层组织理论的基本概念

韦伯的科层组织理论是基于权力类型和组织结构的分析,提出的一个理想化的行政组织模型。他指出,现代的行政组织存在着一种正式的管辖范围的原则,这种管辖范围一般是由规则确定的。这意味着:按行政方式控制的机构的目标所要求的日常活动,是作为正式职责来分配的;执行这些职责所需要的权力是按一种稳定的方式来授予的,并且由官员通过肉体的、宗教的或其他的强制手段来严格地加以控制;组织对正常且持续履行职责和行使相应权力的方法应有所规定,只有按一般规定符合条件的人才会被雇佣。这三项要素在国家范围构成一个行政组织体系的机关,在经济领域则构成一个行政组织体系的企业。

2. 科层组织的权力基础

韦伯认为任何组织都必须以某种形式的权力作为基础,否则就不能达成组织的目标。社会中存在三种能被接受的权力来源。首先是传统权力,人们对这种权力的服从是因为领导者处于传统惯例或世袭所承认与支持的权力地位,是人们对传统拥护的结果,领导者的高高在上的地位也使其权力是不受限制的,领导者的意志与感情就是组织中事物处理的标准;其次是超凡权力,领导者以超自然力量拥有者自居,并神话为天道的代言人,其意志凌驾于众人之上,因而其行为也是不受束缚的,人们追随其后是源于对领导者的崇拜与信仰,这是以神秘色彩的非理性行为为基础的;最后是合理-理性权力,领导者的权力源自法律制度所赋予的职权,而不是源自领导者自身的意志。法律是至高无上的权力来源,领导者需要遵循规定,在一定的范围内按照法定的程序行使自己的权力。

在上述三种权力中,传统权力效率较差,因为领导者并未经过挑选,其对组织的影响取决于个人能力的优劣。超凡权力则偏向于非理性,依据的是超自然或者某种神秘的力量,具有较强的不稳定性。而在法定的权力中,被领导者服从于法律制度所授予的某个职位的权力,而非这个职位的领导本人,在这种情况下,组织的全体成员都要遵守法律制度的规定,领导者的权力有着确定的范围,并且遵循特定的程序。因而,韦伯基于管理的连续性需要秩序、理性的筛选和权力的约束三方面,认为只有这种公正性的法定权力才能够作为行政组织体系的基础。

3. 科层组织的特点

(1)明确分工。每个组织成员都有明确的职责和权力范围,避免了职责不清和权力重叠的问题。

(2)权力等级。组织内部形成一个自上而下的等级严密的指挥系统,每个职位都有明确的职权范围。

(3)规范录用。人员的任用完全根据职务要求,通过正式的考评和教育、训练来实现。

(4)管理职业化。管理人员是职业化的,他们有固定的薪金和明文规定的晋升制度。

(5)公私有别。管理人员的职务活动与私人事务相分离,管理人员不能滥用职权。

(6)遵守规则和纪律。所有成员都必须严格遵守组织的规则和纪律,以确保组织的统一性和效率。

韦伯的科层组织理论为组织理论的发展奠定了重要的基础。它不仅揭示了组织运作的基本原理和规律,还为现代组织的管理和改革提供了重要的启示。尽管现代社会已经发生了很大的变化,但韦伯的理论仍然具有重要的现实意义和应用价值。许多企业和政府机构都采用了类似的组织结构和管理方式。

但是,该理论也存在一些局限性,存在诸多假设的有效性问题。如当上级与下级之间出现不协调时，上级的判断必然比下级的判断正确。这个假设显然存在明显的缺陷，因为上级并不可能总比下级正确。又如该理论强调人际关系的非人格化，决策者决策时考虑的只能是规章和程序、合理性和效率。这隐藏了一个假设前提是：组织中只存在正式组织的框架，否认人的感情等非正式组织方面的因素对管理者决策的影响。显然，这个假设也是不完全成立的。

2.2　行为科学组织理论

行为科学组织理论起源于20世纪30年代，该理论主要研究组织行为和个人行为，把人当作首要对象，强调人在组织中的重要性，认为组织结构的建立是为了创造一个良好的环境，使组织中的人能够更顺利地实现他们的共同目标。行为科学组织理论对组织理论的发展具有很强的推动意义，实现了从静态研究到动态研究的飞跃，并实现了从以研究结构为主到以研究人及其决策过程为主的根本性变化。它主要由人际关系理论、决策组织理论、激励理论、支持关系理论等流派组成。

2.2.1　人际关系理论

人际关系理论是对人类社会中人际交往的影响因素和规律进行研究的理论，它涉及心理学、社会学、人类学等多个学科领域。它以梅奥、罗特利斯贝格尔等人进行的霍桑实验为起点，逐步发展成为研究人与人之间关系、人的行为与动机以及激励等多方面问题的理论。

1. 梅奥与霍桑实验

霍桑实验是一系列关于工作场所中人际关系和生产率之间关系的实验研究，由梅奥等人在20世纪20年代和30年代进行。这些实验在美国伊利诺伊州西塞罗市的霍桑工厂进行，主要目的是探究照明条件对工人生产效率的影响，但实验过程中发现了更多关于工作场所中人际关系对生产效率的影响。霍桑实验的内容主要包括以下几个方面：

(1) 照明实验。最初，研究人员试图确定照明强度对生产效率的影响，然而他们发现改变照明强度对生产效率几乎没有影响。这促使他们开始考虑其他可能影响生产效率的因素。

(2) 福利实验。研究人员接下来改变了工作环境，包括提供午餐、缩短工作时间、增加休息时间等福利措施。他们发现，尽管这些措施提高了工人的满意度，但对生产效率的直接影响仍然很小。

(3) 访谈实验。研究人员开始与工人进行访谈，了解他们对工作条件、管理方式和同事关系的看法。这些访谈揭示了管理方式、工作条件以及同事关系的重要性。

(4) 群体实验（或称为"继电器装配工人实验"）。研究人员将工人分成不同的实验组，并改变监督方式和其他管理策略。他们发现，当工人感到被尊重、参与决策和拥有一定的自主权时，工人的生产效率会显著提高。此外，工人之间的社会关系和工作氛围也对生产效率有重要影响。

基于霍桑实验的结果，梅奥提出了与古典管理理论不同的新观点。他认为，管理应该更加关注人的需求、动机和行为，而不仅仅是追求生产效率和经济效益。1933年，梅奥将霍桑实验的结果整理成文，以"工业文明中的人的问题"为题正式发表，标志着从人际关系角度阐述组织理论的新学说诞生。

2. 人际关系理论的主要内容

1) 社会人假设

梅奥认为,人不只是"经济人",更是"社会人"。人们的工作动机不仅仅是追求经济利益,还包括社会需求、尊重和自我实现等方面的满足。在工作中,人们渴望建立和维护良好的人际关系,追求群体归属感和认同感。

2) 士气的重要性

梅奥强调,组织的士气直接影响到员工的工作态度和行为,而士气又与人际关系密切相关。当员工感受到被尊重、被重视和得到公正对待时,士气会提高,进而提升工作效率和满意度。

3) 非正式组织的存在

梅奥发现,企业中除正式组织外,还存在非正式组织。这些非正式组织由具有共同兴趣、价值观或目标的员工自发形成,对员工的工作态度和行为有着重要影响。非正式组织的领袖往往比正式组织的领导更具影响力,因此管理者需要重视非正式组织的存在,并与之建立良好的关系。

4) 人际关系的重要性

梅奥认为,组织中的人际关系对员工的工作态度和行为具有重要影响。因此,管理组织的重点应该放在处理人际关系上。他提倡领导者注重员工关系,关注员工的工作和生活问题,提高员工的工作满意度和士气。

5) 群体动力学

梅奥认为,群体处于不断的动态变化之中,群体成员之间的相互作用会影响群体的稳定性和发展。群体中的互动模式、自我感受、自我展示、归属与认同以及情感表达与倾听等因素都会影响群体内的人际关系和工作效率。

6) 参与式管理和民主管理

梅奥主张采用参与式管理和民主管理的方式,让员工参与决策过程,表达自己的意见和建议。这种方式可以增强员工的归属感和认同感,提高员工的士气和工作满意度,进而提升工作效率。

7) 自我发展和成长

梅奥认为,员工有自我发展和成长的需求,管理者应该鼓励员工追求个人成长和职业发展。通过接受组织提供的培训、学习和晋升机会,员工可以感受到组织的支持和重视,从而更加努力地工作。

总之,梅奥的人际关系理论(见图2-1)强调了人在组织中的重要性以及人际关系对工作效率和员工满意度的影响。它提倡关注员工的需求、尊重员工的个性、建立良好的人际关系、采用参与式管理和民主管理的方式等,以提高员工的工作满意度和士气,进而提升组织的整体绩效。但是,人际关系理论过于侧重人的社会和心理因素,而忽略了理性和经济因素对人的激励作用,因此也存在一定的局限性。

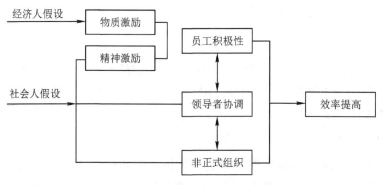

图 2-1　梅奥的人际关系理论

2.2.2　决策组织理论

决策组织理论是赫伯特·西蒙于 20 世纪中期提出的。当时资本主义工业迅速发展,生产力不断进步,社会劳动效率大幅度提高,经济呈现一片繁荣景象,组织也呈现多元化、规模化的发展趋势。人们开始从对组织机构设置等研究转向关注组织管理方面,在组织中如何进行领导管理以及如何进行合理的组织决策成为组织社会学家们开始讨论的话题。西蒙主要从行为科学的角度探讨了决策理论,形成了一整套系统的、成熟的决策组织理论,因而被公认为是决策理论学派的创始人。决策组织理论的核心思想包括以下几个方面。

1. 管理就是决策

西蒙对传统组织理论所推崇的一些组织原则进行了批评,并认为传统组织理论存在一个很大的不足,就是忽视了对组织决策问题的研究。西蒙认为,决策是管理的心脏,决策贯穿于组织工作的全过程,组织的基本功能就是决策,"管理就是决策"。决策是一个复杂的、循环的过程,组织的全部活动都是围绕决策展开的。制订计划是决策,在多个备选方案中进行选择也是决策。组织的设计,管理权限的设定,是组织上的决策问题。实际成绩同计划的比较,控制手段的选择,是控制上的决策,因此决策贯穿于组织的各个方面和全部过程。

2. 有限理性假设

西蒙认为,理性是一种行为方式,但人的理性是有限的。由于人们认识能力的有限性、知识的不完备性,以及未来环境的复杂多变和人们预见能力的有限性,因此人们在进行决策时,往往不能实现完美的理性决策。人们在决策过程中常常面临三个主要限制。首先,人们无法找出所有可行的行动方案;其次,人们无法对所有方案的未来可能结果给予预先准确的估计;最后,各种方案的预期结果的不可比性使得决策者不能用一套统一的价值体系来进行衡量和比较。因此,人的行为动机是"愿意理性,但只能有限地做到"。

为此,西蒙提出了满意标准和有限理性标准。他认为,在实际决策中,人们往往追求的是满意解而非最优解。这是因为人们无法获取所有相关信息,也无法对所有方案进行准确评估,所以只能根据有限的信息和自身的判断,选择一个相对满意的方案。

西蒙并没有完全否定非理性在决策中的作用,但他认为,非理性因素在决策中只占有一小部分。他强调,人的适应过程并不是完全自觉的,还存在一些非自觉的部分。然而,这并不意味着非理性因素在决策中起决定性作用,而是说在有限理性的条件下,非理性因素也会产生影响。

总的来说,西蒙的有限理性假设认为人的理性是有限的,人们在决策过程中会受到多种因素的限制,因此只能追求满意解而非最优解。

3. 决策分类与决策步骤

西蒙把决策分为程序性决策和非程序性决策两类。程序性决策是按日常例行标准操作的、重复性的、习惯性的决策,是运用熟悉的原则和明确的处理程序制定的决策;而非程序性决策则是一次性的、不完善的、新方针的决策。管理者的重要职责之一就是将非程序性决策逐步转化为程序性决策。

西蒙从广义的角度理解决策,将一个完整的决策过程分解为四个主要阶段。

(1)搜集情报阶段:搜集组织外部环境中与组织有关的经济、技术、社会、政治等方面的情报和组织内部的有关信息,加以分析,为接下来的阶段提供依据。

(2)计划拟订阶段:根据组织所面临的问题,利用搜集情报阶段所获得的信息,制订和分析可能采取的行动方案。

(3)计划抉择阶段:根据组织当前的实际情况和对未来发展的判断,在各个备选的行动方案中进行抉择。

(4)审查活动阶段:决策实施后应该进行事后的跟踪反馈,对已经实施的方案进行评价,确定它们是否能够实现预期的目标。如果方案不足以解决问题,决策者可能需要重新制订方案或采取其他措施。

2.2.3 激励理论

20世纪30年代以后,随着经济的发展和社会的进步,劳动分工逐渐细化,交易日益频繁,这使得如何有效地激发人们的工作积极性、提高劳动效率成了一个重要的问题。许多社会学家、心理学家和管理学家,基于现代企业管理的丰富经验,提出了各种激励理论,并且这些理论成为行为科学中的核心理论。激励理论主要包括以马斯洛的需要层次理论、赫茨伯格的双因素理论、麦克利兰的成就需要理论及麦格雷戈的X-Y理论为代表的内容型激励理论,以弗鲁姆的期望理论、斯金纳的强化理论为代表的过程型激励理论,以亚当斯的公平理论为代表的状态型激励理论。

1. 内容型激励理论

内容型激励理论也称为需要型激励理论,该理论从激励的起点,即人的内心需求分析出发,对激励问题加以研究。它揭示了构成激励内容的需要有哪些、各自作用及各种需要间的主次顺序等问题。

1)需要层次理论

马斯洛在1943年发表的《人类动机的理论》一书中首次提出了需要层次理论。这一理论详细描述了人类需要的五个层次,这些层次被描绘成一个金字塔,从底部到顶部依次如下:

(1)生理需要。这是人类最基本、最原始的需要,位于需要层次的最底层。生理需要包括对食物、水、空气、睡眠、性等的需要。这些需要是人类生存的基础,只有当这些需要得到满足时,人们才能考虑其他更高层次的需要。

(2)安全需要。当生理需要得到满足后,人们会追求安全感。这包括身体安全、经济安全、健康和稳定的家庭环境等。人们需要生活在一个安全、稳定、受到保护的环境中，以消除内心的恐惧和焦虑感。

(3) 社交需要。它也称为归属与爱的需要，这是人们在社会生活中建立情感联系的需要。当生理和安全需要得到满足后，人们会渴望与他人建立联系，结交朋友，融入社会。这种需要包括友情、信任、温暖和爱情等。

(4) 尊重需要。当人们的社交需要得到满足后，他们会追求自尊和他人的尊重。这包括对个人能力、成就、地位和形象的认可。人们需要感受到自己在社会中有价值、有地位，并且得到他人的尊重和认可。

(5) 自我实现需要。这是马斯洛需要层次理论中的最高层次。它是指人们追求实现自己的能力或潜能，并使之完善化的需要。人们希望通过自己的努力实现目标，发挥自己的能力和潜力，最终得到自我实现。

马斯洛认为，当低层次的需要获得相对满足后，下一个层次的需要就会成为主导需要。但同一时期，一个人可能有几种需要，但每一时期总有一种需要占支配地位，对行为起决定作用。任何一种需要都不会因为更高层次需要的发展而消失。各层次的需要相互依赖和重叠，高层次的需要发展后，低层次的需要仍然存在，只是对行为影响的程度大大减小。

马斯洛的需要层次理论，从人的需要出发探索人的激励和研究人的行为，抓住了问题的关键，形成了研究人类动机和人类潜能的认知框架。马斯洛的需要层次理论简单明了，易于理解，对企业管理者如何有效地调动人的积极性有一定的启发作用。当然，马斯洛的需要层次理论也存在一定的不足，例如对某一层次的需要怎样才算满足并没有明确的界定方法，在实践中也缺乏可测量的指标；高层次的需要是在低层次需要得到满足后立刻产生，还是会有一定的时间间隔。这些问题马斯洛也都没能给出相应的解释。但到目前为止，在所有的需要层次理论中，马斯洛的需要层次理论依然是最受追捧的。

2) 双因素理论

双因素理论是在 20 世纪 50 年代末期由美国心理学家弗雷德里克·赫茨伯格提出的。赫茨伯格和他的助手们在美国匹兹堡地区对 11 个企业的 200 多名工程师、会计师进行了调查访问，询问他们在工作中哪些事情是使他们感到满意的(满意因素)，并估计这种积极情绪持续多长时间；哪些事情使他们感到不满意(不满意因素)，并估计这种消极情绪持续多长时间。

通过对这些调查结果的深入研究和分析，赫茨伯格发现使员工感到满意的因素都是属于工作本身或工作内容方面的，如工作成就、认可、工作本身的意义及挑战性、责任感、晋升、发展等，他将这些因素称为激励因素。而使员工感到不满意的因素，都是属于工作环境或工作关系方面的，如公司的政策与管理、监督、工资、同事关系和工作条件等，他将这些因素称为保健因素。

激励因素的满足能够直接激发员工的工作热情和内在动力，提高员工的满意度和工作效率。当员工在工作中获得成就感、被认可和赞赏时，他们会感到满足和愉悦，这种正面的情绪体验会进一步激发他们的工作积极性和创造力。而保健因素的满足能够消除员工的不满和抱怨，维持员工的基本满意度和工作效率。但是，即使这些因素得到了满足，员工也不会因此而产生强烈的满意感或工作动力。相反，如果这些因素得不到满足，员工就会产生不满和消极情绪，影响工作效率和工作质量。

赫茨伯格认为，激励因素和保健因素在性质上是不同的，它们对员工的工作满意度和工作效率的影响也是独立的。因此,管理者在提升员工工作满意度和绩效时,应该同时关注这两种因素。具体来说,管理者应该通过提供具有挑战性的工作、公平的薪酬和晋升机会、良好的工作环境和人际关系等激励因素来激发员工的工作热情和内在动力;同时,也要关注并解决员工的保健因素问题,如改善工作条件、提高工资待遇、加强员工之间的沟通与合作等,以消除员工的不满和抱怨,维持员工的基本满意度和工作效率。

此外,双因素理论还强调了激励因素的内在性和直接性。与保健因素相比,激励因素更多地与员工的内在需求和心理体验相关,如自我实现、成就感等。因此,管理者在激励员工时应该注重激发员工的内在动力和自我价值感,而不是仅仅依赖于外部的物质奖励和惩罚。

3)成就需要理论

成就需要理论由美国哈佛大学的心理学家戴维·麦克利兰在 20 世纪 50 年代初期提出。这一理论是在对人的需求和动机进行深入研究的基础上,特别是在人的基本生理需要得到满足的前提下,提出的关于人对于成就、权力和亲和这三种需要的追求的理论。因此,该理论又称为"三种需要理论"。

(1)成就需要,指争取成功、追求优越感、希望做得最好的需要。具有高成就需要的人通常具有以下特点:喜欢通过自己的努力去获得成功,可以承担个人责任;喜欢自己设置目标,不满足于随波逐流和随遇而安,渴望有所作为;在选择任务时,希望具有挑战性,敢于冒一定的风险;把个人成就看得比金钱更重要;要求立即得到反馈信息,弄清工作结果。

(2)权力需要,指影响或控制他人且不受他人控制的需要。权力需要高的人喜欢支配、影响他人,并善于以权力地位与他人建立特殊关系,但并不一定追求个人声望。

(3)亲和需要,指建立、保持或恢复友好和人际关系的需要。亲和需要高的人喜欢人际的交往、互动、合作与沟通,喜欢得到他人的认同和接受。

成就需要理论在企业管理、组织行为学和人力资源管理等领域有广泛的应用。对于管理者来说,了解员工的成就需要、权力需要和亲和需要,有助于制定更有效的激励策略和人力资源管理政策。管理者可以通过提供具有挑战性的任务、公正的薪酬和晋升机会、良好的工作环境和人际关系等来满足员工的成就需要,从而提高员工的工作满意度和绩效。

总的来说,成就需要理论为我们理解人的需求和动机提供了新的视角,也为管理者制定有效的激励策略和改善工作环境提供了理论依据。

4)X-Y 理论

X-Y 理论是美国心理学家道格拉斯·麦格雷戈在 1957 年提出的关于人们工作动力的理论。这一理论最初用于解释管理者对员工行为的影响,并广泛应用于组织行为和人力资源管理研究。

麦格雷戈把传统的管理观点叫作 X 理论(见表 2-1)。其主要观点是:大多数人天生就是懒惰的,他们尽可能地逃避工作;缺乏进取心,并且没有雄心和抱负,员工不愿意承担责任;他们工作的主要目的是满足生理和安全上的需要;多数人的个人目标与组织目标是矛盾的,必须用外力来促使他们为实现组织目标而努力。在 X 理论下,管理者需要通过强制、控制、惩罚等手段来迫使他们工作。这种管理方式强调权威和规章制度,管理者对员工进行严密的监督和控制。

麦格雷戈认为,虽然当时在工业组织中的人出现了很多 X 理论中所列出的行为,但是这些行为并非是人类的固有天性,而是当时工业组织的性质、管理思想、政策和实践所造成的。因此,他针对 X 理论的错误假设,提出了相反的 Y 理论(见表 2-1)。其主要观点是:人的本性是喜爱工作,他们受到内在兴趣和自我实现需要的驱使,热衷于发挥自己的才能和创造性,大多数人都具有解决组织问题的能力;人们能主动承担责任,寻求发挥能力的机会;物质报酬并非是成员的唯一追求,在组织中的自尊、自主和自我实现的需要也是普遍存在的,激励在需要的各个层次上都起作用。根据 Y 理论的假设,管理者要合理安排员工的工作,对员工充分授权,让员工通过自我实现的满足来提高工作的积极性。

表 2-1 X 理论与 Y 理论

X 理论	Y 理论
人性懒惰	喜欢工作
没有追求	渴望发挥才能
需要层次低	需要体现在所有层次
缺乏创造力	广泛具有创造力与想象力

X-Y 理论为管理领域提供了重要的人性假设理论,对后续的管理理论和实践产生了深远的影响。它强调了人性因素在管理中的重要性,促使管理者更加关注员工的需要和动机,从而改进管理方式,提高管理效果。但其本身也存在一定的局限性。首先,它过于简化了人性的复杂性,将人性分为"积极"和"消极"两种类型,忽略了人性的多样性和变化性。其次,它过于强调管理者对员工的影响,忽略了员工自身的主动性和创造性。最后,它过于依赖对员工需要的假设,忽略了组织环境和其他外部因素对管理效果的影响。

2. 过程型激励理论

过程型激励理论从激励的中间过程,即需要的未满足这一过程出发,对激励问题加以研究。它揭示了目标及目标达到后果与需要之间的动态关系,提出了这一动态关系影响与制约人们行为的模式。过程型激励理论主要包括弗鲁姆的期望理论、斯金纳的强化理论和洛克的目标理论等。

1) 期望理论

期望理论,又称作"效价-手段-期望理论",由著名心理学家和行为科学家维克托·弗鲁姆于 1964 年在《工作与激励》一书中提出。该理论主要关注如何调动人的积极性,激发人的内部潜力。其基本公式为

$$激励力量(M) = 效价(V) \times 期望值(E)$$

式中,激励力量指调动个人积极性,激发人内部潜力的强度;期望值是根据个人的经验判断达到目标的把握程度;效价则是所能达到的目标对满足个人需要的价值。这个公式说明,人的积极性被调动的程度取决于期望值与效价的乘积。也就是说,一个人对目标的把握越大,估计达到目标的概率越高,激发起的动力越强烈,积极性也就越大。

期望理论揭示了三个方面的关系:

(1)努力-绩效关系(期望)。这是个体认为通过一定程度的努力可以达到某种工作绩效的概率。它涉及的是个体对自己努力与实现特定绩效之间关系的信念。如果个体相信自己的努力能够取得良好的绩效,那么他们就更有可能付出努力。

(2)绩效-奖励关系(手段)。这是个体认为达到一定绩效水平有助于获得期望结果的程度。它关注的是个体对绩效和奖励之间关联的认知。如果个体相信高绩效会带来有价值的奖励,那么他们就会更努力地工作以获取这些奖励。

(3)奖励的吸引力(效价)。这是从工作中可能获得的结果或奖励对个体的重要程度。它涉及的是个体对奖励的价值观和需求。如果奖励对个体具有很强的吸引力,那么他们就会更加渴望实现目标并获得这些奖励。

弗鲁姆的期望理论在管理实践中有着广泛的应用。在领导与管理工作中,管理者可以通过以下方式运用期望理论来调动下属的积极性:

(1)设定明确的目标。管理者应该为员工设定清晰、具体、可衡量的目标,让员工知道自己的工作方向和目标。

(2)提供合适的激励措施。管理者应该根据员工的需求和期望,提供具有吸引力的激励措施,如奖金、晋升、培训等,以激发员工的工作动力。

(3)及时给予反馈。管理者应该及时给予员工工作反馈,让员工了解自己的工作表现,从而及时调整自己的工作策略。

弗鲁姆的期望理论也存在一定的局限性。例如,它假设人们是理性的,能够准确估计实现目标的概率和目标的价值。但在实际中,人们的行为往往受到多种因素的影响,包括情感、文化、社会背景等。此外,该理论也没有考虑到不同员工之间的差异性,如性格、能力、价值观等。

2)强化理论

强化理论是美国心理学家和行为科学家斯金纳提出的一种理论,也被称为操作条件反射理论。该理论认为,个体对外部事件或情境(刺激)所采取的行为或反应,取决于特定行为的结果。当行为的结果对个体有利时,这种行为会重复出现;当行为的结果不利时,个体会改变自己的行为以避免这种结果。这就是著名的效果法则。强化理论认为,管理者可以利用效果法则,通过对工作环境和员工行为结果的系统管理来修正员工行为,使员工行为符合组织目标。以下是四种常见的修正行为的方法。

(1)正强化。正强化就是应用有价值的结果从正面鼓励符合组织目标的行为,以增加这种行为重复出现的可能性。正强化包括表扬、写推荐信、给予优秀绩效评估和加薪等。工作本身也可以成为正强化,充满乐趣、富于挑战性或内容丰富的工作远比机械单调的工作有正强化效应,从而具有更强的激励性。

(2)负强化。负强化也称为规避性学习,它是员工改变自己的行为以规避不愉快的结果。负强化是事前的规避,它通常表现为组织的规定所形成的约束力。员工为了取消或避免不希望的结果而对自己行为进行约束。

(3)惩罚。惩罚就是运用消极的结果以阻止或更正不当的行为,例如批评、斥骂、处分、降级、撤职或者减薪、扣发奖金、重新分派任务、解雇等。负强化只包含惩罚的威胁,在员工表现满意时并不付诸实际;而惩罚则是落实对组织不利行为的惩罚措施。"杀鸡儆猴"中的"杀鸡"就是惩罚,"儆猴"则是负强化。

(4)忽视。忽视就是对行为不给予强化。当这种情况出现时,动机就会弱化,行为也会逐渐消退或消除。比如对出色的工作不予表扬。忽视就是对员工行为的"冷处理",以达到行为的自然消退。

强化理论认为,在塑造组织行为的过程中,重点应放在积极的强化,而不是简单的惩罚上。

惩罚往往会对员工心理产生不良的副作用。创造性地运用强化手段对于管理者十分必要。在现代扁平化组织中,管理者不像过去那么指望靠加薪、晋升来激励员工,因此,创造性地设计出新的强化方法和奖励措施,如更大的责任、弹性的工作时间等才是管理者的重要课题。

3) 目标理论

目标理论,也称为目标设置理论,由美国马里兰大学的心理学家和管理学家埃德温·洛克于1968年提出。该理论主要强调明确且具体的目标对个体动机、行为和工作绩效的积极影响。以下是洛克目标理论的详细阐述。

(1) 核心观点。洛克的目标理论的核心观点在于,一个明确、具体且具有挑战性的目标能够激发个体的动机,引导其行为,并最终提升工作绩效。该理论强调,目标是激励个体行动的关键因素,通过设定目标,个体能够将自身需求转化为行动动力,从而更加专注于实现目标。

(2) 目标设置的要素。

① 目标的具体性。目标必须是明确、具体、可衡量的,以便个体能够清晰地了解他们需要达到的标准。

② 目标的挑战性。目标应具有一定的挑战性,使个体感到需要付出努力才能实现。这种挑战性能够激发个体的潜能,促进他们的成长和进步。

③ 目标的可接受性。目标必须是个体认可的,他们愿意为达到目标而付出努力。只有当个体接受并认同目标时,他们才会全力以赴去实现它。

(3) 目标设置的影响。

① 动机激发。明确的目标能够激发个体的动机,使他们更加专注于实现目标。通过设定目标,个体能够将自身需求转化为行动动力,从而更加积极地投入工作。

② 行为引导。目标能够引导个体的行为,使他们根据目标的要求调整自己的行为方式。当个体明确知道自己需要达到什么标准时,他们会更加自觉地调整自己的行为,以符合目标的要求。

③ 绩效提升。研究表明,设定明确、具体且具有挑战性的目标能够显著提升个体的工作绩效。通过不断努力实现目标,个体能够积累更多的经验和技能,从而提高自己的工作能力和效率。

洛克的目标理论为个体和组织提供了有效的激励和管理策略。通过设定明确、具体且具有挑战性的目标,个体能够激发自己的潜能,提升工作绩效。组织则能够更好地实现其战略目标,推动组织的持续发展。目标理论在管理实践中得到了广泛应用。例如,在企业管理中,管理者可以根据员工的实际情况和企业的战略目标,为员工设定明确、具体且具有挑战性的工作目标。同时,管理者还可以通过提供反馈和支持,帮助员工更好地实现目标。这样不仅能够激发员工的工作动力,还能够提升企业的整体绩效。

3. 状态型激励理论

状态型激励理论是从激励过程的终点出发,关注人们在工作中的状态变化,如公平感和挫折感等。其主要包括公平理论和挫折理论等。这些理论强调工作环境、组织氛围和人际关系等因素对员工状态的影响,旨在通过营造公平、和谐的工作环境来激发员工的工作积极性。以下仅介绍公平理论。

公平理论,又称社会比较理论,是一种研究工资报酬分配的合理性、公平性对员工工作积极性影响的理论,由美国心理学家斯泰西·亚当斯在1960年提出。在公平理论中,比较是一个核心概念,它涉及个体如何评估自己的报酬和投入,并将其与他人的报酬和投入进行比较。比较包括横向比较和纵向比较两种。

1)横向比较

横向比较也称为内部比较,是个体将自己的报酬和投入的比值与他人的报酬和投入的比值进行比较。当个体感觉到公平时,可以用公平关系式来表示:

$$O_P/I_P = O_C/I_C$$

式中,O_P 代表自己对所获报酬的感觉;O_C 代表自己对他人所获报酬的感觉;I_P 代表自己对个人所做投入的感觉;I_C 代表自己对他人所做投入的感觉。

当该公式为不等式时,可能出现以下两种情况:

(1) $O_P/I_P < O_C/I_C$。在这种情况下,他可能要求组织增加自己的收入或减少自己今后的努力,以使左方增大;他可能要求组织减少比较对象的收入或让其今后增大努力程度,以使右方减小。此外,他还可能另找他人作为比较对象,以便达到心理上的平衡。

(2) $O_P/I_P > O_C/I_C$。在这种情况下,他可能要求减少自己的报酬或在开始时自动多做些工作,但久而久之,他会重新估计自己的技术和工作情况,然后觉得他确实应当得到那么高的待遇,于是产量便又会回到过去的水平。

2)纵向比较

纵向比较也称为外部比较或历史比较,是个体将自己的当前报酬和投入的比值与过去的报酬和投入的比值进行比较。当个体感觉到公平时,可以用公平关系式来表示:

$$O_P/I_P = O_H/I_H$$

式中,O_P 代表对自己报酬的感觉;I_P 代表对自己投入的感觉;O_H 代表对自己过去报酬的感觉;I_H 代表对自己过去投入的感觉。

当该公式为不等式时,可能出现以下两种情况:

(1) $O_P/I_P < O_H/I_H$。当出现这种情况时,个人会有不公平的感觉,这可能导致工作积极性下降。

(2) $O_P/I_P > O_H/I_H$。当出现这种情况时,人不会因此产生不公平的感觉,但也不会觉得自己多拿了报酬,从而主动多做些工作。调查和试验的结果表明,不公平绝大多数是由于经过比较认为自己报酬过低而产生的,但在少数情况下,也会由于经过比较认为自己的报酬过高而产生。

亚当斯的公平理论在企业管理、薪酬制度设计、激励机制构建等方面有着广泛的应用。企业可以通过建立公平的薪酬制度、激励机制和晋升机制,来提高员工的工作满意度和积极性。同时,企业也需要关注员工的公平感知,及时发现并解决可能导致员工产生不公平感的问题。

此外,亚当斯的公平理论也提醒我们,在比较和评价自己的报酬和投入时,需要客观、全面地考虑各种因素,避免因为片面的比较而产生不公平感。同时,我们也需要学会理性地应对不公平感,通过积极的行动来恢复心理平衡。

2.2.4 支持关系理论

支持关系理论是美国心理学家、行为科学家伦西斯·利克特提出的一种企业领导方式理论。这一理论主要基于利克特和他的同事对以生产为中心的领导方式和以人为中心的领导方式的比较研究。以下是支持关系理论的主要内容。

1. 支持关系的双向性

支持关系理论认为,支持是双向的。领导者应该考虑下属职工的处境、想法和希望,帮助职工努力实现其目标,让职工认识到自己的价值和重要性。同时,职工对领导者的支持也会激发领导者更好地进行管理和决策。领导者对职工的支持能够激发职工对领导者采取合作、信任的态度,从而支持领导者的工作。这种相互支持的关系不仅有助于提高生产效率,还能增强组织的内聚力,提高士气,减少不安情绪和降低跳槽率。

2. 组织领导风格分类

利克特将组织领导风格分为专权命令式、温和命令式、协商式和参与式四种。

他认为专权命令式是极端专制的领导风格,效果最差。权力集中在最高层,下层无任何发言与自由,领导者与下级之间存在不信任气氛,因而组织目标难以实现。在温和命令式领导风格下,权力控制在最高层,但领导者对下级较为和气并授予中下层部分权力,下层自由非常少;上下级有点沟通,但属于表面的、肤浅的;领导者不放心下级,下级对领导者存有畏惧心理,从而工作主动性差,效率有限。在协商式领导风格下,领导者对下级有一定信任,重要问题决定权仍在最高层,中下层对次要问题有决定权;上下级联系较深,所以在执行决策时能获得一定的相互支持。在参与式领导风格下,上下级关系平等,有问题民主协商、共同讨论,领导者最后决策,下级也有一定的决策权;上下级有充分的沟通,相互信任,感情融洽,上下级都有积极性。

利克特研究发现,那些用第四种方式从事管理活动的管理人员,一般都是极有成就的领导者;以此种方法来管理的组织,在制定目标和实现目标方面是最有成效的。他把这些主要归于员工参与管理的程度,以及在实践中相互支持的程度。

3. 联结销的作用

利克特提出了"联结销"的概念,它指的是在组织结构中,担任特定角色的个人或群体,他们起着连接和沟通不同层级或部门的作用。具体来说,承担联结销的个人或群体,把上级和自己所在的单位联结起来,起着承上启下的作用。他们既是上级组织的成员,又是本单位的领导者。这种联结销的角色突破了古典组织理论中一人一个职位、各个部门之间有严格界限的概念。在这样的组织体系中,每个下级组织的领导是上一级组织的成员,他们会同时兼顾到上下级单位的利益,并容易顺利地将企业整体目标贯彻到基层部门。

联结销的概念强调了在企业或组织中,各个层级和部门之间的紧密联系和沟通的重要性。联结销可以促进信息的流通和共享,增强组织的凝聚力和协作能力,从而更好地实现组织的目标和愿景。

在利克特的领导风格理论中,参与式领导风格强调员工的参与和决策,而联结销的角色则是实现这种参与和决策的关键。因此,建立有效的联结销机制,对于促进组织的参与式领导风格和提高组织的整体绩效具有重要意义。

2.3 现代组织理论

现代组织理论起源于 20 世纪 60 年代,并在之后逐步发展起来。它是一个多元化的理论体系,涵盖了组织与环境的关系、组织结构、领导方式、员工激励等多个方面。它将组织理论的视野引向组织与外部环境组成的生态系统中,将组织的建设、发展与组织所处的环境系统更加紧密地联系在一起。因此,现代组织理论也由诸多流派构成。

2.3.1 系统组织理论

系统组织理论由巴纳德提出。他是美国著名的管理学家,西方现代管理理论中社会系统学派的创始人,也是现代管理理论之父。他在其代表作《经理人员的职能》一书中提出了系统组织理论,认为组织是一个协作的系统,并对经理人的职能、权威表明了自己的观点。他强调组织的整体性、开放性、适应性和灵活性,并关注组织的结构和过程、非正式组织的作用以及组织变革和冲突的处理等方面。这些观点和方法对现代组织的管理和运营具有重要的指导意义。巴纳德的系统组织理论的内容主要体现在以下几个方面。

1. 组织是一个合作系统

巴纳德认为,"组织是二人或二人以上,用人类意识加以协调而成的活动或力量系统"。他强调的是人的行为、活动和相互作用的系统。在这个系统中,人们为了实现共同的目标而协作,形成了组织结构。在组织内部,经理人是一个关键因素。只有依靠经理人的协调,才能维持一个"努力合作"的系统。经理人的主要职能包括制定并维持一套信息传递系统,促使组织中每个人都能做出重要的贡献,阐明并确定本组织的目标。

2. 组织存在的三个基本要素

(1)共同的目标。组织必须有明确的目标,这些目标必须为组织的成员所理解和接受,否则,协作就无从发生。目标的理解可以分为协作性理解和个人性理解,经理人的重要职能之一就是向组织成员灌输组织目标和统一对组织目标的理解。

(2)协作的意愿。协作意愿是指组织成员对组织目标做出贡献的意愿。一个人是否具有协作意愿,取决于他对贡献和诱因的合理的比较。所谓贡献,是指个人对实现组织目标做出的有益的活动和牺牲;所谓诱因,是指为了满足个人的需要而由组织提供的回报。

(3)信息沟通。良好的沟通是组织内部协作的基础。信息在组织中必须能够畅通无阻地传递,以确保每个成员都能及时了解组织的目标、政策和计划,以及他们在实现这些目标中所扮演的角色和责任。

3. 非正式组织与正式组织

巴纳德认为,所有的正式组织中都存在非正式组织。非正式组织是组织成员基于共同的兴趣、爱好、价值观等自发形成的,它们对组织的运行和效率具有重要影响。正式组织和非正式组织是协作中相互作用、相互依存的两个方面。

4. 有效性与能率

巴纳德提出了"有效性"和"能率"两条原则。有效性是指一个组织系统协作得很成功,能够实现组织目标。它是系统存在的必要条件。能率则是指系统成员个人目标的满足程度,协作能率是个人能率综合作用的结果。巴纳德将正式组织的要求同个人的需要结合起来,这在管理思想上是一个重大突破。

5. 组织变革与适应

巴纳德认为,组织必须适应环境的变化。当外部环境发生变化时,组织需要调整其结构和功能以适应新的环境要求。组织变革是组织适应环境变化的重要手段。

6. 系统组织观

巴纳德的系统组织观有助于推进政府组织有序改革。在行政改革中,单个组织需要从特定目标上来分析其在不同部门或不同层级行政组织中的特定作用,并采用相应的组织结构方式。此外,巴纳德的动态组织结构思想也有助于行政机构的弹性重建。

巴纳德在组织理论方面的开创性研究,使其成为现代组织理论的奠基人,后来的许多学者如德鲁克、孔茨、明茨伯格等都极大地受益于巴纳德,并在不同方向上有所发展。而巴纳德的组织管理理论成为连接科学管理理论和现代管理理论的重要桥梁。

2.3.2 组织平衡理论

巴纳德在《经理人员的职能》一书中,对组织平衡理论进行了详细的阐述。它是关于组织生存、发展必须满足的条件方面的基本原理,是对组织生态的说明。它强调组织在内外环境条件变化中有效地实现组织与个体、环境的平衡。以下是组织平衡理论的主要内容。

1. 组织内部平衡

它指的是组织与个人之间的平衡,具体表现为诱因与贡献的平衡。即组织提供给个人的可用于满足个人需求、影响个人动机的诱因(如报酬、晋升机会、工作环境等)必须大于或等于个人对组织的贡献(如工作成果、努力程度等)。

从个体角度来看,个人对组织的协作意愿取决于个人从组织中获得的诱因与个人对组织贡献的比较。如果诱因大于或等于贡献,个人将保持较高的协作意愿;反之则可能降低协作意愿。

从组织层面看,组织能否提供足以维持协作过程的有效而充分的诱因数量,以维持成员的协作意愿,是谋求组织生存发展的关键。

2. 组织与环境的平衡

组织作为环境中生存发展的生物有机体,并非简单被动地适应环境,而是在一定范围内对环境因素做出选择,并在一定范围内创造或影响环境。

组织与环境的平衡主要取决于组织目标与环境状况的适应程度以及目标实现程度。组织需要不断调整自身以适应环境变化,并在实现组织目标的过程中不断与环境进行互动和协调。

3. 组织动态平衡

组织内外所有相关因素都处在变化中,因此组织平衡不可能一蹴而就。当组织内外环境条件发生变化时,原有平衡即被打破,组织需要根据变化了的情况建立新的平衡。

组织本身存在的差异、矛盾、冲突等破坏性力量,以及组织的发展也会打破原有的平衡。因此,组织的生存发展就是一个不断打破原有平衡、建立新的平衡的过程。

组织平衡理论的意义在于强调组织的生存和发展需要实现内部平衡、与环境的平衡以及动态平衡。这三个方面的平衡是相互联系、相互影响的,只有实现这三个方面的平衡,组织才能保持持续稳定的发展。同时,组织平衡理论也为组织管理者提供了重要的管理思路和方法,帮助他们在复杂多变的环境中有效地管理组织。

2.3.3 权变组织理论

权变组织理论形成于20世纪70年代,它认为组织是一个动态的系统,其结构和管理方式应随着环境、任务、技术、人员等因素的变化而变化。它强调组织的多样性和灵活性,认为不存在一种适用于所有组织的最佳模式,而应根据具体情况来选择合适的组织设计和管理行为。

1. 卢桑斯的权变理论

权变理论,又称为权变管理理论或因地制宜理论,由美国尼勃拉斯加大学的弗雷德·卢桑斯教授于 20 世纪 70 年代提出。这一理论的核心观点在于,没有一种一成不变、普遍适用的"最好的"管理理论和方法。相反,有效的管理应依托于组织所处的内外部环境和条件,以及管理思想和管理技术因素之间的变数关系。换言之,权变理论强调在管理中组织要根据具体情况随机应变,寻求最合适的管理模式、方案或方法。

卢桑斯在权变理论的发展中,特别注重组织与环境的相互关系。他认为,组织是一个开放的系统,其内部各子系统之间以及组织与外部环境之间都存在着密切的联系。这些联系构成了组织的内外部条件,对组织的管理方式产生着深远的影响。因此,管理者必须全面考虑组织的内外部条件,灵活调整管理方式,以适应不断变化的环境。权变理论的主要内容包括以下几个方面:

(1)权力的来源。权变理论认为,权力来源于个人的特殊资源、知识、地位和能力。这些个人因素赋予个人在组织中的权威和影响力。同时,组织内的权力也可以通过形成联盟、建立关系网络和掌握信息等方式获得。

(2)权力的行使。权变理论指出,权力的行使方式可以分为强制性和说服性两种。强制性的权力行使依靠权威和强制手段来实施,而说服性的权力行使则通过理性辩论、沟通和协商来达到目的。不同的权力行使方式会对组织内部的合作和协调产生不同的影响。

(3)权力的变革。权变理论认为,权力在组织中是相对的和动态变化的。权力的变革可以通过授权、职务调整、组织结构变更等方式实现。领导者的权力也会因为外部环境和组织内部的变化而发生变革。

(4)权力的影响。权变理论关注权力对组织绩效和员工行为的影响。权力的合理行使可以促进组织的顺利运作,增强员工的工作动力和积极性。然而,权力的滥用或不当行使可能导致权力斗争、利益冲突和组织的不稳定。

权变理论在实际管理中具有重要的应用价值。首先,它提醒管理者要关注组织的内外部条件,根据具体情况灵活调整管理方式。这有助于组织更好地适应环境,提高管理效率和效果。其次,权变理论强调权力的来源、行使、变革和影响等方面的分析,有助于管理者更全面地理解组织内部的权力关系和决策过程。这有助于优化权力配置,促进组织的和谐发展。最后,权变理论还提醒管理者要注意权力的合理行使和变革,避免权力的滥用或不当行使。这有助于维护组织的稳定和提高员工的积极性,促进组织的可持续发展。

2. 莫尔斯和洛希的超 Y 理论

麦格雷戈的 X-Y 理论认为,Y 理论能把组织目标和组织成员的个人目标最好地结合起来,提高生产效率,所以较 X 理论更优越。但是,其后的一些实验发现,应用 X 理论的组织也有效率较高的,应用 Y 理论的组织也有效率较低的。约翰·莫尔斯和杰伊·W.洛希对这种现象进行了分析比较,提出所谓的超 Y 理论。

(1)组织成员的需求类型是不同的。有的人需要正规化的组织结构和条例规章,而对参与组织决策兴趣较弱;有的人需要更自由的工作环境来保证个人的创造性。

(2)组织成员对管理方式的认可是不同的。有的人欢迎以 X 理论为指导的管理方式,有的人则更愿意接受以 Y 理论为依据的管理方式。

(3)组织目标、工作性质、员工能力对组织结构和管理方式也有很大的影响。例如,制造业的工厂可能适宜采用 X 理论来设计集权的组织结构,而高校可能适合采用 Y 理论对成员实行宽松的管理政策。

(4)一个目标的实现可以激励成员为新的更高的目标而努力。

因此,超 Y 理论认为,在现实的组织中,成员的表现很少是处在 X-Y 理论的两个极端,而多是处于这两个极端之内。单纯地使用 X 理论或者 Y 理论去指导管理,将无法适应不同的具体情况,导致组织无法有效运行。因此,在对组织活动进行管理时,对不同时间、不同工作性质、不同性格的人,要采用不同的管理方法。总之,应该根据不同的具体情况来选择或综合运用 X 理论和 Y 理论。超 Y 理论体现了权变的组织管理思想,这也使得该理论成为权变组织理论的理论基础。

3. 领导权变理论

菲德勒的领导权变理论,也称为"菲德勒的权变模型",是领导理论的一种,于 20 世纪 60 年代提出。该理论的核心思想是:不存在一种普遍适用的领导方式或领导风格,有效的领导方式取决于领导者与被领导者的相互作用,以及领导任务的结构和领导所处的环境(见图 2-2)。

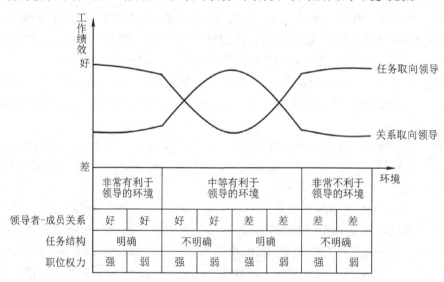

图 2-2 菲德勒的领导权变理论

首先,菲德勒把领导风格分成两种:一种是关系取向型,即以人为导向,领导者关注于与成员建立良好的人际关系,并从中获得满足;另一种是任务取向型,即以工作为导向,追求组织目标的实现,并从工作中获得满足。

其次,菲德勒认为决定领导方式有效性的环境因素有三个:一是领导者与成员的关系,即成员对领导者尊敬、信任以及愿意追随的程度;二是任务结构,即工作任务规定的明确程度、程序化程度;三是职位权力,即领导者正式职位所提供给领导者的权力大小。

最后,菲德勒认为提高领导方式的有效性的途径有两种,一种是替换领导者以适应环境,另一种是改变环境以适应领导者。关系取向领导方式在对领导者有利情况为中间状态的环境中效率最高,任务取向领导方式在对领导者非常有利或者非常不利的环境中效率最高。

领导权变理论强调了领导行为对领导有效性的影响,而不是传统组织理论中强调优秀的领导者应该具备哪些素质,这为领导理论的研究开辟了新方向。领导权变理论表明,没有哪一种领导形态是正确或者错误的,组织领导者必须具有适应力,根据自身的领导风格自行适应情境的变化。它同时也提示,组织必须根据实际情况选用合适的领导者。

2.4 组织理论的新发展

在全球化、信息技术革命和人力资源管理变革等多重背景下,企业迫切需要更加灵活、高效的组织结构和管理方式。组织理论的新发展强调组织的适应性和创新性,注重人性化管理,鼓励跨部门和跨组织的合作;同时,引入新的研究方法和技术,推动学习型组织的构建,以提高组织的竞争力和应对复杂多变环境的能力。这些新发展不仅为企业提供了理论指导,也为组织的可持续发展注入了新的活力。组织理论的新发展包括多个方面的内容,这些新发展主要基于对企业和组织运作方式的深入理解以及对现代管理实践的反思。

2.4.1 学习型组织理论

学习型组织理论是彼得·圣吉在1990年提出的。他在《第五项修炼:学习型组织的艺术与实务》一书中首次阐述了学习型组织的概念,并强调建立学习型组织的重要性。学习型组织不仅仅关注知识的学习,更是一次深刻的组织变革,包括经营理念的改变以及组织运行和管理机制的革新。它强调以共同愿景为基础,以团队学习为特征的扁平化横向网络系统,倡导学习工作化和工作学习化,以及通过系统思考来解决系统动态性复杂问题。彼得·圣吉的学习型组织理论主要包括以下五项核心修炼。

(1)自我超越。这是学习型组织的精神基础,要求每个成员学习如何认清、加强并努力实现自己内心深处的愿望。这需要成员全身心投入,并充满将愿望变成现实的动力。

(2)改善心智模式。这是学习型组织的思维基础,要求组织成员有效地表达自己的想法,并以开放的心灵容纳别人的想法,以改变原来固有的思考问题的方式和方法。

(3)建立共同愿景。组织成员通过共同努力和学习,产生追求卓越的想法,再将其转化为组织的共同愿景。这将激发成员追求更高目标的热情,并使组织拥有一种能够凝聚并坚持实现共同愿望的能力。

(4)团队学习。这是学习型组织的方法基础,要求成员之间能够敞开心扉,充分交流,相互启迪,共同提高,以实现1+1>2的效果。在团队学习中,大家都能在相互学习中提升工作、学习和创新能力。

(5)系统思考。这是学习型组织的灵魂,也是五项修炼的基石。它强调以系统思考代替机械思考和静止思考,并通过了解动态复杂性等问题,找出解决问题的高"杠杆解"。系统思考将改善心智模式、建立共同愿景、团队学习和自我超越融会贯通,形成浑然一体的"修炼"艺术和技能。

2.4.2 组织生态理论

组织生态理论又称组织生态学,它借鉴生物学、生态学、社会学等学科的知识,结合新制度经济学和产业经济学等学科的理论,研究组织个体的发展以及组织之间、组织与环境之间的相互关系。经过40多年的发展,组织生态学已成为组织理论的一个重要分支。

1. 组织生态理论的代表人物与发展历程

1976年,阿尔瑞契与普费弗等人发表《组织的环境》一文,首次将生态学的理论引入管理学。该理论被称作群体生态理论,也叫自然选择模型。借助自然界生物种群之间的依存与竞争,这种生态学理论阐释了组织作为一种社会生态现象的生长、成熟、死亡的全过程。1977年汉南与弗里曼发表的《组织的群体生态》明确地提出了群体生态论。之后,詹姆斯·穆尔在《竞争的衰亡:商业生态系统时代的领导与战略》一书中第一次提出了商业生态系统的概念,架构了基于共同进化模式的企业战略全新设计思路,开创了将生态学的观点引入战略管理的先河。理查德·达夫特在其多次再版的著作《组织理论与设计精要》中,更是重点利用种群生态学的概念,论述了有关组织间冲突与协作、组织生态系统演化以及正在出现的学习型组织等许多新的观点和方法。

组织生态理论认为,组织变革的主要机制并不是由单个组织进行的有目的的调整,而是一个达尔文式的自然选择过程,环境依据组织结构的特点及其与环境的适应性来选择一些组织或淘汰一些组织。因此,当一个组织在总体水平上不能适应环境的变化时,它将会被新的适应性强的组织取代。

2. 组织生态理论的主要观点

(1)组织多样性和适应性。组织生态理论强调组织多样性,即组织根据其适应环境的方式而呈现出不同形态和类型。这些不同的组织形态和类型都是为了更好地适应环境、获取资源和实现目标。同时,组织也需要不断地适应环境的变化,以保持其生存和发展的能力。

(2)环境选择和组织变革。组织生态理论认为,环境对组织的生存和发展具有决定性的影响。环境的变化会导致组织的变革和转型,以使组织适应新的环境和资源条件。同时,组织也会通过自身的变革来影响环境,实现与环境的互动和共生。

(3)组织种群的生态位。组织生态位是指组织在特定环境中占据的地位和角色,以及其所依赖的资源和所服务的对象。组织种群是由多个具有相似生态位的组织所组成的集合,它们之间存在着竞争和合作的关系。组织种群内的动态机制包括合法化和竞争等过程,这些过程会影响组织的存亡和数量变化。

(4)惰性与选择。组织生态学的核心假设之一是结构惰性,即组织对环境的适应和变革往往跟不上环境的变化。这种惰性的形成既有内因也有外因,如组织的沉没成本、内部信息的不充分、对过往经验的依赖等。由于惰性的存在,组织的变革就类似于达尔文进化论中的"选择"机制,即只有那些能够适应环境变化的组织才能生存下来。

(6)合作与竞争。组织生态理论强调组织之间的合作与竞争并存的关系。组织不仅需要与其他组织进行竞争以获取资源和市场份额,也需要通过合作来实现资源共享、优势互补和共同发展。这种合作与竞争并存的关系是组织生态系统中不可避免的现象。

2.4.3 混沌理论

混沌理论由美国气象学家爱德华·诺顿·洛伦茨在1963年提出。他最初在气象学的研究中发现了混沌现象,即初始条件的微小变化会导致系统的行为产生巨大的差异,这种现象被称为"蝴蝶效应"。随后,混沌理论被广泛应用于组织理论、经济学、物理学等多个领域,成为研究复杂系统动态行为的重要工具。

在组织理论中,混沌理论被用来描述组织内部的动态复杂性以及非线性变化。它强调组织的非线性特性和对初始条件的敏感性,揭示了组织行为的不确定性和难以预测性。同时,混沌理论也指出了在混沌的边缘往往蕴藏着新的机遇和可能性,为组织变革和创新提供了新的思路和方法。混沌理论主要研究系统的非线性特征,探讨组织中的不确定性、复杂性和动态性。它强调在混沌中寻找秩序,理解组织中的非线性行为和复杂性,为组织的变革和创新提供了新的视角。以下是混沌理论在组织理论中的几个核心要点。

(1)组织的非线性与复杂性。混沌理论强调组织行为的非线性特性,即组织的变化和发展并非遵循简单的因果关系,而是受到多种因素的交互影响。这种非线性特性使得组织的行为变得复杂而难以预测。

(2)初始条件的敏感性。混沌理论中的"蝴蝶效应"在组织理论中同样适用。这意味着组织中的微小变化(如个别员工的行为、某个决策的调整等)可能引发一系列的连锁反应,最终对整个组织产生巨大的影响。

(3)自组织性。混沌理论认为,在复杂的动态系统中,往往存在一种自组织的力量,使得系统能够自发地调整其内部结构和行为模式,以适应外部环境的变化。这种自组织性在组织理论中表现为组织的自适应性和创新能力。

(4)不确定性。由于组织的复杂性和非线性特性,以及初始条件的敏感性,组织的未来行为往往具有高度的不确定性。这使得组织管理者需要更加关注对组织环境的敏锐感知和灵活应对。

(5)混沌边缘的机遇。混沌理论认为,在混沌的边缘往往蕴藏着新的机遇和可能性。在组织理论中,这意味着组织在面临变革和转型时,如果能够有效地应对不确定性,就可能发现新的发展机遇和竞争优势。

总的来说,混沌理论为组织理论提供了新的视角和方法,帮助我们更好地理解组织的复杂性、非线性特性以及不确定性,并指导我们如何在这些挑战中寻找机遇和优势。

2.4.4 网络组织理论

网络组织理论最早由经济学家威廉姆森在20世纪70年代提出。随着信息技术的发展和网络化趋势的加强,该理论逐渐成为组织理论的新发展。它强调组织之间的网络关系和合作,通过构建紧密的网络联系来实现资源共享、优势互补和协同创新。网络组织是一种介于市场组织和企业层级组织之间的新的组织形式,它比市场组织稳定,比层级组织灵活,一般具有以下一些性质和特点。

网络组织是一个开放系统,它向各种愿意与它联系的单位开放,以吸取外部有用资源并积极向外输出产品。

网络组织的本质是动态的,其基本功能在于交流及在交流中产生创新。交流使各个单元结成"网",交流中产生"网"中新的结点;结点密度越大,则互相交流的机会越多、越频繁;交流越频繁,则结点越多;结点越多,创新机遇越多,则创新能力越强。

网络组织中的流体是多样化的,可以是物质、信息、技术、人员、资金,也可以是情谊。情谊是产生信赖的基础,而信赖是合作创新的重要因素之一。

网络组织的交流是多层次、多渠道的。这些特性使得网络组织能够提供比企业等级组织更为广阔的学习界面,使创新可以在多个层面上、多个环节中发生。同时,它可以降低其成员之间的交易成本,使各成员都能同时获得外部规模经济、外部范围经济和网络经济三种效应。

网络组织理论还强调,无论在市场之中还是企业内部,市场机制和组织机制都是共同存在的,市场和企业不是相互对立的,而是相互联结、相互渗透的。这种相互联结和相互渗透,最终导致了企业间复杂易变的网络结构和多样化的制度安排。

总的来说,网络组织理论为理解企业间关系、企业内部组织形态以及创新过程提供了新的视角和工具,对现代企业管理理论和实践产生了深远的影响。

2.4.5 组织资源依赖理论

组织资源依赖理论是一个关于组织如何与其周围环境中的其他组织进行资源交换以维持生存和发展的重要理论。该理论的核心观点是,组织为了生存和发展,需要不断地从外部环境中获取资源,而这些资源通常是组织自身无法生产或获得的。同时,组织也需要与它所依赖的环境中的其他组织进行互动和合作,以确保资源的稳定供应和有效使用。

1. 组织资源依赖理论的基本假设

第一,组织最关心的是生存。组织只有生存下来,才能履行其社会责任。第二,为了生存,组织需要资源,而组织自己通常不能生产这些资源。组织是社会大系统中的一个子系统,从环境中取得必要的资源,通过自身的加工和创造赋予这些资源更大的社会功效,然后将其输出给社会并得到社会的接受和认可。第三,组织必须与它所依赖的环境中的因素互动,这些因素通常包含其他组织。资源主要从其他组织获得,其产品或服务又输出给其他组织。因此,组织之间的依赖性是组织面临的现实问题。第四,组织生存建立在控制它与其他组织关系的能力的基础之上。组织资源依赖理论的核心假设是组织需要通过获取环境中的资源来维持生存,没有组织是自给的,都要与环境进行交换。

2. 组织资源依赖理论的主要观点

(1)依赖与自主性的关系。组织与其外部环境中的其他组织之间存在相互依赖的关系。然而,这种依赖并不是完全被动的,组织可以通过策略性地调整自己的行为来影响与其依赖的组织之间的关系,从而在一定程度上提高自主性。

(2)资源的重要性与稀缺性。组织所依赖的资源对其生存和发展具有重要性,并且这些资源通常是稀缺的。因此,组织需要不断地寻找和获取这些关键资源,以确保其持续运营和竞争力。

(3)环境的不确定性与复杂性。组织所处的环境是不确定和复杂的,这要求组织必须具备高度的适应性和灵活性,以应对环境变化带来的挑战。同时,组织也需要通过与其他组织的合作和互动来降低环境不确定性对自身的影响。

(4)组织间的互动与合作。组织与其依赖的组织之间需要建立稳定的关系,并进行有效的互动与合作。这种互动与合作可以促进资源的共享和交换,提高资源的利用效率,同时可以增强组织之间的信任和合作意愿。

(5)依赖与权力的关系。组织间的依赖关系通常伴随着权力的存在。具有关键资源的组织通常拥有更大的权力,而依赖这些资源的组织则处于较为弱势的地位。然而,组织可以通过策略性地调整自己的行为来降低对其他组织的依赖程度,从而在一定程度上平衡权力关系。

3. 组织资源依赖理论的意义

组织资源依赖理论揭示了组织与环境的依赖关系,使人们看到组织可以采用各种策略来改变自己,选择环境和适应环境,对组织管理者的实践有极强的指导意义。首先,组织管理者需要清楚地了解组织所依赖的关键资源以及这些资源的来源和供应情况。这有助于组织管理者制定有效的资源获取策略并降低对外部资源的依赖程度。其次,组织管理者需要积极与其他组织建立稳定的关系并进行有效的互动和合作。这可以促进资源的共享和交换并提高资源的利用效率,同时有助于增强组织之间的信任和合作意愿从而应对环境的不确定性。再次,组织管理者需要关注环境的变化并及时调整组织的战略和计划以适应环境的变化。这要求组织管理者具备高度的敏感性和前瞻性以及良好的决策能力和执行能力。最后,组织管理者需要意识到依赖与权力之间的关系并努力平衡这种关系,通过策略性地调整自己的行为降低对其他组织的依赖程度并寻求更多的合作机会以平衡权力关系。

本章小结

从19世纪末开始,组织理论的发展大致经历了古典组织理论、行为科学组织理论、现代组织理论及组织理论的新发展四个阶段。

古典组织理论强调组织的静态结构和机械运作,注重组织的稳定性和效率。然而,随着社会的不断发展和变化,组织面临的环境越来越复杂,组织内部的员工需求也越来越多样化。因此,行为科学组织理论应运而生,它强调人性因素在组织管理中的重要性,注重员工的需求、动机和行为,使得组织管理从机械转向人性。

现代组织理论则进一步扩展了组织理论的研究范围,将组织视为一个开放的系统,与外部环境进行交互和互动。现代组织理论不仅关注组织的内部结构和运作,还关注组织与外部环境的关系,以及组织如何适应环境的变化。这使得组织理论从单一走向复合,从封闭走向开放。

组织理论的新发展体现在对组织创新、变革和持续发展的重视上。随着全球化和信息技术的不断发展,组织面临着越来越多的挑战和机遇。为了保持竞争力和适应环境的变化,组织需要不断地进行创新和变革。因此,组织理论的新发展也强调了对组织创新、变革和持续发展的研究,为组织提供了更多的理论指导和实践支持。

综上所述,组织理论的发展使得组织理论从静态、机械、封闭向动态、人性、开放转变,从单一走向复合,并强调了对组织创新、变革和持续发展的研究。这些新发展不仅丰富了组织理论的研究内容,也为组织提供了更多的理论指导和实践支持,帮助组织更好地适应环境的变化和应对挑战。

批判性思考与讨论题

1. 科学管理理论的核心内容有哪些?

2. 法约尔对管理的职能是如何界定的?
3. 如何理解科层制?
4. 行为科学组织理论的共同特点有哪些?
5. 决策组织理论的核心要点有哪些?
6. 支持关系理论对领导风格有哪些论述?
7. 巴纳德认为构成组织的三个要素是什么?三者有何关系?
8. 组织生态理论的主要观点有哪些?
9. 组织资源依赖理论的主要观点有哪些?

 **案例分析**

实操训练题

比亚迪成立于1994年,是一家专注于新能源汽车研发、生产和销售的高新技术企业。经过多年的发展,比亚迪已成为全球领先的新能源汽车制造商之一,产品涵盖乘用车、商用车等多个领域。随着市场竞争的加剧,比亚迪意识到提升员工满意度和激励效果对公司的长期发展至关重要。

比亚迪近年来营收持续增长,2023年财报显示,公司营收超过6000亿元人民币,净利润也有显著提升。在新能源汽车市场,比亚迪的市场份额逐年上升,已成为行业的领军企业之一。

随着新能源汽车市场的快速发展,竞争对手日益增多,比亚迪需要保持创新能力和市场竞争力。人才是企业发展的核心驱动力,如何吸引和留住优秀人才成为比亚迪面临的重要挑战。

根据最近一次的员工满意度调查,比亚迪在薪酬福利、工作环境等方面得到了员工的普遍认可。然而,在职业发展和个人成长方面,员工普遍表达了较高的期望。此外,部分员工反映公司政策和流程烦琐,影响了工作效率和积极性。

请基于赫茨伯格的双因素理论,为比亚迪设计一套提升员工满意度与激励效果的方案。

第3章 组织结构的发展演变

研究内容

1. 组织结构的内涵与特征;
2. 组织结构设计的内容、原则及流程;
3. 常见组织结构的类型、特点及优缺点;
4. 信息时代组织结构设计的发展趋势。

关键概念

直线结构(line structure)
职能结构(functional structure)
直线职能结构(line-functional structure)
事业部结构(divisional structure)
子公司制(subsidiary system)
分公司制(branch system)
矩阵型组织结构(matrix organizational structure)
虚拟组织(virtual organization)
流程型组织结构(process-oriented organizational structure)
原子型组织结构(atomic organizational structure)

开篇案例

京东集团(以下简称"京东")创立于1998年。自创立之初,京东就秉持诚信经营的核心理念,坚持销售正品行货,倡导品质经济。同时,京东奉行客户为先、创新、拼搏、担当、感恩、诚信的价值观,坚持技术为本,定位于"以供应链为基础的技术与服务企业",致力于成为全球最值得信赖的企业。目前,京东核心业务为零售、科技、物流、健康等多个板块,总部位于北京。

京东成立之初,规模太小,尚谈不上组织结构。2004年,京东开始涉足电商领域,公司规模也逐渐壮大并建立职能型的组织结构。2013年3月,为了提高组织效率,更好地为客户提供服务,京东将原来的职能型组织结构转变为事业部的组织结构。具体来说,主要是通过资源整合,设立营销研发部、硬件部和数据部三大事业部。其中,营销研发部主要负责管理前端的网站、零售系统、营销系统、供应链系统和开放平台;硬件部主要根据订单流程,负责从配送到客服及售后的管理;数据部则负责管理整个系统的数据流。

2013年7月,京东成立金融集团。2014年4月,为解决商城和金融集团经营模式的差异问题,京东一拆为四,设立子(集团)公司和事业部,即京东商城集团、京东金融集团、拍拍网(子公司)和海外事业部。这次变革体现了京东对阿里巴巴经营模式的学习与借鉴,即京东商城对标天猫、京东金融对标阿里金融、拍拍网对标淘宝、京东海外事业部对标阿里国际。2015年8月,京东将原商城的采销体系整合为3C、家电、消费品和服饰家居四大事业部。2016年6月,京东整合原大市场、无线业务和用户体验设计部资源,成立商城营销平台体系(CMO)。2017年4月,京东设立集团 CMO 体系,全面负责包括商城、金融、保险、物流、京东云等业务在内的整合营销业务以及集团整体的国内市场公关业务。同时,京东组建物流子集团,以更好地发挥京东物流的专业能力。

2018年12月,京东以客户为中心,将组织结构划分为前、中、后台。其中,前台主要围绕B端和C端客户建立灵活、创新和快速响应的机制,包括平台运营业务部、拼购业务部、生鲜事业部、新通路事业部和拍拍二手业务部,其核心能力包括:对市场和客户行为的深刻洞察,服务客户的产品创新和精细化运营。中台主要通过沉淀、迭代和组件化的输出服务于前端不同场景,不断适配前台,包括新成立的三大事业群(3C电子及消费品零售事业群、时尚居家平台事业群、生活服务事业群)、商城市场部、商城用户体验设计部以及技术中台和数据中台,其核心特点是专业化、系统化、组件化、开放化。后台主要为中前台提供保障和专业化支持,包括CEO办公室、商城财务部和商城人力资源部,其核心是专业化、服务意识与能力。

2018年9月,京东金融更名为京东数科。2019年4月,京东数科将原来的10多个中后台部门精简为8个。2019年9月,京东数科再次调整组织架构,在原个人服务群组和企业服务群组的基础上成立数字金融群组,以构建面对个人、企业、金融机构等不同客户的金融科技服务方案,实现闭环协同发展。2020年4月,京东数科宣布将内部组织划分为三层,即面向客户的行业层、产品服务层和核心能力层,以进一步做大做强以金融科技、数字营销、人工智能(AI)技术及机器人、智能城市为代表的四大核心业务。2019年3月,京东商城正式升级为京东零售集团。2019年5月,京东整合旗下医药零售、医药批发、互联网医疗、健康城市四个业务板块,组建京东健康子集团。2020年9月,京东在港交所发布公告,拟通过以京东健康股份于香港联交所主板独立上市的方式分拆京东健康。

资料来源:郭云贵,薛玉萍.京东集团组织结构变革的动因与启示[J].管理工程师,2021,26(1):20-24.有删改。

3.1 组织结构与组织结构设计

3.1.1 组织结构

1. 组织结构的内涵及特征

组织结构是指一个组织为了实现其目标,在职责、权力、利益等方面所进行的结构设计,以及组织内部各个部分的协调关系。它描述了组织的框架体系,规定了组织内部各成员之间的相互关系,包括信息沟通、命令协调、权力分配等方面的制度安排。

合适的组织结构对于一个组织而言非常重要,规范的组织结构降低了由于组织成员行为个体差异而引起的不确定性,它通过规章制度和职能设计规范了成员的组织行为,保证了组织的正常运转。组织结构具有以下三个特点:

(1)复杂性。复杂性体现在组织内部在专业化分工程度、组织层级、管理幅度以及人员之间、部门之间关系上的巨大差别性。分工越细、组织层级越多、管理幅度越大,组织的复杂性就越高。组织的部门越多、分布越散,人员与事务之间的协调也就越难。

(2)规范性。组织需要靠规章制度及程序化、标准化的工作来规范地引导员工的行为。规范的内容既包括以文字形式表述的规章制度、工作程序、各项指令,也包括以非文字形式表达的组织文化、管理伦理以及行为准则等。组织中的规章条例越多,组织结构也就越正式化。

(3)集权性。集权性指组织决策时正式权力在管理层级中分布与集中的程度。当组织的权力高度集中在上层,问题要由下至上反映,并最终要由最高层决策时,组织的集权化程度就较高。反之,一些组织授予下层人员更多的决策权力时,组织的集权化程度较低,这种授权方式被称为分权。

2. 组织结构的内容

组织结构一般分为职能结构、层级结构、部门结构、职权结构四个方面。

(1)职能结构。职能结构是指实现组织目标所需的各项业务工作以及比例和关系。职能是一定的知识、技能、行为与态度的组合,能够帮助提升个人的工作成效,进而带动组织提升影响力与竞争力。譬如,一个企业可能拥有销售职能、采购职能、财务职能、研发职能、生产职能等,各个职能由一系列工作内容、性质、特点相似的业务构成。不同类型的组织在职能划分方面可能存在较大差异。职能结构的考量维度包括职能交叉(重叠)、职能冗余、职能缺失、职能割裂(或衔接不足)、职能分散、职能分工过细、职能错位、职能弱化等。

(2)层级结构。其考量维度包括管理人员分管职能的相似性、管理幅度、授权范围、决策复杂性、指导与控制的工作量、下属专业分工的相近性。直观来看,组织的层次结构决定了组织的层级数量。在传统组织中,大规模企业往往具有较多的纵向层级。譬如,通用电气20世纪70年代从最高决定层到基层有12个管理层级。目前,随着信息传递越来越便利、速度越来越快,组织管理层级越来越少,使组织整体上趋于扁平化。

(3)部门结构。部门结构是指各管理部门的构成。其考量维度主要是一些关键部门是否缺失或优化。组织的部门结构不同于职能结构,多数情况下,一个部门可能有多项职能,如行政部门就包括日常管理、对外交往,甚至包括人力资源管理职能。当然,有些部门也可能只有一项职能,如财务部门多数情况下职能比较单一。至于如何划分部门、整合职能,组织需要依据自身的实际情况酌定。例如,有些组织设立供销部,既包括原材料的采购职能,又包括产品或服务的销售职能;而另外一些组织可能分别设立采购部、销售部。

(4)职权结构。职权结构是指各层级、各部门在权力和责任方面的分工及相互关系,主要考量部门、岗位之间权责关系是否对等。不同组织文化背景下,组织对职位权力的授予会有较大的差别,但总体上看,职位权力与职位责任密不可分,职位权力之间的制衡是缜密安排的。

3.1.2 组织结构设计

1. 组织结构设计的内涵

组织结构设计,是通过对组织资源(如人力资源)的整合和优化,确立企业某一阶段的最合理的管控模式,实现组织资源价值最大化和组织绩效最大化。狭义地、通俗地说,组织结构设计也就是在人员有限的状况下通过设计组织结构来提高组织的执行力和战斗力。

企业的组织结构设计是这样的一项工作:在企业中,对构成企业组织的各要素进行排列、组合，明确管理层次，分清各部门、各岗位之间的职责和相互协作关系，并使其在实现企业的战略目标过程中，获得最佳的工作业绩。

从新的观念来看，企业的组织结构设计实质上是一个组织变革的过程，它是把企业的任务、流程、权力和责任重新进行有效组合和协调的一种活动。企业根据时代和市场的变化进行组织结构设计或组织结构变革（再设计）的结果是大幅度地提高企业的运行效率和经济效益。

2. 组织结构设计的主要内容

（1）职能设计。职能设计是指企业的经营职能和管理职能的设计。企业作为一个经营单位，要根据其战略任务设计经营、管理职能。如果企业的一些职能不合理，那就需要进行调整，进行弱化或取消。

（2）框架设计。框架设计是企业组织结构设计的主要部分，运用较多。其内容简单来说就是纵向的分层次、横向的分部门。

（3）协调设计。协调设计是指协调方式的设计。框架设计主要研究分工，有分工就必须要有协作。协调方式的设计就是研究分工的各个层次、各个部门之间如何进行合理的协调、联系、配合，以保证它们高效率配合，发挥管理系统的整体效应。

（4）规范设计。规范设计就是管理规范的设计。管理规范就是企业的规章制度，它是管理的规范和准则。结构设计最后要落实并体现为规章制度。管理规范保证了各个层次、部门和岗位按照统一的要求和标准进行配合和行动。

（5）人员设计。人员设计就是管理人员的设计。企业结构本身设计和规范设计，都要以管理者为依托，并由管理者来执行。因此，按照组织结构设计的要求，企业必须进行人员设计，配备相应数量和质量的人员。

（6）激励设计。激励设计就是设计激励制度，对管理人员进行激励，其中包括正激励和负激励。正激励包括工资、福利等；负激励包括各种约束机制，也就是所谓的奖惩制度。激励制度既有利于调动管理人员的积极性，也有利于防止一些不正当和不规范的行为。

3. 组织结构设计的关键要素

管理者在进行组织结构设计时，必须正确考虑工作专业化、部门化、命令链、管理幅度、集权与分权、正规化六个关键要素。

1）工作专业化

20世纪初，亨利·福特通过建立汽车生产线而富甲天下，享誉全球。他的做法是，给公司每一位员工分配特定的、重复性的工作。例如，有的员工只负责装配汽车的右前轮，有的则只负责安装右前门。福特公司通过把工作分化成较小的、标准化的任务，使工人能够反复地进行同一种操作。福特公司利用技能相对有限的员工，每10秒钟就能生产出一辆汽车。

福特公司的经验表明，让员工从事专门化的工作，他们的生产效率会提高，这就是工作专业化。它的实质是：将工作分解成若干步骤，每一步骤由一个人独立去做。

20世纪40年代后期，工业化国家大多数生产领域的工作都是通过工作专门化来完成的。管理人员认为，这是一种最有效的利用员工技能的方式。在大多数组织中，有些工作需要技能很高的员工来完成，有些工作即使员工没有经过训练也可以做好。如果所有的员工都参与组织制造过程的每一个步骤，那么所有的人不仅要具备完成最复杂的任务所需的技能，而且要具备完成最简单的任务所需要的技能。结果，除了从事需要较高的技能或较复杂的任务以外，员工有部分时间花费在完成低技能的工作上。由于高技能员工的报酬比低技能的员工高,而工资一般是反映一个人最高的技能水平的,因此,付给高技能员工高薪,却让他们做简单的工作,这无疑是对组织资源的浪费。

通过实行工作专门化,管理者还寻求提高组织在其他方面的运行效率。通过重复性的工作,员工的技能会有所提高,在改变工作任务或在工作过程中安装、拆卸工具及设备所用的时间会减少。同样重要的是,从组织角度来看,实行工作专门化,有利于提高组织的培训效率。挑选并训练从事具体的、重复性工作的员工比较容易,成本也较低,对于高度精细和复杂的操作工作尤其是这样。

2)部门化

一旦通过工作专门化完成任务细分之后,企业就需要按照类别对它们进行分组以便使共同的工作可以进行协调。工作分类的基础就是部门化。

对工作活动的分类主要根据活动的职能进行。比如,制造业的企业通常把工程、会计、制造、人事、采购等方面的专家划分到不同部门;一个医院的主要职能部门可能有行政管理部、医疗管理部、研究部、护理部、门诊部、财务部等;而一个职业足球俱乐部则可能设有球员人事部、技术团队、售票部门及后勤部门等部门。职能部门化通过把专业技术接近的人分配到同一个部门中来实现规模经济。

此外,工作任务也可以根据组织生产的产品类型进行部门化。例如,在太阳石油公司中,其三大主要领域(原油、润滑油和蜡制品、化工产品)各置于一位副总裁统辖之下,这位副总裁是本领域的专家,对与他的生产线有关的一切问题负责,每一位副总裁都有自己的生产和营销部门。

还有一种部门化方法,即根据地域来进行部门划分。例如,营销部门根据地域可分为东、西、南、北四个区域部门。实际上,每个地域部门是围绕这个地区而形成的一个部门。如果一个公司的顾客分布地域较宽,这种部门化方法就有其独特的价值。

最后一种部门化方法是根据顾客的类型来进行部门化。例如,一家销售办公设备的公司可下设零售服务部、批发服务部、政府部门服务部三个部门。比较大的法律事务所可根据其服务对象是公司还是个人来分设部门。

大型组织进行部门化时,可能综合利用上述各种方法,以取得较好的效果。例如,一家大型的电子公司在进行部门化时,根据职能类型来组织其各分部,根据生产过程来组织其制造部门,把销售部门分为七个地区的工作单位,又在每个地区根据其顾客类型分为四个顾客小组。

在快速多变的知识经济时代,以顾客为基础进行部门化越来越受到青睐。为了更好地掌握顾客的需要,并有效地对顾客需要的变化做出反应,许多组织更多地强调以顾客为基础划分部门的方法。

3)命令链

命令链是指一个组织内部从上至下、从高级管理层到基层员工之间的权力、职责和决策传递的连续路径。它构成了组织内部层级结构的核心,明确了每个层级和职位在组织结构中的位置、角色和相互关系。

命令链确保了组织内部信息的有效流通和决策的迅速执行。它规定了每个层级和职位的权力和责任范围,使得每个员工都清楚自己的职责所在,并了解如何向上级报告工作进展和请求指导。同时,命令链也规定了决策的流程,使得问题能够按照预定的路径得到及时的处理和解决。

在组织结构设计中,合理的命令链结构对组织的运行效率和效果至关重要。如果命令链过长或过于复杂,会导致决策效率低下、信息传递不畅,甚至引发内部矛盾和冲突。因此,组织结构设计需要充分考虑组织的规模、业务特点和管理需求,合理设置管理层级和职位,确保命令链的简捷、高效和灵活。

总之,组织结构设计中的命令链是组织内部权力、职责和决策传递的连续路径,它对于确保组织的高效运行和有效管理具有重要意义。在组织结构设计中,组织需要合理设置命令链结构,以支持组织的战略目标和业务需求。

4) 管理幅度

组织结构中的管理幅度,又称管理宽度,是指在一个组织结构中,管理人员所能直接管理或控制的部属数目。这个数目是有限的,当超过这个限度时,管理的效率就会随之下降。因此,管理幅度是组织结构设计中一个至关重要的考虑因素。

首先,管理幅度的大小受到多种因素的影响。这些因素包括处理问题的复杂程度和工作量的大小、领导者及其下属的素质水平、标准化水平和授权程度等。例如,当工作任务复杂且需要高度协调时,管理幅度往往较小,以确保每位下属都能得到充分的指导和监督。相反,当工作任务较为简单且标准化程度高时,管理幅度可以相应增大。

其次,管理幅度的大小对组织结构形态有直接影响。扁平结构通常具有较大的管理幅度和较少的管理层次,有利于信息的快速传递和减少失真,同时也有利于激发下属的主动性和创造性。然而,过大的管理幅度也可能导致主管人员无法对每位下属进行充分、有效的指导和监督,从而影响管理效率。锥型结构则相反,其管理幅度较小,管理层次较多,有利于主管人员对下属进行详尽的指导和监督,但可能导致信息传递速度较慢和失真问题。

最后,管理幅度的确定需要根据组织的实际情况进行综合考量。组织结构设计的任务就是找出限制管理幅度的影响因素,并根据这些因素的大小,具体确定特定企业各级各类管理组织与人员的管理幅度。只有这样,才能确保组织结构的合理性和有效性。

5) 集权与分权

组织结构中的集权与分权是组织结构设计中关于权力分配的两个重要概念。它们描述了组织内部权力分配的集中程度以及决策制定的层次。

集权是指决策权主要集中在组织的高层管理者手中,下层人员只能依据上级的决定、指示和命令行事。在高度集权的组织中,几乎所有的决策都由高层管理者制定,下层人员几乎没有自主决策的权力。这种结构有利于组织的统一指挥和协调,确保决策的一致性和效率。比如一家大型国有企业的生产、销售、财务等重要决策均由公司总部的高层领导决定,各个分公司或部门只能按照总部的指示行事,几乎没有自主决策权。这种组织结构体现了高度的集权特点。

分权则是将决策权下放到较低的管理层次,基层管理者拥有一定的自主决策权。在分权程度较高的组织中,中下层管理者可以根据具体情况自主决策,无须事事请示上级。这种结构有利于调动下属的积极性和创造性,提高组织的灵活性和适应性。比如一家互联网公司,其产品开发团队拥有高度的自主权,团队成员可以根据市场需求和用户反馈快速调整产品方案,而无须等待高层领导的批准。这种组织结构体现了高度的分权特点,使得公司能够快速响应市场变化,保持竞争优势。

在实际的组织结构设计中,过度的集权可能导致组织僵化、缺乏灵活性,而过度的分权则可能导致组织混乱、缺乏统一指挥。因此,组织需要在集权与分权之间找到一个平衡点。这取决于组织的规模、业务性质、人员素质、外部环境等多种因素。一般来说,大型、业务复杂、人员素质高、外部环境变化快的组织更倾向于分权,而小型、业务单一、人员素质低、外部环境稳定的组织则更倾向于集权。

6)正规化

组织结构的正规化是指组织内部的管理工作标准化以及组织内部工作标准化程度。它描述了组织内部规章制度、职责权限、工作流程以及员工行为规范的明确程度和一致性。正规化是组织结构设计的一个重要维度,对于确保组织运行的高效、有序和可预测性具有重要意义。

正规化程度高的组织中通常会有详细的规章制度和操作规程,员工的行为和决策都受到明确的指导和约束。这种结构使得工作流程清晰、职责明确,有利于减少工作冲突和不确定性,提高组织的稳定性和可控性。然而,过度的正规化也可能导致组织僵化、缺乏灵活性,抑制员工的创新精神和主动性。

比如一家大型制造业公司,正规化程度可能非常高。首先,公司会有明确的组织结构图,清晰展示各个部门和岗位的职责和权限。其次,公司会制定一系列详细的规章制度,如员工手册、安全操作规程、产品质量标准等,以规范员工的行为和确保产品质量。此外,公司还会有严格的工作流程和审批程序,确保各项工作按照既定的标准和流程进行。

在这样的组织中,员工的行为和决策都会受到明确的指导和约束。他们知道自己应该做什么、怎么做以及何时做,这有助于提高工作效率和减少错误。同时,由于各项工作都按照既定的标准和流程进行,公司的产品质量和服务水平也能够得到保障。

然而,值得注意的是,正规化并不是万能的。在某些情况下,过度的正规化可能会抑制员工的创新精神和主动性,导致组织僵化。因此,组织需要在正规化与其他管理要素之间找到一个平衡点,以确保组织的持续发展和竞争力。

3.2 组织结构的设计原则及流程

3.2.1 组织结构的设计原则

在长期的企业组织变革的实践活动中,西方管理学家曾提出过一些组织结构设计的基本原则,如管理学家厄威克曾比较系统地归纳了古典管理学派泰勒、法约尔、韦伯等人的观点,提出了八条指导原则:目标原则、相符原则、职责原则、组织阶层原则、管理幅度原则、专业化原则、协调原则和明确性原则;美国管理学家孔茨等人,在继承古典管理学派的基础上,提出了健全组织工作的十五条基本原则:目标一致原则、效率原则、管理幅度原则、分级原则、授权原则、职责的绝对性原则、职权和职责对等原则、统一指挥原则、职权等级原则、分工原则、职能明确性原则、检查职务与业务部门分设原则、平衡原则、灵活性原则和便于领导原则。我国企业在组织结构的变革实践中积累了丰富的经验,也相应地提出了一些设计原则。

1. 任务与目标原则

企业组织结构设计的根本目的是为实现企业的战略任务和经营目标服务。这是一条最基本的原则。组织结构的全部设计工作必须以此作为出发点和归宿点,即企业任务、目标同组织结构之间是目的同手段的关系;衡量组织结构设计的优劣,要以是否有利于实现企业任务、目标作为最终的标准。从这一原则出发,当企业的任务、目标发生重大变化时,例如,从单纯生产型向生产经营型、从内向型向外向型转变时,组织结构必须做相应的调整和变革,以适应任务、目标变化的需要。又如,进行企业机构改革,必须明确从任务和目标的要求出发,该增则增,该减则减,避免单纯地把精简机构作为改革的目的。

2. 专业分工和协作的原则

现代企业的管理工作量大、专业性强,企业分别设置不同的专业部门,有利于提高管理工作的质量与效率。在合理分工的基础上,各专业部门只有加强协作与配合,才能保证各项专业管理的顺利开展,达到组织的整体目标。贯彻这一原则,组织结构设计要十分重视横向协调问题。主要的措施有:①实行系统管理,把职能性质相近或工作关系密切的部门归类,成立各个管理子系统,分别由各副总经理(副厂长、部长等)负责管辖;②设立一些必要的委员会及会议来实现协调;③创造协调的环境,提高管理人员的全局观念,增加相互间的共同语言。

3. 有效管理幅度原则

由于受个人精力、知识、经验条件的限制,一名管理人员能够有效领导的直属下级人数是有一定限度的。有效管理幅度不是一个固定值,它受职务的性质、人员的素质、职能机构健全与否等条件的影响。这一原则要求在进行组织结构设计时,管理人员的管理幅度应控制在一定水平,以保证管理工作的有效性。由于管理幅度的大小同管理层次的多少成反比,这一原则要求在确定企业的管理层次时,必须考虑到有效管理幅度的制约。因此,有效管理幅度也是决定企业管理层次的一个基本因素。

4. 集权与分权相结合的原则

企业在进行组织结构设计时,既要有必要的权力集中,又要有必要的权力分散,两者不可偏废。集权是大生产的客观要求,它有利于保证企业的统一领导和指挥,有利于人力、物力、财力的合理分配和使用。而分权是调动下级积极性、主动性的必要组织条件。合理分权既有利于基层根据实际情况迅速而正确地做出决策,也有利于上层领导摆脱日常事务,集中精力抓重大问题。因此,集权与分权是相辅相成的,是矛盾的统一。没有绝对的集权,也没有绝对的分权。企业在确定内部上下级管理权力分工时,主要应考虑以下因素:企业规模的大小,企业生产技术特点,各项专业工作的性质,各单位的管理水平和人员素质的要求等。

5. 稳定性和适应性相结合的原则

稳定性和适应性相结合原则要求组织结构设计时,既要保证组织在外部环境和企业任务发生变化时,能够继续有序地正常运转,又要保证组织在运转过程中,能够根据变化了的情况做出相应的变更。组织应具有一定的弹性和适应性。为此,组织既要建立明确的指挥系统、责权关系及规章制度,又要选用一些具有较好适应性的组织形式和措施,使组织在变动的环境中具有一种内在的自动调节机制。

3.2.2 组织结构的设计程序

组织结构的设计程序是确定企业内部部门设置、权责分配、协调机制等,以优化资源配置和提高管理效率的过程。

1. 分析组织结构的影响因素,选择最佳的组织结构模式

(1)企业环境。企业面临的环境特点,对组织结构中职权的划分和组织结构的稳定有较大的影响。如果企业面临的环境复杂多变,有较大的不确定性,就要在划分权力时给中下层管理人员较多的经营决策权和随机处理权,以增强企业对环境变动的适应能力。如果企业面临的环境是稳定的、可把握的,对生产经营的影响不太显著,则可以把管理权较多地集中在企业领导手里,设计比较稳定的组织结构,实行程序化、规模化管理。

(2)企业规模。一般而言,企业规模小,管理工作量小,为管理服务的组织结构也相应简单;企业规模大,管理工作量大,需要设置的管理机构多,各机构间的关系也相对复杂。可以说,组织结构的规模和复杂性是随着企业规模的扩大而相应增长的。

(3)企业战略目标。企业战略目标与组织结构之间是作用与反作用的关系,有什么样的企业战略目标就有什么样的组织结构,同时企业的组织结构又在很大程度上对企业的战略目标和政策产生很大的影响。企业在进行组织结构设计和调整时,只有对本企业的战略目标及其特点进行深入的了解和分析,才能正确选择企业组织结构的类型和特征。

(4)信息沟通。信息沟通贯穿于管理活动的全过程,组织结构功能的大小在很大程度上取决于它能否获得信息、能否获得足够的信息以及能否及时地利用信息。

总之,企业在进行组织结构设计时必须认真研究上述四个方面的影响因素,究竟应主要考虑哪个因素,要根据企业具体情况而定。一个较大的企业,其整体性的结构模式和局部性的结构模式可以是不同的。例如,在整体上是事业部的结构,在某个事业部内则可以采用职能结构。因此,不同的结构模式不应该截然对立起来。

2. 根据所选的组织结构模式,将企业划分为不同的、相对独立的部门

在确定了企业的组织结构模式后,首要任务是将企业划分为不同的、相对独立的部门。这一步骤不仅关乎企业日常运营的效率和效果,还直接决定了企业内部资源的分配和管理的有效性。首先,我们需要根据企业所选的组织结构模式,如直线职能结构、事业部结构、矩阵型结构等,明确各个部门的定位和功能。其次,依据企业的业务范畴、产品或服务类型、市场区域等因素,对业务进行细致的分析和归类。最后,基于业务归类,将相关的业务活动、资源、人员等整合到相应的部门中,确保每个部门都能独立承担其业务范围内的职责。

在划分部门时,需要特别注意部门间的协作与沟通。一个有效的组织结构应该能够促进部门间的信息共享、资源互补和协同工作。因此,在划分部门时,要充分考虑部门间的关联性,确保它们在组织结构中既相对独立,又能够保持紧密的协作关系。同时,也要关注部门间的权力分配和决策机制,确保各部门在履行职责的同时,也能够充分参与企业的决策过程,实现共同决策、共同发展的目标。

另外,在划分部门的过程中,还需要关注部门的规模和结构。部门规模的大小应该根据企业的实际情况和业务需求来确定,既要避免部门过于庞大、管理难度增加,也要避免部门过于细小、无法形成有效的管理力量。同时,部门结构的设计也应该符合企业的业务特点和战略需求,确保部门内部能够高效运作,实现资源的优化配置。

3. 为各个部门选择合适的部门结构,进行组织机构设置

在确定了各个部门的职责和范围后,需要为每个部门选择合适的部门结构,并进行组织机构设置。这一步骤对于企业的管理效率和业务运营效果至关重要。

首先,分析每个部门的特点和需求,包括工作性质、人员规模、业务复杂度等因素。其次,根据部门的特点和需求,选择合适的部门结构类型,如直线结构、职能结构、项目结构等。在选择部门结构时,要充分考虑部门的实际情况和企业的整体战略需求,确保部门结构既能够满足部门的业务需求,又能够与企业的整体战略相协调。再次,进行组织机构设置。这包括确定部门的层级结构、岗位设置、职责分配等。在组织机构设置过程中,要注重岗位的合理性和职责的明确性,确保每个岗位都能够承担起相应的职责和义务;同时,还要关注岗位之间的协作和沟通机制,确保部门内部能够高效协作、共同完成任务。

此外,在组织机构设置过程中,还要考虑如何优化资源配置和提高管理效率。这包括合理配置人员、设备、资金等资源,确保部门能够充分利用资源、提高工作效率。同时,还要建立有效的激励机制和考核机制,激发员工的工作积极性和创造力,提高企业的整体竞争力。

4. 将各个部门组合起来,形成特定的组织结构

在完成各个部门的部门结构设计后,需要将各个部门组合起来,形成特定的组织结构。这一步骤是实现企业管理目标的关键环节。

在组合部门时,我们需要明确各部门之间的上下级关系、平行关系以及协作关系。这有助于确保信息在组织内部的顺畅传递和资源的有效配置。同时,还要建立有效的沟通机制和协调机制,确保各部门之间能够保持紧密的协作关系,共同实现企业的战略目标。

我们还需要考虑组织的稳定性和灵活性。一方面,要确保组织结构能够稳定地运行,为企业的发展提供有力的支撑;另一方面,也要注重组织结构的灵活性,以便在面临外部环境变化时能够迅速做出调整,保持企业的竞争力。此外,还要关注组织的文化建设和价值观塑造。一个优秀的组织结构应该能够体现企业的核心价值观和文化特色,激发员工的归属感和自豪感。因此,在组合部门时,要注重文化的融合和价值观的统一,确保各部门能够共同遵循企业的文化理念和价值观。

5. 根据环境的变化不断调整组织结构

企业的外部环境是不断变化的,因此组织结构也需要随着环境的变化而不断调整。这一步骤是组织结构设计的重要一环,也是确保企业持续发展的关键。

在调整组织结构时,首先需要密切关注市场、技术、政策等方面的变化,分析这些变化对企业的影响程度。其次,根据外部环境的变化和企业的战略需求,评估现有组织结构的适应性和有效性。如果发现现有组织结构无法适应外部环境的变化或无法满足企业的战略需求,就需要对组织结构进行调整。最后,还要注重沟通和协调。调整组织结构往往会涉及部门、岗位、人员等方面的变动,因此企业需要与员工进行充分的沟通和协调,确保他们能够理解和支持调整决策。此外,还要调整激励机制和考核机制,激发员工的工作积极性和创造力,确保调整后的组织结构能够顺利运行并达到预期的效果。

3.3 常见的组织结构类型

在深入探讨组织结构设计的过程中,不可避免地会接触到不同的组织结构类型。这些类型代表了企业在追求其战略目标时所采用的独特管理框架和层级关系。组织结构不仅是企业内部分工和协作的基础,更是其灵活应对市场变化、实现持续发展的关键因素。

随着企业的发展和市场环境的变化,组织结构类型也呈现出多样化的趋势。从传统的直线职能结构到现代的事业部结构、矩阵型结构、网络型结构等,每种结构类型都有其独特的优缺点和适用范围。因此,在选择和设计组织结构时,企业必须综合考虑自身的战略目标、业务特点、管理需求以及外部环境的变化等因素,选择最适合自己的组织结构类型。

3.3.1 直线结构

直线结构,又称军队式结构,是最早、最简单的组织结构形式。它是上级领导者直接而全面地管理下属的一种组织结构形式。在这种结构中,各级领导者执行统一指挥和管理职能,不设专门的职能机构,一切管理职能基本上都由主管人员自己执行。

1. 直线结构的特点

直线结构的特点是领导关系按垂直系统建立,不设专门的职能机构,自上而下形同直线;组织中每一位主管人员对其直接下属拥有直接职权;组织中的每一个人只对他的直接上级负责或报告工作;主管人员在其管辖范围内,拥有绝对的职权或完全职权,即对所管辖的部门的所有业务活动行使决策权、指挥权和监督权。直线结构示意图如图3-1所示。

图3-1 直线结构示意图

2. 直线结构的优缺点

直线结构的优点是结构简单,责任分明,命令统一;信息沟通简捷方便,便于统一指挥、集中管理。缺点是它要求企业最高领导者通晓多种知识和技能,亲自处理各种业务。在业务比较复杂、企业规模比较大的情况下,所有管理职能都集中到最高领导者一人身上,显然其是难以胜任的。另外,它缺乏横向的协调关系,没有职能机构作为最高领导者的助手,容易使最高领导者产生忙乱现象。一旦企业规模扩大,管理工作复杂化,最高领导者可能由于经验、精力不足而顾此失彼,难以进行有效管理。

虽然直线结构在大型复杂企业中并不常见,但在某些小型企业或特定场景下仍有应用。比如,在小型制造企业中,由于规模较小,生产和管理流程相对简单,总经理或厂长可以直接管理生产、销售、采购等部门,确保决策的快速执行和信息的有效沟通。在家庭作坊式企业中,由于员工数量少、业务相对单一,直线结构可以确保家庭成员之间的紧密合作和快速响应市场变化。在临时项目团队中,由于项目周期短、目标明确,直线结构可以确保团队成员之间的快速协调和高效执行。项目经理可以直接管理各个职能部门的成员,确保项目的顺利进行。

3.3.2 职能结构

职能结构,也称为多线结构,是按照项目管理中的职能以及职能的相似性来划分部门的结构形式。在这种组织结构下,各级部门除了主管人员之外,还会设立一些职能机构,从事职能管理工作。主管人员会将相应的管理职责和权力交给这些职能机构,各职能机构有权在自己的职能范围内向下级部门发号施令。

1. 职能结构的特点

(1)划分职能。它将复杂的工作划分为各部门的职能,以便更好地管理,实现工作的有效进行。

(2)各部门权限分明。职能结构要求各部门的权限要明显分开,各部门要有自己的权限清晰的职能。

(3)统一管理者。职能结构要求所有部门有一个统一的管理者,该管理者不仅要催促各部门完成职能,而且要检查每个部门的任务是否有效,是否做到了效率最优。

职能结构示意图如图3-2所示。

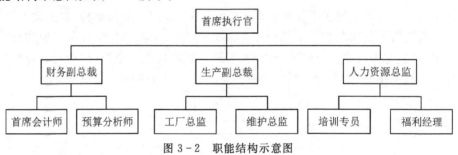

图3-2 职能结构示意图

2. 职能结构的优缺点

职能结构的主要优点如下:

(1)专业化分工:按职能划分的组织形式有明确的任务和确定的职责,有利于管理者注重并能熟练掌握本职工作所需的技能,提高工作效率。

(2)资源利用:可以减少设备及劳动力的重复,最充分地利用资源,也有利于专门设备的开发和对专家的培养。

(3)稳定性高:每一个管理者都固定地归属于一个职能机构,专门从事某一项职能工作,使组织有较高的稳定性。

(4)管理权力集中:便于最高领导层对整个企业实施严格的控制。

当然,职能结构也存在一些明显的缺点:

(1)狭隘的职能观念。它只注重整体工作中的某个部分,而不是将组织的任务看作一个整体。

(2)横向协调性差。高度的专业化分工使各职能部门的眼界比较狭窄,各职能部门容易产生本位主义,造成许多摩擦和内耗,部门之间的协调比较困难。

(3)适应性差。人们主要关心自己狭窄的专业工作,不仅使部门间的横向协调困难,而且使彼此间的信息沟通受到阻碍,造成整个组织系统对外部环境变化的适应性较差。

(4)企业领导负担重。在职能结构组织形式下,部门之间的横向协调只有企业高层领导才能解决,加上企业经营决策权又集中在他们手中,造成高层领导的工作任务十分繁重。

职能结构在企业中的应用比较广泛,特别是对于那些部门众多、业务复杂的企业来说。比如,某大型制造企业采用职能结构,其组织结构包括生产部、技术部、市场部、财务部、人力资源部等。生产部负责产品的生产计划和组织,技术部负责产品的设计、研发和工艺制定,市场部负责产品的销售、推广和市场调研,财务部负责企业的财务管理和资金运作,人力资源部负责企业的人力资源管理和员工培训。各部门在统一的管理者的领导下,各自负责自己的职能工作,并通过内部协调机制实现信息的共享和资源的优化配置。这种结构使得企业能够高效地运作,并快速响应市场变化。

3.3.3 直线职能结构

直线职能结构是一种将直线结构和职能结构相结合的组织结构形式。它以直线结构为基础,在各级领导下设置相应的职能部门,从事专业管理,作为该级领导者的参谋和助手,对下级组织和业务部门实行指导。这种结构形式既保证了集中统一的指挥,又加强了专业化管理。目前,我国绝大多数企业都采用这种组织结构形式。

1. 直线职能结构的特点

(1)企业的第二级机构按不同职能实行专业分工。例如,按照生产、销售、开发等职能来划分部门和设置机构。

(2)实行直线-参谋制。整个管理系统划分为两大类机构和人员:一类是直线指挥机构和人员,上级对其直属下级有发号施令的权力;另一类为参谋机构和人员,其职责是为同级直线指挥人员出谋划策,对下级单位不能发号施令,而是起业务上的指导、监督和服务的作用。

(3)企业管理权力高度集中。各二级单位只是一个职能部门,不具有独立法人资格,没有对外经营权,企业经营决策和管理权力高度集中于企业高层组织。

(4)整个企业统负盈亏。各二级单位也要进行经济核算,其业绩要接受企业考核,但一般只是成本(费用)中心。公司总部才是投资中心和利润中心。

直线职能结构示意图如图 3-3 所示。

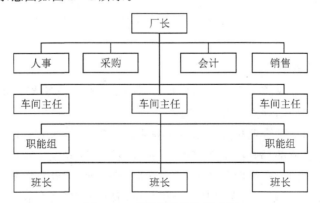

图 3-3 直线职能结构示意图

2. 直线职能结构的优缺点

直线职能结构的优点表现为以下几个方面：

(1)集中统一指挥。这有利于企业高层对整体活动进行控制和监督，确保政令统一。

(2)分工协作。职能部门与业务部门分工协作，提高了工作效率。

(3)适应性强。职能部门的专业化管理有助于企业适应市场变化，提高竞争力。

(4)组织稳定性。直线职能结构相对稳定，有助于企业的长期发展。

该结构的缺点主要表现如下：

(1)权力集中。高层管理者权力过于集中，可能导致决策失误。

(2)职能部门与业务部门矛盾。职能部门与业务部门之间可能存在权力争夺和利益冲突。

(3)信息沟通不畅。层级较多，可能导致信息沟通不畅，影响决策效率。

(4)灵活性不足。直线职能结构相对固定，难以适应快速变化的市场环境。

3. 直线职能结构的适用范围

(1)具备中小型、产品品种比较单一、生产技术发展变化较慢、外部环境比较稳定等特性的企业，其经营管理相对简单，部门较少，横向协调的难度小，对适应性的要求较低，因此直线职能结构的缺点不突出，而优点却能得到较为充分的发挥。

(2)当企业规模、内部条件的复杂程度和外部环境的不确定性超出了直线职能结构所允许的限度时，固然不应再采用这种结构形式，但在组织的某些局部，仍可部分运用这种按职能划分部门的方法。例如，在分权程度很高的大企业中，组织的高层往往设有财务、人力资源等职能部门，这既有利于保持重大经营决策所需要的必要集权，也便于让这些部门为整个组织服务；同时，在组织的作业管理层，也可根据具体情况运用设置职能部门或人员的做法，保证生产效率的稳定和提高。

但在实际工作中，直线职能结构有过多强调直线指挥而对参谋职权注意不够的倾向，应该注意规避。由于这种组织结构形式具有以上优点，它在各国的组织中被普遍采用，而且采用的时间也较长。我国大多数企业，甚至机关、学校、医院等一般也都采用直线职能结构。

3.3.4 事业部结构

事业部结构，又称为分公司结构，最早起源于美国的通用汽车公司。它是为满足企业规模扩大和多样化经营对组织机构的要求而产生的一种组织结构形式。该结构是在总公司领导下设立多个事业部，每个事业部都有自己的产品和特定的市场，能够完成某种产品从生产到销售的全部职能。

1. 事业部结构的特点

(1)分权管理与独立核算。事业部结构将公司的经营权下放给各个事业部，每个事业部都有自己的经营计划和预算，独立核算、自负盈亏。

(2)专业化管理部门。企业按其产出将业务活动组合起来，成立专业化的生产经营管理部门，即事业部。每个事业部都专注于特定的产品或市场，实现专业化管理。

(3)政策与经营不同。在纵向关系上，企业按照"集中政策，分散经营"的原则，处理企业高层领导与事业部之间的关系。企业最高领导层负责制定公司的总体战略和政策，而事业部则负责根据这些战略和政策进行具体的经营和管理。

事业部结构示意图如图3-4所示。

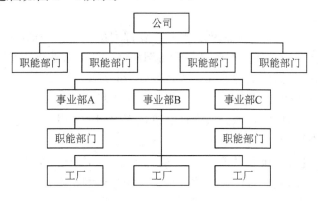

图3-4 事业部结构示意图

2. 事业部结构的优缺点

事业部结构具有以下优点:

(1)高度稳定性和适应性。每个事业部都有自己的产品和市场,能够规划其未来发展,也能灵活自主地适应市场出现的新情况并迅速做出反应。这种组织结构既有高度的稳定性,又有良好的适应性。

(2)管理层集中精力于战略决策。事业部结构有利于最高领导层摆脱日常行政事务,成为坚强有力的决策机构,集中精力于外部环境的研究,制定长远的、全局性的发展战略规划。

(3)发挥事业部的积极性。各事业部拥有相当的自主权,职权分明,管理者能自主处理各种日常工作。这有助于加强事业部管理者的责任感,发挥他们搞好经营管理的主动性和创造性,提高企业的适应能力。

(4)有利于人才培养。事业部经理虽然只负责领导一个比所属企业小得多的单位,但由于事业部自成系统、独立经营,相当于一个完整的企业,所以他能经受企业高层管理者面临的各种考验。这有利于培养全面的管理人才,为企业的未来发展储备干部。

(5)便于考核和决策。事业部作为利润中心,便于企业建立衡量事业部及其经理工作效率的标准,进行严格的考核,也使得企业高层领导易于评价每种产品对公司总利润的贡献大小,用以指导企业发展的战略决策。

事业部结构在大型公司中具有一定的优势和适用性,但也存在一些潜在的缺点和挑战。

(1)横向联系差。事业部之间的协调配合难,容易产生本位主义,忽视企业整体利益。

(2)容易导致短期行为。事业部为了自身利益,可能会忽视企业的长期发展,导致短期行为。

(3)机构重叠。总部和各事业部机构重叠,会增加管理人员和管理费用。

(4)权力过大。事业部权力过大,可能不利于公司的统一决策和指挥。

(5)协调和支援能力较差。事业部独立性较强,相互之间的协调和支援能力较差,容易形成部门利益,影响整体效益。

3. 常见的两种事业部

1)产品事业部

产品事业部是以产品为中心组织起来的部门,它负责某一类或几类产品的设计、生产、销售和服务等全过程管理。这种组织方式强调产品的专业性,确保产品从研发到市场的各个环节得到精细化的管理。

产品事业部的优点是:①专业性强。产品事业部内部集中了一批同一产品的专业人员,有利于产品技术的提高和产品质量的改进。②协调性好。产品事业部内部各部门之间围绕产品进行协调,有利于加强各部门的沟通和合作,提高工作效率。③灵活度高。产品事业部能够根据市场变化和客户需求快速调整产品策略,灵活应对市场挑战。

产品事业部的缺点是:①资源分散。产品事业部之间相对独立,可能导致公司资源在各部门之间的分配不够合理,造成资源浪费。②协调难度大。不同产品事业部之间可能存在利益冲突,需要公司总部进行协调和平衡,增加了管理难度。③缺乏全局观。产品事业部往往只关注自身产品的市场情况,缺乏对公司整体战略和市场趋势的把握。

2) 区域事业部

区域事业部是按地区划分的组织结构,每个区域事业部负责该地区的市场开发、销售和服务等业务。这种组织方式强调地区的特殊性,使公司能够更好地适应不同地区的市场需求。

区域事业部的优点是:①适应性强。区域事业部能够根据当地市场的特点制定营销策略,更好地满足当地消费者的需求。②灵活度高。区域事业部可以根据市场变化快速调整销售策略,灵活应对市场挑战。③服务优质。区域事业部能够更好地了解当地消费者的需求和反馈,提供更为及时和优质的服务。

区域事业部的缺点是:①资源分散。与产品事业部类似,区域事业部之间可能存在资源分配不合理的问题,导致资源浪费。②沟通困难。各区域事业部之间地理位置分散,可能导致信息沟通不畅,影响公司整体战略的执行。③竞争激烈。不同区域事业部之间可能存在市场竞争和利益冲突,需要公司总部进行协调和平衡。

事业部结构特别适用于大型企业和多样化经营的企业。大型企业因业务繁多,需要精细化管理和运营,而事业部结构通过设立独立的事业部,赋予其较大自主权,能充分发挥各事业部的主动性和积极性,提高管理效率。对于多样化经营的企业,事业部结构便于按业务、产品划分不同事业部,优化资源配置和运营。其特点在于集权与分权相结合,既保证了组织方针的统一性,又激发了各事业部的活力,是大型企业实现高效管理和运营的有效手段。

3.3.5 子公司型分权型结构

子公司型分权型结构是一种较为彻底的分权形式。在这种结构中,总公司作为母公司,是子公司的持股公司。子公司在法律上是完全独立的企业,拥有自己的一整套生产经营管理机构,自主经营、自负盈亏。

1. 子公司型分权型结构的特点

(1) 法律独立性。子公司在法律上完全独立,与母公司各自拥有独立的法人地位。

(2) 自主经营。子公司拥有一套完整的生产经营管理机构,能够自主地进行经营决策和管理。

(3) 自负盈亏。子公司对自己的经营成果负责,承担经营风险,并享有经营成果带来的收益。

2. 子公司与母公司之间的关系

在这种结构中,子公司和母公司之间的关系呈现出一种既独立又相互依存的状态。这种关系在确保各自权益的同时，也促进了资源的优化配置和战略协同。

子公司作为母公司投资设立的独立法人实体，在法律上享有独立的权利和义务。它拥有自己独立的财产、财务系统和经营管理体系，能够自主地进行业务决策和经营管理。这种独立性使得子公司能够根据市场环境和自身特点灵活调整经营策略，更好地满足客户需求，提升市场竞争力。

然而，子公司并非完全脱离母公司的控制。母公司作为子公司的控股股东，通过持有子公司股份的方式对子公司进行控制和监督。母公司可以通过制定公司章程、任免子公司董事和高级管理人员、审议和批准子公司的重大经营决策等方式，对子公司的经营活动进行指导和监督。这种控制关系有助于确保子公司的发展方向与母公司的战略目标保持一致，实现整个企业集团的协调发展。

此外，子公司和母公司之间还存在着相互依存的关系。母公司为子公司提供资金、技术、人才等资源的支持，帮助子公司提升业务能力和市场竞争力。同时，子公司也为母公司贡献利润和市场份额，成为母公司实现战略目标和业务扩张的重要支撑。这种相互依存的关系使得子公司和母公司能够共同应对市场挑战，实现互利共赢。

3. 子公司型分权型结构的适用范围

子公司型分权型结构特别适合那些实行跨行业多种经营的大型公司。由于各行业之间在生产技术和经营管理上差别很大，这种结构能够确保从事不同行业生产经营的各单位具有足够的独立性，能够根据行业特点开展各项业务活动。采用子公司型分权型结构的公司可以扩大经营范围，减少投资风险，发挥子公司的创造性，提高各项事业的成功率。

3.4 信息时代组织结构设计的发展趋势

随着全球化的推进，企业面临的市场竞争越来越激烈。为了在竞争中保持优势，企业需要更加灵活和高效的组织结构来应对市场的快速变化。而且在知识经济时代，客户的需求日益多样化和个性化，企业需要快速响应客户需求，提供个性化的产品和服务，这就要求企业通过跨部门协作和快速决策来为客户提供更好的服务。另外，信息技术和网络技术的发展为企业提供了更多的机会和挑战，企业需要充分利用这些技术来提高管理效率和创新能力。因此，在当前经济、社会和技术等多重因素的交织影响下，企业面临着新的运营环境，必须思考组织结构的变革和创新。

3.4.1 矩阵型组织结构

矩阵型组织结构是在 20 世纪 50 年代提出的，其背景源于企业日益增长的复杂性和对更灵活管理模式的需求。随着企业规模的扩大和产品市场的多元化，企业运营面临着前所未有的挑战。传统的金字塔型中央集权制或单一的管理体制已经无法满足企业复杂多变的运营环境。在这种情况下，一种更加灵活、高效的组织结构模式——矩阵型组织结构应运而生。

1. 矩阵型组织结构的特点

矩阵型组织结构是职能型组织结构和项目型组织结构的混合体。它改变了传统的单一直线垂直领导系统，使一位员工同时受两位主管人员的管理，呈现出交叉的领导和协作关系。这种结构在分工的基础上强调协同,将分工产生的能力和协同产生的效率相结合,形成了其独特的优势。

(1)双重职权体系。矩阵型组织结构的核心特点之一是双重职权体系。这意味着员工在组织中同时有两个上级,他们既需要向职能部门的经理汇报,也需要向项目或产品团队的项目经理负责。这种双重职权体系分散了权力,提高了组织的灵活性和响应能力。

(2)交叉功能性。矩阵型组织结构强调团队工作和跨部门合作。通过组建跨职能部门的项目或产品团队,组织能够整合不同领域的专家和资源,以更高效的方式完成任务。这种交叉功能性使得组织能够更好地利用内部资源,提高工作效率。

(3)资源共享。在矩阵型组织结构中,资源(如人力、设备、信息等)在部门之间共享。这种资源共享有助于优化资源配置,避免资源的浪费和冗余。通过跨部门协作,组织可以更加高效地利用资源,提高整体效益。

(4)快速反应能力。由于矩阵型组织结构强调项目导向性和交叉功能性,组织能够更加迅速地响应市场变化和客户需求。在项目团队中,成员来自不同职能部门,能够快速整合资源和知识,以应对各种挑战。这种快速反应能力使得组织在竞争激烈的市场中保持领先地位。

(5)灵活性和适应性。由于项目和团队成员的临时性特点,组织可以根据需要快速调整团队结构和人员配置。这种高度的灵活性使得组织能够更好地应对市场变化、客户需求和技术发展等挑战。

矩阵型组织结构示意图如图3-5所示。

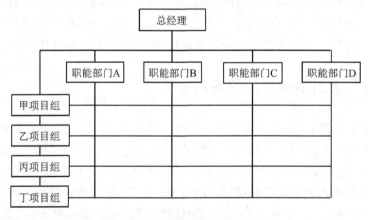

图3-5 矩阵型组织结构示意图

2. 矩阵型组织结构的优缺点

矩阵型组织结构作为一种独特的管理模式,将企业的横向联系和纵向联系巧妙地结合起来,为企业带来了诸多优势。

首先,矩阵型组织结构显著加强了各职能部门之间的协作配合。通过横向报告关系的管理系统,不同部门的员工能够更紧密地联系在一起,促进了信息的流通和共享,使得部门间的沟通更加顺畅。这种协作模式有利于及时发现和解决问题,提高了工作效率。

其次,矩阵型组织结构提高了企业的适应性和灵活性。在这种结构中,企业可以根据项目或产品的需要,灵活调集各种专业人员,组建跨部门的团队。这种集思广益、各尽其能的工作方式,有利于任务的顺利完成。同时,企业还能根据市场变化和新任务的需求,迅速调整团队结构和人员配置,以适应外部环境的变化。

再次，矩阵型组织结构有利于减轻高层管理人员的负担。这种结构内部存在两个层次的协调机制，使得高层管理人员能够将更多的精力集中在制定战略目标、决策与规划上，并对执行情况进行监督。这样，高层管理人员能够更专注于企业的长远发展，提高决策的质量和效率。

最后，矩阵型组织结构为企业提供了一种新的管理思路。它将企业的横向联系和纵向联系有机结合，形成了一种全新的组织结构形式。这种结构形式有利于企业实现资源的优化配置和高效利用，提高企业的综合竞争力。

尽管矩阵型组织结构具有诸多优点，但也存在一些不可忽视的缺点。

首先，矩阵型组织结构的稳定性较差。由于项目或产品的成员经常变动，人事关系不稳定，这会给企业的正常运营带来一定的困难。员工可能缺乏长期的工作计划和目标，导致工作责任心和稳定性下降。

其次，矩阵型组织结构存在双重领导的问题。在矩阵型结构中，员工既要接受项目小组负责人的领导，又要接受原职能部门的领导。当两个部门的负责人意见不一致时，员工可能会感到无所适从，导致工作效率下降。这种多头领导的现象在一定程度上会抵消矩阵型组织结构带来的优势。

此外，矩阵型组织结构相对臃肿，用人较多。由于需要同时设立多个职能部门和项目小组，企业需要投入更多的人力和物力资源来支持这种结构形式。这会增加企业的运营成本和管理难度。

3. 矩阵型组织结构的适用范围

(1)复杂的项目管理。矩阵型组织结构特别适用于需要跨部门、跨职能协作的复杂项目管理。在项目中，不同部门的专业人员可以根据项目需求组成临时团队，集中力量解决项目中的难题，提高项目执行效率。

(2)跨部门协作。当组织内部存在多个部门，且这些部门之间需要频繁进行协作和沟通时，矩阵型组织结构能够打破部门壁垒，促进信息的流通和共享。它可以帮助组织实现资源共享、优势互补，提高整体运作效率。

(3)快速响应市场变化。在高度竞争的市场环境中，市场变化和客户需求变化快速，组织需要能够迅速做出反应。矩阵型组织结构可以通过灵活的团队组建和项目管理，快速响应市场变化，满足客户需求，提高市场竞争力。

(4)创新研发需求。对于需要进行创新研发的组织来说，矩阵型组织结构可以促进不同职能和部门之间的交流和合作，加快创新和研发的速度。不同领域的专家可以共同参与研发过程，共同攻克技术难题，推动组织的创新和发展。

总的来说，矩阵型组织结构适用于需要跨部门协作、快速响应市场变化、创新研发以及复杂项目管理等多种情况的组织。然而，每个组织都有其独特的需求和挑战，因此在选择是否采用矩阵型组织结构时，需要根据自身情况综合考虑。

3.4.2 虚拟组织结构

虚拟组织是指两个或两个以上的、在法律意义上独立的并且具有核心能力的公司、机构、个人(包括供应商、制造商和客户)，为迅速向市场或用户提供某种产品和服务，组成的一种临时性(非永久性)、非固定化的互相信任、合作的组织联盟。虚拟组织的出现主要源于经济全球化和信息技术的飞速发展。随着市场竞争的加剧，企业需要更加灵活、高效地利用资源来应对市场变化。同时,互联网和通信技术的进步使得跨地域、跨时间的协作成为可能。虚拟组织作为一种非固定化、非永久性的组织形态,能够迅速聚集核心能力,降低交易成本,提高资源利用效率,因此受到了企业的广泛关注和应用。

1. 虚拟组织的特点

1)企业边界模糊

虚拟组织不是法律意义上完整的经济实体,不具备独立的法人资格。一些具有不同资源及优势的企业为了共同的利益或目标走到一起,通过缔结联盟组成虚拟组织,这些企业可能是供应商,可能是顾客,也可能是同业中的竞争对手。比如苹果公司与富士康公司之间,你中有我,我中有你。

2)动态性

虚拟组织是一个以机会为基础的各种核心能力的统一体,这些核心能力分散在许多实际组织中,被用来使各种类型的组织部分或全部结合起来以抓住机会。虚拟组织能动态地集合和利用资源,从而保持技术领先。它快速有效地利用信息技术和网络技术,使各成员企业以及各个环节的员工都能参与技术创新的研究和实施工作,从而维持技术领先地位。当机会消失后,虚拟组织就解散。虚拟组织可能存在几个月或者几十年。因此,虚拟组织具有较大的适应性,在内部组织结构、规章制度等方面具有灵活性。

虚拟组织可能是临时性的,也可能是长期性的。虚拟组织正是以这种动态的结构、灵活的方式来适应市场的快速变化的。如 IBM 曾经与日本理光公司联营销售其计算机,与日本钢铁公司共同开发系统设计,与富士银行共同推销其财务管理系统,从而通过多种虚拟联盟的形式实现跨行业的合作,使其在日本市场上取得了营业额高达 90 亿美元的业绩。

3)以发达的网络为基础

虚拟组织的出现不是偶然的,是网络时代发展的必然产物。成员企业往往通过发达的信息网络、物流网络、契约网络联系在一起。例如,沃尔玛与供应商之间的计算机网络联系,使得供应商可以随时对沃尔玛的货架进行补充,而沃尔玛通过"交叉入库"系统,对入库的商品进行选择、替换,并向门店快速分发,门店的产品出售信息能及时反馈到沃尔玛的计算机上。

4)高杠杆性

虚拟组织必须提高专业化水平以保证控制关键资源,如专利权、营销通路或研发能力等,使得企业可以通过控制具有垄断特点的价值链上的重要阶段来控制整个价值链必需的全部环节。这可以使企业以较少的资源撬动更多的资源为其所用,达到"四两拨千斤"的效果。

2. 虚拟的方式

1)虚拟生产

虚拟生产是虚拟经营的最初形式,它以外包加工为特点,是指企业将其产品的直接生产功能弱化,把生产功能用外包的办法转移到别的企业去完成,而自己只留下最具优势并且附加值最高的开发和营销功能,并强化这些部门的组织管理。

最著名的例子是耐克公司。耐克公司本身没有一条生产线,而是集中企业的所有资源,专攻设计和营销两个环节,运动鞋的生产采用订单的方式在人工成本低的发展中国家进行。耐克公司以虚拟生产的方式成为世界最大的运动鞋制造商之一。还有苹果公司以其创新的产品设计和技术闻名于世,但它在生产过程中也大量采用了虚拟生产的方式。苹果公司的硬件产品,如 iPhone、iPad 和 Mac 等,大多是由全球各地的合作伙伴生产和组装的。苹果公司则聚焦于产品的设计、用户体验的打造以及生态系统的构建,通过强大的品牌影响力和市场营销能力,实现了产品的全球热销。

2)虚拟开发

虚拟开发是指几个企业通过联合开发高技术产品,取得共同的市场优势,谋求更大的发展。如几家各自拥有关键技术并在市场上拥有不同优势的企业为了彼此的利益,进行策略联盟,开发更先进的技术。

譬如,随着信息技术的飞速发展,5G 技术成为通信行业的重要发展方向。为了加快 5G 技术的研发和应用,华为与中兴通讯、爱立信等多家在通信领域具有技术优势的企业进行了开发合作。华为在 5G 技术的研发和应用方面具有丰富的经验和实力,同时拥有强大的研发团队和先进的技术平台;中兴通讯在无线通信、网络设备及器件、智能终端等领域具有深厚的技术积累;而爱立信在无线通信技术方面拥有显著的优势。华为与合作伙伴共同投入研发资源,针对 5G 技术的关键领域进行深入研究,积极参与国际标准化组织的活动,共同制定 5G 技术的相关标准和规范,开拓 5G 市场。各方利用各自的市场资源和渠道优势,推动了 5G 技术的创新和发展,提升了行业竞争力,并为全球的数字化转型和智能化发展做出了重要贡献。

3)虚拟销售

虚拟销售是指企业或公司总部与下属销售网络之间的"产权"关系相互分离,销售虚拟化,促使企业的销售网络成为拥有独立法人资格的销售公司。此类虚拟化的销售方式不仅可以节省公司总部的管理成本与市场推广费用,充分利用独立的销售公司的分销渠道以广泛推广企业的产品,促使企业致力于产品与技术的创新,不断提升企业品牌产品的竞争优势,而且可以推动销售公司快速成长,网罗大批优秀的营销人才,不断扩展企业产品的营销网络。

宜家(IKEA)作为全球知名的家居零售品牌,其销售模式的一大特色便是虚拟销售。宜家通过构建虚拟商店、线上购物平台以及与第三方销售伙伴的合作,实现了销售网络的虚拟化,为消费者提供了全新的购物体验。宜家拥有完善的官方网站和移动应用,消费者可以随时随地在线浏览和购买家具、家居装饰品等产品。消费者可以详细了解产品的尺寸、材质、颜色等详细信息。线上购物平台支持多种支付方式,提供便捷的配送和安装服务。宜家在一些主要城市设立了虚拟商店,消费者可以在这些商店中通过虚拟现实(VR)技术体验家居产品。另外宜家与全球各地的传统的家居零售店、电商平台或品牌专卖店等第三方销售伙伴建立了合作关系,将产品引入更多销售渠道,通过向销售伙伴提供产品、市场支持和培训,共同推广品牌和产品,扩大市场份额。

4)虚拟管理

虚拟管理是指在虚拟企业中,把某些管理部门虚拟化,虽然保留了这些管理部门的功能,但其行政组织并不真正存在于企业内部,而是委托其他专业化公司承担这些管理部门的责任。例如,企业可以不设人力资源部门,对员工的培训可以委托专门的培训机构完成。再如,许多外资企业将人力资源交给专业的人才管理中心(或人力资源公司)管理。虚拟管理可为新组建的、缺乏管理经验和管理人才的企业提供较大的帮助。麦肯锡、罗兰贝格等咨询公司就是专门为企业提供战略规划、管理咨询等服务的机构。

3. 虚拟组织的优缺点

虚拟组织的优点有以下几个方面：

(1)灵活性高。虚拟组织能够迅速响应市场变化，因为它们的成员可以根据项目、产品、研发、供应关系或市场机遇快速组建或解散。这种灵活性使得企业能够快速适应外部环境的变化，并抓住市场机遇。

(2)资源共享。虚拟组织通过整合不同组织的核心能力和资源，实现资源共享。这有助于企业降低成本，提高效率，同时扩大企业的资源池，使企业能够更好地应对复杂的市场挑战。

(3)创新能力提升。虚拟组织汇集了来自不同领域和行业的专家，这种多元化的知识背景有助于推动技术创新和产品研发。成员之间的交流和合作能够激发新的创意和想法，促进组织的持续创新。

(4)风险分散。虚拟组织的合作伙伴共同分担风险，这使得单一组织承担的风险得以降低。此外，合作伙伴之间的互补性也有助于降低运营风险，提高组织的稳定性和可持续性。

虚拟组织有以下缺点：

(1)管理难度大。虚拟组织涉及多个合作伙伴，管理协调和沟通成本较高。由于合作伙伴之间可能存在地理、文化和组织差异，因此虚拟组织需要投入更多的时间和精力进行协调和沟通，以确保项目的顺利进行。

(2)信任问题。虚拟组织的合作伙伴之间缺乏面对面的交流，这可能导致信任问题。在合作过程中，合作伙伴可能会担心对方是否能够按时按质完成任务，或者担心自己的核心技术和信息被泄露。这种信任问题可能会影响合作的稳定性和效果。

(3)文化差异。虚拟组织的合作伙伴可能来自不同的地域和行业，他们之间的文化差异可能导致沟通障碍和误解。这种文化差异需要合作伙伴投入更多的时间和精力了解和适应，以确保合作的顺利进行。

(4)依赖性强。虚拟组织高度依赖外部资源和合作伙伴。如果某个合作伙伴出现问题或者合作关系破裂，可能会对整个组织产生重大影响。此外，虚拟组织还可能受到外部环境和市场变化的影响，因此需要具备一定的适应能力和风险管理能力。

虚拟组织作为一种灵活性很强的组织，适用于那些产品生命周期短、市场变化快，以及产业链分工明确、环节间依存度高的行业，如时尚、科技、电子商务和物流等。这些行业需要快速响应市场趋势，灵活调整资源，并通过高效的协作和资源整合来应对全球竞争挑战。

3.4.3 流程型组织结构

流程型组织结构就是以组织的各种流程为基础规划部门职责、设置部门、决定人员的分工，在此基础上建立和完善组织的各项机能。流程型组织结构强调以企业各级、各类流程为基础，以核心流程为中心，动态梳理企业各种流程及其关系，围绕快速响应市场需求这一目标，优化、重组企业流程和调整组织架构。流程型组织结构是为了提高对顾客需求的反应速度与效率，降低对顾客的产品或服务供应成本，而建立的以业务流程为中心的组织结构。

与传统的职能组织结构相比，流程型组织结构更加强调组织各要素之间的横向关系。在组织内部，提供一种产品或服务的所有职能人员被安排在同一个部门，这个部门由一个通常的"流程负责人"来管理。简而言之，流程型组织结构是以系统、整合理论为指导，按照业务流程为主、职能服务为辅的原则设计的。流程型组织结构形式由于企业内外环境的变化而千差万别,但是结构的内涵却是一致的。佩帕德和罗兰认为,几乎所有的企业组织都架构在流程、人员和技术这三个主要基座上。因此基于流程的组织结构也必须具备三方面内容:组织以流程维度为主干,每一流程由若干个子流程和团队组成;设计必要的职能服务中心,以保障流程团队和业务流程的有效运行;团队之间、业务流程之间及其与职能中心之间的整合和协同工作需要信息技术的支持。

1. 流程型组织结构的特点

(1)以客户为导向。流程型组织结构的核心是业务流程,而业务流程的起点和终点都是客户。这种结构形式充分体现了客户价值,确保企业的所有活动都围绕客户需求展开。

(2)统一性、系统化的流程管理。在流程型组织结构中,传统的职能分工与专业化协作的方式被统一性、系统化的流程管理取代。责任和权力配置在业务流程上,确保每个团队成员都明确自己的职责和权限。

(3)团队成为最小价值创造单元。在流程型组织结构中,团队成为企业最小的价值创造单元。不同的团队完成不同的业务流程,流程之间形成价值交换关系,使业务流程能够独立地体现价值。

(4)流程管理者取代固定的经营管理团队。在流程型组织结构中,固定的经营管理团队被流动的流程管理者所取代。相同的业务流程可以有不同的流程管理者,使流程管理者与价值创造活动结合更加紧密,灵活性更加明显。

(5)扁平化的组织结构。流程型组织结构通过业务流程把不同的职能统一起来,解决了由于客户价值需求不断分散而出现的职能部门之间的协作不畅的问题。这种结构形式使得企业的组织结构更加扁平化,提高了组织的运行效率。

流程型组织结构示意图如图3-6所示。

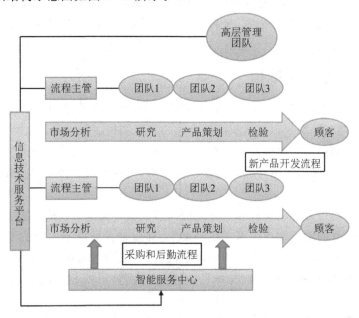

图3-6 流程型组织结构示意图

2. 流程型组织结构的优缺点

流程型组织结构有以下优点：

(1)以顾客或市场为导向。流程型组织结构紧密围绕客户需求和市场需求展开活动，确保企业的产品和服务能够满足客户需求。

(2)提高组织运行效率。通过扁平化的组织结构和系统化的流程管理，流程型组织结构能够提高企业的运行效率，降低管理成本。

(3)增强灵活性和适应性。流程型组织结构使企业能够根据市场变化灵活调整业务流程和团队配置，提高组织的灵活性和适应性。

流程型组织结构的缺点如下：

(1)确定核心流程较为困难。在流程型组织结构中，确定核心流程需要综合考虑多个因素，如客户需求、市场竞争、企业资源等，因此较为困难。

(2)企业需要配套性变革。实施流程型组织结构需要对组织文化、管理体制、人事财务、信息管理等系统进行配套性变革，这需要企业付出较大的努力和时间成本。

(3)企业需要加强员工培训开发。流程型组织结构对员工的综合素质和团队协作能力要求较高，因此企业需要加强员工培训开发，提高员工的综合素质和适应能力。

流程型组织结构适用于那些需要高度协作、流程优化以及能够快速响应市场需求变化的组织。首先，这种组织结构特别适合复杂的业务环境，特别是当多个部门和职能之间存在紧密依赖时。流程型组织结构可以促进工作流程的协同和改进，提高组织的灵活性和效率。其次，流程型组织结构以客户为导向，通过业务流程搭建企业的运行秩序，使得企业价值创造活动以及价值形式更加清晰。最后，流程型组织结构需要企业内部的流程明确、环节清晰，这样才有可能进行必要的业务流程重组，建立以顾客为中心的流程型组织。总之，流程型组织结构通过强调流程的核心地位，优化资源配置，提高组织响应速度，为企业在多变的市场环境中保持竞争力提供了有力支持。

3.4.4 原子型组织结构

在移动互联网日益改变人们生产生活方式的今天，服务于共享经济的网络平台型组织大量涌现，这些组织拥有区别于以往组织理论介绍的组织结构。对于类似滴滴出行这样的公司，其组织结构在现有的组织理论中尚不能找到合适的理论解释。它既不同于传统的金字塔型组织结构，也不同于近年来比较流行的矩阵型组织结构，这种组织结构需要一种新的结构理论进行解释。

原子由居于中心位置的原子核和核外围绕其高速旋转的电子构成。原子核内部又由带正电的质子以及不带电的中子构成。原子核密度大，其质量占据原子质量的绝大部分。原子核外部则由带负电的电子环绕。居于外围的电子密度小，状态是相对松散和自由的，其高速运转的轨迹一般描述为电子云。原子核与电子之间通过正负电的相互吸引力保持原子的稳定存在。

对于共享经济时代的平台型组织，其构成方式与原子结构非常类似。这种组织既有"原子核"——基于互联网的App(应用)平台(带正电的质子)以及该平台的操控者、维护者(中子)，也有带负电的"电子"——具有较高自由度的松散型员工(滴滴司机)。众多的"电子"(松散型员工)围绕"原子核"(平台)形成"电子云"。原子型结构的"原子核"与"电子"之间通过利益共享机制保持着彼此的吸引力,从而形成一种相对稳定的社会存在。因此,我们认为共享经济时代的平台型组织具有原子型组织结构。这种组织结构是区别于金字塔型和矩阵型的新型组织结构。

1. 原子型组织结构的基本特征

(1)原子型组织结构建立在发达的网络技术基础上。原子型组织结构的存在基础就是发达的网络技术,尤其是近些年才广泛普及的移动互联网技术。可以说,没有移动互联网的普及应用就不会有滴滴出行等共享经济平台类公司,也不会有与之相适应的原子型组织结构。

(2)原子型组织结构中有两类不同性质的员工。从目前的实践看,具有原子型组织结构特征的组织绝大多数都是基于互联网的、以撮合供求为主要使命的平台型组织。如前所述,组织中从事管理、服务、研发、销售等职能的紧密型成员通过命令链与组织保持了紧密的联系,构成这种组织的"原子核",他们必须在较大程度上牺牲个体的"自由"(接受组织强约束)以换取组织的整齐高效。相反,围绕"原子核"存在的"电子"——松散型员工与组织之间不是通过严苛的命令链维系的,而是通过某种利益共享机制保持个体与组织的相互联系。两类员工承担的责任、扮演的角色有很大不同,因此对两类员工的考核与管理也存在明显的差异。

(3)原子型组织结构使组织边界模糊。在共享经济时代,为了适应更快的商业节奏,原有的有形和无形的组织边界被打破,组织之间变得更加注重协同。一方面,具有原子型组织结构的组织,其组织边界是混沌的,甚至无法清晰地确认。尤其对于组织的松散型员工来说,他们围绕着组织平台,呈现出"云"一般的存在,很难确切找到其边界。以滴滴出行为例,滴滴司机所到之处就是它的边界,这个边界很难用以往的地理位置及成员属性去界定。另一方面,具有原子型组织结构的组织,其边界的模糊还表现在松散型员工的多平台共享方面。比如,有些司机既是滴滴出行的成员,也是其他同类公司的成员。对于个体来说,可能未来也不只服务于一家企业,他可能是多家企业的员工,为多家企业服务。

(4)原子型组织结构具有较大的弹性。过去,不论是金字塔型组织结构还是矩阵型组织结构,组织与成员都是依靠雇佣的契约来绑定的。在原子型组织结构中,个体(尤其是松散型员工)与组织已不是纯粹的雇佣关系、服从关系,而是共生关系、合作关系。维系组织及其成员的纽带是弹性十足的利益共享机制。这种维系纽带是相互的吸引而非单向的命令。命令是僵化的,而利益基础上的吸引、依存则是弹性的。由于原子型组织结构有数量庞大的"低密度电子"——松散型员工存在,因此可以较大的伸缩空间,即具有较好的弹性。

(5)原子型组织结构需要规模经济效应支撑。现实中的共享经济组织,大多以庞大的规模取胜。没有一定的松散型员工数量支撑,平台的运行成本将居高不下,难以为继。与此同时,松散型员工数量越多,共享平台将越容易获得规模经济效益并走向良性循环。因此,在现实中,这种基于共享平台的原子型组织无一不是依靠资本市场的力量推动组织迅速扩张并获得先发优势,进而实现胜者通吃、独占市场的目的的。其规模与效益的关系是先有规模才有效益,先烧钱再赚钱。

2. 原子型组织结构的优劣势分析

原子型组织结构是移动互联网条件下的新生事物,其优点表现在以下几个方面:第一,它拓展了组织视野,拓宽了组织边界。原子型组织结构使组织得以遍布社会生活的各个角落,真正做到了无边界化。第二,它充分体现了共享的精神实质。原子型组织结构的魅力在于真正做到资源共享和利益共享,各个组成部分如果没有共享理念,这样的组织将不复存在。第三,它提高了资源利用效率。原子型组织结构将组织的资源配置职能延伸到网络所能触及之处,最大限度降低了资源的无效损耗(譬如车辆空载),提高了资源利用效率。第四,它为人类提供了更具弹性的工作和生活方式,使人类追求自由的"天性"在更大程度上得到解放。原子型组织结构使人们在工作场所、工作强度、工作时间等方面拥有更多的选择权,摆脱了传统集体工作方式在时间、场所、强度,甚至着装等方面的束缚,增加了人的自由度,提升了人的幸福感。

当然原子型组织结构也存在一些潜在问题,主要表现在以下方面:第一,对松散型员工的控制与管理能力不足。由于原子型组织结构对松散型员工的入口审查仅限于网络上的入职资质审查、社会信用审查等,在社会公民信用体系不健全的条件下,入职把关非常难,很容易将不良人员纳入组织之中,为组织日后的健康运作带来隐患。另外,对于松散型员工的日常管理主要依赖 App 平台的运行和用户的评价,缺少更为直接有效的监管机制。第二,对网络技术的依赖非常强。一旦遇到网络攻击,整个组织可能陷于瘫痪,需要有更加完备的预防机制。第三,前期投入巨大,风险程度较高。这种结构的组织需要庞大的用户参与才会有效。因此,前期的基础性投入比较大,竞争也比较激烈,一旦有新的替代品出现,这种组织可能面临雪崩。

本章小结

组织结构是指一个组织为了实现其目标,在职责、权力、利益等方面所进行的结构设计,以及组织内部各个部分的协调关系。它描述了组织的框架体系,规定了组织内部各成员之间的相互关系,包括信息沟通、命令协调、权力分配等方面的制度安排。

没有最好的组织结构,只有最适宜的组织结构。组织结构设计要侧重以下六个关键因素:工作专门化、部门化、命令链、管理幅度、集权与分权、正规化。职能设计重在突出关键职能,部门设计重在确定责任边界。

传统企业组织结构的主要类型有直线结构、职能结构、直线职能结构、事业部结构、子公司型分权型结构等。企业在不同发展阶段应该采取不同的组织结构。

在知识经济时代,随着交通、通信、网络技术的飞速发展,组织的生存环境发生了根本性改变,传统时空观念下的组织设计在这种转变中稍显滞后。于是矩阵型组织、虚拟组织、流程型组织等形形色色的新型组织纷至沓来,极大地丰富了组织理论的内容。而且近年来移动支付手段日益普及,催生了大量类似爱彼迎、滴滴出行等平台型组织,这些组织呈现出一种新型组织结构——原子型组织结构。这些新事物的出现为组织理论的丰富和发展提供了现实基础。

批判性思考与讨论题

1. 什么是组织结构设计?
2. 工作专门化有何利弊?
3. 组织结构设计应考虑哪些关键因素?
4. 直线职能结构有什么缺点?
5. 事业部结构有何特点?

6. 子公司和分公司有何异同？
7. 如何看待组织中的集权与分权？
8. 信息时代组织的生存环境发生了怎样的变化？
9. 什么是虚拟组织？虚拟组织有何特点？
10. 矩阵型组织结构有何特点？

案例分析

实操训练题

"全球购易"是一家跨国电商公司，最近完成了多起战略收购和地区扩张，形成了庞大的业务网络和复杂的组织结构。该公司采用了一种多层级、多部门协同运作的组织结构。公司由董事会领导，下设CEO和多个高层管理团队，负责公司的整体战略规划和日常运营管理。

1. 主要业务部门

(1)电商业务部：负责公司的核心业务，包括在线商品销售、客户服务、订单处理等。该部门下设多个子部门，如商品采购、仓储物流、市场营销等，以确保电商业务的顺畅运行。

(2)国际业务拓展部：专注于公司的国际市场拓展，包括海外市场的调研、合作伙伴的寻找、跨国交易的协调等。该部门对公司的全球化战略至关重要。

(3)技术研发部：负责公司的技术研发和创新，包括电商平台的技术架构、数据分析、人工智能应用等。技术团队是公司持续创新和提升竞争力的关键。

2. 地区分公司和子公司

随着公司的业务扩张，全球购易在多个国家和地区设立了分公司和子公司。这些分公司和子公司负责在当地的市场拓展、业务运营和客户服务。公司总部与这些分支机构保持密切沟通，通过统一的战略规划和资源调配，实现全球范围内的协同作战。

3. 关键节点和职位

(1)CEO：作为公司的最高领导，负责制定公司的整体战略和发展方向，领导高层管理团队，确保公司的持续发展和盈利。

(2)各部门总监：负责各自部门的日常运营和管理，与CEO和其他部门总监保持密切沟通，确保公司战略在各部门的顺利实施。

(3)项目经理：在关键项目和跨部门合作中担任重要角色，负责项目的整体规划、进度控制和质量保障，确保项目按期完成并达到预期目标。

4. 跨部门合作关系

在全球购易的组织结构中，跨部门合作是至关重要的一环。不同部门之间通过协作，共同完成公司的战略目标。例如，电商业务部与技术研发部合作，优化电商平台的功能和用户体验；国际业务拓展部与地区分公司合作，共同开拓海外市场；法务部与各部门合作，确保公司运营的合规性和法律风险的控制。

5. 人员规模和部门划分

"全球购易"拥有数千名员工，分布在各个业务部门、地区分公司和子公司中。公司根据业务需求和市场规模，合理划分部门并配置人力资源，以确保公司的高效运营和持续发展。

假如你是人力资源部门的一名新成员，你需要深入理解公司的组织架构，并绘制一份详细的组织结构图，以支持公司即将进行的管理层培训和战略规划会议。

第4章 组织结构设计的内容与方法

研究内容

1. 管理幅度与管理层次的关系、影响因素;
2. 管理幅度与管理层次设计的方法;
3. 部门划分原则、方法以及组合方式;
4. 职权的定义、特征及其分类;
5. 组织职权设计的要求、方法和表述;
6. 公司治理结构体系及其构成;
7. 公司治理结构中的权力制衡。

关键概念

管理幅度(management span)
管理层次(management level)
部门设计(department design)
职能组合(functional grouping)
事业部组合(divisional grouping)
职权(authority)
直线职权(line authority)
参谋职权(staff authority)
职能职权(functional authority)
职权设计(authority design)
公司治理结构(corporate governance)
股东(shareholder)
权力制衡(power check and balance)

某跨国制药公司国际业务的组织调整

1. 公司组织结构的现状

这家公司是总部设在美国的一家跨国制药公司,它通过国际部和三个地区分部对设在36个国家和地区中的分公司(或子公司)的国际业务进行管理。其管理机构设置和工作人员配备情况如下:设在美国本土的国际部共有250名职员;在它下面按地理区域设有三个地区分部,其中设在法国的欧洲分部有150名职员(从销售额看它也是最大的一个分部),设在巴西的拉丁美洲分部有30名职员,设在新加坡的亚洲分部有20名职员。这些分部负责对所属地区的分(子)公司进行控制和协调(但亚洲分部属下的日本子公司,由于其规模较大、业务特殊,实际上拥有与地区分部相同的地位)。这样,介于分(子)公司和总公司之间的管理层次就有两层,共450名职员。

2. 面临的挑战和问题

上述跨国制药公司借以管理国际业务的组织结构曾在过去一段时间内运行得相当良好。但是现在,公司的国际经营环境发生了很大变化,其竞争对手以大幅度精简管理人员和强有力的新产品开发逐渐赢得了竞争优势。相比之下,这家跨国制药公司却因为商标影响力减弱、产品更新换代缓慢以及人工成本在整个公司总收入中占据30%的比例等原因导致公司盈利水平逐年下降。面对这种严峻的形势,总公司决定对国际业务的管理机构进行调整。其考虑的中心有两个方面问题:①在不影响管理效能的前提下,是否能使国际部和地区分部的管理人员获得较大幅度的精简;②从长远来看,是取消分部管理机构或转变分部职能(也即集权)好,还是取消国际部管理机构(也即分权)更好。

围绕这两个问题,总公司成立专门团队对各层次的150名管理人员进行了调查访问,了解他们对国际业务现行管理方式和各管理层次职能划分上的意见和看法。总的来说,国际部有关人员认为,国际部的职能应是全面计划和控制,地区分部的职能是贯彻落实,分(子)公司的职能是具体执行;地区分部的人员认为,国际部应该负责总括性、一般性的计划和控制,地区分部负责详细计划和控制,分(子)公司负责具体执行。两方面似乎都在强调各自层次职能的重要性。比较客观地看待问题的人则认为,目前国际业务管理上存在的主要弊端是过多的控制、多余的信息中转和没有考虑各地条件的差异。对于他们所认识的问题,各层次人员建议采取的解决办法分别是:国际部人员建议借助现代化的通信手段取消地区分部设置,地区分部人员建议着眼于避免职能重复,其他人员则建议突出控制的重点。根据收集、了解到的各种意见和建议,总公司负责组织结构调整的专门团队拟订了五种改组方案。

3. 可供选择的改组方案

专门团队通过讨论认识到,对公司国际业务的管理不存在完全理想的组织结构方案。他们提出了如下五种备选方案:①保持原组织结构形式不变;②精简国际部和地区分部的管理人员;③集权,即撤销地区分部,由国际部直接对分(子)公司进行控制;④分权,即加强地区分部,削减国际部的职能和人员;⑤转变职能,即通过简化各种行动计划,变控制为支持和服务。基于专门团队提出的这些方案,公司召开了董事会会议进行决策。那么,究竟哪个方案更为可取呢?

4. 决策方案的实施及其效果

组织结构改组的决策既取决于客观的因素,如有利于改善经营绩效,同时也考虑个人或群体的需要,尤其是与现任人员工作安全和权力威望方面的需要有关。但面临严峻的成本竞争形势和新产品开发任务的这家跨国制药公司,在激烈的辩论和利益冲突中最终还是做出了改组现行组织结构的决策。其选定的改组方案是这样的:在转变地区分部组建方式和职能性质基础上实现权力调整与人员精简。这一方案可以说是综合了以上各种改组方案后形成的。具体地说,就是将原来三个按地理区域设立的分部改组为两个按市场类型划分的分部,即发展中国家分部和发达国家分部,前者设在美国本土的国际部大楼内,后者设立于欧洲,这样设立分部是为了考虑不同国家和地区在药品消费层次上的差别,以便更好地组织新产品开发(发展中国家分部侧重于儿童药品和抗传染病药,发达国家分部侧重于老年人保健药品和抗"富贵病"药)。另外,鉴于日本子公司的原有特殊地位,现将其从分部中独立出来,直接向国际部报告工作及接受控制。而在分部组建方式改变的同时,分部的管理职能则从以控制为主转变为参谋和服务。配合这种职能转变,分部的管理机构只配备有制造、营销、财务、研究开发、人力资源和税务等方面的一些专家、经理和秘书人员。

为实施上述国际业务管理的组织结构改组方案,这家跨国制药公司共投资 800 万美元,并花费了相当一段时间来修改原工作程序及培养管理人员树立新观念、学习新技能,并对被解雇人员加以安置。该方案实施的结果,使分(子)公司拥有了较大的经营自主权,增强了其经理人员的管理能力,并激发了他们的创新精神。以这种方式改组组织结构还被实践证明为,对这家公司当时存在的两大问题做出了有效的反应:管理人员(主要是分部一级的)精简 38%,使国际业务管理费用大大降低,从而提高了公司的成本竞争力;按市场类型和消费层次组织新产品开发,不仅有利于保持新产品开发中的规模经济,还可以提高公司的整体研究开发能力。值得一提的是,这家公司投入组织结构改组的 800 万美元费用,在不到两年的时间内就全部收回了。

资料来源:王凤彬,刘松博,朱克强.管理学教学案例精选[M].上海:复旦大学出版社,2009.

4.1 管理幅度与管理层次设计

4.1.1 管理幅度与管理层次的关系

1. 管理幅度与管理层次的概念

管理幅度又称管理宽度或管理跨度,是指一名领导能够直接而有效地管理的下属人员的个数。例如,厂长直接领导多少名副厂长,副厂长直接领导多少名科长或车间主任,车间主任直接领导多少名班组长,班组长直接领导多少名工人,等等。上级直接领导的下级人员多,称为管理幅度大或跨度宽;反之,则称为管理幅度小或跨度窄。从形式上看,管理幅度仅仅表示了一名领导者直接领导的下级人员的人数,但由于这些下级人员都承担着某个部门或某个方面的管理业务,因此,管理幅度的大小,实际上意味着上级领导者直接控制和协调的业务活动量的多少。

管理层次又称组织层次,即组织中自上而下管理权力层次的数量。如果从构成企业纵向结构的各级管理组织来定义,管理层次是指从企业最高一级管理组织到最低一级管理组织的各个组织等级,每一个组织等级即为一个管理层次。如果从构成企业纵向结构的各级领导职务来定义,管理层次就是从最高一级领导职务到最低一级领导职务的各个职务等级。企业有多少个领导职务等级,就有多少级管理层次。管理层次从表面上看,只是组织结构的层次数量,但其实质是组织内部纵向分工的表现形式,各个层次将担负不同的管理职能。

2. 二者的关系

管理幅度与管理层次之间的关系十分密切。首先,它们具有反比例的数量关系。同样规模的企业,加大管理幅度,管理层次就少;反之,管理层次就多。其次,管理幅度与管理层次之间存在相互制约的关系,其中起主导作用的是管理幅度。所谓起主导作用,就是管理幅度决定管理层次;反过来说,管理层次的多少取决于管理幅度的大小。针对每一个层次的管理,限于管理者的能力、时间与精力等条件,还需要考虑到其控制幅度,也即管理人员能够有效地实施直接管理与控制的下属数量。当超过一定的限度时,组织运营的效率就会降低。根据管理层次与管理幅度这两者之间的互动关系,组织按结构形式可以分为高耸式组织和扁平式组织。同时也应看到管理层次对管理幅度亦存在一定的反向制约作用,原因是管理层次与管理幅度相比具有较高的稳定性。一个组织不可能也不应该频繁地改变管理层次,因而一旦根据管理幅度的要求设立了若干管理层次,只要在一定期间内,企业的管理幅度没有发生全局性的且比较大的变化,管理层次就不宜改变,这就要求管理幅度在一定程度上要服从既定的管理层次。

4.1.2 管理幅度设计

1. 影响管理幅度设计的因素

对组织管理幅度进行设计,要分析影响组织管理幅度的因素,在厘清组织管理幅度设计的要素与重要性的基础上,运用正确的设计方法进行有针对性的设计,这样方能做到游刃有余。

具体来说,企业组织对管理幅度的确定,应当考虑以下几方面的因素。

1) 上下级关系的复杂程度

上下级关系的复杂程度是影响组织管理幅度的一个极其重要的因素。上下级关系越复杂,管理幅度应该越小;反之,管理幅度就越大。衡量上下级关系复杂程度的标志有三个:关系的数量,相互接触的频率,相互接触所需花费的时间。

2) 管理方式

管理者持 X 理论还是 Y 理论,直接决定着管理幅度的大小。如果管理者信奉 Y 理论,推行相应的管理方式,则可极大地提高下级的工作能力,管理幅度自然得以加大;若管理者实行 X 理论的管理方式,结果必然相反。

3) 职权的授予

如果管理者把职权明确地授予下级,让他们执行某一项具体的任务,那么能够胜任的下级无须占用管理者过多的时间和精力就能按要求完成任务,如此减少管理者与下级交往频率和时间将使管理幅度得以拓宽。反之,如果授权不当,则必定耗用管理者大量的时间去监督和指导下级的活动。

4) 人员的培训

下级所受的培训效果越好,管理者处理上下级关系所需要的时间和接触的频率就越少。训练有素、能力不凡的下级出现失职的概率下降,从而要求管理者对其指导和提供咨询的时间也同样减少。因此,对于经过正规、全面培训的下级,管理幅度可相应地加宽。与此同时,受过良好教育的专业技术人员,如工程师、设计师等无须过多的监督,管理幅度相对更大。

5) 工作的性质

企业在决定管理幅度时,要分析工作性质的差异,包括工作的重要性、工作的变化性以及下级人员工作的相似性。如果工作很重要,管理幅度应当窄些,而对于不太重要的工作,管理幅度则可以宽些;对于复杂、多变、富于创造性的工作,管理幅度窄些为好,而对于例行性的工作,管理幅度则可以宽些;如果下属人员的工作具有相似性,管理幅度可以宽些,而对于下属人员的非相似的工作,则管理幅度应当窄些。

6)空间分布

随着市场经济的发展,企业的规模和市场范围日益扩大,在空间分布上也呈现出不断扩散的趋势。在目前的技术条件下,下属单位和人员不在同一地区,会增加上级管理工作的难度和复杂性。因此,在设计管理幅度时,还必须考虑下属单位或人员在空间分布上的相似性。一般下属空间分布的相似性小,即相互之间的距离远,社会经济文化环境差异大,管理幅度就不宜过宽;反之,下属空间分布的相似性大,则有利于管理幅度的扩大。但我们也应注意到,随着信息技术的迅猛发展,上下级之间可以借助现代通信手段保持密切联系,及时有效地解决有关问题,大大减少了跨地区管理的难度,这也为进一步拓宽管理幅度提供了技术条件。

7)控制的客观性

下级的工作一般是由计划规定并依据计划来实施控制的。如果计划规定明确,控制标准客观化程度高,不但下级容易理解和执行,而且管理者易于及时发现偏差,采取相应措施,那么管理者就可以避免将许多时间耗费在亲临现场观察和控制上,管理幅度自然就可以适当放宽。倘若控制标准客观性差,那么一切就大相径庭了。

除了以上几点外,还有其他一些因素。广义地说,凡是影响上下级之间关系的因素都会对管理幅度产生作用。各种因素在不同企业、不同时期的影响力是有很大不同的,在设计管理幅度时,必须进行具体的分析。

2. 管理幅度设计的方法

目前,确定管理幅度的方法并不多,常用的有以下两种。

1)经验统计法

这种方法是通过对不同类型企业的管理幅度进行抽样调查,以调查所得的统计数据为参照,再结合企业的具体情况去确定管理幅度。美国管理学家 E. 戴尔曾调查了 100 家大型企业,其最高经营层的管理幅度为 1~24 人不等,中位数为 8~9 人;另一次在 41 家中型企业所做的相同调查,中位数是 6~7 人。

经验统计法简便易行,但有明显的局限性。它缺少对影响特定企业管理幅度诸因素的具体分析,特别是定量分析,只是简单地搬用其他企业的管理幅度标准,因而主观判断的成分很大,提出的管理幅度建议数难免与特定企业的实际条件不符,出现较大的误差。

2)变量测定法

这种方法是把影响管理幅度的各种因素作为变量,采用定性分析与定量分析相结合的做法来确定管理幅度的一种方法。其具体步骤如下:

首先,确定影响管理幅度的主要变量。由于企业的具体情况差别很大,影响管理幅度的若干主要变量可能有所不同,因而需要从多种因素中选择,并确定对特定企业影响较大的主要变量。例如,美国一家公司通过研究分析与验证,把以下 6 个变量作为主要变量,即:职能相似性、地区相近性、职能复杂性、指导与控制的工作量、协调工作量及计划工作量。

其次,确定各变量对上级领导者工作负荷的影响程度。先按照每个变量本身的差异程度将其划分为若干个等级,如该公司把每个变量分成5个等级;然后根据处在不同等级上的变量对上级工作负荷的影响程度,分别给予相应的权数。权数越大,则表示这个等级上的变量对管理幅度的影响越大。该公司对上述6个变量所确定的权数如表4-1所示。

表4-1 管理幅度各变量对主管者工作负荷量的影响程度表

变量名称	权数				
职能相似性	完全一致 1	基本相似 2	相似 3	存在差别 4	根本不同 5
地区相似性	都在一起 1	同在一幢大楼里 2	在同一企业的不同大楼里 3	在同一地区但不在同一厂区 4	在不同地区 5
职能复杂性	简单重复 2	常规工作 4	有些复杂 6	复杂多变 8	高度复杂多变 10
指导与控制的工作量	最少的监督、指导 3	有限的监督、指导 6	适当的监督、指导 9	经常、持续监督、指导 12	始终严格控制、指导 15
协调工作量	同别人联系极少 2	关系仅限于确定的项目 4	易于控制的适当关系 6	相当紧密的关系 8	紧密、广泛而又不重复的关系 10
计划工作量	规模与复杂性都很小 2	规模与复杂性有限 4	中等规模和复杂性 6	要求相当高,但只有广泛的政策指导 8	要求极高,范围与政策都不明确 10

资料来源:吴培良,郑明身,王凤彬.组织理论与设计[M].北京:中国人民大学出版社,1998.

由表4-1可以看出,各个不同等级的变量对管理幅度的影响程度用权数来表示,最低是1,最高是15。这些权数是该公司对中层管理者中150个实例进行分析而得出的,并且还和若干在声誉和绩效方面堪称管理得法的公司所采用的计量标准核对过,因而具有相当的科学性。这个实例告诉我们,权数应该通过实验资料,经过反复研究和比较分析来确定,以尽量减少主观评价的不精确成分。

再次,确定各变量对管理幅度总的影响程度。运用上一步得到的权数表,对照企业各变量的实际情况,确定该企业各变量应取的权数,再将其相加而得到一个总数值,然后根据主管人员拥有的助理人数及其工作内容,对这个总数值加以修正,即得到决定管理幅度大小的总权数。这个总权数越大,意味着领导者的工作负荷越重,管理幅度就应越小。

修正总数值时,系数一般取0~1的小数。主管人员拥有的助理人数越多,系数就越小。

例如,有1位助手的主管人员的系数为0.9,有2位助手的为0.8,以此类推。助手的工作内容也影响修正系数。如配备有分担一部分主管工作的直线助理的,采用系数0.7;在计划和控制方面有参谋助理的,可用0.75或0.85的系数。

最后,确定具体的管理幅度。将计算出来的主管人员的总权数同管理幅度的标准值相比较,就可以判断企业目前的实际幅度是高于还是低于标准值,也可以为新机构的管理幅度提出建议人数。至此,管理幅度的分析与计算即告完成。

管理幅度的标准值是以那些被公认为组织与管理得法,并具有较大幅度的企业为实例,经过统计分析而提出的。表4-2就是该公司所采用的标准值。

表4-2 管理幅度的标准值

影响幅度诸变量的权数总和	建议的标准幅度人数/人
40～42	4～5
37～39	4～6
34～36	4～7
31～33	5～8
28～30	6～9
25～27	7～10
22～24	8～11

资料来源:吴培良,郑明身,王凤彬.组织理论与设计[M].北京:中国人民大学出版社,1998.

变量测定法同经验统计法相比,由于它全面考虑了影响特定企业管理幅度的主要因素,并进行了定量分析,而不是简单地搬用其他企业的标准,因此,它所规定的管理幅度更为科学、合理。当然,也不可否认,在选择主要变量、确定各个变量的影响程度时,设计人员的主观评价仍在起一定作用,这就难免产生一定误差。

4.1.3 管理层次设计

1. 组织层次的基本分工

企业内部的组织层次,实际上是垂直的组织分工。部门化并不是企业内部唯一的组织分工。部门分工与层次分工分别属于企业组织分工的两个不同侧面。组织层次的分工,着重表现出在一定限度内自上而下地行使权力、利用资源以及明确管理职能的过程。组织中各个层次都承担着一定的管理职能,但是由于组织层次不同,各个层次管理者职能的重点有所不同。这里我们把组织层次大致分为基层、中层和高层来说明。

基层管理者主要承担控制职能,具体来说,就是依据企业确定的计划任务及组织目标,在上一层管理者的指挥下,分配生产任务,安排作业进度,协调下属人员的业务工作。

中层管理者主要起着承上启下的职能作用,负责把企业总任务转化为本层次的具体计划,安排本层次的职权关系,传达并执行高层管理者的决定,衡量和控制基层的工作绩效。中层管理者,既是管理者,又是被管理者。他们还存在着平行的专业分工。每个管理者都要完成各自分管的任务,而这些任务又是平行地相互联系着的一系列活动。

高层管理者主要起着决策性的职能作用,特别重要的是提出企业总任务,制定企业发展规划,决定企业组织结构的总框架。因为高层管理者可以通过中层管理者来协调整个企业的大量具体业务活动,所以他们的主要精力集中在研究有关企业整体战略的重要决策上。

2. 管理层次的影响因素

从组织整体的角度来看,除了管理幅度是影响管理层次的重要因素外,以下几方面的因素也必须考虑:

(1)组织规模。在生产规模大、技术复杂的大型企业中,由于管理业务的复杂性,企业纵向职能分工应细一些,管理层次要多一些。反之,如果企业规模较小、技术简单,企业就可实行集中管理,通常只要设置经营决策层、专业管理层和作业管理层三个层次就可以了。

(2)内部沟通。各个层次之间的信息沟通是组织运行必不可少的。如果企业内部的信息沟通有效程度高,便可以缩短信息传递的距离,使企业最高领导者能够迅速而有效地获取来自基层的各种信息,也使企业基层能够准确快速地获得来自高层的各种信息,这样自然就可以减少管理层次。

(3)组织变革。组织不是一成不变的,必须根据内外部条件进行适时的变革。变革速度慢,即企业的内部政策和各项措施比较稳定,组织成员对此也较为熟悉,能够妥善处理各类问题,因此企业只要设置较少的管理层次就行了;反之,如果组织变革的速度快、频率高,政策措施经常变动,就需要加强管理工作,导致管理层次增加。

(4)组织效率。达到较高的组织效率是组织工作的目标。如果管理层次太少,管理者下属人数超过其有效管理幅度,就必然降低组织效率;反之,如果管理层次过多,工作的复杂性和费用将大大增加,也会降低组织效率。所以,管理层次的多少要以提高组织效率为目标来确定。

3. 管理层次设计的方法

1)根据企业纵向职能分工,确定基本的管理层次

企业纵向职能分工有不同类型,例如,品种多样化、各有独立的市场、市场变化又较快的大型企业或实行跨行业多种经营的大型集团公司,适合在统一的战略与政策之下分散经营,这样总公司与分公司(或子公司)无疑是两个大的管理层次。总公司内部有由高层领导者组成的战略决策层和由职能部门构成的专业管理层,分公司(或子公司)一般又分为经营决策层、专业管理层和作业管理层。整个企业从总体上说,共有五个基本的管理层次。

品种单一、市场比较稳定的企业,适合集中经营。其中,规模较小、技术较简单的企业,通常只要设置经营决策层、专业管理层和作业管理层三个层次就可以了;而那些生产规模大、技术复杂的大企业,管理层次就会多一些,其下属二级单位除作业管理层外,也可能需要设置专业管理层。

2)按照有效管理幅度推算具体的管理层次

例如,假设某企业共有职工900人,有三个基本管理层次,中高层的管理幅度为5～8人,基层的管理幅度是10～15人,据此推算管理层次的过程如表4-3所示。

表 4-3　按照管理幅度推算管理层次的过程

管理层次	能够有效管理的人数	
	最少	最多
第一层	5	8
第二层	5×5＝25	8×8＝64
第三层	25×5＝125	64×15＝960
第四层	125×10＝1250	

由表 4-3 可看出，当计算到第三层时，如果按照较大的幅度计算，能够有效管理的人数已达 960 人，该企业现有职工 900 人，正处在这个范围之内，故设三个层次即可；但若按较小的幅度计算，则需四个管理层次。两个计算结果不一致，要通过下一步工作进行选择。

3）按照提高组织效率的要求确定具体的管理层次

前面根据各种变量确定管理幅度时，实际上已经考虑到提高组织效率的要求，但其侧重点是防止领导者的管理幅度过大而降低效率，这是不够的。因为影响效率的还有下属人员的积极性和完成任务的能力。所以，在确定具体的管理层次时，这两方面应结合起来通盘考虑。对于下属来说，高效率的组织应该是：下级有明确而充分的职权，能够参与决策，了解集体的目标；能够获得安全与地位，每个人都有发展的机会；能够依靠小集体的团结与协作，完成所承担的工作任务；等等。

就上面的例子而言，如果设置较多的层次，即四层，那么主管人员的职务将增多，主管人员与其下属组成的集体相对地较小。而设置三个层次，情况则相反。它们对于提高组织效率各有利弊，组织设计人员要根据企业的实际条件加以权衡，看看哪个方案更能满足提高组织效率的要求，以决定取舍。假定设置四个管理层次，中高层主管职务将增多，会增加员工的晋升机会，从而有利于满足员工的成就感，产生激励作用；由于集体较小，易于保持团结，有更多的参与管理的条件，并易于统一思想而减少决策时间；虽然集体较小，各种特长的人员可能配备不齐，但该企业管理工作不复杂，不会束缚下级的手脚。因此，总的来看是利多弊少，这样就可以确定设置四个管理层次。否则，就应采用三个层次的方案。

4）按照组织的不同部分的特点，对管理层次做局部调整

以上所确定的管理层次是就整个企业而言的。如果企业的个别组织单位有特殊情况，还应对其层次做局部调整。例如，科研和技术开发部门，若层次多、主管人员多，不利于发挥技术人员的创造性，就可以适当减少层次。有的生产单位技术复杂，生产节奏快，人员素质又较低，需要加强控制，在这样的条件下，适当增加层次则是必要的。

4.2　部门设计

部门确定了特定的工作职责与范围，部门化就是将部门所承担的工作与员工的报告关系结合起来，形成由相互配合协调的不同岗位员工所组成的工作集合。部门设计就是确定企业管理部门的设置及其职权配置。进行部门设计，实质是进行管理业务的组合，即按照一定的方式，遵循一定的指导原则，将实现企业目标所需开展的各种各样的管理业务加以科学分类和合

理组合,分别设置相应的部门来承担,并授予该部门从事这些管理业务所必需的各种职权。

在部门设计中,首先要规定企业管理组织在总体上应采取的横向分工形式,从而提出部门设计的框架;其次,要解决每一项管理业务特别是那些具有争议的业务工作究竟应归属于哪一个部门,使框架设计细化;最后,要配置职权,主要是直线职权与职能职权的设计及职能部门综合化问题。

4.2.1 部门划分的原则

部门划分本身不是目的,而仅仅是达到目的的一种手段。每种部门划分方法都有其优缺点,所以在实际运用中,每个组织都应根据自己的特定条件,选择能取得最佳效果的划分方法。应该指出的是,划分方法的选择不是唯一的,并不一定要求各个层次的业务部门整齐划一。在很多情况下,组织常常采用混合的方法来划分部门,即在一个组织内或同一组织层次上采用两种或两种以上的划分方法。现实中并不存在最好的部门划分模式,也没有能够确定最佳部门化模式的固定原则。但是,在选择最适宜的部门化模式时,确实需要一些有用的指导性原则。

(1)充分运用专业化的优点,进行合理的分工,但是也不能过分强调专业化部门,使其无限制地增多。一般来说,部门越多,费用越高,而且部门的增多会使组织的协调手段更为复杂,协调的费用更为昂贵。组织结构要求精简,部门必须力求最少,但这也要以保证实现组织目标为前提。

(2)力求管理与协调的便利。例如,制造业企业的装配部门,根据需要可以设在销售部门之下。百货公司中某一商品的进货与销售也不妨由一位主管来负责,使得满足顾客需要与进货能随时统一起来。

(3)保持各部门之间的平衡。企业中各部门职务的指派应达到平衡,避免忙闲不均、工作量分摊不均。有相互制约关系的部门应该分设,如检查部门要与业务部门分开,这样就可以避免检查人员的偏袒,真正发挥检查的作用。

(4)对部门化工作保持足够的重视,随业务的需要而及时增减。在一定时期划分的部门,也不是永久性的,其增设和撤销应随业务工作而定。

4.2.2 部门划分的方法

部门划分的方法可从两个方面来分析。

首先,从组织总体的部门设计来看,组织部门设计的方法可以分为自上而下划分、自下而上划分和以业务流程为中心进行划分三种方法。

(1)自上而下划分。自上而下划分即以高层管理人员为出发点,把企业各项工作依次进行分解和细化,按照已经确定的管理层次确定各部门(如职能处室),依次设计下一级的部门(如职能科室),这样每项工作都落实到各部门,有利于组织目标的达成。传统企业大多采取这种方法设计部门。例如,总经理下设技术开发部,技术开发部再将职能细分,形成低层的产品设计处、工艺技术处、技术情报处、试验车间。

(2)自下而上划分。它是自上而下的逆流程,即先将企业的任务进行分解,按照任务确定企业运行所需要的成员;然后按照一定的要求,将各成员组织起来,设置部门(如科室或部处);再将各部门按一定的要求进行组合,设置更高一级的部门。例如,产品设计处、工艺技术处、技术情报处、试验车间这几个技术部门组合起来,由技术开发部负责;技术开发部与销售部、经营部、生产部组合起来，由它的上级负责。新型企业大多数采取这一方式进行部门划分。

（3）以业务流程为中心进行划分。哈默指出："业务流程是把一个或多个输入转化为对顾客有价值的输出的活动。"最古老的流程思想可以追溯到泰勒的科学管理。泰勒首先倡导对工作流程进行系统的分析，这种思想成为工业工程的主要思想。在工业工程领域，制造工作被分为设计、加工、装配和测试四种活动。管理学大师德鲁克对此曾有高度的评价，他认为："科学管理的出现开创了运用知识来研究工作流程的先河。"根据流程来设计部门也是部门设计的主要方法。传统的业务流程设计和今天我们大力提倡的流程管理有很大的不同。传统的流程设计方法是按照工作流程设计部门，各个部门负责做好自己职能范围内所应完成的任务，然后将其交给流程链条上的下一部门。这样，整体任务按照流程分解为各个独立的部门。这种划分方法，突出了流程，但仍以职能分工为主导。

其次，由于企业之间存在很大的差别，因此针对具体部门的划分，通常包括以下方法：

（1）按职能划分部门。按职能划分部门，其实质就是按管理业务活动的性质与技能相似性，把全部管理业务活动分类。例如，在制造业企业中，把一切同产品生产制造相关的活动划归生产部门，一切同市场营销有关的活动划归销售部门，一切涉及增补、选拔和培训人员的活动纳入人事部门，一切与资金筹措、保管和支出有关的活动分配给财务部门，等等。按职能划分部门和工作的结果，使传统的直线组织演变为职能组织。

（2）按产品划分部门。在开展多种经营的大中型企业中，按产品或产品线划分部门的方法日益盛行。采用这种方法进行部门划分的企业，原来大多是按功能划分部门的。随着企业的成长，各部门主管都会碰到规模扩大所带来的管理工作越来越重，而保持有效的管理幅度又限制了他们增添直属下级管理人员的问题，于是按产品划分部门的办法应运而生。像美国通用汽车公司、杜邦公司和福特汽车公司等，都先后按这种部门化方法进行了组织变革。按产品划分部门的办法同样可以在部门内部应用。例如，百货公司中的采购人员通常被分派去采购某一种物品；批发企业中的销售部也常按纺织品、家具和电子产品等来细分部门；在商业银行中，其投资业务也可以划分为证券投资、房地产投资及信托投资等。

（3）按地区划分部门。对于一个地理范围分布较广的组织，按地区进行部门化是十分重要的。如美国电话电报公司在早期是按地区设立分公司的，该公司在1984年进行组织结构改革后，新组建的7个贝尔公司继续保留了按地区设置的做法。许多跨国公司由于经营业务遍布世界各地，也经常采用按地区划分部门的办法设置组织。

（4）按顾客划分部门。顾客部门化越来越受到重视。它是基于顾客需求的一种划分方法，即按组织服务的对象类型来划分部门。这种划分能够满足顾客特殊而又多样化的需求。从制造业企业来看，在组织中按顾客划分部门可以采取如下几种形式：

①各分部负责制造并销售产品给其确定的顾客。例如，IBM公司有一段时间就设立了一个单独分部——"联邦机构分部"，作为公司四大分部之一，专门为联邦政府各机关及防务系统供应特定货品。按这种形式设立的分部同按产品或地区设立的分部一样，可以成为真实的利润中心。所不同的是，按顾客设立的部门由于产品需求数量随不同顾客及不同时期发生变化，因此存在各分部业务量不均及设备和专业技术人员利用不足的问题。

②各分部负责销售产品给其本身的顾客，但集中由一个分部为其他分部制造产品。在这种部门化方式下，无产品制造功能的部门通常按模拟利润中心运作，只有包含制造功能的分部可以成为真实的利润中心。这种部门化方式存在着分摊制造成本以及生产与销售之间如何协

调的问题。

③各分部只负责销售产品给其本身的顾客,产品的制造统一由单独的生产部负责。在通常情况下,按顾客类别设置的分部作为模拟利润中心,而生产部则是成本中心;在采用内部转移价格进行独立核算的情形下,各分部均成为模拟利润中心。这里需要说明的是,采取模拟利润中心体制,需要很好地解决各部门间的内部转移价格制定的合理性问题。

4.2.3 部门的组合方式

组织中的各个部门必须通过一定的方式有机地组合在一起,才能够发挥最大的效能,有效实现组织的最终目标。不同的组合方式对企业和员工有着迥异的影响。常见的部门组合方式有以下四种。

1. 职能组合

职能组合是按照职能将提供相似知识或技术的人员组织起来。例如,职能结构和直线职能结构就是按照职能部门划分方法形成的部门组合方式。职能组合方式适用于中小企业和产品品种比较单一的企业。

2. 事业部组合

事业部组合是以职能组合为基础,按照公司的产品、地区或者顾客来组织公司各部门。它主要适用于规模较大、产品品种较为多样化的企业。在事业部中,所有的职能人员组合在同一个管理者之下,而事业部的内部还可以按照职能再进行内部的组合,事业部就好比一个中小型企业。所以事业部组合特别适用于多种经营的大型企业集团。

3. 区域组合(regional grouping)

区域组合指的是将组织中的人员等资源组合起来为某特定区域的顾客提供服务。例如,许多跨国公司可能会成立诸如太平洋分部、欧洲分部、北美分部等,区域部门专门为该地区的客户提供服务;我国某些企业也可能成立华北分部、华东分部、西南分部等,为该地区提供专门服务。区域组合常见于地理分布特别广的企业组织,例如跨国公司等企业;也可以用于部门内部的组合,尤其是销售部门,因为业务的需要,经常采用区域组合的方式。

4. 混合式组合(mixed grouping)

事实上很少有哪家企业单纯采用一种组合方式。采用两种以上组合方式的称为混合式组合。前面实际上已经提到混合式组合,比如有的企业整体上采用职能组合,但销售是面向全国的,需要在各地区设立销售网点,所以销售部门就采用了区域组合的方式;再比如有些企业根据产品的不同成立各个事业部,但事业部内部可能需要采用职能组合,还有可能在某些职能上(例如销售)采用区域组合。

总之,不同的工作内容、不同的报告关系以及不同的组合方式,就会形成不同的组织结构。没有哪种组织结构是最完美的,企业应根据自身情况寻求最适合的组织结构类型。

4.3 职权设计

组织职权是组织为实现组织目标而设置的、能够影响他人或集体行为的力量。职权的性质符合政治权力的一般性质,需要从职权的来源、职权的运行方式、职权的监督与反馈等方面进行考量,通过职权执行机构加以履行。

职权设计是全面、正确地处理组织纵向和横向的职权关系,将职权合理分配到不同层次与部门,建立起既能体现集中,又能体现组织内部民主,从而确保组织正常运转与具有活力的职权匹配方式。

4.3.1 职权的定义

职权是指赋予某个正式职位的合法权力。显然,这种权力来自管理者在企业中的正式职位,离开了职位,也就失去了相应的职权。同时,职权也基于对管理者施加影响的合法性的承认,如果被管理者不认可或不接受管理者的影响,职权便没有了效力。"职权只有被接受才有效力。"

巴纳德认为,管理者的指令(组织职权的一种行使方式)只有满足四个条件,企业的员工才愿意接受。这四个条件如下:员工能够理解而且确实领会指令的含义,员工认为这个指令与他已接受的企业总体发展目标没有冲突,员工相信该指令与其个人利益没有矛盾,员工具有遵守该指令的能力。

4.3.2 职权的特征

与一般权力相比,职权的特征表现为以下几点:

(1)它总是与某一具体的职位相联系,而不是仅仅因为管理者的个人特性或品格。

(2)职权必须为下级所接受,这就有了一个下属必须认为职权具有合法性的前提,下属才服从这个管理者所发出的指令或要求。一个成功的管理者在行使职权时,会善于运用职权的合法性,他更多地出于组织成员的整体利益考虑,而不只是为了夸大自我。

(3)职权通过纵向层次自上而下流动,存在于正式的命令中。拥有高层职位的人就比低层职位的人拥有更大的职权。职权在企业组织中流动时,管理者还需要学会不滥用职权。

4.3.3 职权的分类

依据不同的标准,企业组织的职权可以划分为多种类型。以下主要从层次和作用两方面进行划分。

1. 按作用划分为直线职权、参谋职权、职能职权

组织中主要有三类职权对组织活动进行协调,即直线职权、参谋职权和职能职权。它们的合理配置,对于充分发挥每一种职权的作用,明晰组织内各单位、部门之间的权责关系具有非常重要的作用,是组织结构正常运行的有力保障。

1)三类职权的内涵

直线职权是指某个职位或部门所拥有的权力,包括决策、发布命令等,就是通常所说的指挥权。每一管理层级的负责人都具有这种职权,只不过大小、范围不同而已。例如,总经理对部门经理、部门经理对业务人员都有直线职权,这样就形成了一个权力线,它称为指挥链或指挥系统。在权力线中,权力的指向由上到下,像金字塔一样。

参谋职权是指那些向直线管理者提供建议和服务的个人或团体所拥有的职权,是某个职位或部门所拥有的辅助性权力,包括提供咨询、建议等。参谋职权的概念由来已久,源于军事系统。参谋的形式有个人及专业之分,前者是参谋人员,后者是一个独立的机构或部门,也就是一般所说的智囊团或顾问班子。

职能职权是指参谋人员或某部门的主管人员所拥有的原属直线主管的那部分权力。在纯粹参谋的情形下,参谋人员所具有的仅仅是辅助性职权,并无指挥权。随着管理活动的日益复杂,直线主管仅依靠参谋的建议还很难做出最后的决定。为了改善和提高管理效率,直线主管可能将职权关系做某些变动,把一部分原属自己的直线职权授予参谋人员或某个部门的主管人员,这便产生了职能职权。

2) 三类职权配置需要遵循的四条基本原则

(1) 维护统一原则。维护统一原则是指在组织结构设计中要保证对生产经营的指挥集中统一,不要造成多头领导。难点在于对参谋职权和职能职权的设计。主要措施有:直线部门负责人对本部门工作拥有决定权;职能职权要用于真正必要的业务活动上;职能职权关系尽量不超越直线主管人员下属的第一级组织机构,这样做的目的是将职能职权尽可能集中在关系最为接近的机构,以保证直线指挥系统的统一。

(2) 保证权责一致原则。由于权力是履行责任的必要条件,因此职权设计必须贯彻权责一致的原则,保证各级主管人员的职责和权力相对应,有多大责任就有多大权力。主要措施有:决策权、指挥权和用人权相统一;直线职权、参谋职权和职能职权的关系要正确处理;从事提供成果的业务活动的部门及主管人员应享有直线职权,从事支援性业务活动的部门及主管人员应享有参谋职权和职能职权。

(3) 让参谋机构切实发挥作用的原则。实行强制参谋制度时,参谋人员提出的建议,直线指挥人员虽然有权决定取舍,但无权拒绝听取;直线指挥人员在制定重要的决策和计划之前,必须征询参谋机构的意见,无权省略这一程序。直线指挥人员授予参谋机构和人员越级报告权时,要让参谋机构和人员具有一定的独立性,鼓励他们发表真知灼见,以避免重大失误。

(4) 对职权做出明确规定原则。具体措施有:对各部门及主管人员的职责进行全面具体的说明;在组织设计中必须用科学、确切的语言进行职务的描述,使其不产生歧义;常借助于图表,如结构图、职务权限表、职位说明书等。

3) 三类职权实施注意事项

(1) 正确运用参谋职权。设置参谋职权能够适应管理活动需要多种专业知识的要求。然而在实践中,直线与参谋的矛盾往往是组织缺乏效率的原因之一。考察这些低效率的组织活动,通常可以发现两种不同的倾向:或者虽然保持了命令的统一性,但参谋作用不能充分发挥;或者参谋作用发挥失当,破坏了统一指挥的原则。因此,在实际工作中,如何正确发挥参谋职权的作用成为组织管理工作的一个重点。

为了正确发挥参谋职权的作用,首先,要理顺直线和参谋的关系,双方要相互尊重,充分认识到对方的重要作用,共同合作;其次,授予参谋必要的职能职权,但一般是在要求专业知识较多的领域里授予职能职权,而且要限制其使用范围;再次,要向参谋人员提供必要的信息,参谋人员只有掌握了充分的信息才能辅助直线人员顺利开展工作;最后,实行必要的强制参谋制度,这样才能调动参谋的积极性,充分发挥其应有的作用。

(2) 恰当使用职能职权。职能职权对于组织是必要的,它有利于减轻直线主管的工作负荷,加快信息传递和处理,提高工作效率,有利于组织对外政策的一致性;同时,它的范围是有限的,只限于参谋部门和人员的某些业务活动。

企业要恰当地运用职能职权,首先,将其用于真正需要的业务活动上。一般情况下,职能职权涉及的业务活动主要有两方面:一是组织需要统一处理对外关系的业务活动,例如组织为用户服务的统一标准、处理公共关系的统一政策等;二是组织内部必须统一政策、协调一致的业务活动。其次,充分发挥监督、考核的作用。对各部门及人员的监督、考核主要通过职能部门组织实施。最后,适当限制职能职权的使用。职能职权的运用常限于"如何做""何时做"等方面的问题。职能职权不应越过直线主管下属的第一级组织机构,例如在事业部组织结构中,总部所属的人力资源职能管理部门,虽拥有一定的职能职权,但往往只伸展到事业部经理这一级,这样做的目的是把职能职权尽可能地集中在关系最为接近的机构,以保证与直线指挥的统一。

2. 按层次划分为经营决策权、专业管理权、作业管理权

从层次上看,职权一般由高层的经营决策权、中层的专业管理权以及基层的作业管理权三个部分组成。将这三个组成部分联结起来,使之成为上下衔接、贯穿到底的纵向系统,靠的是决策权在各个层次的合理配置。由于决策权贯穿着职权的纵向结构,这就需要正确处理决策权的集中与分散的关系,包括从总体上确定企业决策权集中化或分散化的关系,以及决策权的具体配置。集权与分权的设计工作是职权设计的一项基本内容。

4.3.4 组织职权设计的方法

1. 职权设计的要求

职权设计应该保证企业内部管理指挥的集中统一。这种统一性被破坏,企业内部会出现多头领导、多头指挥,下级将无所适从,管理将不可避免地产生混乱。它还会削弱下级对本部门工作的责任感,挫伤他们的积极性。因此,职权设计应符合以下要求:

(1)实行首长负责制。企业及其每一个部门都必须也只能确定一个人负总责并进行全权指挥。

(2)正职领导副职。企业及其各个部门的正职同副职的关系,不是共同分工负责的关系,而是上下级的领导关系,正职确定副职分工管理的范围并授予其相应的权力。

(3)直接上级是唯一的。每个部门和每个人都只接受一个直接上级的领导,并仅对该上级负责和报告工作,其他上级领导的指令对该部门和个人是无效的。该部门和个人只能通过直接上级去实现自己的工作意图。

(4)一级管理一级,从企业最高领导者起,按照领导与被领导的关系,逐级委任职权;在工作中,实行逐级指挥和逐级负责。

2. 职权的纵向设计

1)职权纵向设计的关键

职权的纵向设计是与组织管理层次设计相匹配的,在组织层级间进行的职权分配组合。其设计关键是组织决策权究竟是要集中化还是分散化。集中化的决策权是将广泛的决策权集中到企业的高层组织,高层组织职权影响组织运行的方方面面,中下层组织的决策权相对来说被削弱。而分散化的决策权倾向于强化基层组织的自由裁量权,高层组织保留少数对于组织目标大方向的决策权。

我们从权变的角度来看两种决策权的倾向。当组织应对组织危机、组织变革、环境变化快、矛盾冲突频出时，需要一个能够统合不同意见、随时根据情况做出快速决定的领导层，这时集中化的决策权有利于帮助组织渡过难关。但在组织平稳运行时期，在人员素质相对较高的基础上，分散化的决策权更有利于充分调动基层组织的积极性，并且有利于民主环境的形成从而营造创新的氛围。

组织职权设计中，集权化与分权化各有优劣，应该根据组织的不同条件将二者结合，有所侧重。在对集权与分权的程度选择之前，需要对组织集权化程度做以评判。以下几种标志可以作为组织集权化程度的参考标志：

（1）组织职权的分布情况。一般来说，组织职权可以根据其重要性与关键程度划分为高、中、低三层职权。例如，战略属于高层次的职权，管理属于中等层次的职权，而操作与执行属于低层次的职权。在职权正常分布在各个层次的基础上，如果出现高层职权下放，如决策权下移到管理、操作层次，则说明组织的集权化程度较低；如果出现了低层职权上移，如操作决策权上移，说明组织的集权化程度较高。

（2）参与组织拍板的人数。在建议阶段，组织中往往能够照顾到大部分人的意见，给予提意见的空间。最终拍板的阶段，即做出组织最终决策的阶段，是能够体现一个组织集权化程度的重要阶段。在这个阶段，拍板决定的人数越多，则组织的集权化程度越低；反之，则集权化程度越高。

（3）制度约束力。此处提到的制度是指由上级制定的对下级产生约束的制度。这种制度越明确、规定越具体，在执行过程中监督机构越丰富，则下级的自由裁量权越小，组织的集权化程度越高；反之，则集权化程度越低。

2）职权纵向设计的因素

组织在选择集权化与分权化的职权设计时，需要考虑组织产品、环境条件与组织规模等因素，具体可参考如下方法予以考察：

（1）组织的产品结构与相应技术特点。单一产品生产的企业组织、从事制度化常规工作的公共组织，往往面临着需要将普通的工作做精做细、提高工作效率的组织要求。其产品特点往往是产量较大，对创新要求较低，这时应以集权为主。反之，组织产品种类丰富，形成了体系化的产品体系，并且在销售、宣传时相对独立性较强，形成了不同的顾客群体时，组织需要加强分权以保证顾客的特异性需求得到满足。

（2）组织的外部环境。当面临的外部环境较为稳定时，组织可以适当提高集权化程度，以确保组织能够高效地围绕特定的组织目标运行，不会偏离组织战略。而当面临变化较快的外部环境时，组织则需要将权力下移，以灵活的职权设计方式来应对多变的环境，确保组织生存。

（3）组织内部人员素质。当内部人员素质较高时，组织可以适当地赋予下级成员较广泛的职权。这里的素质不仅包括组织内部成员的能力，也包括组织内部成员的道德品质。当一个组织的成员都具有负责任、服从指挥的品德时，在集权化程度相对降低的情况下，组织仍能够很好地完成既定的组织目标。

（4）组织的结构化程度。组织的结构化程度指组织中正式的职务关系的强度。高结构化程度的组织需要相应减少集权而增加分权以保证组织活力，而高人际关系导向的组织需要相应增加集权以保证领导层的权威性。

（5）组织规模。组织规模较大时可以适当进行分权化处理，组织规模较小时集权化管理有利于组织的高效运行。

3. 职权的横向设计

职权的横向设计，就是在进行组织职权设计时，着重依据职能分工，划分各部门的分工及独立行使的职权，并在此基础上厘清各部门间的关系。一般来说，组织中不同职能部门间的工作会有独立行使、重叠交叉的部分。其中独立行使的部分依据职能划分即可完成设计，但其中交叉重叠的部分还要进行部门职权衔接设计，保证分工明确、职责清晰。

部门衔接设计指涉及同一个层次的几个部门的职能出现衔接和重叠部分时，根据部门在业务活动中的责任与作用，通过高层的职权横向设计，分别规定其在整体工序、产品完成过程中的职权范围，明确部门间的相互关系。

1）职权的类型

职权可以分为决定权和非决定权。

(1)决定权。决定权指某部门在职责范围内，提出对组织业务活动方案的裁定权力。这种裁定权力表明有关方案必须由该部门提出，这既是该部门的义务，也是该部门的权利。

(2)非决定权。非决定权包括以下职权：

①建议权，指某一部门或人员依照自己负责的专业管理要求，就有关业务活动向其他部门提出建议的权力。

②协助权，指某一部门或人员在完成自己在组织内任务的前提下，对一些较重要或缺乏人手的工作，按照制度规定或上级统一调配，向其他部门提供帮助的权力。

③确认权，指某一部门主管人员在某项业务活动上，对其他部门提出的建议或协助予以认可的权力。这种权力不同于决定权，因为当有关双方意见不同时，虽然双方努力但仍不能统一意见，拥有最后决定权的并非这两个部门的负责人，而是其上级领导。

④协商权，指某一部门与有关部门协商后才能做出决定的权力。当对方有不同意见时，协商双方应当尽量达成一致。上级保留决定权。

⑤接受协商权，指与协商权相对应的非决定权。

⑥接受通知权，指某部门从主管某项业务的部门那里，获得关于该项业务进展情况的通知的权力。

以上权力的明确，有助于各部门或人员在整体业务活动中各司其职，主动配合，相互协调，顺利完成总任务，实现总目标。

2）注意事项

(1)职权彼此不重复。在进行组织横向职权设计时，要注意各部门职责范围不同、职能分工不同，要注意彼此间的职权不重复。

(2)各部门掌握的职权应当由各部门独立行使。这里强调权力在运行过程中的独立性，如果权力在运行中得不到独立保障，那么职权就失去了其执行力。职权的来源决定了职权应当对什么部门负责。

(3)职权设计要注意完整性。职权设计做到不重复的同时，也不遗漏。职权设计如果有遗漏的部分，会造成实际职权运行中权力的缺位。

(4)职权设计要运用职权类型明确规定各部门拥有的权力。

4. 职权设计的表述

职权设计的内容与结果，要选择恰当的表述方式，全面、具体、明确地表述出来，以发挥职权设计的作用。常见的表述方式有以下几种。

1) 职位说明书

职位说明书是建立在工作分析基础上的，对组织中各种职位的职责与权限，以及任职者的资格条件做出系统且具体说明的人事文件。职位说明书一般包括两个部分的内容：一是职位规范，用来描述某一职位；二是用人规范，用以说明任职者的基本条件。这两部分可以结合出现。

职位说明书可以用于职权设计、人员招聘、培训等多方面。其详细程度因用途不同而各异。职权设计中的职位说明书，应该将重点放在对职权的划分安排上，基本内容应该包括部门及人员的基本职能、责任与工作关系。

2) 组织结构图

组织结构图是一种表示有关组织的结构设置和职权关系的图示，有垂直图、横式图、圆形图三种。垂直图依照职权关系，从上到下排列组织内所有部门、机构的管理层次。横式图，依照职权大小关系，从左到右排列组织内所有组织机构和管理层次。圆形图是依照职权高低关系，由里向外排列组织内所有组织机构，总负责人位于圆心位置上，同一层次的组织机构置于同一圆周上。有人认为这种圆形更能反映组织结构的动态关系。

组织结构图力求简明。有时候为更好地说明组织结构，可以将总体结构图与局部结构图并用。总体结构图反映的是整个组织的组织结构，对整个组织的职权分析、结构安排做出简洁、概括性的表述。局部结构图用来反映组织的某个层次的结构，以便对总体结构做进一步说明，同时它是总体结构的具体化展开。

3) 职权系统表

职权系统表是一种二维结构，用以说明组织决策权以及有关的参谋机构的职权配置的表格。职权系统表的横向自左向右顺次递增列出拥有决策权的机构与主管人员，纵向按管理职能系统地列出各种需要决策的问题。职权系统表同样可以在总体层次与局部层次绘制不同表格。总体层次的职权系统表反映整个组织总体职权分布情况，局部层次的职权系统表反映决策权在每一个单位内的配置。

4.4 公司治理结构体系及其构成

4.4.1 公司治理结构的概念

公司治理结构是当前国内外理论界研究的一个全球性课题，也是我国经济体制改革的一个产物。随着我国经济环境的不断开放、现代企业制度的大力推行与深入，公司治理结构问题逐步引起了我国学术界与企业界的高度重视。开放经济环境下我国企业如何进行公司治理结构的创新，不仅关系到国有企业的公司化改革能否成功、上市公司能否持续发展，也关系到国内公司参与国际竞争、抵御市场风险的能力如何。

1. 公司治理的概念

以詹森(Jenson)等人为代表的代理理论认为,公司治理研究的是所有权与经营权分离情况下的代理问题,其焦点是降低代理成本,使所有者与经营者的利益相一致。

蒙克(Monk)把公司治理定义为影响公司的方向和业绩表现的各类参与者之间的关系。主要参与者包括股东、经理班子(包括总经理及副总经理)、董事会,其他参与者还包括员工、顾客、债权人、供应商和社区。他们之间的关系涉及主要参与者的权力、责任和影响,以及在决定公司的方向、战略、业绩表现时做什么和应该做什么。

布莱尔(Blair)认为,公司治理有狭义和广义之分。狭义的公司治理是指解决股东与经理之间代理问题的一整套控制和激励机制,主要是董事会的功能、结构以及股东权利等方面的制度安排。广义的公司治理则是指企业控制权和剩余索取权在有关参与者之间分配的一整套法律、文化和制度安排,这些安排决定了公司的目标是什么,谁在什么状态进行控制,如何控制,风险和收益如何在不同企业成员之间分配等问题。

还有不少学者着重从组织结构角度定义公司治理,认为公司治理就是股东会、董事会和经理组成的一个结构,或者认为公司治理就等同于董事会。林毅夫等人认为,公司治理是指所有者对企业的经营管理和绩效进行监督和控制的一整套安排。人们通常所说的公司治理结构,实际上指的是公司的直接控制或内部治理结构。对公司而言,更重要的应该是通过竞争市场所实现的间接控制或外部治理。

上面这些定义分别从公司治理的问题、制度、组织结构、参与主体及其利益关系安排等角度对公司治理进行界定,都有其可取之处,但相对而言,我们认为经济发展与合作组织(OECD)对公司治理的定义更为准确和全面。OECD 对公司治理的定义是:公司治理是一种据以对工商业公司进行管理和控制的体系。它明确规定了公司各参与者的责任和权力分布,诸如董事会、经理层、股东和其他利益相关者,并且清楚说明了决策公司事务时应遵循的规则和程序。同时,它还提供了一种结构,使之用以设置公司目标,也提供了达到这些目标和监控运营的手段。

2. 公司治理结构的内涵

一位经济学家曾说过,在经济理论研究领域,人们很少能就哪个问题的结论取得共识,在公共场合达成共识就更难,哪怕是一个简单的现象或概念,n 个经济学家至少能给出 $n+1$ 种解释或定义。同样,对于公司治理结构的内涵,目前尚有很多分歧,分别从不同的角度回答了什么是公司治理结构这一问题。

奥利弗·哈特(Oliver Hart)在《公司治理理论与启示》一文中提出,公司治理结构问题产生于一个组织中必然存在两个条件。第一个条件是代理问题,确切地说是组织成员(可能是所有者、管理者、职工或消费者)之间存在利益冲突;第二个条件是交易费用之大使代理不可能通过合约解决。因此,在合约不完全的情况下(代理问题也将出现),公司治理结构有它的作用。在这里,公司治理结构被看作一个决策机制,而这些决策在初始合约中没有明确设定,更确切地说,公司治理结构分配公司非人力资本的剩余控制,即资产使用权时,如果没有在初始合约中详细设定的话,治理结构将决定其如何使用。

菲利普·L.科克伦(Philip L. Cochran)和史蒂文·L.沃特克(Steven L. Wartick)在 1988 年发表的《公司治理:文献回顾》一文中指出:"公司治理结构问题包括高级管理层、董事会和公司其他利益相关者的相互作用中产生的具体问题。构成公司治理结构问题的核心是：①谁从公司决策/高级管理层的行动中受益；②谁应该从公司决策/高级管理层的行动中受益。当是什么和应该是什么之间存在不一致时，一个公司的治理结构问题就会出现。"

在西方国家的公司治理结构定义中，美国全国公司董事联合会（National Association of Corporate Directors, NACD）所做的概括一直被认为是比较权威的。NACD 的会议纪要指出，公司治理结构是确保企业长期战略目标和计划得以确立，确保整个管理机构能够按部就班地实现这些目标和计划的一种组织制度安排；公司治理结构还要确保整个管理机构能履行下列职能：维护企业的向心力和完整性，保持和提高企业的声誉，对与企业发生各种社会经济联系的单位和个人承担相应的义务和责任。

国内有代表性的观点出自吴敬琏教授，他认为，公司治理结构是现代企业制度的核心。它包括三个组成部分，即所有者（股东）、法人及其法人代表（董事会）、高层经理人员。其要旨在于明确划分股东、董事会和经理人员各自的权力、责任和利益，形成三者之间的制衡关系。邓荣霖教授认为，规范的公司治理结构，形成了股东所有权、董事会法人产权、总经理经营权三者之间既相互分离又相互联系、既相互统一又相互制衡的机制，因而能实现所有者目标和经营者目标的统一。

综上，本书认为可以从狭义和广义两方面来理解公司治理结构。狭义上，它是指在公司所有权和管理权分离的条件下，所有者（主要是股东）与公司之间的利益分配和控制关系。其目标是保证股东利益的最大化，防止因信息的不对称而产生的经营者逆向选择和道德风险等问题。广义上的公司治理结构则可理解为关于公司组织方式、控制机制、利益分配的所有法律、机构、文化和制度安排，其界定的不仅仅是公司与所有者之间的关系，而且包括公司与所有利益相关者（包括股东、债权人、雇员、供货商、政府、社区和行业协会等）之间的关系。其治理目标是要保证公司各方面的利益相关者的利益最大化。目前对公司治理结构的理解正逐步从狭义向广义转移，而且从利益相关者的利益关系冲突和协调出发。这一方面体现了现代企业理论研究的开放性，另一方面又是开放经济环境的一种表现及结果。

4.4.2 公司治理结构的形式

公司治理结构按照公司治理权力是否来自公司出资者所有权与公司法直接赋予，可分为公司内部治理结构和公司外部治理结构。

公司内部治理结构是指按照公司法所确认的法人治理结构，即由股东会、董事会、监事会和经理组成的一种组织结构安排。其中，股东会拥有最终控制权，董事会拥有实际控制权，经理拥有经营权，监事会拥有监督权。这四种权力相互制约，共同构成公司内部治理权。这种治理权力来源于以公司出资者所有权为基础的委托代理关系，决定了公司内部决策过程和利益相关者参与公司管理的方法，并构成了公司治理结构的基础，它是基于正式制度的安排。

公司内部治理结构制度是指代表公司从事商事活动的权力在公司权力机构股东会和董事会之间的分配。在传统的公司理论和公司法理观念影响下，股东会控制董事会的股东中心主义的内部治理结构制度形成。而后随着股权的分散化和公司法的变革，董事会控制公司权力的董事会中心主义形成。虽然，目前仍有部分公司的内部治理结构制度为股东中心主义，但董事会中心主义已成为这一制度的主流。

公司外部治理结构由除股东、经营者等以外的公司利益相关者构成，如债务人、雇员、供货商、顾客、政府、社区、行业协会等,他们治理公司的权力来源于债权、人力资本产权,或其他与公司有利益关系而拥有参与或影响公司治理的权力。这种治理结构以外部市场来约束企业,这些外部市场一般包括产品市场、技术市场、证券市场、购并市场、经理市场等。外部治理结构属于非正式制度的安排。

从公司治理结构的定义来看,狭义的公司治理结构是一种内部治理结构,而广义的公司治理结构是一种内部治理与外部治理相结合,由利益相关者共同治理的结构。共同治理结构的要旨在于尽可能缩小社会期望与企业行为后果之间的差距,其实质是将政府管制和社会调控内生于公司治理结构中,即以内部调控代替外部调控。近年来,这种共同治理结构的新视角为众多学者所接受。在现实中,大多数企业都在一定程度上采取了这种共同治理结构,尤其体现在一些新型企业的出现及一些国家或国际组织对其进行的立法上。

4.4.3 公司治理结构的构成要素

1. 股东会

现代公司是全体股东出资组成的,财产的所有权属于所有股东。股东会作为公司最高的权力机构,是股东实现想法、行使权利的必备机关,公司的重大事项都必须经过股东会审议和批准。股东在股东会会议上通过投票来表达意志,依照股票数量,每股一票,而非每人一票,体现出股权平等原则。任何股东都可以用"决议草案"的形式向股东会提交讨论的问题。

我国公司法规定,股东会做出决议,应当经代表过半数表决权的股东通过。但是,股东会做出修改公司章程、增加或者减少注册资本的决议,以及公司合并、分立、解散或者变更公司形式的决议,应当经代表三分之二以上表决权的股东通过。股东会行使下列职权:①选举和更换董事、监事,决定有关董事、监事的报酬事项;②审议批准董事会的报告;③审议批准监事会的报告;④审议批准公司的利润分配方案和弥补亏损方案;⑤对公司增加或者减少注册资本做出决议;⑥对发行公司债券做出决议;⑦对公司合并、分立、解散、清算或者变更公司形式做出决议;⑧修改公司章程;⑨公司章程规定的其他职权。

股东除了可以参加股东会会议进行投票表决外,还享有相应的股份转让处置权、基于股份的分红收益权,以及在公司解体或破产清算时对剩余财产的按股分割权。

只有一个股东的有限责任公司和股份有限公司不设股东会。国有独资公司不设股东会,由履行出资人职责的机构行使股东会职权。

2. 董事会

对于拥有众多股东的公司而言,不可能靠所有股东经常集会来控制公司,股东会也不是一个常设机构。董事会是由股东会选举的董事组成的代表所有股东利益的机构,也是股东会闭会期间的权力机构。董事会成员可以是股东,也可以是非股东;可以是自然人,也可以是法人。如果法人作董事,必须指定一名有行为能力的自然人作为其代理人。

《中华人民共和国公司法》规定,董事会每年度至少召开两次会议。董事会会议应当有过半数的董事出席方可举行。董事会做出决议,应当经全体董事的过半数通过。董事会决议的表决,应当一人一票。董事会应当对所议事项的决定做成会议记录,出席会议的董事应当在会议记录上签名。董事应当对董事会的决议承担责任。董事会的决议违反法律、行政法规或者公司章程、股东会决议,给公司造成严重损失的,参与决议的董事对公司负赔偿责任;经证明在表决时曾表明异议并记载于会议记录的,该董事可以免除责任。董事会对股东会负责,行使下列职权:①召集股东会会议,并向股东会报告工作;②执行股东会的决议;③决定公司的经营计划和投资方案;④制订公司的利润分配方案和弥补亏损方案;⑤制订公司增加或者减少注册资本以及发行公司债券的方案;⑥制订公司合并、分立、解散或者变更公司形式的方案;⑦决定公司内部管理机构的设置;⑧决定聘任或者解聘公司经理及其报酬事项,并根据经理的提名决定聘任或者解聘公司副经理、财务负责人及其报酬事项;⑨制定公司的基本管理制度;⑩公司章程规定或者股东会授予的其他职权。

3. 经理人员

经理人员就是企业的高层管理者,他们构成了负责企业日常事务的执行机构,其中的总经理是掌握最高执行权的人。与董事会的集体负责制不同,执行机构要实行首长负责制,即总经理负责制。《中华人民共和国公司法》规定,经理对董事会负责,根据公司章程的规定或者董事会的授权行使职权。经理列席董事会会议。

西方通常把执行机构的最高负责人称为首席执行官,我国也开始接受了这一称谓。一般而言,首席执行官由董事会下的常设机构"执行委员会"中的首席执行董事来担任,他既是董事会成员,又是经理班子成员,掌握极大的权力。首席执行官主要负责管理企业与外部的关系和战略要务,而将内部运营的管理权责交给处理日常事务的总经理(当作为董事会成员时,称为总裁)。

4. 监事会

监事会是对董事会和经理人员行使监督职能的独立机构,不具备管理权。董事、高级管理人员不得兼任监事。《中华人民共和国公司法》规定,监事会成员为三人以上,应当包括股东代表和适当比例的公司职工代表,其中职工代表的比例不得低于1/3,具体比例由公司章程规定。监事会中的职工代表由公司职工通过职工代表大会、职工大会或者其他形式民主选举产生。监事可以列席董事会会议,并对董事会决议事项提出质询或者建议。监事会发现公司经营情况异常,可以进行调查;必要时,可以聘请会计师事务所等协助其工作,费用由公司承担。股东人数较少或者规模较小的有限责任公司,可以不设监事会,设一名监事;经全体股东一致同意,也可以不设监事。规模较小或者股东人数较少的股份有限公司,可以不设监事会,设一名监事,行使监事会的职权。监事会行使下列职权:①检查公司财务;②对董事、高级管理人员执行职务的行为进行监督,对违反法律、行政法规、公司章程或者股东会决议的董事、高级管理人员提出解任的建议;③当董事、高级管理人员的行为损害公司的利益时,要求董事、高级管理人员予以纠正;④提议召开临时股东会会议,在董事会不履行公司法规定的召集和主持股东会会议职责时召集和主持股东会会议;⑤向股东会会议提出提案;⑥依照有关规定,对董事、高级管理人员提起诉讼;⑦公司章程规定的其他职权。

4.4.4 公司治理结构中的权力制衡

现代公司是公司财产制度变迁和社会分工高度发达的产物,是物质资本和人力资本的集合,是寻求经济最大化的利益集团。公司权力通过公司中的权力机关作用于公司股东、债权人、职工和消费者等利益主体,甚至对一国的政治、经济和社会都有重要影响。因此,通过法律对公司及其权力进行制约就成为必要,它不仅关系到公司管理效率的高低、管理费用的大小,而且影响公司经营的成败。公司制度高度发达的美国认为:公司法的首要目的就是试图架构一部"宪法",以界定和限制公司权力中枢——董事会和高级经营层的特权。可见,对公司权力进行制度性安排,是公司治理的核心所在。

1. 公司权力的来源与实际设计

权力是一个有争议的概念,且在不同时代被赋予不同的含义。德国社会学家、政治学家马克斯·韦伯对权力下了一个具有普遍意义的定义,即"权力是把一个人的意志强加于其他人的行为之上的能力"。权力作为一种主动的命令有别于作为被动请求的权利,权力与相对人的关系是"我能够、你必须"。在现代社会,组织已成为最重要的权力来源。企业作为市场价格机制的功能替代物,本身是以自由和效率为核心理念设计的,其内部以类似于行政命令、指导的方式运行,以减少单个合同的谈判、履行的成本,以长期性、继续性、团体性契约代替短期性、一时性、个别性契约,在融通资金、分散风险方面有着巨大的功效。随着经济的发展,大公司纷纷涌现,并逐渐成为权力的集装器。加尔布雷思(Galbraith)指出:"如果人们要行使某种权力,就必须借助组织。"与公司这样的组织相比,个人已经显得微不足道了,在这种实力悬殊巨大的情况下,对公司的权力要进行限制。因为,权力很少是以绝对的方式行使,权力必须受到限制,公司权力也不例外。

为了限制公司权力的不当行使,现代公司借鉴国家体制中权力分立和制衡原则,将公司中的权力分三大部分,即股东会、董事会和监事会三机关。股东会是公司最高权力机关,拥有决定公司一切重大事务的权力,并有权监督董事会和监事会;董事会是经营决策和执行机关,其权力来源于股东会的授权或法律的直接规定,对股东会负责;监事会是专门的监督机关,其权力来源于法律的直接规定,对董事和高级管理人员的行为进行监督。这就是公司内部权力制衡机制。

2. 公司治理结构中的制衡关系

在公司治理结构中,股东及股东会与董事会之间,董事会与经理之间,存在着性质不同的关系。要完善公司的法人治理结构,就要明确划分股东、董事会、经理各自的权力、责任和利益,从而形成三者之间的制衡关系。

从法律原则上说,各国公司法都明确区分了股东会与董事会之间的信任托管关系和董事会与经理人员之间的委托代理关系。

1)股东会和董事会之间的信任托管关系

在公司治理结构中,董事是股东的受托人,承担受托责任,受股东会的信任委托,托管公司法人财产及负责公司经营。董事和股东不是个人之间的关系,而是股东会与董事会之间关系的表现。股东会与董事会这种信任托管关系的特点体现在以下方面:

股东既然将公司交由董事会托管,出于信任,不得干预董事行为和公司管理事务,这是公司作为法人的条件。而且,股东也不能因商业经营原因,例如非故意的经营失误,而任意罢免董事。如个别股东对受托经营者的治理绩效不满,即对董事会不信任时,可以不再选举他们连任(用手投票)或转让股权(用脚投票)。不过,选举不能由单个股东决定,而要取决于股东会投票的结果。如董事因违背公司法和公司章程的规定,或采取欺骗、隐瞒等手段而使股东利益受到侵害,股东可以以玩忽职守和未尽受托责任而起诉董事,并追究其经济责任。

受托经营的董事不同于受聘经理。在有限责任公司的情况下,由于股东的人数较少,董事会的成员多半具有股东身份,这意味着大股东直接控制公司。在股份有限公司情况下,董事会主要由经营专家以及社会人士组成。

在法人股东占主导地位的情况下,法人大股东往往派出自己的代表充当被持股公司的董事。这时,公司特别是业务关联公司的经理,由于懂得经营和业务,关注自身的价值,往往成为被持股公司董事的合适人选。

2) 董事会与公司经理之间的委托代理关系

董事会以经营管理知识、经验和创利能力为标准,挑选和聘任适合于本公司的经理。经理作为董事会的意定代理人,拥有管理权和代理权。前者是指经理对公司内部事务的管理权,后者是指经理在诉讼方面及诉讼之外的商业代理权。这种委托代理关系的特点体现在以下方面:

经理作为意定代理人,其权力受到董事会委托范围的限制,包括法定限制和意定限制,如营业方向的限制、处置公司财产的限制等。超越权限的决策和被公司章程或董事会定义为重大战略的决策,要报请董事会决定。

公司对经理是一种有偿聘任的雇佣,经理有义务和责任依法经营好公司的业务。董事会有权对经理的经营绩效进行监督,并据此对经理做出奖励或激励的决定,并可以随时解聘。

3) 股东、董事会和经理之间的相互制衡关系

公司制结构的要旨在于,明确划分股东、董事会和经理各自的权力、责任和利益,形成三者之间的制衡关系,以最终保证公司制度的有效运行。

股东作为所有者掌握着最终的控制权,他们可以决定董事会人选,并有推选或不推选甚至起诉某位董事的权力。但是,一旦授权董事会负责公司经营管理后,股东就不能随意干预董事会的决策,个别股东更无权对公司经营说三道四。

董事会全权负责公司经营,拥有支配公司法人财产的权力,并有聘任经理的全权。董事会必须对股东会负责。正是由于需要建立股东与董事会之间的制约、制衡关系,股东的过分分散化,容易使股东失去对董事会的控制,对公司的有效运营不利。

经理受聘于董事会,作为公司的意定代理人统管公司日常经营业务。在董事会授权范围之内,经理有权决策,其他人不能随意干涉。但是,经理的管理权限和代理权限不能超过董事会决定的授权范围,经理经营绩效的优劣也要受到董事会的监督和评判。

本章小结

管理幅度是指一名领导能够直接而有效地管理的下属人员的个数。管理幅度的设计受到诸多因素的影响,设计的方法主要是经验统计法和变量测定法。管理层次是指从企业最高一级管理组织到最低一级管理组织的各个组织等级。管理幅度与管理层次之间的关系十分密切。首先,它们具有反比例的数量关系。其次,管理幅度与管理层次之间存在相互制约的关系,其中起主导作用的是管理幅度。

部门设计就是确定企业管理部门的设置及其职权配置。组织部门设计的方法可以分为自上而下划分、自下而上划分和按照业务流程划分三种。然而只有把组织中的各个部门有机地组合在一起,才能够发挥最大的效能,其组合方式有职能组合、事业部组合、区域组合、混合式组合四类。

职权设计是通过设计活动促进组织目标实现而设置的、能够影响他人或集体行为的力量

结构。它包括职权的纵向结构、横向结构和职权的表述说明。其中,职权设计的表述方式一般包括职位说明书、组织结构图、职权系统表等。

公司治理明确规定了公司各参与者的责任和权力分布,并且清楚说明了决策公司事务时应遵循的规则和程序。其构成有股东会、董事会、经理人员和监事会四大要素。公司治理结构中的制衡关系包括:股东会与董事会之间的信任托管关系、董事会与经理之间的委托代理关系、股东及董事会和经理之间的相互制衡关系等。

批判性思考与讨论题

1. 什么是职权?职权有哪些类型?
2. 职权设计的内容和结果通常有哪些表述方式,请详细介绍。
3. 试述公司治理结构中的三大制衡关系。
4. 管理幅度设计有哪些方法?管理幅度设计时应考虑哪些因素?
5. 管理者可以采用哪些方式进行部门划分?部门的组合方式包括哪些?

案例分析

实操训练题

某小型电器公司,共有员工100人左右,技术和管理都比较简单。假定高层的管理幅度为6～9人,基层为10～15人,请为这家公司设计管理层次,并从组织效率的角度来说明理由。

第5章　影响组织设计的权变因素

研究内容

1. 权变因素相关知识；
2. 影响组织设计的内外环境因素；
3. 企业规模、技术、企业文化及人员素质、组织生命周期对组织设计的影响；
4. 外部环境的不确定性与组织设计；
5. 战略与组织设计的关系；
6. 知识对组织结构设计的影响。

关键概念

权变因素(contingency factors)
小批量生产(small-batch production)
大批量生产(large-batch production)
工作流程一体化(workflow integration)
信息技术(information technology)
长序式技术(long-linked technology)
中介式技术(mediating technology)
密集式技术(intensive technology)
组织生命周期(organizational life cycle)
创业阶段(entrepreneurial stage)
集合阶段(collectivity stage)
正规化阶段(formalization stage)
精细化阶段(elaboration stage)

开篇案例

古纳亚尔出版公司原来的计划是要成为美国杂志出版行业一流的出版公司。但是经过了近三十年的努力之后，这家贝塔斯曼集团旗下的公司开始出售自己在美国的资产，包括其主打杂志品牌如《家庭圈》《父母》《体线》。古纳亚尔出版公司的另外两本商业杂志《公司》和《快速公司》也很快被卖掉或停刊。

文化冲突是这家欧洲最大的杂志出版公司在美国市场遇到如此麻烦的原因之一。尽管公司的德国高层明智地在古纳亚尔美国出版公司中雇用了很多当地的美国经理，位于德国的总部仍然对公司事务该如何运作发号施令。比如，一位德国前记者，时任古纳亚尔国际部的负责人,对美国分公司的杂志出版发行的每件事都加以过问,他甚至亲自过问版式设计。美国分公司的CEO对这种过细的管理十分反感并坚持认为自己的编辑应该获得更多的自主权。但是,有人也认为美国分公司的负责人有意利用这种文化上的冲突来为自己加分,以使德国的总部在这场争执中倒向自己一边。

当然公司总部和美国分公司之间还存在其他的冲突。比如,德国总部认为所有的古纳亚尔出版公司的印刷业务都应该交给自己旗下的一家名为布朗印刷(Brown Printing)的印刷公司来完成。但是美国分公司的经理们公然反对,他们说该印刷公司在处理如《家庭圈》这样发行量大的杂志上面不如其他印刷公司有效率。虽然最终德国总部做出了让步,但是其很快又命令美国分公司把其他印刷公司的投标信息和其他资料交给布朗印刷公司,这让美国经理们很恼火。他们认为这样做有违商业道德,但是德国总部却不明白美国经理们为什么要小题大做。

德国总部和美国经理们之间的文化冲突、两个国家不同的做生意方式、杂志广告和读者群的下滑,以及拓展国际业务的复杂性使得古纳亚尔出版公司在美国的业务受到了严重的影响。当公司开始放弃自己在美国的业务时,一个商业记者把这次出售形容为"古纳亚尔终止了一项耗资上亿美元但出了岔子的商业实验"。

环境的变化使得经理们面临许多全新的挑战。古纳亚尔出版公司1978年进入美国杂志市场,但是公司的经理们很快就发现把他们在欧洲的成功模式复制到美国市场并没有想象的那么容易。公司的组织结构和权责分配也同时受到很大的冲击。事实上,环境、战略、技术等都是影响组织设计的要素,这正是权变理论所要研究的重要内容。权变理论认为组织应根据不同的权变因素设计相应的组织系统。

资料来源:达夫特.组织理论与设计:第9版[M].王凤彬,张秀萍,刘松博,等译.北京:清华大学出版社,2008.

5.1 权变因素概述

权变因素,也称为情境因素,反映整个组织的特征,描述了影响和改变组织维度的环境。达夫特将权变因素分为规模、组织技术、环境、组织目标和战略组织文化五种。罗宾斯(Robbins)将权变因素理解为影响组织结构的因素,他认为主要的因素有组织战略、组织规模、技术、组织环境和权力控制五种。霍尔(Hall)则把规模、技术、内部文化、环境、国家文化看作权变因素,把战略选择和制度因素看作组织设计因素。

权变理论是20世纪60年代末70年代初在经验主义学派基础上进一步发展起来的管理理论,是西方组织管理学中以具体情况及具体对策的应变思想为基础而形成的一种管理理论。20世纪70年代以后,权变理论在美国兴起,受到广泛的重视。权变理论的兴起有其深刻的历史背景,70年代的美国,社会不安、经济动荡、政治骚动,石油危机对西方社会产生了深远的影响,企业所处的环境很不确定。但以往的管理理论,如科学管理理论、行为科学理论等,主要侧重于研究加强企业内部组织的管理,而且大多都在追求普遍适用的、最合理的模式与原则,这些管理理论在解决企业面临瞬息万变的外部环境问题时又显得无能为力。当代组织理论研究者逐渐认识到环境在组织结构设计与选择中的重要角色,认为组织结构与环境之间的匹配问题是组织设计的关键问题。例如,伯恩斯和斯托克对英国20家企业进行调查研究,发现处于急剧变动环境中的组织结构和处于稳定环境中的组织结构并不相同,进而提出机械式组织和有机式组织的概念。这里,机械式组织强调功能任务的专业分化,企业对每一个功能角色的权力及责任都有精确的定义;附属在组织局部范围的知识、经验及技术,相对于全面性的知识、经验及技术,在企业容易获得更大的威信及名望。有机式组织则强调专门知识与经验,个人任务的实际特质是在与他人的互动中不断重新被定义的,个人威信及名望通常附着在组织归属感及专业知识上。萨克森尼(Saxenian)对以上两类组织类型做了进一步重要研究,她以旧金山地区的硅谷与波士顿地区的 128 号公路地区周边高科技企业作为比较研究对象,说明了企业和产业结构与环境特征之间的关系。美国东岸拥有一切的优势资源,包括金融、教育、科学研究、基础建设、邻近富裕的欧洲,以及 128 号公路旁很早就奠基的科技产业规模,但它在这场引领美国进入新经济的高科技产业创新竞赛中不断落后。这里的企业(如柯达等)一向自傲于优异的传统及组织文化,普遍采用机械式结构,具有严谨而完善的内控管理与组织制度,习惯于在稳定环境中发展;相反,旧金山地区则由一个小渔港起家,在 19 世纪时以金矿吸引投机者,到了 20 世纪又以创新能力吸引风险投资家,更进而造就高科技产业之乡——硅谷。这里的企业(如英特尔、惠普)崇尚创新与创业精神,普遍采用有机式结构,重视信息与人力流动、产学研的密切合作、开放的组织文化与创新的竞争策略等。

在以上研究基础上,研究者进一步提出组织设计的权变观点。所谓"权变"就是权宜应变。组织权变理论认为,不同环境对组织结构、管理理论和方法有不同的要求,特别是那些市场风云变幻和技术发展迅速的环境。在组织管理中,不存在一成不变的和普遍适用的组织结构和管理模式,比较理想的组织结构设计应该是根据组织内外部环境等各种情况的变化,因时而变、因地制宜、因势而动,综合运用现代的以及传统的组织设计原则和方法,采用任何一种行之有效的组织结构形式。

管理学界对权变理论的应用收获颇多。例如麦肯锡 7S 体系,加尔布雷思提出的信息处理模型,纳德勒和塔什曼(Nadler & Tushman)提出的聚合模型(congruence model),哈克曼和奥尔德姆(Hackman & Oldham)提出的职业诊断方法,以及近代关于制度设计与变革方面的基本理论。这些理论基本假设都是组织绩效的提高来源于组织内部结构与组织外部环境的匹配,以及组织内部各关键要素(包括战略、结构、系统和文化)之间的匹配。也就是说,组织环境在组织设计对组织绩效的影响中起调节作用。更一般的理解就是,权变理论意味着对于任何一个假设都包含了一个调节变量。这种思维在近期研究中也有展现,例如巴蒂拉纳和卡夏罗(Battilana & Casciaro)在检验网络的结构闭合度时所提出的"组织变革的权变视角"。古拉蒂、沃尔格佐根和哲利什科夫(Gulati, Wohlgezogen & Zhelyszkov)研究组织合作与协作在组织联盟中的作用时,也从权变的视角出发,通过观察在合作与协作关系发生变化时组织的合作情况和边界,从而判断组织协作所起的作用。

综上所述,当今的组织已不再像过去那样重视职责的严格分工,而是越发重视组织结构的弹性设计。在部分企业里,有机式的组织结构已经取代了机械式的组织结构,这种新的变化趋势反映了组织设计的新观念,即权变的组织结构设计不是设法找出可以适应任何情况的方案,而是必须与组织的工作任务、科技水平、内外部环境以及组织成员的需求等相符合。

5.2 内部环境与组织设计

5.2.1 企业规模对组织设计的影响

所谓规模一般是指组织的物质包容能力、能调动的人力资源数、投入与产出能力以及组织能动用的资源。规模大还是小,这是很多组织面临的两难选择。许多组织都感到有成长的压力和动力,需要不断地壮大自己。这种成长的压力和动力主要体现在以下方面。

(1)不进则退。保持稳定往往意味着顾客的需求不能完全得到满足,市场份额可能被竞争对手抢占,所以管理者发现企业必须不断成长才能保持健康发展,一旦停止成长就可能会走向没落。

(2)追求排名。几乎每个具有成就欲望的企业家都梦想着自己领导的公司能够进入世界500强的行列。很多时候,这个目标比提供最好的产品或服务、获得最大的利润更加吸引人。一些中国企业也加入了这个追求排名的队伍,尽力扩展自己的规模。

(3)扩大影响。企业规模扩大,意味着雇用更多的员工,创造更多的就业岗位,影响更多人的生活,吸引更多的合作企业,引起政府、媒体等更大的重视。这些都会提升企业领导者的影响力,是企业领导者所追求的重要目标。

(4)规模经济。规模扩大后所得到的规模经济是参与全球化竞争的企业的必备条件,是控制成本、增加收入的有效办法。同时,大企业往往采用一种标准化甚至是机械化的方式运作,并且呈现出高度的复杂性,所以需要大量的职能专家,从而完成复杂的任务,生产复杂的产品。

(5)兼并狂潮。近些年,企业界刮起了兼并旋风,如戴姆勒-克莱斯勒集团、花旗集团、安赛乐米塔尔集团等巨型企业纷纷产生。这些企业往往拥有几十甚至上百家公司,业务涉及世界每一个地区,从而在全球市场中获得竞争力。这给了其他企业巨大的外部压力,也促使很多企业寻求扩大自身规模的机会。

(6)管理需求。大型组织往往可以吸引和保持更多的高素质员工,为他们提供稳定的就业机会。同时,当员工数量多时,组织可以为员工提供更多的挑战和职业发展的机会。虽然很多组织都希望扩大规模,但是规模要扩大到什么程度、多大规模的组织绩效比较好等问题仍然是有争议的。

一种对立的观点认为小的就是美好的。在瞬息万变的市场中要想取得成功的关键就是保持灵活性,具有很强的应变能力,而小型组织在快速应对外部环境的变化时方能显示出巨大的优越性。全球经济最具活力的部分是中小型企业,尤其是互联网和其他信息技术对中小企业帮助巨大。另外,服务业的迅速发展促使组织的平均规模缩小了,绝大多数服务业企业都力争在小规模经营中更好地提供服务。

小型企业的主要优势在于灵活机动、简单高效,有助于激发创新和活力,很多高科技公司都是中小企业。小企业也更容易营造融洽的氛围,团队成员往往具有较高的参与感,这有利于激发出工作积极性。

事实上,大规模并不等同于好的业绩。一些大企业也可能会患上所谓的"大企业病",主要表现为组织僵化、决策迟缓,高层管理者往往会远离核心业务,从而导致战略在制定和执行时都出现问题。在管理上,大企业更可能出现组织臃肿、文山会海以及权责混淆,使得沟通不畅、效率低下。

目前并没有关于最佳规模的权威论断,不同的行业和企业都会有不同的选择。这对于那些一心追求进入世界500强的企业而言是有现实意义的,脚踏实地练好内功、强化管理、优化产品和服务,比盲目求大求全更重要。

美国学者彼得·布劳指出:"规模是影响组织结构的最重要的因素。"布劳通过调查研究发现:组织规模的扩大促进了组织结构差异化程度的增加(组织初期规模的扩大对组织结构的影响要大于当组织规模达到一定程度后再扩大时对组织结构的影响)。

英国阿斯顿大学的研究也发现组织规模是组织结构的决定因素。组织规模越大,工作的专业化程度越高,标准化程度就越高,分权的程度就越大。

本书认为组织结构从本质上说是企业内部各类人员的相关关系和有机结合的某种方式,是劳动分工协作的形式,且与组织规模有密切关系。企业规模不同,企业在组织结构上也有很大的不同,主要表现在以下几个方面。

(1)组织规模与组织结构的复杂性。组织结构的复杂性在这里主要是指组织的纵向和横向结构的复杂性。一般来说,大型企业的组织结构相对小企业的要复杂,即组织规模越大,为保证组织的有效性,管理幅度与管理层次必然比小企业的要复杂。例如,一家100多人的企业,在层级上只需两级,在管理机构上可能只给经理配置一两名助手即可;而上万人的大型企业,则可能有三四个层级或更多的层级,其管理部门可能达到数十个。

(2)组织规模与组织分权程度。一般情况下,企业规模较小,其决策权集中在企业最高层,即集权程度高。企业规模扩大时,在理论上必然导致分权,这是因为大型企业的管理层级多,纵向的信息传递速度较慢,且在传递过程中信息的准确度降低,信息容易失真。同时为调动员工的积极性和对市场的反应灵敏度,企业也需要将一些决策权下放到较低的管理层次。组织规模扩大,组织内的管理业务量大幅度增加,高层管理者很难直接管理下属的一切行为,就有必要委托他人来加强管理,这样就促进了分权。通常情况下,组织规模越大,分权程度就越高。但在现实生活中,分权会受到一些管理者的反对,即使组织规模扩大,他们仍然不愿失去对企业的决策权。

(3)组织规模与组织正规化程度。正规化是指企业拥有各种正式颁布的规章制度和书面文件的状况。规模扩大和正规化程度增加之间可能存在一种逻辑上的关系。一般情况下,组织规模越大,发生的问题也越多,这就使管理层通过标准化来更有效地解决这些问题。管理层注重组织的正规化,主要是便于进行有效的控制,规范人们的工作行为。大型企业部门众多,从而横向协调的要求进一步增加,而规章制度和书面沟通是横向协调的一种基本方式。

(4)组织规模与组织人员构成。企业规模不同,其人员的构成也不同。这里主要讲述专业人员与领导者占全体员工的比重。

专业人员也可叫专业技术人员,是在各个单位中从事专业技术工作的人。专业人员的广义理解是指拥有特定的专业技术(不论是否得到有关部门的认定),并以其专业技术从事专业工作,因此获得相应利益的人;狭义理解是指在企业和事业单位(含非公有制经济实体)中从事专业技术工作的人员,以及在外商投资企业中从事专业技术工作的中方人员。一般情况下,组织规模越大,员工人数越多,企业分工也就越精细。分工的细化主要表现为专业化程度的提高。这不仅表现为部门数量的增多,而且表现为各类专业人员数量的增加。

在大型企业中,中高层领导者占全体员工的比重要比中小企业低,这主要是因为大型企业的专业职能人员多且分工细,分担了一些原来领导者要做的事情;大型企业正规化程度高,规章制度比较健全,程序化的问题不需要领导者事必躬亲。企业中高层领导人数并不是按照企业成长的速度相应地增加。领导者的素质也与组织规模相关。企业组织规模不同,对领导者所具备的素质与能力的要求也不同。一般来说,小型企业中领导者技术能力占重要地位。随着组织规模的扩大,领导者的综合管理能力要求增强。对于大型企业领导者来说,其最重要的能力是组织管理能力。大企业一般使用纵向层级的组织形式,结构比小企业要复杂;而小企业一般会使用扁平的有机式组织结构,相对而言要简单得多。综上所述,企业规模对组织设计的影响如表5-1所示。

表5-1 企业规模对组织设计的影响

企业类型	结构要素				
	管理层次的数目（纵向复杂性）	部门与职务的数量（横向复杂性）	分权程度	技术和职能的专业化	正规化程度
小型企业	少	少	低	低	低
大型企业	多	多	高	高	高
企业类型	结构要素				
	书面沟通和文件数量	专业人员比重	文书、办事人员比重	中高层行政领导人员比重	
小型企业	少	小	小	大	
大型企业	多	大	大	小	

组织规模并不是直接地对这些因素产生影响,各个因素相互联系。企业规模这个变量影响到某些因素后,就连锁地影响到其他因素相应地发生变化。这些因素之间的关系错综复杂,如图5-1所示。

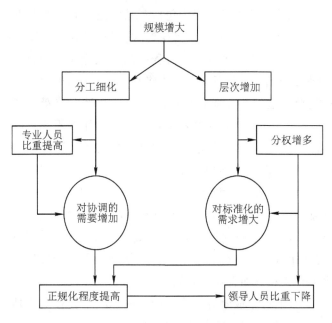

图5-1 组织规模对各因素的连锁反应

从图5-1中可看出,企业规模的扩大,直接引起结构的复杂化:一是管理层次的增加即纵向复杂性,二是分工的细化导致部门和服务数量的增加即横向复杂性。管理层次的增加既促使分权增多又引起对标准化需求的增加。分工细化的结果,既能提高效率,又有利于企业的发展,使生产规模扩大;同时也直接引起专业人员的增加,连锁地引起对协调需要的增加。分权的增多,既增加了对标准化工作的需求,也有利于中高层领导人员的减少。协调工作量的增加与标准化的加强,就引起正规化程度的提高。最后,正规化程度的提高,部分地取代了领导的亲自监督,再加上分权有利于上层领导摆脱日常事务,因此带来了领导人员比重的降低。

5.2.2 技术对组织设计的影响

广义的企业技术是指企业在把原材料加工成产品并销售出去这一转换过程中所涉及的有关知识、工具和技艺,包括机器设备、厂房、工具、员工的知识、技能、生产技术、管理技术,等等。在企业经营管理活动中,技术与管理存在着十分密切的关系,一方面技术决定管理,另一方面管理又保证和促进技术的发展。因此,企业在进行组织设计时,就不能不考虑技术对组织结构的影响。由于不同层次技术的特点不同,其对组织结构的影响也不同,这就客观上要求在设计中要具体分层次来进行分析。企业技术按层次可分为企业级技术和部门级技术。企业级技术,是不同行业、不同生产技术特点的企业在整个企业层次上的技术,也称为组织级技术。部门级技术是企业内部不同部门层次的技术,也称为车间和管理科室级技术。

1. 企业级技术对组织设计的影响

1)琼·伍德沃德的研究

英国学者琼·伍德沃德(Joan Woodward)的研究认为,工业企业的生产技术同组织结构及管理特征有着系统的联系。技术复杂程度包括产品制造过程的机械化程度,以及制造过程的可预测性。技术复杂程度高,意味着大多数生产操作是由机器来完成的,因此有很高的可预测性;技术复杂程度低,意味着操作者在生产过程中起较大作用。根据技术复杂程度的高低,伍德沃德最初将企业划分为十类,以后又进一步将其归并为三个基本的技术类型。

(1)小批量生产类型。这类企业通常按照顾客的特殊需要接受订货,加工和装配少量产品。顾客的要求就是标准。这类企业的技术主要依赖于操作者本人的技艺,因此机械化程度不高,制造的可预测性低。例如,定制的建筑施工机械和定做的服装等。

(2)大批量生产类型。这类企业的制造过程的特点是长期生产标准产品和零部件。产品通常作为存货储备,随时满足客户的需要。因为产品是标准化的,这类企业的机械化程度和制造过程的可预测性就比较高。例如,汽车装配生产线以及棉纺织联合企业等就属于这一类。

(3)连续生产类型。这类企业的整个制造过程都是机械化的,生产过程连续性高,其机械化程度和标准化程度又比汽车装配线进了一步。企业对整个制造过程的控制很严格,过程的预测性高。例如,化工企业和炼油企业等就属于这一类。

伍德沃德按照上、中、下三个成效等级将被调查的100个企业的成功程度排队发现,经营成功的企业(处于平均成功程度以上的企业)的组织结构与其所属的技术类型有着相互对应的关系,如表5-2所示;而经营不成功(处于平均成功程度以下)的企业,通常其组织结构特征偏离了相应的技术类型。

表 5-2 技术类型与组织结构特征之间的关系

技术类型	组织结构特征					
	管理层次数目	高层领导的管理幅度	基层领导的管理幅度	基本工人与辅助工人的比例	大学毕业的管理人员所占比重	经理人员与普通职员的比例
小批量生产	3	4	23	9:1	低	低
大批量生产	4	7	48	4:1	中等	中等
连续生产	6	10	15	1:1	高	高
技术类型	组织结构特征					
	技术工人的比重	规范化的程序	集权程度	口头沟通的数量	书面沟通的数量	整体结构类型
小批量生产	高	少	低	高	低	柔性的
大批量生产	低	多	高	低	高	刚性的
连续生产	高	少	低	高	低	柔性的

可以看到，随着技术类型从小批量生产到连续生产的推移，技术复杂程度越来越高，从而管理层次的数目、经理人员与全体职员的比例、大学毕业的管理人员所占比重等都显示出明显的增加。这表明复杂的技术需要强化管理。

高层领导的管理幅度随着技术复杂程度的提高而出现增大的趋势。这表明技术复杂程度的提高，引起专业分工的进一步细化和部门的增加，因而同一领导者的管理幅度有所增加。

基本工人与辅助工人的比例随着技术复杂程度的提高而逐步降低，这是因为企业需要更多的辅助工人来维修和保养复杂的设备，制作更多更复杂的工艺装备。这种辅助工作通常需由更高技术等级的工人来完成。

伍德沃德的研究证明，不存在一种绝对的最佳组织结构模式，从而开辟了应用权变理论研究组织结构的新领域。

2）阿斯顿小组的研究

阿斯顿小组由希克森（Hickson）、皮尤（Pugh）和特纳（Turner）等组成。相对伍德沃德的研究集中于工业行业，阿斯顿小组用技术特征对各种企业（包括生产企业和服务企业）的工作流程做出评价。技术特征分为设备的自动程度、操作流程的刚性和衡量准确程度。这三个技术特征之间存在着密切联系。阿斯顿小组把这三个技术特征综合起来，称为工作流程一体化指标。其研究的主要结论有如下三点。

一是生产企业和服务企业在技术特征上存在差别。总的来说，生产企业的工作流程一体化指标得分高于服务企业。服务企业一般自动化程度较低，工作流程刚性弱，衡量准确性差。

二是随着工作流程一体化指标的增长，企业组织结构的官僚化特性也随之增强。具体来说，企业组织结构的专业化程度、操作和工作的标准化程度、职权的分散程度等，都随着工作流程一体化指标的增长而提高。这些研究结果同伍德沃德关于组织结构随着技术变化而变化的结论是一致的。

三是服务企业在组织结构上有别于生产企业，如表 5-3 所示。

表 5-3 服务企业与生产企业的组织结构特征比较

企业类型	组织结构特征					
	结构分散	任务界限	技术人员的专业化程度	技能的重点	决策的集权程度	规范化程度
提供服务的企业	是	不严格	高	人际关系	低	低
提供产品和服务的企业	一般	一般	中等	技术与人际关系	中等	中等
提供产品的企业	否	严格	低	技术水平	高	高

阿斯顿小组的研究结果不如伍德沃德获得的研究资料那样明显,这主要是因为后者研究的是一些规模较小的工厂,这些企业的结构受工艺技术的影响很大。在大企业中,工艺技术主要对基层生产现场的组织结构起到影响,对较高的管理层次则影响较小。这充分说明,技术对结构的影响是通过生产现场表现出来的。

2. 部门级技术对组织设计的影响

1) 查尔斯·佩罗的部门技术型模式

美国的管理学家查尔斯·佩罗打破了只在制造业内研究技术与组织之间关系的局限性,提出了从部门层次上研究部门技术与部门结构之间关系的理论,对组织研究做出了贡献。

佩罗提出,组织中每个部门都是由专门技术组成的集合体,这些技术受两个方面的影响,即工作任务的多样性和工作活动的可分解性。工作任务的多样性是指该部门工作中事先未曾预料到(或规章中没有规定)的新事件发生的频率,它反映了部门活动在重复性或突发性方面的特点。例如,程序化的流水线工作,由于发生意外事件的可能性甚小,工作的多变性就较低。工作活动的可分解性是指生产或工作活动是否可以分解为具体的工作阶段和工作步骤。例如,品酒师的工作就需要有相当丰富的工作经验和直觉判断,其工作无法用现成的技术和程序去归纳和分解,这项工作的可分析性就比较低。根据任务的多样性和工作活动的可分解性这两个维度建立象限,可以得出四种主要的部门级技术类型,即例行性技术、技艺性技术、工程性技术和非例行性技术,如图 5-2 所示。

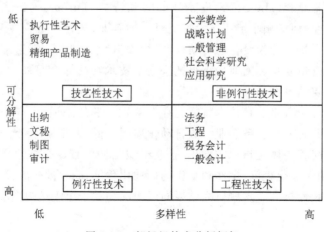

图 5-2 部门级技术分析框架

例行性技术也称常规技术，通常指的是一些有方法可循的例行性的工作，如审计、制图、出纳、文秘等。其任务多样性低，可分解性较高，可以采用客观的、程序化的方式来处理；工作任务大多是规范化和标准化的。

技艺性技术也称手艺技术，其任务具有低可分解性和低多样性的特点。部门活动比较稳定，但是活动或任务的完成、问题的解决取决于员工以经验、智慧和直觉为基础，对无形因素做出的反应，因此执行任务时需要全面的培训和经验。例如，贸易和精细产品制造等。

工程性技术的任务多样性高，可分解性高。使用这种技术的部门工作一般是复杂的，因为在任务的完成过程中存在较高的多样性。然而，其各种任务通常都按照已建立的程序或技术处理，因而降低了员工完成此类任务的难度。例如，工程、法务、会计等相关事务的处理。

非例行性技术也称非常规技术，其任务多样性很高，可分解性很低。工作人员需要花费大量的时间和精力对任务进行分析，而且往往难以分辨出不同解决方案的优劣，完成工作任务需要丰富的经验和深厚的技术知识。这样的技术一般出现在组织研发部门以及战略与决策部门，组织其他设计新项目或新产品的工作也属于此类。

一般来说，组织内部技术越常规化，组织规范化、集权化程度越高，采用刚性组织结构效率也就越高；组织内部技术越非常规化，组织规范化、集权化程度越低，这时采用柔性组织结构的效率也就越高。部门级技术类型对组织设计的影响如表5-4所示。

表5-4 部门级技术类型对组织设计的影响

技术类型	组织结构特征							
	规范化程度	人员专业素质	管理幅度	集权程度	沟通类型与方式	控制方式	目标重点	组织结构类型
例行性技术	高	稍微需要专业训练和经验	宽	高	纵向的/书面的	规章/预算/报表	数量和效率	刚性
技艺性技术	适中	需工作经验	适中偏宽	适中	横向的/口头的	训练/会议	质量	偏柔性
工程性技术	适中	需正规专业教育	适中	适中	书面的/口头的	报表/会议	可靠性和效率	偏柔性
非例行性技术	低	需专业教育和工作经验	窄	低	横向的/口头的	明确责权目标/会议	质量	柔性

2）詹姆斯·汤普森的部门技术特点相互依赖性分析

部门间技术的相互依赖不同，即相互联系、制约的紧密程度不同，也将给组织结构带来不同的影响，这主要表现在部门间相互沟通的要求和协调方式的设计上。美国学者詹姆斯·汤普森（James Thompson）按照组织内各部门技术间的相互联系方式将技术分为长序式技术、中介式技术和密集式技术。

长序式技术的特点是一个部门的产出成为另一个部门的投入，各部门顺序地完成产品制造业务或某项管理业务。与此相对应的依赖关系称为接序互倚式（sequential interdependence），它的相互依赖度为中等，要求管理者必须弄清楚工作活动之间是怎样连接的，通过制订详细的计划、时间进度表、作业顺序和工作标准以保证工作的协调和顺利进行。同时,会议以及面对面的讨论也是经常采用的协调方式。

中介式技术的特点是各个部门都可以独立工作,彼此间没有生产技术上的联系,工作不能在单位间流动,各个部门分别为企业服务。与其相对应的依赖方式称为目标互倚式(pooled interdependence),它的相互依赖程度最低,管理方法比较简单,即管理者应该利用规则和程序去使各部门的活动标准化,每个部门都应该运用相同的程序和财务报告。因此,所有部门的业绩都是可以衡量和集中的,各单位间几乎不需要每天进行协调。

密集式技术的特点是甲部门的产出是乙部门的投入,而乙部门的产出又是甲部门的投入,两个部门相互紧密联系,相互提供资源。与其相对应的依赖方式称为交互式(reciprocal interdependence),它的相互依赖程度最高,管理程度加强,以保证部门间紧密的沟通与协调。在这种关系下,建立团队、任务小组也是经常采用的手段。

以上三种部门技术类型及对应的依赖模式对组织设计的影响如表5-5所示。

表5-5 部门技术类型及其相互依赖性对组织设计的影响

技术类型	相互依赖性		组织特征				
	依赖模式	依赖程度	结构复杂程度	结构规范程度	集权程度	沟通要求	协调方式
长序式	接序互倚式	中等	低	高	中等	中等	计划和进度表等
中介式	目标互倚式	低	中	中	低	低	规章、标准、程序
密集式	交互式	高	高	低	高	高	协调小组、会议

5.2.3 企业文化及人员素质对组织设计的影响

1. 企业文化对组织设计的影响

企业文化(enterprise culture)是由企业所有员工长期互动,在企业的生存和发展过程中逐渐形成的一种企业内部共同的精神特点。企业文化不是企业员工的个体特征,它是一个企业中许多人所"共有的心理程序"。管理决策者作为企业中的一员,必然是企业文化的实践者,同时也是创造者。在企业组织的建设中,企业应当考虑企业多年管理政策延续、领导风格、职工作风、行为习惯等因素的影响。

企业文化体现企业的个性特点,因此,不同的企业具有不同的品质风格,这种风格深刻地影响着企业。企业文化与组织设计相互作用。组织设计是以企业文化为背景的,企业文化影响着组织设计的思想以及组织成员的行为,因此一个企业的组织架构必然是其企业文化的展现;而组织设计的内容与组织结构又反作用于企业文化的内容。理查德·达夫特将企业文化分为适应性/企业家文化、任务文化、团体文化以及官僚文化四种。

(1)适应性/企业家文化(adaptability/entrepreneurial culture)。该种文化是以战略焦点集中于外部环境为特征的,通过柔性的组织和变革来满足顾客的要求。这类文化中的组织通过提高灵活程度和变革来满足顾客的需求。因此,在这类组织中,管理层级一般比较少,以保证对外部环境的快速反应,员工的等级观念较弱,组织内部沟通渠道众多。这类企业注重奖励革新、创造和冒险行为。

(2) 任务文化(mission culture)。该种文化对于有固定群体的服务对象、外部环境没有太剧烈变化的企业是以完成企业的各项指标为工作导向的。因此,这类企业的规章制度比较严格。由于环境相对固定,企业采用比较稳定的组织结构,以避免人力资源的频繁流动。

(3) 团体文化(group culture)。以这种文化为主导的企业把提高员工满意度作为获得高绩效的关键,使员工产生责任感与主人翁意识,使员工对企业做出更大的贡献与承诺。处于这种文化氛围下的企业缺乏权威的观念,依靠员工对企业的认同保持业务的开展。因此,这种组织具有较宽的管理幅度、较少的等级和低度的正规化。

(4) 官僚文化(bureaucratic culture)。采用这类文化的组织更多地关注组织内部,它适应外部稳定的环境而强调组织内部行为的一致性,即它要求组织成员遵守既定的规则和政策。这种文化主导的企业具有较高程度的正规化,纵向差异和横向差异程度都比较高。

企业文化与组织设计关系错综复杂,企业文化的变化要求组织设计做出相应的调整,而组织设计的变化也要求企业文化做出相应的变化。总之,企业文化要和组织设计相一致。企业文化保护原有的组织结构,抵制新的变化。如果要对组织进行重新构建,就必须对企业文化进行转型,使其不会阻碍组织变革。因此,组织设计者必须了解企业文化,以便组织设计能增强灵活性和适应性。

2. 人员素质对组织设计的影响

人员素质是指一个人在学识、才华、品德、风格等方面的基本素质。组织的人员素质包括员工的价值观念、思想水平、工作作风、业务知识、管理技能、工作经验和年龄结构等。人员素质对组织设计的主要影响表现在以下几个方面:

(1) 集权与分权的程度。组织人员素质的状况是决定集权与分权的重要条件之一。组织成员的业务水平高、工作态度好、自我驱动力强,则企业有条件实施较多的分权;反之,则企业以较多的集权为宜。

(2) 管理幅度大小。如果组织管理者的专业水平、管理经验、组织能力较强,组织就可以适当地扩大管理幅度;反之,则应当缩小管理幅度,以保证管理工作的有效性。

(3) 部门设置的形式。不同的部门设置形式对人员素质特别是部门领导者素质的要求是不同的。例如,要实行事业部结构,一个重要的条件就是领导者要有比较全面的领导能力;又如,实行矩阵结构,则项目经理要在职工中有较高的威信和良好的人际关系,具有较多的专业知识和工作经验,具有较强的组织能力和人际关系技能。

(4) 定编人数。机构的定编人数,要受到组织现有人员素质的制约。如果人员素质高、综合能力强,则一人可以身兼多项任务,减少编制;反之,编制可能会增加,造成机构臃肿或超员。

(5) 横向沟通的效率。人员的思想水平、工作作风和业务素质对加强横向联系也有影响。良好的协作风格可以在某种程度上弥补协调机制在设计上的缺陷。两个部门之间,在相同的沟通和协调方式下,如果双方协作风格良好,都从组织发展的全局观察问题,则办事就顺利和迅速。

(6) 对组织变革的态度。人员素质也是影响组织变革的一大重要因素。如果组织的人员结构严重老化,管理知识陈旧,人员的改革意识淡薄,则思想必然趋向保守,形成组织变革的重大阻力,阻碍变革的顺利进行,甚至使各种改革方案屡屡告吹。

5.2.4 生命周期对组织设计的影响

组织生命周期是指组织从创建到成长、发展的全过程及各个阶段。随着生命周期的演进，组织结构也会发生相应的变化。生命周期的各阶段在本质上是顺序演进的，它遵循的是一种规律性的进程，每一阶段的组织结构、领导方式、管理体制和职工心态都有其特点。每一阶段组织最后都面临某种危机和管理问题，都要采用一定的管理策略解决这些危机，以达到成长的目的。因此，分析组织所处的生命周期阶段，可为组织设计提供重要的依据。奎因(Quinn)和卡梅伦(Cameron)把组织生命周期分为四个阶段，即创业阶段、集合阶段、正规化阶段以及精细化阶段，如图5-3所示。

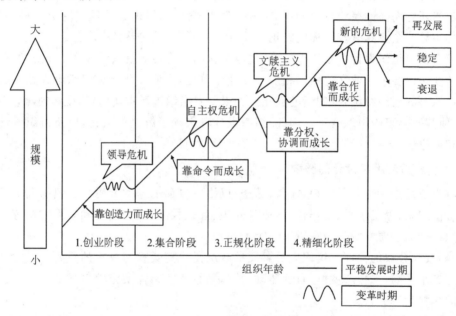

图5-3 组织生命周期阶段

1. 创业阶段

这一阶段的主要特点包括：公司创建者多是技术人员或企业主，奉行技术导向和市场导向，把全部精力集中在制造和销售新产品上，并不重视管理方面的活动；企业往往还没有正式的、稳定的组织结构，分工粗，员工间的交流多采用非正式的方式；员工每日工作时间较长，员工激励依赖于适当的报酬或股权分享；对企业内部活动的控制，主要依靠创业者亲自监督。此时，组织面临的主要危机是领导危机，可以通过创业者自己学会当管理者或聘请一名新的优秀领导者的方式来解决。

2. 集合阶段

这是组织的青年时期。企业在市场上取得成功，人员迅速增多，规模不断扩大，职工情绪饱满，对组织有较强的归属感。创业者经过锤炼成为管理者或企业引进了有经验的专门管理人才。这时，为了整顿陷入混乱状态的组织，企业必须重新确立发展目标，以铁腕作风与集权的管理方式来指挥各级管理者，这就是"靠命令而成长"。在这种管理方式下，中下层管理者由于事事都必须请示,听命于上级而逐渐感到不满,要求获得较大的自主决定权。但是,高层主管已经习惯于集权管理,一时难以改变。这就产生了"自主权危机"。企业如要继续发展,就必须改变管理方式,赋予各级管理者较大的权力(重点问题是扩大权力的下放),提高各级管理者的积极性和自主性。

3. 正规化阶段

这是组织的中年时期。这时企业内部管理制度化、程序化,科层组织机构逐渐健全,分工精细,内部环境稳定。由于企业已有相当规模,增加了许多生产经营单位,甚至形成了跨地区经营,企业呈现出多元化的趋向。随着业务的发展,拟定的许多规章制度、工作程序和手续成了妨碍效率的官样文章,文牍主义盛行,产生了"文牍主义危机"。为此,组织必须培养管理者和各部门的合作意识和团队精神,加强各层次和各部门的协调和配合。

4. 精细化阶段

这一阶段的主要特点包括:注意通过小组的群体活动来迅速解决各种问题,该小组由各职能部门的员工集合而成;常常采用矩阵的组织结构;削减公司总部职员,将其分派到各个小组中去,使其起咨询作用而不是现场指挥;依据小组的工作成绩而不是个人成绩进行物质奖励;在整个组织中鼓励创新精神,反对僵化、守旧。

企业发展到这一阶段,达到了成熟阶段,但它仍需要更新,以适应变化了的内外部环境。面对更新,企业可能有三种发展前途:一是企业进行进一步改革和创新。如高层管理人员的经常培训和更替,机构和规章的精简,使得企业得到进一步成长和发展。二是作为一个成熟的企业而稳定存在,保持已有的规模和市场份额。三是企业遇到新的危机而不能解决,从而衰退下去。

以上关于组织生命周期四个阶段成长过程的论述,属于一般规律性的归纳,而现实生活中组织生命周期则是复杂和多样的。有些企业创建时,可能从第一阶段起步,而有的企业则可能跨越第一阶段,一开始就处于第二阶段,甚至是第三阶段。例如,我国许多国有大中型企业,经过较长时期的筹建,一开始就具有相当大的规模,有的经过正规的组织设计,因而企业一开始就可能处于第二阶段。又如,我国许多企业的建立是通过改组、合并、成立企业集团等途径实现的,新企业的前身已具有良好的基础和管理经验,因而这类企业成立时可能就处于第二阶段,甚至已处于第三阶段。再有,有的企业可能由于外部环境的原因或者没有解决企业成长中遇到的矛盾而中途夭折,没有走完全程。在企业生命周期的每一阶段上,由于企业的情况不同,各企业走过每一阶段的时间也不尽相同。有些新兴产业中的新企业,发展很快,短短几年就从几十人的小企业发展到数千人的大企业。企业在每个阶段上停留的时间短,因而有可能各阶段上遇到的危机没来得及妥善解决而拖延到下阶段去。几个矛盾并在一起,造成复杂的局面。

总之,组织生命周期四个阶段的边界并不十分清晰,但无论怎样,它提供了一个非常有益的视角,以便正确判断企业当前所处的发展阶段,明确组织设计要解决的主要问题,把握组织结构调整、组织创新的正确方向;另外也便于深入地了解组织结构特征,不断加以完善,及时、主动地解决存在的问题。组织生命周期各阶段的组织特征具体如表5-6所示。

表 5-6 组织生命周期各阶段的组织特征

阶段	特征							
	重点目标	正规化程度	集权程度	组织形式	高层领导风格	奖励方式	产品或服务	创新力量
创业阶段	生存	非正规化	个人集权	直线结构	家长式	凭个人印象和情感	单一产品或服务	企业家个人
集合阶段	成长	基本非正规化，有一些程序	上层集权	职能结构	有权威的指令	个人印象和制度各半	以一种主导产品为主	管理者和一般员工
正规化阶段	内部稳定和扩大市场	正规化，增设职能专家	有控制的分权	职能结构或事业部结构	分权	有正规的考核与奖励制度	有一系列的产品或服务	独立的创新小组
精细化阶段	完善的组织	正规化	有控制的分权	项目小组或矩阵结构	参与	系统考核，按小组奖励	有多个产品或服务系列	专门的创新部门或创新团队

5.3 外部环境与组织设计

5.3.1 组织环境

组织环境是组织从事各种活动所直接或间接涉及的各种社会关系的总和。组织是整个社会经济体系中的基层子系统，整个社会环境是组织赖以存在和发展的根源。组织结构的选择和设计不应该简单地根据管理者的观念或偏好来确定。管理者至少需要了解关于组织环境的两个方面的知识：一是现在和将来可能的环境特点；二是这些环境对信息占有、应对未知的不确定性、实现必要的分工和协调等方面的需要。

1. 组织环境的内容

从广义的角度来讲，组织外部存在的所有事物都是组织的环境。对组织产生影响的却不属于组织本身的事物都可以算作是组织的外部环境。环境中因素众多，且不同的因素对组织活动内容的选择及组织方式的影响程度也是不同的。本书将组织外部环境划分为一般环境和任务环境两大类。这种划分是以环境对组织影响的方式为标准的。一般环境通常是指那些不直接影响组织的外部环境因素，如文化、技术、经济等；任务环境则是指较一般环境而言更加直接影响组织的外部因素，如企业的竞争者、合作者等。两类环境都会不同程度地影响到组织的经营和绩效。组织与外部环境的关系如图 5-4 所示。

1) 任务环境

任务环境是指那些与组织发生直接相互作用，并对组织实现目标的能力有直接影响的因素。任务环境一般包括消费者、供应商、政府、竞争者等。

消费者是指接受企业服务产品的对象。消费者在企业的任务环境中是最需要引起重视的因素。因为对于企业来说，其存在的目的就是创造消费者。没有顾客，企业的存在就失去了最

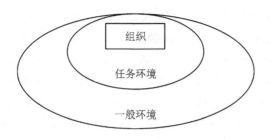

图 5-4　组织与外部环境

根本的意义,同时也会因为无法获得利润而寿终正寝。企业不仅需要知道自己的消费者是哪些人,还需要从动态的角度来分析消费者。因为消费者的需求永远都在变化,市场变化是影响企业生产经营的重大因素。

企业的供应商是指向该企业提供资源的人或单位。供应商对企业提供资源的能力将直接影响到企业向顾客提供产品或服务的能力。企业的生产经营活动无一例外都是建立在对相关资源占用的基础之上的。如何更加合理地运用资源,使它们更好地为企业的战略目标服务是每个企业需要考虑的重要问题。顾客需求水平的提高、生产科技水平的提高、市场的瞬息万变要求企业必须在供应商的协助下构建和保持自身的核心竞争力。

政府为维护经济稳定必然会在市场中扮演一定的管理者角色,执行某些管理职能。政府的规章、制度无一不对企业的经营产生影响和约束作用。

竞争者的一举一动都会影响企业的生产经营乃至企业战略的制定。竞争来源于行业内现有的竞争对手、替代品和潜在进入者。这些都是企业考虑竞争者环境的研究对象。另外,行业中企业的数量、各个企业的规模、转向其他行业的障碍和成本都会影响该行业竞争的激烈程度,从而影响企业的生产经营和战略制定。

2) 一般环境

一般环境是指那些对组织的日常经营可能没有直接影响但会有间接影响的各种环境要素,通常涉及政治、经济、社会、技术四个方面的内容。

政治环境包括政治制度,政治形势,执政党的路线、方针、政策以及国家法令等因素。企业的经营或多或少都会受到政治环境的影响,而且在政府职能越强的国家或地区,政治环境的影响越强烈。在我国,政治环境对企业的影响比较强烈,这种影响不仅表现在国有企业上,也表现在其他所有制企业上。对于国有企业,政府控制着其重大事项的决定。从管理变革到产权变革,企业的改革正是按照政府所制定的路线推进的。对于民营企业而言,政府对其态度的变化更是逐步影响着它们的发展前途。值得注意的是,对于一个致力于国际化发展的企业来说,需要考虑的政治环境就不能仅仅局限于本国,而应当全面地考虑目标市场的政治环境。这一点对于初涉跨国经营的中国企业来说尤其重要。

经济环境通常包括国家的经济制度、经济结构、物质资源状况、经济发展水平、国民消费水平等方面。经济环境的任何一次微小变动都会直接地影响企业各种战略的制定,这种影响可以从多个方面加以认识。首先,国家和地区的经济发展水平以及发展态势在很大程度上会影响企业的战略制定及组织设计,最明显的表现是企业的发展会随着地区经济发展的周期出现波动。在地区经济水平上升时期,企业面临的经济环境也会逐步升温,企业往往会实现自身的极大发展;而当地区经济发展趋缓或者发生倒退甚至产生经济危机时,企业的发展也会碰到极大的危机。其次,消费者的收入水平不同会直接影响他们的消费结构和消费习惯,他们买什么、怎么买都会影响到企业的盈利能力。当消费者收入水平较低时,市场中的机会主要存在于日用消费品上,价格因素会在消费行为中起到决定性的作用。而当消费者收入水平提高之后,不仅他们的消费结构会发生变化(会逐渐增加奢侈品的消费),其消费习惯也会发生变化(不仅关注价格,更关注品质)。企业如何分析这些环境因素将决定企业发展的命运。

社会环境主要包括人口数量、年龄结构、人口分布、家庭结构、教育水平、社会风俗习惯、文化价值观念等因素。人们很容易理解人口数量、年龄结构、人口分布以及家庭结构等因素如何影响企业的发展,因为它们会直接影响到市场潜力的大小。教育水平、社会风俗习惯以及文化价值观念同样会通过影响人们对消费以及对企业的看法而影响到企业的发展。例如,20世纪40年代晚期至50年代初期,美国福特汽车公司试图唤起公众的安全意识。为此,该公司向公众介绍了配有安全带的汽车。但是,当这类汽车推向市场后,福特汽车公司的汽车销售量却一落千丈。于是,该公司只得收回其配有安全带的汽车,并彻底放弃了原有的打算。可是十几年后,当美国的驾车族开始有了安全意识后,他们就猛烈抨击汽车制造商"对安全漠不关心",并将它们制造的汽车称为"杀人的机器"。福特公司所遭遇的前后两种尴尬正好说明了社会的风俗以及人们的价值观念对企业所产生的巨大作用。

技术环境主要是指宏观环境中的技术水平、技术政策、科研潜力和技术发展动向等因素。企业的经营和发展离不开技术的支撑,而宏观环境中的技术水平等因素则会在很大程度上影响企业自身的技术水平。首先,技术水平会影响企业的管理效率。网络技术的发展以及管理信息技术的日趋成熟,使技术已经成为决定企业管理和运作效率的重要因素。如今,企业不仅可以运用互联网获取企业之外的各种信息,还需要利用管理信息系统来实时掌握企业内部的经营信息。其次,技术水平还会影响企业的研发能力。产品生命周期缩短已成为目前企业所共同面临的趋势,在这种趋势下,企业新产品的开发能力越强就越有可能在激烈的市场竞争中占据优势地位。毫无疑问,新产品的开发能力是需要以技术水平作为支撑的。不仅如此,是否具有较强的技术水平还将直接决定企业在日新月异的高科技产业中能否开发出具有较高技术含量的产品。

2. 组织环境对组织的影响

任何组织要实现自身生存与发展的目的,都需要从外部环境取得必要的能量、资源、信息等,并对这些输入进行加工、处理,然后将生产出的产品与劳务输出给外部环境。组织与外部环境间的关系表现为两个方面:一是外部环境对组织的作用;二是组织对外部环境的适应。外部环境对组织的作用主要表现在以下三个方面。

1)环境对组织的决定性作用

决定性作用首先表现为社会外部环境是组织存在的前提,没有以社会化大生产为技术前提的商品经济运行,就没有组织。从组织的工作环境来看,没有消费需求及各种生产要素的市场供给,组织就不可能生存;从一般环境的角度来看,组织与其具体环境的关系必定是以一定的物质生产关系为基础,各方面社会关系有机结合、相互作用的结果。具体的要素环境直接决定着组织的生存与发展,而任何具体环境又总是一般社会外部环境的组成部分,因此说社会外部环境对组织具有决定性作用。

2）环境对组织的制约作用

制约作用主要是指社会外部环境作为外在条件对组织生存发展的限制与约束。这里仅以法律环境为例说明外部社会环境对企业的制约。在市场经济条件下，国家调整企业内部、企业与企业之间、企业与消费者及社会各界、企业与政府之间，以及涉外经济活动的利益关系和商务纠纷，主要通过法律手段和经济手段。这样，企业的生产经营活动就必然面临大量的国内和国际法律环境。国内与企业经营管理直接关联的基本框架大体上包括关于企业营销与竞争行为的法律、企业社会责任的法律、企业内部关系的法律等；此外，涉外经济活动也要遵循一定的法律规范、国际惯例等。企业生活在庞大而复杂的法律环境之中，这些法律规范体系以一定的标准衡量企业进入市场运行的资格，衡量企业在市场中动作的合法性，制止和惩罚"犯规动作"。由此可见，外部环境对规范和控制组织行为具有重要的制约作用。

3）环境对组织的影响作用

影响作用主要是指某一事物的行为对其他事物或周围的人或社会行为的波及作用。例如，习俗观念对企业经营有重要影响，不同的民族文化或同一文化区域人们的不同观念都对企业经营产生重要影响。

5.3.2 环境的不确定性

1. 环境不确定性的维度

上文提到组织与外部环境的关系表现在两个方面，其中的第二个方面就是组织对外部环境的适应。组织对外部环境的适应，主要是指组织对其社会环境的觉察和反应。组织适应外部环境有两种基本的形态：一是消极、被动的适应；二是积极、主动的适应。

组织设计的重要任务之一就是使得组织内部结构的特征适应于外部环境的性质，性质中最为主要的就是环境的不确定性。因为企业的外部环境无时无刻不在发生变化，而且激烈的竞争和科技的迅猛发展已经使得这种不确定性越来越大。不确定性是企业外部经营环境的主要特点，这个特点使企业决策者很难掌握足够的关于环境因素的信息，从而难以预测外部环境的变化并据此采取相应的措施。因此，外部环境的不确定性特点提高了企业对外部环境反应失败的风险。

组织环境的不确定性指的是决策者在没有获得足够的、有关环境因素信息的情况下必须做出决策，并且难以估计外部环境的变化。组织会试图通过分析使某些不确定因素有一定的参考价值，力求将环境的影响减少到使人们能够理解和可操作的程度。尽管如此，由于没有组织能够掌握完全的环境信息，因此环境的不确定性是始终存在的。这种不确定性增大了组织各种战略失败的风险，并且使得组织很难计算与各种战略选择方案有关的成本和概率，甚至关乎组织的生存和发展。

既然如此，我们就需要了解环境是如何发生变化的，不同环境的不确定性是否有所区别，这也是对外部环境进行不确定性分析的根本原因。不确定性分析是为正处于特定外部环境中的组织的组织设计提出一些原则，使其尽快适应环境的不确定性。本书将环境的不确定性定义为组织能够确切了解并适应环境因素的程度。

对组织外部环境不确定性分析这一研究领域影响最大的是罗伯特·邓肯（Robert Duncan）所提出的环境不确定性分析模型。邓肯于20世纪对22个案例进行了分析，研究了环境不确定性的不同特性对组织决策影响程度的差异。通过研究,他提出了分析环境不确定性的两大维度:复杂程度和变化程度,从而构建了环境不确定性分析模型,如图 5-5 所示。

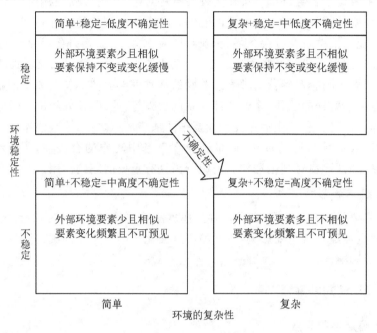

图 5-5 环境不确定性分析模型

组织运用这一模型来分析环境不确定性,其实是组织的各个部门所面对的外部环境分析,这因部门差异而有所不同。环境的不确定性取决于环境的复杂性和变动性。

复杂程度是指一个组织的某个部门所需要考虑的因素的多少。需要考虑的因素越多,其外部环境的复杂程度就越高。复杂程度不仅取决于影响因素数目的多少,还取决于这些因素所在次级环境数目的多少。在某种次级环境中存在五个因素,比如在消费者这种次级环境中,就没有像在消费者、供应商及竞争者这三种次级环境中存在五个因素那么复杂。

变化程度是指组织所考虑的环境因素改变的频繁程度。如果组织的外部环境一直很少变化,或仅仅发生微弱的变化,则可以认为环境的变化程度较小,即稳定;相反,环境就是不稳定的。

以上述两个维度为基础所建立的分析模型将组织的外部环境分为四种基本类型:简单-稳定的、复杂-稳定的、简单-不稳定的和复杂-不稳定的。组织或者其某一部门的实际环境可能位于这一模型的任何一个象限。

1)低度不确定的环境

在低度不确定的环境中,组织面临的外部环境因素较少而且相似性高,同时变化不大,趋于稳定。这类组织通常经营范围比较小,技术过程比较单一,竞争和市场在较长的时期内固定,市场和竞争的数量也比较有限。例如,软饮料罐装厂、啤酒批发商、食品加工厂等都具有这样的特点。这些组织的环境因素简单而稳定,市场规律性比较强,对过去环境因素的分析对组织具有相当重要的意义。

2) 中低度不确定的环境

中低度不确定的环境与低度不确定的环境相比，外部环境因素的多样性有所增加，因此不确定性也有所增加，但由于这些因素的变化不大，趋于稳定，总的来说，环境的不确定性还是较低的。例如，大学、电器制造厂、化工公司和保险公司这些组织所处的环境比较复杂但相对稳定，外部因素的变化比较容易预见。因此，这类组织仍然可以通过各种手段对环境进行预测，以制定相应的应对策略。

3) 中高度不确定的环境

中高度不确定的环境与低度不确定的环境相比，外部环境因素仍然相对单一，但由于这些因素极不稳定、变化迅速，其环境的不确定性甚至超过了复杂且稳定的环境。例如，时装公司、玩具制造厂、电子商务企业这些组织就处于简单但不稳定的环境之中，外部因素处于高速变化之中，难以预见。这类组织需要对市场环境进行实时分析，并不断革新自己的产品和服务，以尽量降低风险的冲击。

4) 高度不确定的环境

处于高度不确定的环境中的组织面临的外部环境因素不仅多样，还非常不稳定。通信公司、航空公司、互联网企业等组织就处于这种复杂且极不稳定的环境中，外部环境因素的变化通常会对组织的策略产生重大影响。例如，对于航空公司来说，政策法规的变化、竞争对手之间的价格战、燃料成本的上升、客户需求的变化等因素都会对其产生相当大的影响。这类组织往往一方面要面对复杂的技术革新或者庞大的供应商网络或顾客群体，另一方面还要承受市场供给和消费者需求的迅速变化给组织带来的风险。

2. 应对环境不确定性

以上分析阐释了外部环境会因变化程度和复杂程度的不同而呈现出不同的状态。接下来要面对的问题就是如何设计组织结构使其适应不同类型的环境不确定性。面临不确定性环境的组织通常更倾向于采用横向型组织结构，从而鼓励跨职能沟通和合作，以帮助组织适应外部环境。下面将阐述处于确定性环境中的组织与处于不确定性环境中的组织相比，在职位和部门设立、缓冲和边界联系、组织分化和整合、机械与有机的组织结构、计划和预测等方面都表现出了明显的差异。进行组织设计时应充分考虑内部结构与外部环境之间的匹配程度。

1) 职位和部门设立

为了尽可能地降低环境不确定性对组织带来的风险，组织需要加强对外部环境信息的掌控，以精确地对外部环境的变化做出判断。组织通常会设立和增加相关的部门和职位来加强其同外界的联系。这些部门和职位的作用包括：收集、整理、分析和发布外部环境变化的有关信息（如市场营销部、市场分析岗位）；代表企业向外部环境输出信息，以加强外界对企业的认识（如公共关系部、客户服务岗位）；专业化地应对不确定环境因素（如法务部门、法务主管岗位）；起到缓冲作用，以降低环境不确定性对内部生产的冲击和干扰作用（如人力资源部、招聘岗位），缓冲部门能够降低环境不确定性对生产核心的冲击。

2) 缓冲和边界联系

建立缓冲部门是应对环境不确定性的又一方法。缓冲角色的作用就是吸收和减少不确定性对组织内部生产经营的冲击和干扰。詹姆斯·汤普森把扮演缓冲角色的对外联系部门描述为缓冲部门。核心系统完成组织主要的生产经营活动,希望能像封闭系统那样运转,以获得高效率和高质量;而缓冲部门就起到包裹核心系统的作用,在环境与组织间进行原料、资源、信息和资金的交换。例如,市场部门根据市场需求研究开发新产品,帮助生产部门适时调整产品结构;物料仓储部门适当调整物料的库存数量;人力资源部门通过招聘、培训员工等来缓冲环境不确定性的冲击等。

边界联系角色发挥将组织与外部环境中的关键要素进行联系并协调的作用。边界联系主要完成两个方面的任务。一是收集、整理、分发外部环境变化的有关信息。组织必须随时保持对外部环境信息的获取,才能对市场的变化做出及时而准确的反应。一项对高科技企业的调查发现,有97%的竞争失败是因为对市场的变化关注不够,或没能根据主要的市场信息采取行动。要获得对组织重要的环境信息就需要边界联系人员对环境信息的收集和整理。如市场研究部门要监测消费者偏好的变化趋势和竞争者的行动,研发部门要与外部的科研机构保持联系以探测新的技术进展、创新的和新型的技术和原料,制造部门必须从外部了解有关原料供应、生产设备制造和员工培训等信息。通常,环境不确定性越高,边界联系人员的重要性就越高。边界联系可以通过利用商业情报的方法,即利用高科技手段对大量内外部情报进行分析从而找出其中可能有意义的模式和关系;还可以利用竞争情报的方法,为组织高层管理者提供一个系统化收集和分析竞争对手的公开信息并运用这些信息帮助组织决策的方法。收集的竞争对手的资料多种多样,包括新产品开发、制造成本、培训等方面。二是向外部环境输出信息,以加强外界对组织的了解和认可。这一任务直接影响着外界对组织的认识。营销部门中的销售人员代表组织将组织的产品、服务信息介绍给消费者,公关部门将组织的良好形象和发展规划展现给外界,采购人员代表组织与供应商联系陈述采购要求,法律咨询部门向外界发布有关组织的法律公告等。现在很多组织都建立了自己的网站从而更加直接有效地展示组织的良好形象。

3)组织分化和整合

组织分化是指不同职能部门的管理者在认知和情感导向上的差异,以及这些部门在正式结构方面的差异。当组织处于迅速变化且复杂的外部环境中时,为了对环境要素做出正确的反应,组织的各部门必须高度专业化,具备专门的技能和行为,从而应对外部环境的不确定性。

保罗·劳伦斯(Paul Lawrence)和杰伊·洛尔施(Jay Lorsch)曾对10家公司的制造、研发和销售部门进行了研究,研究发现,为应对和处理外部环境中截然不同的要素,每个部门形成了各自的目标、结构和业务特色,如表5-7所示,组织内部各部门形成了一定程度的分化。研发部门制订创新、高质量工作的目标和长期(5年以上)的计划,采用非正规的结构,并安排以任务为导向的员工;而销售部门则采用高度正规的结构,制订顾客满意度的目标和短期(2周左右)的计划,并雇用社会导向的员工。

表5-7 组织各部门目标及业务导向的差异

部门类型	目标	时间期限	工作导向	组织正规化程度
研发部门	创新、质量	长期	基本为任务导向	低
制造部门	生产效率	短期	任务导向	高
销售部门	顾客满意度	短期	社会导向	高

高度分化很有可能带来部门之间难以协调的问题。各个部门在态度、价值观和目标、任务导向存在巨大差异的情况下，需要耗费大量的时间和资源来进行整合，特别是当组织处于高度不确定的状态时，频繁的环境变化使得协调所需的信息处理工作量大大增加，整合人员所承担的协调和综合的职能对于组织来说必不可少。所谓整合是指各部门之间相互合作的特性。为了协调各部门，组织通常会配备专门的整合人员，又称联络员、协调员、项目经理等。表 5-8 是保罗·劳伦斯和杰伊·洛尔施对轻工业中的三个行业调查的对比资料，可以看出，处于高度不确定性环境中、具有高度分化结构的组织，会配置 22% 的整合人员执行整合任务。在环境简单、稳定的组织中，几乎不需要配备整合人员。随着环境不确定性的增加，部门呈现出的分化程度也会相应提高，组织需要更多的整合人员来协调任务。

表 5-8 环境不确定性与组织整合人员

部门类型	环境的不确定性	部门的分化程度	整合人员占管理人员的比重/%
塑料制品行业	高	高	22
食品行业	中	中	17
容器制造行业	低	低	0

研究结论表明，当组织分化和整合的程度与环境的不确定性相匹配时，组织会运行良好。不确定性环境中运行良好的组织具有较高的分化和整合度。

4) 机械与有机的组织结构

应对环境不确定性的另一个重要的组织对策是增加组织结构的柔性，汤姆·巴恩斯 (Tom Barns) 等为了考察外部环境对组织管理系统的影响，对英国的 20 家工业企业进行了调研。结果发现，外部环境与内部组织结构紧密相关。处于剧烈变化环境中的组织结构与处于稳定环境中的组织结构差异显著。从组织结构的规范化程度来划分，组织结构可以分为机械式组织结构（又称刚性结构）和有机式组织结构（又称柔性结构）。随着环境不确定性的提高，组织更趋向于有机式结构，即将权力和责任分散到较低的管理层级，鼓励员工在直接协同工作中发现和解决问题，倡导团队合作，并以非正式的方式分派任务和职责。组织更具灵活性，能对外部环境的变化持续做出有效的反应。

机械式和有机式组织结构的划分，只是一种理论上的分类。事实上，真正绝对的机械式或者有机式的组织结构是不存在的，通常都是两种类型并存，以某种结构的特征为主，即有机式较强或者机械式较强的组织结构。在拥有多样化产品的组织中，不同的产品所面对的环境不确定性不同，因此各个分公司的组织结构也不同。在一个组织的不同职能部门中，职能不同，对结构的要求也不同。研发部门需要较强的创新性，所以就需要较多的柔性，即采取有机式的组织结构；而制造部门就需要更多的刚性。总之，组织应根据具体情况采用与环境相适应的组织结构类型。

5) 计划和预测

当环境稳定简单时，组织可以集中精力处理常规性的问题和当前经营中的问题，追求生产效率的提高，长期的计划、预测似乎并不重要。因为未来的环境不会有太多的变化，组织不需要做出相应调整。但是在不确定的环境中，计划和预测就变得十分必要了，因为计划可以减小外界变化对组织的冲击和影响，使组织对环境变化做出协同和迅速的响应。不确定性环境中的组织需要设立一个独立的计划和预测部门,提高该部门在各个职能部门中的地位和作用,计划人员需要预测不同的环境变化情境并设计出不同的应对方案。环境变化情境就像故事一样生动描绘了组织面临的选择、未来的各种变化以及管理者如何应对。改进计划工作方法,提高计划水平,如加强中长期预测和规划,实行滚动计划制度和多套备用的应变计划,可以提高组织对外部环境变动的适应性。

5.3.3 环境依赖性

环境依赖性,也称资源依赖性,是影响组织与环境关系的另一个特点,即组织对外部环境中的物质、人力和信息资源的依赖性。组织需要从外部环境中获取生产经营所必需的原料、人力资源和信息资源等。环境对组织所产生的影响其实也都是以资源供给的形式体现出来的。环境是组织赖以生存的资源的主要源泉。组织既要依赖环境,又力争通过控制环境中的资源而减少这种依赖性。如果对组织重要的资源被其他组织所控制,组织就会变得脆弱。因此每个组织都竭尽全力保持资源上的独立。

尽管所有的组织都希望把资源依赖性降到最低,但这样做很有可能带来很高的成本和风险,所以一些组织开始寻求通过共享稀缺资源来达到保持竞争力的目的。

组织试图努力在与环境中其他组织的联系和自身的独立性之间保持平衡。组织通过调整组织间关系,操纵或者控制其他组织来保持这种平衡,获取所需资源。组织为了生存和发展,需要向外扩展、控制和改变周边的环境要素。组织通过以下两种策略控制和管理外部环境中的资源,一种是与环境中的组织建立有利的联系,另一种是改变和控制环境领域。当组织意识到缺少有价值的资源时,就会有计划地运用这两种策略从环境中获取资源,而不是独自解决问题。

1. 组织间关系

组织间关系是指发生在两个或者两个以上组织之间的相对持久的资源交换、流动和联系。传统的观点认为组织间关系是获取组织所需而采取的不正当手段,组织是彼此独立存在的,彼此间相互竞争和依赖,组织间关系的形成虽然可以获得竞争优势,但也可能会因为需要照顾其他组织的利益而影响组织的自主权和独立性。

詹姆斯·穆尔(James Moore)提出,现在的组织正日益朝着商业生态系统的方向演化。商业生态系统是指组织的共同体与环境相互作用而形成的系统,常常跨越传统的行业界限。例如联想公司的生态系统就包括了其上游的供应商,以及下游的消费者。苹果公司的 iPod 与 iTunes 音乐商店联合作为娱乐公司比单纯的计算机生产商更为成功,苹果与其他组织间的密切合作,包括与音乐公司、消费电子公司、手机制造商、计算机公司乃至汽车制造商的合作有助于其获得成功。联想公司和苹果公司都与其他组织建立了组织间关系,形成了商业生态系统,从而突破了传统的企业边界。

当环境中风险较大、资源稀缺时,组织应该向外扩展,控制威胁组织所需资源的外部环境要素,可以通过多种途径与其他组织建立组织间关系,如通过获得所有权、战略联盟、连锁董事制、聘用经理人员、广告宣传和公共关系等方式同外界保持联系,以有效降低风险并保证稀缺资源的供应。

1) 所有权

在行业环境中,企业如果面临着巨大的不确定性,但又必须获得企业所需的资源,就需要通过购买其他企业的股权,利用所有权与该企业建立联系,从而获得企业本身尚不具备但对方已经拥有的技术、市场或其他资源。

企业可通过合并和收购在较高程度上获得其他企业的所有权。所谓合并,是指两个或两个以上的企业联合而成的新的实体。收购是指一个企业通过购买另一企业的股权或资产,从而获得对该企业的控制权或所有权。无论合并也好,收购也好,企业可以通过这种方式获得所有权和控制权,从而减少在其行业中所面临的不确定性。

2) 战略联盟

战略联盟是组织从外部环境中获得所需资源的又一途径。美国管理咨询专家林奇(Lynch)认为企业的成长有三种基本方式:内部扩张、实施并购、构建战略联盟。通常当两个企业在经营方式、市场等方面存在一定的互补性的时候,企业更易采取联盟的方式建立联系和合作,而非并购。战略联盟是企业针对日益增强的竞争压力的有益响应,使企业迅速获得生存发展的空间,推动创新,加速整个经济社会的发展和演化。企业在面对战略联盟时需要考虑的核心问题是如何在保持已有关键资源的前提下,尽可能多地从战略联盟中的战略合作伙伴处获取有益的资源。战略联盟通常可以通过以下两种方式实现。

一是签订合同。合同又包括特许协议、供应协议两种具体形式。特许协议规定购买方在一定时期内拥有某项资产的使用权;供应协议约定一家企业向另一家企业供应产品,双方共同约定供货数量、品质、规格和价格等,以实现长期的合作。如肯德基公司与原料供应商签订土豆供应合同,获得了对供应商的长期影响力,在改变农民种植土豆方式的同时为农民带来收益,同时肯德基降低了环境不确定性,并且能稳定长期地从环境中获得所需资源。再比如世界零售业巨头沃尔玛对供应商有严格的要求和强大的影响力,通过合同指导供应商生产的产品、数量、生产方式等,并约定进货的价格。

二是合资经营。所谓合资经营就是两家企业共同出资建立一个独立于双方母公司的新企业。尽管母公司与子公司彼此独立,但母公司仍对子公司拥有一定的控制权。如上海大众汽车有限公司由德国大众汽车集团和上汽集团共同出资设立。

3) 增选和连锁董事

增选董事,就是将环境中重要机构的领导者吸收为本企业的董事会成员,以增加合作。如供应链中上游有影响力的供应商和下游的关键顾客,其他的利益相关者,如银行等金融机构的资深经理人员被选入企业董事会出任董事等。一旦这些成员成为企业的董事就会真正关心企业的发展和利益。通过增选董事,企业与上游、下游及其他利益相关者建立了组织间联系。

连锁董事制,是指一家企业的董事同时担任另一家企业的董事这样的正式关系。这一董事就成为两家企业的联系和桥梁。同时担任两家企业的董事就被称为连锁董事。假如 A 企业的董事与 B 企业的董事同时担任 C 企业的董事,则 A 企业与 B 企业发生了间接连锁。有研究表明,随着财务状况的恶化,企业与金融机构的直接连锁将不断增加。一个行业在面临财务状况不确定时,竞争企业间的间接连锁也相应呈增加趋势。

4) 聘用经理人员

通过聘用从相关机构退休的人员作为企业的经理人员,企业也能获得与外界其他组织建立有利联系的途径,如聘用金融机构、关键客户企业的退休人员,就拥有了与其他组织间进行相互沟通和影响的渠道和媒介,有助于企业降低财务绩效的不确定性和依赖性。

5)广告宣传和公共关系

广告宣传和公共关系一直以来都是组织建立良好关系、保持良好组织形象的有效方式,特别是在竞争激烈的消费品行业更是如此。公共关系与广告的作用类似,不同的是其更接近一种事实报道,以市场和公众的意见为目标和导向,使公众从报纸、杂志、网络、电视等多种媒介看到组织的宣传,从而使组织在利益相关者和公众心中留下良好而深刻的印象。

2. 组织可以利用和施加影响的领域

除了通过建立组织间联系获得组织所需资源外,组织也可以通过改变组织环境来获取资源。

1)改变领域

企业所处的环境领域从来都不是一成不变的,即使企业确定了经营范围、市场领域以及相关的供应商、银行、员工和厂址,其环境领域还是可以改变的。企业可以寻求建立新的环境联系,剥离已有的旧联系,也可以寻找并进入那些竞争者较少、资源充足、管制和约束较少、消费能力强、市场潜力大、进入壁垒和门槛较高的领域。

收购和剥离是改变企业环境领域的两大策略。例如,加拿大制造雪地摩托车的庞巴迪(Bombardier)公司从20世纪70年代中期发生的石油危机几乎毁掉整个滑雪行业时起,就通过一系列的收购活动改变公司的经营领域,先后与加拿大航空公司、波音公司等多家公司达成合作,从而逐步将公司的经营业务领域向航空业转变。又例如,IBM公司将PC(个人计算机)事业部卖给联想公司,从而专注于提供软件和计算机服务解决方案的业务等。

2)政治活动

政治活动包括影响政府立法和规章条例的各种方法。政治策略可以用来给竞争对手设置规章制度方面的障碍,也可以用来废除对自身不利的法规。这种政治活动和政治策略主要通过对政府机构施加影响,从而影响相关立法的通过与否。除了雇用说客以外,美国许多企业的高层管理者特别是CEO也经常借助自己的地位与政府高层接近,开展游说活动或者政治活动。

3)行业协会

影响组织环境的很多工作都可以通过与那些具有相同利益的组织合作从而共同完成,例如,中国粮食行业协会、中国奶业协会、中国保险行业协会等。通过将行业中的资源集中起来,这些行业协会就能够开展市场预测、发展公共关系等活动。例如,中国奶业协会充当着政府与企业的桥梁,它能够加强行业发展问题的分析与研究,反映行业发展情况,提出行业发展建议,帮助乳制品行业企业开发市场潜力、更具竞争力。

5.4 战略与组织设计

5.4.1 钱德勒的研究

第一个对战略与结构之间的关系进行重点研究的是美国管理学家艾尔弗雷德·钱德勒。钱德勒在其1962年出版的《战略与结构:美国工商企业成长的若干篇章》一书中论述了分部制管理结构从产生到完善的过程。他通过研究发现,美国通用汽车公司、杜邦公司、新泽西标准石油公司以及西尔斯公司等许多大公司的发展,都经历了战略发展的四个阶段,并且每一阶段都有与之相适应的组织结构。基于此,钱德勒提出了组织结构要服从于组织战略这一基本原则。

(1)规模扩大战略阶段。企业在发展初期,外部环境比较稳定,此时,企业只要扩大生产规模,提高生产效率,便可以获得高额的利润。在这种情况下企业采用的是规模扩大战略,即在一个地区内增加企业产品和服务的数量。此时,企业的组织结构比较简单、松散,决策集中在高层管理人员手中,组织复杂化、形式化的程度很低,往往只需要设立一个执行单纯生产或销售任务的办公室(直线型简单结构)就可以满足需求。

(2)地域扩散战略阶段。随着组织规模的进一步发展,企业向其他地区扩张,以获取更大的市场份额和经营收入。这种地域扩散的战略对部门间的协调和专业化程度有了更高的要求,此时,具有分工协调和技术管理等作用的职能结构便应运而生,企业设立了若干个职能科室。

(3)纵向一体化战略阶段。随着企业发展,竞争日益激烈,为了减少竞争,企业希望拥有一部分原材料的生产能力,或者自己的分销渠道,于是产生了纵向一体化的战略。在这种战略下,企业内的部门数量会增加,并且各部门之间存在很强的加工或销售的依赖性,在生产过程中也存在内在联系。此时,为了更好地对部门进行管控,企业开始采用集权的职能结构。

(4)多种经营战略阶段。在发展成熟之后,为了规避各种风险,同时寻求新的利润增长点,企业会采取多元化战略,例如开发与原有产品毫无关联的新产品。此时,企业开始采用分权的事业部结构,以适应其在不同行业或领域参与竞争。

1977年,钱德勒在其出版的《看得见的手:美国企业的管理革命》一书中再次强调:"经营战略与组织结构关系的基本原则是组织的结构要服从于组织的战略。这就是说,企业的经营战略决定着企业组织结构类型的变化。这一原则表明企业不能从现有的组织结构的角度去考虑经营战略,而应根据外部环境的变化去制定相应的战略,然后根据新制定的战略来调整企业原有的组织结构。"

5.4.2 波特的研究

波特(Porter)通过对大量企业的研究提出了三种竞争战略的分析框架,这三种战略是成本领先战略、差异化战略和集中化战略。其中,集中化战略指的是企业集中于某一特定的市场或购买群体,在选定的较窄范围的市场上,可以努力地取得低成本优势或者差异化优势,也就是说该战略所处的维度与前两种战略并不相同,可以与成本领先战略或差异化战略相结合。

差异化战略指企业通过提供与众不同的产品和服务,从而在价值链某些环节上具有与众不同的特色,满足顾客特殊的需求,形成竞争优势的战略。差异化战略的手段包括独特的口味、备用零件、产品寿命与能耗、工艺设计和性能、产品可靠性、高质量制造、技术领导地位、使用方便性、全系列的服务、完整系列的产品、居于同类产品线之高端的形象和声誉等。

成本领先战略指企业通过在内部加强成本控制,在研发、生产、销售、服务和广告等领域把成本降到最低限度,从而增加市场份额的战略。成本领先战略的手段包括简化设计、获取低价格原材料、进行规模生产、提高设备运行效率、严格管理、缩短销售渠道等。这种战略下的生产效率高,价格低,会吸引大量的顾客从而增加收入。

使用成本领先战略的企业在组织设计上强调效率导向,往往采取较高程度的集权,管理严格,注重细节和成本控制,有高效率的采购和分销系统,在组织中推行标准化的操作程序,并对员工有严密的监督,任务也较为常规。每种竞争战略所适用的组织结构如表5-9所示。

表5-9 竞争战略与组织结构

竞争战略	组织结构特征
成本领先战略	专业化、正规化和集权化程度较高,管理严格;具有明确的职责分工和责任,具有严格的操作程序;对员工的授权比较有限,监督比较严密
差异化战略	实行有机的、弹性的管理制度,进行较多的授权;部门间的协调性较强,研发和市场营销部门之间密切协作
集中化战略	企业规模较小时可采用有机式结构,规模较大时适宜采用职能式结构,强调客户忠诚,对员工适当授权,控制成本

5.4.3 迈尔斯与斯诺的研究

雷蒙德·迈尔斯和查尔斯·斯诺关于战略的研究是当代最流行、最有影响力的理论之一。他们在1978年出版的《组织的战略、结构和过程》一书中指出战略模式影响结构,一个特定的战略应该被具有特殊结构、技术和行政管理环节类型的组织支撑。他们基于组织战略要与外部环境相匹配的考虑,将组织整体战略分为防御型战略、探索型战略和分析型战略。

1. 防御型战略

防御型战略的采用者更关注稳定甚至收缩,而不是冒风险和寻求新的机会。它力求保持现有的顾客,而不寻求创新或成长。防御者主要关心内部的效率和控制,以便为稳定的顾客群提供可靠的、高质量的产品。处于衰退之中的行业或稳定的环境中的组织,适于采用防御型战略。

采用防御型战略的组织一般都处于比较稳定的环境之中,决策者通过高度的集权和专业化分工及程序化、标准化作业活动,使组织稳定地发展,并据此防御竞争对手。这类组织的结构通常都采用职能形式的设计。

2. 探索型战略

探索型战略着眼于创新、冒险、寻求新的机会以及成长。该战略适合动态、成长中的环境,因为创造比效率更加重要。联邦快递公司就是在急速变化的快递业中采用探索型战略,在服务和递送技术方面进行了创新。当今领先的高科技企业也多采取这类战略。

采用探索型战略的组织一般都处于动荡变化的环境之中,决策者需要不断地开发新产品、寻找新市场,组织的目标可以灵活地加以调整,这必然要冒更大的市场风险。组织必须依靠建构更为柔性、分权化的组织结构,使各类人才和各个部门都有充分的决策自主权,最终才能够对市场的最新需求做出灵活的反应。

3. 分析型战略

分析型战略的采用者试图维持一个稳定的企业,同时在周边领域创新。这种战略介于探索型战略与防御型战略之间。采用分析型战略的组织所处的环境也是动荡不定的,但决策者的目标比较灵活,尽可能使风险最小而收益最大。这类组织一方面要稳定现有产品的市场份额,即需要实行规范化、标准化、程序化的作业以保证市场供给,另一方面需要跟踪分析更富有市场竞争力的新产品,及时跟进。组织需要建构柔性灵活分权化的组织结构,随时对外在环境的变化做出反应。

不同战略类型及相应的组织结构特征如表5-10所示。

表5-10 不同战略类型及相应的组织结构特征

战略类型	战略目标	面临环境	组织结构特征					
			整体结构类型	主要结构形式	集权与分权	计划管理	高管团队结构	信息沟通
防御型战略	稳定和效率	稳定的	机械式	刚性	集权为主	严格	工程师、成本专家	纵向为主
探索型战略	灵活性	动荡的	有机式	柔性	分权为主	粗泛	营销与研发专家	横向为主
分析型战略	稳定和灵活性	变化的	机械式与有机式相结合	刚柔混合	集权与分权组合	严格与粗泛结合	联合组成	纵横结合

5.4.4 知识对组织结构设计的影响

从知识的角度看,结构的复杂性是由组织中知识的特性决定的。决定结构复杂性的核心特征主要是知识的分散性,它们通过知识整体的复杂性表现出来。知识的复杂性可以用知识的广延度和集约度来衡量。知识的广延度主要是指知识的分散性,包括空间距离、文化跨度和技术差异三个方面。知识的集约度则指组织对高级知识和最新知识的需要程度,包括知识的专业深度和更新速度两个方面。

1. 知识对组织结构复杂性的影响

知识分工的程度决定了组织结构的横向差异性。社会的知识分工越细,组织成员之间专业方向和技能以及文化方面的差异性也就是个体知识间的差异性就越高;组织中的知识分工越细,组织中的工作性质和任务的差异性也就是组织所要求的知识差异性越高,相应地组织中专业化程度和部门间差异性也会增加,组织中不同个体和不同部门间的知识整合的要求增加,组织协调也就越困难。

知识分工影响组织中的管理幅度,进而影响组织纵向差异性。知识分工越细,知识的分散性越高,下属人员的文化和技术差异性也越高;知识分工的细化还会使组织中的工作和任务的专业性强,标准化程度降低。这些都使能够有效进行指导和监督的管理者人数减少,也就是降低管理幅度。在这种情况下,如果组织仍然保持对员工较高程度的监督和控制,必然导致组织层级的增加,层级之间的差异性也会增加。可见,在其他因素保持不变的情况下,知识分工越细,知识的广延度越高,组织结构的纵向差异性也会越高。

知识分工和知识在空间的广延度决定了组织结构的空间差异性。组织所需要的知识量和知识类型越多,知识的空间分散性越大,要求组织在不同地区获取人力资本、市场知识和制度知识、结构的空间差异性就比只在一个区域内经营的组织大,知识的整合和组织的协调也要困难得多。

从知识的深度来看,在一个需要高度专业化知识的组织,专业人员之间的差异化和工作任务之间的专业化程度较低,以保持人员以及部门之间进行充分的信息和知识交流。因此,横向差异性程度也较低。为了促进信息和知识的沟通,组织的管理层级数量相对较少,由于指导和监督的困难,组织可能采取更加分权的形式,使管理幅度相对较宽,会导致结构的纵向差异性较低。

知识更新的速度主要影响组织结构的纵向差异性。因为一个组织要求不断更新知识,它往往处在不断变化的环境之中。例如,时装行业和电子行业的企业对市场知识和技术知识的更新要求非常高,这种快速捕捉和吸取外界知识变化的要求,必然导致组织结构中管理层级数量的减少,因为较多的管理层级会导致沟通的困难和信息传递的失真,从而导致快速反应能力和快速决策能力的丧失。所以,对知识更新要求较高的组织通常表现出较低的结构纵向差异性。

2. 知识对组织结构规范性的影响

当组织中知识文化差异性很高时,不同文化背景的员工如果用标准化的行为规则进行管理,必然会引起矛盾和冲突,这就要求减少组织行为指导的规范性。如果组织中知识的技术差异很大,特别是在不同层次的知识技术中,更不能以标准化的工作流程和方法予以统一规范,因为越是专业化的知识越需要较大的自由度,对专家成员的行为和工作活动进行限制,会降低知识的运用效率,从而阻碍知识的交流和创新。

不同类型知识的特性决定组织结构的规范性。例如,对于常规性的活动和岗位,运用的知识通常是规则的和一般性的,结构的规范化程度就较高;而对于非常规性和变化速度快的工作,难以通过一般的逻辑分析和经验惯例完成,活动者需要较大的空间和自由才能进行知识运用和创新,因此规范性相对就较低。

综上所述,组织结构设计受企业外部因素和内部因素的双重影响,内部一致性和外部环境适应性是组织设计中的重点,组织设计可以为某种环境设计,也可以出于内部的分工,但各有机会成本,很难兼顾。组织结构的设计也许不能同时达到内部一致性和外部环境适应性的目的,但问题不在于形式,而在于达到内外环境的和谐。

本章小结

权变因素反映的是整个组织的特征,它描述了影响和改变组织维度的环境。从权变的观点来看,不存在一个普遍适用的、理想的组织结构。随着知识经济时代的来临,企业的内外部环境都在不断地变化,因此企业应根据各自面临的环境特点来设计相应的组织结构。

组织结构的设计受组织内外环境、战略以及知识的影响。组织内部环境包括组织规模、技术、企业文化以及生命周期。外部环境一般包括一般环境和任务环境。

组织所处的外部环境可以从不确定性和资源依赖性两个角度进行分析。环境的不确定性是由稳定-不稳定、简单-复杂两个维度构建的环境要素综合作用的结果。资源依赖性是由于组织始终需要从环境中获得所需的稀缺资源所产生的。

企业组织结构是实现企业经营战略的重要工具,不同的战略要求不同的组织结构。认为战略影响结构的主要代表人物有钱德勒、波特、迈尔斯与斯诺等。

结构的复杂性是由组织中知识的特性决定的。决定结构复杂性的核心特征主要是知识的分散性,它们通过知识整体的复杂性表现出来。知识的复杂性可以用知识的广延度和集约度来衡量。知识的广延度主要是指知识的分散性,包括空间距离、文化跨度和技术差异三个方面。知识对组织结构的复杂性和规范性都有影响。

批判性思考与讨论题

1. 为什么规模大的组织通常是更为正规化的组织?
2. 简述组织生命周期与组织设计的关系。
3. 企业在进行组织设计时应如何应对环境的不确定性?
4. 为什么要分两个层次来研究技术对企业组织结构的影响?
5. 你认为知识与组织设计以及环境有什么联系?

案例分析

实操训练题

选择一个你熟悉的企业,分析这个企业的内外环境,并分析该企业所处的生命周期阶段,说明该企业是如何度过生命周期中的危机的。

第6章 工作分析概述

研究内容

1. 工作分析的基本概念及相关术语；
2. 工作分析的目的、作用及意义；
3. 工作分析的原则与流程；
4. 工作分析的理论演进与发展趋势。

关键概念

工作分析(job analysis)
任务导向型工作分析(task-oriented job analysis)
人员导向型工作分析(person-oriented job analysis)
过程导向型工作分析(process-oriented job analysis)
工作描述(job description)
工作说明书(statement of work)
资格说明书(qualification specification)
职位说明书(post description)

开篇案例

机油洒地，责任在谁

黄海公司开业尚不足两个月就在内部人员工作职责、权限的划分上出现了问题。

在组装车间，一个包装工将大量机油洒在操作台周围的地板上，正在一旁的班组长见状立即走上前要求这名工人打扫干净。不料这名工人一口回绝道："我的职责是包装产品，这远比清扫重要，你应该让勤杂工处理这样的工作。况且，我的工作责任中没有打扫卫生。"班组长无奈，只得去找勤杂工，而勤杂工不在。据说，勤杂工只有在正班工人下班后才开始清理。于是，班组长只好自己动手，将地板打扫干净。第二天，班组长向车间主任请求处分包装工，这一请求得到了同意。谁料人事部门不但不予支持，反而警告车间主任不要越权。车间主任感到不解，认为人事部的规定不合理，并向生产部的李主管反映了这一情况，请求得到支持。班组长更是满腹委屈，感觉自己还不如员工的地位高。他反问道："我的职责中也没有打扫卫生吧？"

这样一来，公司生产部门与人事部门之间以及生产部门内部就出现了矛盾，李主管觉得自己的车间主任受了委屈，就与人事部张部长进行协商。张部长让人事秘书小李拿来职位说明书一起分析。包装工的职位说明书规定："包装工以产品包装工作为中心职责，负责保持工作平台以及周围设备处于可操作状态。"勤杂工的职位说明书规定："勤杂工负责打扫车间卫生，整理物品，保持厂房内外整洁有序。为了保证不影响生产，工作时间为生产休息时刻。"班组长的职位说明书规定："班组长主要负责使班组的生产有序、高效，并协调内部工作关系。"车间主任的职责更笼统："车间主任负责本车间生产任务的完成，并且可以采取相应的措施对员工加以激励。"人事部门的职责主要包括人员的招聘、选拔、培训、考核、辞退、奖惩、发放工资福利等。因为员工奖惩权归人事部门，因此，人事部门坚持认为，生产部门对员工的处分决定已越权。生产部门则认为，对员工的奖惩应由自己决定，否则难以领导员工开展工作，不能对员工进行有效的管理。班组长更是感到委屈，并声称要辞职。

资料来源：张岩松.组织设计与工作分析[M].北京：北京交通大学出版社，2023.

在上述案例中，我们可以清晰地看到公司运行和管理的混乱，根源在于各岗位工作职责的界定不清。一旦出了问题，各岗位就会相互扯皮，推卸责任。如何解决这些问题呢？其中一个重要的途径就是做工作分析，通过工作分析来收集各部门和岗位有关工作的各种信息，确定组织中各个岗位的内涵和用人要求，做到人事相宜、人职匹配。本章将从有关工作分析的一系列基本问题开始，揭开这块人力资源管理大厦基石的面纱。

6.1 工作分析的内涵、内容与结果

6.1.1 工作分析的内涵和特征

工作是指在一段时间内为达到某一目的所进行的各项活动。广义上，工作可以涵盖个人在组织中的全部角色。工作作为一个相对独立的责权统一体，是组织中最基本的结构单元，也是部门、业务和组织划分的基础。

工作分析是组织全面掌握工作信息与情况的基本管理活动，不仅是一种技术手段，更是一种分析过程。具体地，工作分析将基于科学技术及规范操作，通过收集、比较及综合工作信息，深入分析工作任务、工作职位、基本职责、工作人员、资格要求、工作环境等内容，从而进行系统设计，为组织发展规划、人力资源管理以及其他管理行为提供依据与支持。作为一种管理活动，工作分析的主体是从事工作分析的专业人员，客体则是整个组织体系。工作分析的具体对象涵盖工作任务、工作人员及工作环境，如组织结构、部门职能、职位内容、工作责任、工作时间、工作标准、工作技能、工作强度、工作心理、工作方法等。

不同学者对工作分析进行了不同的定义，如表6-1所示。

表6-1 工作分析的定义

学者	定义
蒂芬和麦考密克	工作分析是为了实现某种目的，通过某种手段来收集和分析与工作相关的各种信息的过程
高佩德和艾奇森	工作分析是通过收集、分析和综合工作相关信息，为组织计划、设计及人力资源管理等管理职能提供基础性服务的活动

续表

学者	定义
盖瑞·戴斯勒	工作分析是为了确定某项工作的任务和性质,以及哪些人适合被雇佣来从事该项工作
雷蒙德·A.诺伊	工作分析是获取工作相关信息的过程
加里·德斯勒	工作分析是组织确定一项工作的任务、性质以及胜任人员,并提供工作相关信息的过程
小亚瑟·W.舍曼	工作分析是遵循一系列步骤,进行一系列调查,从而收集职位信息、确定工作职责及任务的过程
罗伯特·L.马希斯	工作分析是一种系统收集、分析职位相关信息的方法
R.韦恩·蒙迪	工作分析是确定完成各项工作所需技能、职责和知识的系统过程
付亚和和孙健敏	工作分析是采用科学方法和技术,全面了解工作并提取有关工作信息的基础性管理活动
萧鸣政	工作分析是采用科学的手段和技术,对每个同类职位工作的结构因素及其相互关系进行分解、比较与综合,确定该职位的工作要素特点、性质与要求的过程
赵琛徽	工作分析是应用科学方法,收集、分享、确定组织中职位的目标、定位、内容、责权、关系、标准、人员等基本因素的过程
彭剑锋	工作分析是以战略为导向,以组织为基础,与流程相衔接,对职位信息进行收集、整理、分析与综合,确定职位目标、定位、内容、责权、关系、标准、人员等基本因素的过程
朱颖俊	工作分析是确定某个职位的任务、性质和职责,以及完成工作所需要的技能、能力、知识和其他要求的过程
相飞和杜同爱	工作分析是对各类工作性质、任务、责权、关系、条件、环境以及任职资格进行的系统性设计

资料来源:朱颖俊.组织设计与工作分析[M].北京:北京大学出版社,2018.
龚尚猛,宋相鑫.工作分析:理论、方法及运用[M].4版.上海:上海财经大学出版社,2020.
相飞,杜同爱.组织设计与工作分析[M].北京:中国人民大学出版社,2021.

工作分析具有系统性、目的性、科学性、动态性、参与性五个显著特征。

(1)系统性。工作分析需要全面、系统掌握工作的整体情况,以确保工作分析结果准确、可靠。因此,工作分析不仅要以职位为出发点,更要综合考虑组织战略、结构以及职位对应的责权、工作关系、工作环境与任职资格等。

(2)目的性。组织是为了实现特定目标而存在的,工作分析同样是以实现组织目标为宗旨的。因此工作分析具有明确的目的,即掌握职位的特点与要求,以明确每一项工作的任务、职责、权限和人员等。

(3)科学性。工作分析需要采用科学的手段与技术,以保证分析结果客观、公正。

(4)动态性。随着经济环境和市场环境的变化,以及组织使命和战略的调整,工作的职责、功能和价值也需要随之调整,故工作分析不是一劳永逸的,而是一个持续的动态过程。

(5)参与性。工作分析的范围很广,为了保证工作分析的顺利开展,组织中的全体员工都需要积极参与并配合。

6.1.2 工作分析的内容及类型

1. 工作分析的内容

工作分析的内容涵盖工作的方方面面,需要回答工作做什么、如何做、在哪里做、谁来做等问题。因此,工作分析的内容主要包含工作名称分析、工作任务分析、工作权责分析、工作流程分析、工作关系分析、工作环境分析、任职资格分析等。

(1)工作名称分析。工作名称是一组在职责上相同的工作总称。工作名称分析是在对工作进行系统梳理的基础上,揭示与概括工作特征,并进行工作命名的过程。工作名称不仅反映了工作的性质和特点,有助于实现工作用语的标准化,而且能够反映工作的内涵和外延,准确传达工作所处的范围以及工作任务与职责。

(2)工作任务分析。任务是为了实现工作目标而开展的各类活动。工作任务分析是围绕各项任务,对其性质、内容、目标、流程、方法等进行体系化的过程。在分析时,我们需要重点关注工作目标、任务数量、任务内容、执行标准、劳动分工、协作方式、所需资源等问题。工作任务分析有助于明确职位的工作内容,是工作分析的基础。

(3)工作权责分析。工作权责分析是明确各部门或职位的工作内容、工作职责和工作权限的过程,包括描述工作责任范围的工作职责分析,以及说明工作必备权力的工作权限分析。组织通过合理的权责分配,可以避免职责不清晰、重叠或遗漏等问题,提高运作效率和管理效果。

(4)工作流程分析。工作流程是指完成特定任务的步骤与环节。工作流程分析是识别、评估和优化组织业务流程的过程。随着分工的细化,部门与职位间的配合变得愈发重要,清晰的工作流程成为决定效率、影响效益的关键。工作流程分析有助于降低组织运营成本、提高工作效率、增强组织竞争力。

(5)工作关系分析。组织中各类职位在承担自身职责的同时,彼此间仍存在密切联系。工作关系分析是指在明确工作流程的基础上,界定职位间协作关系的过程,有助于明确职位间的隶属关系、协作内容与方式等,从而明晰职位在组织中的定位及在工作流程中的作用。

(6)工作环境分析。工作环境分为物理环境、安全环境、心理环境和社会环境等。工作环境分析是为了掌握有关工作环境的实际情况,对各种有害及有利因素进行评估和分析的过程。工作环境分析可以避免不安全因素的出现,营造有助于保障劳动者身心健康、提升生产率的良好环境。

(7)任职资格分析。任职资格是指任职者必备的知识、经验、技能、素质与行为等。任职资格分析是指对任职者的资格进行系统分析和详细评估的过程,有助于确保任职者能够胜任职位并实现工作目标。

2. 工作分析的类型

1)任务导向型:工作任务调查

任务导向型工作分析是通过工作任务调查来进行的工作分析活动,主要关注"做什么"的问题。该类型工作分析侧重职位本身的任务和职责,以及完成这些任务所需的技能和工具,从而有助于组织更好地理解工作内容,设计工作流程,并形成工作描述和工作规范。具体地,在进行任务导向型工作分析时,组织工作分析人员应准确识别职位的具体任务和活动,详细描述任务目的、执行方式、所需条件及与其他任务的关系,评估任务的复杂性、难度及对工作整体目标的贡献程度,确定任务的执行频率、执行顺序、预期结果及责任划分,并考虑相关任务如何随时间变化。

2) 人员导向型：人员工作行为调查

人员导向型工作分析是通过人员工作行为调查来进行的工作分析活动，主要关注"谁来做"的问题。该类型工作分析聚焦于工作对人员的要求，侧重完成工作所需的个人特质、能力、知识、技能和态度等，从而有助于组织确定理想成员，制定选拔标准，设计培训计划，并评估员工绩效和发展需求。具体地，在进行人员导向型工作分析时，组织工作分析人员应明确员工所需的最低受教育水平、相关工作经验及专业知识，考虑员工所需的身体条件（如力量、耐力、灵活性）、具体技能（如适应技能、职业技能、特殊技能）以及能力（如解决问题的能力、学习能力、决策能力），识别与工作相关的人格特质（如责任心、团队合作精神、领导力），探索员工对待工作的态度、价值观、内外部动机以及这些因素如何影响工作表现，评估员工适应工作变化和新挑战的能力，分析员工在组织内的职业发展机会和晋升路径。

3) 过程导向型：生产环节调查

过程导向型工作分析是通过产品或服务的生产环节调查来进行的工作分析活动，主要关注"如何做"的问题。该类型工作分析聚焦于工作流程和工作是如何完成的，不仅关注单个任务或人员，更是将工作视为一个整体，重点分析工作流程中的各个步骤、环节以及它们之间的相互关系，从而有助于组织优化工作流程并开展项目管理，提高工作效率，降低成本，增强竞争力。具体地，在进行过程导向型工作分析时，组织工作分析人员应准确识别完成工作的所有步骤及各步骤的顺序和逻辑关系，考虑每个步骤所需的时间、整个工作流程所需的时间以及不同任务之间的依赖关系，明确工作流程中的关键决策点及可能出现的风险和异常情况，分析每个工作步骤的输入（如信息、材料、资源）和输出（如产品、服务、报告），确定工作流程中每个角色的职责和权限以及角色之间的协作关系，制定工作流程中的反馈机制并识别工作流程中的改进机会。

6.1.3 工作分析的结果

工作分析需要收集与工作相关的各种信息，包括工作名称、代码、地点、部门、上下级关系等基本资料，工作任务、责任、标准等工作内容，工作环节、流程等工作过程，监督指导关系、职位升迁关系、工作联系等工作关系，物理环境、安全环境、心理环境、社会环境等工作环境，教育背景、知识、经验、素质等任职资格。工作分析完成之后，其结果往往要选择合适的文字方式来呈现。工作分析的主要结果包括工作描述、工作说明书、资格说明书和职位说明书四种（见图6-1）。

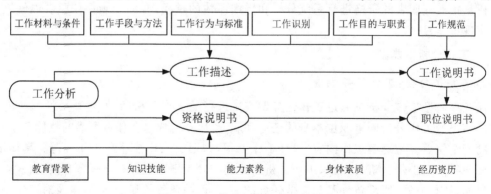

图6-1 工作分析的四种结果形式

1. 工作描述

工作描述作为工作分析最为直接的结果,是对工作结构的概要说明。工作描述涵盖工作识别、工作目的与职责、工作行为与标准、工作手段与方法、工作材料与条件等,一般不涉及任职资格、工作人员的姓名、个性以及个人的具体工作内容。工作描述是工作分析的初始和主要产物,可作为原始资料直接服务于组织管理,包括核对工作设计流程,形成和开发人力资源,确定工作报酬,明确任务和绩效期望,提供培训和晋升建议,以及作为处理劳资纠纷与工作协议文件的依据等。因此,工作描述不仅是其他工作分析结果的基础,更是人力资源管理及组织系统管理的基石。表6-2中列出了工作描述的具体内容。

表6-2 工作描述的内容

项目	具体内容
工作标题	明确工作名称、副标题、代码、等级、工资类别、地位、汇报关系等
工作目的	描述工作的主要目标和工作对组织的贡献
工作职责	说明工作的主要任务和职责,包括日常活动和长期目标
工作行为	描述对产出的数量和质量、技术和方法、行为和工艺流程的管理和规定,以及工作人员与工作资料之间的相互影响
工作标准	说明完成工作所需的质量标准和绩效指标
工作手段	说明完成工作所需的机器、工具、装备、工作辅助设施等
技术方法	描述把原料输入变为产出的方法
工作材料	说明原料、半成品、物资、资料及其他用于工作的材料
工作条件	说明工作所需的物理环境、安全环境、心理环境和社会环境,雇佣关系与状况,与其他工作的相互关系
补充信息	说明以上未提及但完成工作所需的相关信息,如细节术语的解释

资料来源:萧鸣政.工作分析与评价[M].6版.北京:中国人民大学出版社,2023.

2. 工作说明书

工作说明书是对职位的规范化描述,通常包括工作描述和工作规范两部分内容。工作说明书既可以用于区分同一职系内不同工作的具体内容,也可以扩展到某一类别或子类别中的个别岗位描述。此外,工作说明书有时还可作为直接主管与员工之间的协议,用于明确岗位期望和相应的收益。

3. 资格说明书

资格说明书是对任职者所需资格、技能、经验和特质等最低限制的说明。资格说明书通常包括教育背景,最低学历要求,相关专业或领域,所需专业技术或能力,特定工具或软件的熟练程度,相关领域的工作经验与年限,与工作相关的个性特征,工作所需的身体条件、语言水平及专业证书等。资格说明书可以采用文字表达、计分图示、表格等多种方式。

4. 职位说明书

职位说明书是对特定职位的职责、要求和期望的综合说明。职位说明书通常包括工作说明书和资格说明书的信息,并且涵盖职位的薪酬范围、福利、职业发展路径等额外信息,有助于理解职位的重要性及整体价值。职位说明书由于能够提供关于工作的全面概览，成为工作分析结果中最完整的一种。具体而言，职位说明书一般包括工作标题、工作概要、工作关系、工作任务与职责、工作权限、绩效考评标准、工作过程与方法、工作环境与工具、任职资格要求、职业发展、福利待遇及其他说明等。

5. 四种结果的比较

工作描述、工作说明书、资格说明书与职位说明书虽是工作分析中用于定义和描述工作的不同文档，却具有密切联系。在信息来源上，四种形式都是工作分析的结果，都建立在对工作信息进行收集与整理的基础上。在实施目的上，四种形式均有助于组织深入理解和定义工作，进而开展规划、招聘、培训、绩效及薪酬等人力资源管理实践。

尽管如此，工作描述、工作说明书、资格说明书与职位说明书也存在明显区别（见表6-3）。工作描述以"工作"为中心，聚焦于工作本身，是最直接、最原始、最基础的形式，也是形成工作说明书、资格说明书和职位说明书的根本。工作说明书以"事"为中心，结合了工作描述和工作规范，并且把组织的总体任务与目标落实到具体职位和人员之上，成为目标管理的基础。资格说明书以"人"为中心，结合了工作描述与任职资格，侧重于任职者的胜任力。职位说明书结合了工作说明书和资格说明书，综合了对"事"和对"人"的说明，提供了一个更全面的职位概览。

表6-3 四种结果的区别

形式	焦点	用途
工作描述	以"工作"为中心	为其他工作分析结果奠定基础
工作说明书	以"事"为中心	为目标管理提供基础
资格说明书	以"人"为中心	筛选和评估候选人是否符合职位要求
职位说明书	"人""事"结合	全面了解职位的期望和价值

6.1.4 工作分析的相关术语

1. 要素

要素是工作中不能再继续分解的最小动作单元，往往不直接呈现在工作说明书中，但它是职位职责的信息来源和分析基础。

2. 任务

任务是工作中为达到明确目的而开展的各类工作活动。任务由一个或多个具有逻辑性的工作要素组成。各类任务的大小、难度、时长有所不同，是职位分析的基本单元，也是对工作职责的进一步分解。

3. 职位

职位是组织中设立的具体岗位，由一项或多项相互联系的任务和职责构成，是组织的基本构成单元。职位不仅包含组织为了完成特定工作任务而赋予个体的权力总和，还可用来描述个体在特定时间内所承担的一项或几项相互联系的职责集合。职位与职员相对应，一个职位对应一个人，有多少职员就有多少职位，不可多人同属一个职位。如果职位空缺则意味着职位数大于职员数。在工作分析基础上，对职位价值进行系统评价的过程称为职位分析。此外，职位的数量是有限的,其数量被称为编制。

4. 职务

职务是主要职责在重要性与数量上相当的一组职位的集合或统称。职务与职位、职员并不对应,一个职务可能包含一个或多个职位,也可能由一个或多个人分担。

5. 职责和职权

职责指的是需要完成的工作内容及相应责任,通常由一系列相互关联的任务组成。它不仅是对工作内容的书面描述,也是对工作特性的概括表达,通常通过"任职者的行动＋目标"的方式来表述。职权则指的是完成特定任务所需的权力。它与职责是相对应的,主要用于界定任职者在某一事项上的决策范围和权限。员工承担相应职责的同时,也应获得相应的职权。在某些情况下,特定职责与特定职权是等同的。

6. 职业和职业生涯

职业由不同时间内、不同组织中,工作要求相似或职责平行(相近、相当)的职位组成,可以跨越组织并针对整个行业。一个人在其工作生活中经历的一系列职位、职务或职业的集合则称为职业生涯。现阶段,职业不再局限在某一组织,固定从业者也可以从事其他职业的兼职,员工的职业生涯也呈现出无边界的特征。

7. 职系、职级、职等、职组和职门

职系、职组与职门是对工作的横向划分,职级与职等是对工作的纵向划分。职系由两个或两个以上有相似特点的工作组成。这里的相似并不是职责繁简难易、轻重大小或所需资格上的相近,而是强调工作属性具有相似性。每个职系就是一个职位升迁的系统。同一职系中,工作内容、难易程度、责任大小、所需资格都很相似的职位集合便称为职级,可以反映同一性质工作在程度上的差异,并形成职级系列。在此基础上,工作性质相近的若干职系集合称为职组。若干工作性质大致相近的职组集合称为职门。此外,工作性质不同或主要职务不同,但其困难程度、职责大小、工作所需资格等条件相似的职级为同一职等。职等可以反映不同性质工作之间的程度差异。职系、职组、职级、职等之间的关系示例如表6-4所示。

表6-4 职系、职组、职级、职等之间的关系示例

职组	职系	V 员级	IV 助级	III 中级	II 副高级	I 正高级
高等教育	教师	—	助教	讲师	副教授	教授
	科研	—	研究实习员	助理研究员	副研究员	研究员
	实验室	实验员	助理实验师	实验师	高级实验师	—
	图书、资料、档案	管理员	助理馆员	馆员	副研究馆员	研究馆员
工业企业	工程技术	技术员	助理工程师	工程师	高级工程师	正高工
	会计	会计员	助理会计师	会计师	高级会计师	—
	统计	统计员	助理统计师	统计师	高级统计师	—
	管理	经济员	助理经济师	经济师	高级经济师	—

续表

职组	职系	V 员级	IV 助级	III 中级	II 副高级	I 正高级
医疗卫生	医疗、保健、预防	医士	医师	主治医师	副主任医师	主任医师
	护理	护士	护师	主管护师	副主任护师	主任护师
	药剂	药士	药师	主管药师	副主任药师	主任药师
新闻出版	播音	三级播音员	二级播音员	一级播音员	主任播音指导	播音指导
	编辑	—	助理编辑	编辑	副编审	编审
	技术编辑	技术设计员	助理技术编辑	技术编辑	技术副编审	—
	校对	三级校对	二级校对	一级校对	高级校对	—

资料来源：朱颖俊.组织设计与工作分析[M].北京：北京大学出版社,2018.
相飞,杜同爱.组织设计与工作分析[M].北京：中国人民大学出版社,2021.

6.2 工作分析的目的、作用及意义

6.2.1 工作分析的目的

工作分析主要是为了明确每个职位的具体工作内容、要求以及与其他职位的关系。因此，工作分析需要阐明工作的输出特征、输入特征、转换特征、关联特征以及动态特征。

1. 工作输出特征

工作输出特征是指一项工作最终结果的表现形式，是衡量工作成果和绩效的重要指标。广义的工作输出特征包括工作产出数量以及工作成果质量、价值、形式、持续性、创新性和影响力等多个方面。在工作分析中，工作的输出特征主要指一个工作最终的产品或服务，以及这些产品或服务与其他工作输出结果的不同。

2. 工作输入特征

工作输入特征是指在工作中需要投入的各种资源和条件。广义的工作输入特征包括个人因素、工作环境、技术和工具、管理制度和流程、目标和计划等多个方面。在工作分析中，工作的输入特征主要关注完成工作所具备的知识、技能和能力，以及在工作中需要的材料、设备、方法、资本和其他非人工成本。

3. 工作转换特征

工作转换特征是指工作如何从输入特征转变为输出特征的过程，即资源如何转换为产品或服务。在工作分析中，工作的转换特征主要关注使用哪些生产流程、技术与工艺，依靠哪些机器设备，以及员工的行为与协作。

4. 工作关联特征

工作关联特征是指这一工作与其他工作之间的制约与联系。在工作分析中，工作的关联特征主要关注工作在组织结构中的位置，责任与权力间的关系，对工作环境与心理承受力的要

求,工作时间限制,以及适用于该工作的法律和规章制度。

5. 工作动态特征

工作动态特征是指工作随时间变化而发生的内容变化。在工作分析中,每个职位的内容、职责都会不断变化,因而需要考虑时间、情景、人员等可变因素的共同作用。

6.2.2 工作分析的作用

工作分析不仅是组织目标、战略与文化向组织人力资源管理职能过渡的桥梁,更是整合组织人力资源管理系统内各个功能模块的基础与前提。因此,工作分析能够为组织人力资源规划、招聘、培训、绩效管理、薪酬管理等活动提供基础数据和重要依据,为组织制定有效的人力资源政策和规范的人力资源程序提供科学依据(见图6-2)。

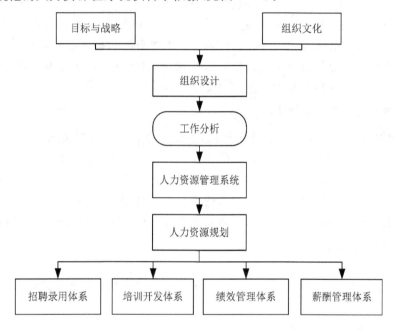

图6-2 工作分析与人力资源管理系统的关系

(资料来源:龚尚猛,宋相鑫.工作分析:理论、方法及运用[M].4版.上海:上海财经大学出版社,2020.)

1. 为人力资源规划提供基础

人力资源规划是组织依据战略目标,预测人力资源供求关系并保证其平衡,从而实现组织可持续发展的过程。因此,组织需要有计划地展开工作安排及人员配备,并根据生产和工作发展做出合理的人事预测。工作分析为人力资源规划提供了必要的信息和可靠的依据,有助于揭示当前职位需求和未来发展趋势,从而帮助组织更好地预测未来人力资源需求,制订有效的人事预测方案和人事计划,为组织长期发展提供支持。

2. 为人员选拔和任命提供依据

招聘是通过系统、科学的手段,及时寻找、吸引并选拔符合要求的人员加入组织的过程。组织需要依据每个职位的目标和任务特点,选拔与之相匹配的人员。工作分析能够帮助组织明确每个职位的权责、要求和标准,不仅为用人标准确定、招聘信息发布、简历筛选、面试工具选择提供了重要参考,而且可以帮助组织选拔和任命最合适的人员,提高人与职位的匹配度。

3. 为人员培训和开发提供指导

培训是组织为了提高劳动生产率并满足员工职业发展需求,而开展的各类有计划、有组织的教育教学活动。培训可以提升员工的专业能力、综合素质并开发员工潜能。组织需要按照实际工作要求对任职者开展针对性培训,以提升其工作技能与工作效率。工作分析能够详细描述职位所需的技能和知识,任职者可以更好地了解自己的职责和发展路径,组织可以设计出更有针对性的培训计划,这既提升了任职者的工作满意度和职业成就感,也提高了组织整体的工作效率和生产力,有助于实现个人与组织的共同成长。

4. 为人员考核和升职提供参考

绩效管理是组织对员工工作表现的管理过程,包括计划、实施、评估、反馈、改进等主要环节。在绩效管理中,绩效指标的设计最为关键。组织的考核、评定和晋升需要有科学、明确的依据,否则会影响员工的积极性,降低工作表现。工作分析明确了各个职位的权责及工作流程,有助于组织设计出更加合理的绩效指标体系,更科学地进行员工晋升决策,并持续提升绩效管理的效率和效果,保障考核的公正性与客观性。

5. 为薪酬和福利公平提供保证

薪酬是组织对员工贡献给予的各类回报,包括工资、奖金、休假等外部回报,以及参与决策、授权等内在回报。薪酬不仅体现金额的高低,还反映出任职者在组织中的地位、业绩、能力及发展前景。在薪酬管理中,组织的薪酬与职位价值密切相关。工作分析有助于组织对职位价值进行评估,确定职位等级以及各个职位的相对重要性,从而根据职位的不同职责和要求,制定出合理的薪酬福利体系,保障员工报酬与职位价值相匹配,确保薪酬分配的公平性。

6.2.3 工作分析的意义

工作分析不仅是人力资源管理的基石,对组织的系统管理也具有重要意义,并且主要表现在以下三个方面。

1. 提高组织生产与管理效率

随着组织规模的增加,工艺流程不断延展,分工更加细致。劳动和生产环节的增加对劳动协助提出了更高的要求。组织效率的提升更加依赖于工作程序的简化以及生产工艺的改进。职位是生产过程分解后的基本单元。对其进行科学分析,明确其工作标准与要求,清楚掌握其工作内容,并且配备具有相关技术、知识、能力的员工,不仅可以让每个员工从事最适合的工作,而且可以有效进行人员招聘、调配、选拔和培养,科学配置与协调不同劳动者的工作,从而实现最佳工作效果,提高组织工作效率。此外,分析职位之间的关系,可以更好地理解组织结构和流程,明确关键环节和作业要领,充分利用和安排工作时间,进一步提高组织管理效率。

2. 推动组织实现科学化管理

工作分析作为人力资源规划、人员招聘与调配、员工培训与发展、绩效考核体系设计、薪酬管理体系设计等工作必不可少的基础,使得上述工作建立在工作描述、工作说明书、资格说明书、职位说明书的基础上,并提供了必要的决策支持与依据,有助于组织人力资源管理的科学化、规范化。此外,传统经验管理忽视了人力因素的重要作用以及对人潜力的开发,而现代科学管理强调以人为中心,开展标准与科学管理,不断提高工作效率。工作分析强调"责、权、利"的统一,通过主客观数据分析,充分揭示劳动过程的现象及本质,并且对不同专业、不同级别的人员采用不同的管理方法,从而营造出和谐、公平的人际氛围,创造良好的工作条件与环境,激发员工的内在动机,真正实现"人尽其才、才适其职、职得其人、人尽其用"。因此,工作分析不仅为人力资源管理的科学化奠定了基础,更有助于推动组织管理走向现代化、标准化及科学化。

3. 促进组织和个人协同发展

对工作进行深入分析,可以更好地理解工作的性质和要求,从而促进组织和员工的协同发展。对于组织,工作分析可以帮助组织更好地理解各个职位的具体内容、特点及要求,从而明确权责,识别出存在的问题和改进的空间,完善人力资源管理政策,优化组织结构和流程,持续提升组织运作效率和竞争力。对于员工,工作分析揭示了职位的胜任特征,让员工更清晰地了解自己的成长方向和发展路径,增强了员工的归属感和认同感,促进了员工个人成长和职业发展,有助于激发员工积极性和创造力。此外,工作分析可以促使组织将适合的人员放在适合的职位上,增加人与组织的匹配度,减少双方冲突,有利于实现组织与员工的共同目标并构建更加和谐的组织。

6.3 工作分析的原则与流程

6.3.1 工作分析的原则

1. 系统性原则

工作分析是一项系统性的工作,需要对工作进行全面、系统的确认和分析。因此,在实际分析中应注意各个工作节点间的关联及在组织结构中的定位,确保每一个环节都被考虑到,保证工作分析的全面性和连贯性。

2. 动态性原则

工作分析不是一次性的活动,而是一个持续的过程。随着组织结构和工作环境的变化,以及员工能力和需求的提升,职位需要不断进行更新与调整。因此,组织在实际中应依据组织战略、内外部环境、业务流程的变化,及时开展工作分析并对其结果进行修订和完善,保持其有效性和适应性。

3. 目的性原则

工作分析的目标非常明确,即通过掌握工作职位的特点与要求,明确每一项工作的任务、职责、权限和人员等,从而更好地开展组织管理工作。因此,工作分析的各个环节都应明确服务于此目标,保证其结果能够直接支持人力资源规划、招聘、培训、绩效管理、薪酬管理等管理实践。此外,对于不同目的的工作分析,投入的人员及调查的重点也会有所不同。

4. 经济性原则

工作分析是一项费时费力的工作,涉及业务流程链条上诸多部门与人员,甚至有时还需要外聘专家。因此,组织在进行工作分析时,应考虑成本与效益的最优化,实现资源高效配置,确保所采取的方法和技术既经济又高效,避免过度投资及不必要或低效的分析活动。

5. 职位性原则

职位是工作分析的出发点,工作分析涉及职位的内容、性质、任职资格以及与其他职位间的关系等。因此,工作分析应围绕具体职位展开,并确保每个职位的分析都是精准和具体的,是基于事实而非个人判断,从而制定出更为合理和有效的工作描述和要求。

6. 应用性原则

工作分析的成果包括工作描述、工作说明书、资格说明书和职位说明书等,不论哪种结果形式,均需要在管理实践中得到贯彻执行,并实现管理的科学化、标准化与规范化。因此,工作分析的结果应该能够实际应用于人力资源规划、招聘、培训、绩效管理、薪酬管理等管理实践之中,保证能够转化为具体的管理行动和决策支持。

6.3.2 工作分析的流程

工作分析主要发生在新组织建立、新工作出现、组织变革等时期。工作分析的一般流程包括准备、实施、运用三大阶段,涵盖计划、设计、分析、表述、改进等关键环节(见图6-3)。

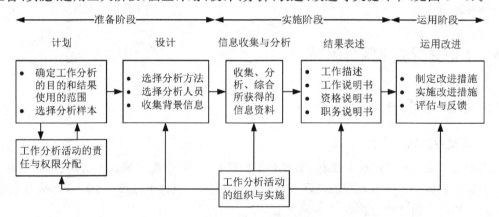

图6-3 工作分析的活动流程

(资料来源:萧鸣政.工作分析与评价[M].6版.北京:中国人民大学出版社,2023.)

1. 准备阶段

开展工作分析之前,组织需要做好人力、物力、财力、信息、资源配置等多方面准备。此阶段的主要工作包括:①确定分析目标和需求。工作分析可用于人力资源规划、招聘、培训、绩效管理、薪酬管理等,因此工作分析的用途及需要解决的管理问题需要明确。②制订总体计划。详细的实施计划是工作分析的基础与必要保证。③选择分析样本,明确分析的客体与对象、内容与标准,保证分析样本的代表性与典型性。④建立工作分析小组,选择分析方法与信息源,分配分析任务,预估分析成本。分析小组成员应涵盖进行策划和提供技术支持的工作分析专家、实施操作的专业人员以及负责联络协调的人员等。⑤收集背景信息。背景信息不仅包括工作流程图、规章制度等政策文件,还涉及组织人员、部门、结构、业务等基本信息,以及以往工作分析结果等历史数据。此外,职业分类标准依据一定标准和原则,对从业人员所从事的各类社会职业进行全面、系统的分类,它同样成为对工作分析有参考价值的背景资料。

2. 实施阶段

工作分析实施阶段的主要工作包括：①收集工作信息。采用合适的方法，对特定的工作或职位围绕任务、责任、要求等方面进行详细调查。通常收集信息的方法包括资料分析法、问卷调查法、访谈法、观察法、关键事件法等，调查的问题则可以围绕谁来做、做什么、何时做、在哪做、如何做、为什么做以及为谁做七个方面展开。②信息分析评估。信息分析包括信息的记录描述、分解比较、衡量、综合归纳与分类等。通过收集到的数据和信息，对工作名称、工作内容、工作权责、工作流程、工作关系、工作环境、任职资格等多个维度进行系统的分析和评估。③分析结果表述。选择合适的方式整理分析结果并形成书面文档，包括记录工作环境、要素及结构关系等的工作描述，描述职位工作职责的工作说明书，反映任职资格与相关素质要求的资格说明书，以及综合职位概况、工作职责、任职资格的职位说明书。

3. 运用阶段

若想要真正发挥工作分析的成效，组织需要将其结果深入应用到工作现场与组织管理之中，从而优化组织管理效能。工作分析运用阶段的主要工作包括：①制定改进措施。基于工作分析的结果，面向组织提出改进工作流程、优化工作环境、提高工作效率等对策建议，例如，重新设计工作流程、调整工作环境、提供必要的培训和支持等。②实施和评估改进措施。将提出的改进措施付诸实践，并对其效果进行跟踪和评估，从而确保工作分析能够促使组织开展持续改进和优化。③对工作分析过程进行评估与反馈。可以从工作分析的过程信息（如过程评价如何，是否影响工作等）、内容信息（如是否全面反映工作信息，是否体现职位性质与特征，是否科学界定职位权责与任职资格）、效果信息（如是否达到预期目标，是否提升工作绩效，是否规范职位操作与流程）等方面出发，听取使用者的意见，对整个过程和环节进行总结与反思，为日后工作的改进与优化提供参考与依据。

6.4 工作分析的理论演进

6.4.1 社会分工孕育工作分析的萌芽

分工是人类最初的管理活动。春秋时期的管仲曾提出"四民分业定居"，主张将广大民众按不同的职业分为"士、农、工、商"四大社会阶层，并按各自的专业聚居在固定的地区。战国时期的荀子则强调"人群明分"和"务本事"，即依据人的不同能力、德行和社会性质进行合理分工，通过明确角色和职责分工，使得每个人都能在适合的位置上专心完成本职工作。古希腊的思想家苏格拉底认为社会需求是多样的，社会分工可以让每个人从事力所能及的工作并做出更大的贡献。这种观点在柏拉图的《理想国》中得到进一步阐释，柏拉图强调了社会分工应基于人的天赋和本性。

工作分析的思想与社会分工的出现密不可分。汉代的王符在《潜夫论·忠贵》中提出"德不称其任，其祸必酷；能不称其位，其殃必大"，反映出职位对任职资格的影响，蕴含了依据工作挑选员工的思想。北宋的李诫通过访谈与现场观察，收集大量资料撰写了《营造法式》，详细介绍了建筑工程的标准做法、人员定额和各种工程的图样。宋末元初的黄道婆对工作方法进行分析，改进了原有棉纺织工艺技术并创造出先进的纺织工具。元代的王祯不仅对毕昇的活字印刷术进行了方法分析,发明了"转轮排字盘",还制作了"方法分析说明书"来描述各类生产工具的构造和用法。明代的宋应星通过观察和调研农业生产技术,撰写出了《天工开物》。此书系统描述了农业、手工业的各种生产技术和操作程序,也可认为是一本工作说明书。

随着人类社会的发展,社会分工也更加细化,并且开始关注到单个工厂中的劳动分工,社会出现了更加细分的职业类别。亚当·斯密在《国民财富的性质和原因的研究》中曾描述了西方国家某工厂制造一根大头针所需的18个工序,每个工序由一个人操作。查尔斯·巴贝奇在《论机器和制造业的经济》中进一步分析了劳动分工的好处,包括减少新人接受培训的时间,减少原材料的耗费,通过合理安排工人工作来节约开支,以及激发工人在使用工具中的积极性与创造性等。可见,工作分析由分工发展而来,分工的发展又促进了工作分析的发展。

6.4.2 管理活动奠定工作分析的基础

1. 狄德罗与工作分析

狄德罗是18世纪法国的启蒙思想家,在哲学、文学、美学和翻译等多个领域做出了贡献。他发现许多关于贸易、艺术和手工业方面的资料不完整且缺乏统一的意图,故主持编撰了法国历史上第一部"百科全书"。该书的词条涉及哲学、文学、语言、工艺、道德和科技等多个方面,并对多种工作程序进行了详细描述和分类。在撰写过程中,他还对贸易、工艺等方面的资料重新进行了调查和分析,不仅梳理了工作信息并绘制机器图版和说明,更通过简化不必要的环节将收集的资料系统化。因此,这一编写过程标志着工作分析作为一种系统化方法得到初步应用,被认为是历史上第一次开展的大规模工作分析活动。

2. 泰勒与工作分析

19世纪末到20世纪初期,由于生产技术的变革和组织规模的扩张,传统经验化的管理模式制约了先进生产力的发展,两者矛盾日益突出,生产效率十分低下。在此背景下,泰勒强调通过科学的方法来管理和组织工作流程,以提高工作效率和效益。他在工厂实地进行多次试验,系统研究和分析了工人的操作方法和动作所花费的时间,并将其应用于员工的选拔、培训和奖励之上,形成了科学管理理论。该理论不仅基于实践发展而来,更奠定了工业工程、流程管理、精益生产等管理理念与活动的基础,推动了工作研究和工作分析在实际管理中的应用。因此,以寻找最佳工作方法为目的,对作业动作和时间进行测定的过程也被认为是科学工作分析的开始。

3. 吉尔布雷斯夫妇与工作分析

吉尔布雷斯夫妇是美国的心理学家和管理学家,他们在动作研究领域做出了重要贡献。丈夫弗兰克·吉尔布雷斯从一个砌砖学徒工开始,逐步成长为一名建筑工程师和独立经营的建筑承包商,并最终转向管理研究。妻子莉莲·吉尔布雷斯将早期心理学概念应用到科学管理实践中,关注到工作中人的因素。吉尔布雷斯夫妇不仅拓展了泰勒的工作研究方法,通过对工人动作的观察、记录和分析,来改进工人完成任务的动作和顺序,从而减少多余动作,提高工作效率,而且提出了"动素"的概念,将工作分解成一系列具体的任务,从而更好地理解和管理工作。此外,吉尔布雷斯夫妇提出不同工人在从事同样工作时应采取不同的工作方法,并希望设计出一套动作少、时间少、疲劳小的工作流程,从而缓解劳动过程中工人的疲劳问题,这同样是工作分析的重要内容和出发点。

4. 芒斯特伯格与工作分析

随着工业心理学的兴起,工作分析的地位进一步得到强化。作为工业心理学的创始人,芒斯特伯格认为心理学家需要帮助工业组织发现最适合从事某项工作的人,决定什么样的心理状态能够保证人的工作效率最高并产生不断提升管理效率的想法,这些理念已经蕴含了工作分析的基本思想。此外,芒斯特伯格的研究主要集中在如何通过科学方法研究工作中的个体,包括对工作环境和任职资格的分析,并且强调了从实际操作者出发获取真实、准确信息的重要性。这些思想和方法被广泛应用于职业选择、工作方法改进以及建立适合的工作条件等方面,对工作分析的方法和实践亦产生了深远的影响。

5. 宾厄姆与工作分析

宾厄姆将工作分析视为工业心理学的一个重要分支,并创建了第一个应用心理学系。宾厄姆在心理学领域的研究,以数据为基础,通过职业介绍和培训课程设计,了解到工作的类型、任务、资格、晋升等信息,从而解决人员配置的问题。此外,宾厄姆通过整合美国的社会科学研究会、国家研究会等多个研究机构,成立了国家就业局职业研究委员会,并编制了就业指导等重要文件,在推动工作分析发展的同时,也为后续工作分析的研究奠定了重要基础。

6. 斯考特与工作分析

斯考特关注有效人才的选拔,不仅通过工作分析得到军队相关职位的具体任务以及胜任该职位所需要的知识和能力,制定了军衔资格标准,创建了人员调查表,从而为相关职位的测评提供依据,而且将军队的工作分析方法拓展到组织设计和人力资源管理之中,有助于组织更好地了解工作内容和胜任资格。相关研究为现代工作分析方法的发展奠定了重要基础。

6.4.3 分析工具促进工作分析的深入

传统的劳动分工在提高生产效率的同时,不利于个人能力的全面发展。现代人力资源管理旨在让每个员工在组织中得到充分和全面的发展,不仅允许员工流动,而且使员工从片面的专长发展中解脱出来。工作分析可以全面获取工作信息,有助于加深管理者和任职者对工作的理解,并且增加了员工职位变动及能力多向发展的可能性,从而实现全面发展的人力资源配置目标。相关理论与方法因此得到了进一步发展。

20世纪70年代,工作分析作为人力资源管理工作的基石,已经被看作是人力资源管理现代化的标志之一。随着统计、心理测量等学科的发展,以及对工作分析科学性、规范性要求的增加,新的技术和工具被引入工作分析中,结构化、定量化的工作分析方法不断涌现(如工作分析问卷、工作要素法、职能工作分析、任务清单分析系统、关键事件法),并且日趋成熟,得到了广泛应用。

1. 工作分析问卷

工作分析问卷也称为职位分析问卷,是一种用于评估和分析特定职位内容和要求的标准化工具,主要聚焦于工作本身。工作分析问卷的设计初衷是希望开发一种通用的、以统计分析为基础的方法,以便建立某个职位的能力模型并进行职位间的比较。该问卷以严格的工作术语为特征,有助于衡量每个工作要素并给出评分,从而全面了解职位的特征和要求。

2. 工作要素法

工作要素法是一种开放式的、人员导向的工作分析系统。该方法的核心在于确定任职者的知识、技能、能力、愿望、兴趣和个性等显著特征,这些特征被称为工作要素。具体而言,知识涉及专业知识的掌握程度、外语水平和知识面的宽窄等,技能包括计算机使用能力、驾驶技术和具体操作技术等,能力涉及口头表达能力、判断能力和管理能力等。工作要素法的应用范围广泛,可以用于评估员工的工作需求和要求,有助于组织制订培训和发展计划,优化工作流程和设计,提高工作效率。

3. 职能工作分析

职能工作分析源于职能职业分类计划理论,是一种系统性的工作分析方法,构建了面向数据资料处理、人员管理及工具操作水平级别的标准规范体系。职能工作分析的核心在于对工作职能进行详细分析,即对每项任务的要求进行全面细致的描述,有助于组织理解一个职位的职能层级、人员特点、工作内容和工作价值,并进行职位描述、培训项目设计、工作设计等管理活动。在实施职能工作分析时,应该注意明确工作者需要完成什么任务以及如何完成这些任务,基于事情、信息和人的定义划分职能等级,并确定工作者必须具备的通用技能和特定技能。其中,工作信息模式分析系统是职能工作分析的一种方法,即专门用于收集和分析工作信息的系统。工作信息模式分析系统通过编制一系列有关信息的模数、单位与标准化术语,明确工作内容、工作方法、工具设备、任职资格、工作态度、工作权限、工作条件等信息,适用于特殊与专业化领域中的工作分析。

4. 任务清单分析系统

任务清单分析系统是一种以工作为导向的工作分析系统,即分析者借助一定的手段与方法,对职位的工作任务进行分解与分析,寻找出构成职位工作的各个要素及其关系。该系统中的任务是指任职者能够清晰辨别的、有意义的工作单元。该系统的主要特点是将这些工作任务按照职责或其他标准以一定顺序排列起来,让任职者根据自己工作的实际情况进行选择、评价等,并最终形成工作内容。该系统有助于组织更好地理解和优化员工的工作内容,提高工作效率和团队协作效果,适用于各种规模的组织,特别是在需要详细分析和优化工作任务的情况下。

5. 关键事件法

关键事件法是一种用于评估和理解个体或团队在特定情境下表现的方法。该方法通过设计一定的表格,收集、观察和分析个体在工作中的关键行为,并区分有效及无效行为,以此确定任职资格。关键事件法需要认定与工作相关的行为,并识别出其中最为关键的行为,有助于组织更好地理解和提升员工的工作表现。该方法的使用主要遵循以下步骤:首先,通过访谈、问卷调查等方式收集个体在特定事件中优异或不佳的表现;其次,对收集到的数据进行系统编码和分类,以提取出关键的主题、模式或概念,揭示个体在关键事件中的具体行为和反应;再次,通过详细分析个体在关键事件中的行为,识别其成功或失败的关键因素;最后,将分析结果应用于绩效评估、培训和发展计划中,以提高个体和团队的整体表现。

6.4.4 知识经济推动工作分析的变革

近年来,随着知识经济时代的来临、产品和科技的加速更迭,以及政治、经济、社会和文化因素的变化,不仅以知识为基础的工作持续增多,组织运作模式从以生产产品为主转变为以人力资本、智力资源为主,而且扁平化组织、无边界组织等概念纷纷出现,导致工作的稳定性、工作方式以及工作对任职者的要求不断变化。因此，以往建立在传统工业化高度分工基础上的工作分析，在思想、技术和研究上都需要不断更新和改进，以更好地适应社会经济环境的变化，更好地服务于组织人力资源管理需求。

1. 重视系统性与预测性

工作分析开始从静态的职位分析走向系统的工作分析，从描述性工作分析走向预测性工作分析。传统工作分析侧重于描述工作任务、职责和任职资格等静态信息，缺乏整体性和系统性。随着工作扩大化和丰富化，职位之间的界限变得模糊，故现代工作分析更加注重系统分析，通过考虑工作过程中的动态变化及对整个组织结构和流程的影响，试图建立一个面向管理需求的综合模型，从而更好地预测工作的发展方向。

2. 重视新技术的应用

工作信息的收集、分析及整理方式随着组织管理的变革及新技术的应用而不断变化。不仅适应无边界工作及组织的弹性工作说明书、角色说明书以及知识、技能和能力矩阵相继出现，并逐渐取代了传统工作说明书，而且计算机网络等高科技手段开始应用到工作分析的各个阶段，改变了工作分析的方式并发挥着重要作用。

3. 重视战略性与管理需求

工作分析逐渐从精确性转向战略性，从面向具体操作转向面向管理需求。这些新的趋势强调了对组织特定需求的关注，促使工作分析开始考虑个性变量、能力模型以及战略性工作分析等新的元素。此时，工作分析不仅更加注重员工的能力、兴趣、动机以及团队和自我管理小组等人的因素，以此确定最适合每个员工的职位，还需要关注技术和社会的新变化，以保证工作分析能够紧跟时代发展的步伐。表 6-5 比较了传统工作分析与现代工作分析的差异。

表 6-5 传统工作分析与现代工作分析的比较

类型	对象	内容	关系	效果	团队
传统工作分析	静态工作与知识、技能、能力和其他个性特征	单个的以及事情确定的工作职责	员工和管理层之间保持较大距离	缺乏竞争优势	孤立的岗位和最少的员工反馈
现代工作分析	持续变动中的职责与知识、技能、能力和其他个性特征	扩大的职责和交叉职责	员工与管理层之间的差别逐渐缩小	能够产生竞争性资本优势	团队工作和自我管理小组

资料来源：相飞，杜同爱.组织设计与工作分析[M].北京：中国人民大学出版社，2021.
李文辉.工作分析与岗位设计[M].北京：中国电力出版社，2014.

6.5 数字时代工作分析的发展趋势

6.5.1 数字时代组织发展的新变化

人工智能、大数据、云计算等数字技术不仅促进了社会治理的数字化转型，而且推动了经济活动的数字化、网络化和智能化,对组织模式、生产方式、产业结构产生了深远的影响。

1. 数字技术促进生产效率的提升

工业互联网和智能制造平台不仅使组织能够实现实时大数据分析,按需定制生产,提高了组织的生产效率和质量管理水平,而且实时监控和数据分析可以优化生产计划、资源利用和设备效率,优化了生产流程和资源配置。例如,联想数字工厂采用了智能排产系统,能够灵活响应复杂多样的生产需求,将排产耗时从6小时压缩到1.5分钟。九牧集团的5G智慧工厂实现了设计、技术、品质、收款、交期的物联网数字化,促使生产效率提升了50%,能源用量减少了7%,运营成本降低了8%,产品研发周期年均缩短了15天。可见,数字化转型有助于组织实现信息化、智能化、高效化,显著提高了组织劳动、资本和技术的综合效率,降低了组织成本与风险,提升了市场竞争力。

2. 数字技术推动新型生产模式的兴起

人工智能、机器人和3D打印等数字技术开始替代部分传统劳动,并使得生产方式从以人为中心转变为以数据和算法为核心,促进了传统生产要素与新兴数据要素的融合和创新配置,推动了新质生产力的发展。特别地,数字技术与制造业的深度融合,促使数字化设计、智能化生产、网络化协调和服务化延伸等多个领域形成了人机共融的智能制造模式,进一步优化了生产流程,提升了产品质量。如今通过数字平台,企业能够将需求侧和供给端紧密结合,实时掌握市场需求的动态变化,"5G+工业互联网"的典型场景和重点行业应用不断增多,数字工厂、智慧矿山等新模式不断涌现。不仅如此,在零售、医药、农业等领域,数字技术也推动了生产模式的变革。

3. 数字技术催生新的商业模式和市场需求

大数据、云计算、区块链、人工智能等技术逐渐渗透到社会经济发展的各个方面,形成了以数字技术为基础的商业模式和业态。数字化商业模式是指通过数字技术的嵌入,改善或重塑传统的商业模式。随着大规模定制、电子商务和云服务等新型商业模式的兴起,全球贸易模式也由大宗贸易转变为分散化、平台模式,不仅满足了消费者的个性化需求,还推动了经济结构的优化和升级。此外,数字化技术通过大数据分析进行精准营销,利用云计算实现业务敏捷化,借助人工智能进行决策支持和客户体验优化,改变了组织的运营方式,催生出平台经济、共享经济、数据经济等新业态,并且推动了新职业的出现和就业市场的扩展。

6.5.2 数字时代人力资源管理的新趋势

1. 人员管理数字化、智能化

随着移动互联网、云计算、大数据和人工智能等数字技术的发展,数字化人力资源管理开始出现,不仅提高了工作效率、降低了管理成本,还改变了未来人力资源管理的工作方式。数字化技术的应用使得人力资源管理从传统的手工操作和纸质文件处理转变为电子系统和数据分析,使得决策过程更加依赖于数据和实时反馈。与此同时,人工智能、大数据和机器学习等技术进一步推动了人力资源管理的智能化升级,并逐渐替代人力资源管理中简单、重复、标准化的工作。不仅在人力资源规划中可以利用算法和机器学习工具快速分析大量数据并进行趋势预测,而且在招聘、考核、培训等管理实践之中也可以运用相关技术。基于算法的智能分析工具有助于更好地预测员工表现、优化招聘流程并提升员工对培训的参与度和满意度。因此,人力资源管理者必须学会利用数据驱动变化,用数据度量人力资源管理。表6-6展示了人力资源管理六大模块的度量方式。

表6-6 人力资源管理六大模块的度量方式

模块	数量	质量	时间	成本	价值
人力规划	人员需求数量 员工增长率	人员要求能力	年度规划周期	人力成本总额 人力成本占比	人力资本投资回报率 员工平均利润
招聘选才	招聘人数	试用期通过率	人均招聘周期	人均招聘成本	关键人才招聘 完成率
绩效管理	高、低绩效员工 被动离职率	淘汰率	低绩效员工改进 周期	人均绩效管理 成本	劳动生产率
培训发展	人均培训课时	培训满意度	培训完成周期	人岗匹配率	绩效提升率
员工关系	员工人数 每月入职人数 主动离职率 关键人才离职率	人力资源数据 准确率	人均到岗时间 人均服务年限	人均运营成本	员工满意度
薪资福利	每月薪资发放总额	薪资发放准确率	薪资发放及时率	人均薪资福利 成本	员工敬业度

资料来源:任吉,魏巍.工作分析与岗位管理:基于数字化转型[M].北京:机械工业出版社,2023.

2. 人力资源信息系统平台化

数字技术的快速发展使得数字化人力资源管理从单一功能的信息系统转向更加广泛的人力资源平台,涉及基于工作场景的业务处理平台、数据分析平台、线上协作平台、社交场景协同平台以及其他数字化工具的应用等。平台通过集成更多业务流程管理功能,实现业务数据化以及流程与数据的相互贯通。例如,邮储银行安徽省分行自主开发建设人力资源信息共享平台,不仅已经实现了员工薪酬查询、晋升规划、政策宣贯等功能,还将增添绩效辅导、意见调研、数据统计分析、终身职业培训跟踪、专业技能需求画像等功能,旨在实现人力资源管理实时化、透明化、全员化和人性化。未来人工智能、大数据、增强现实和虚拟现实等数字技术还将进一步促进人力资源信息系统的革新,不断优化招聘、培训、绩效管理、薪酬福利等人力资源管理工作的流程与效能。

3. 人力资源管理工作虚拟化

数字时代下,传统雇佣模式受到挑战,兼职、自由职业、众包、远程工作日益普及,这要求人力资源管理需要支持跨地域的团队协作,同时也需要在员工健康、安全和福利管理上采取新的措施。如今在家办公、网络办公、协同工作等工作方式逐渐流行,虚拟化人力资源管理的概念也开始受到关注。虚拟化人力资源管理通过现代信息网络技术,可实现人力资源管理活动的外部化或员工自主化,从而有助于组织获取并开发智力和劳力资本,优化业务流程,提升整体效能,并增强组织竞争力。例如,在人员招聘中,不仅线上招聘会、直播招聘、视频面试等可视化手段更加普及,而且通过视频通话辅助的虚拟面试平台也能够基于大数据分析快速搜索到最佳候选人。在员工培训中,增强现实、虚拟现实等技术能够复制实时场景、模拟工作环境,促使员工在一个安全无风险的环境中进行操作、练习并熟悉工作流程。在绩效管理中,人工智能可以收集和分析员工工作表现、目标达成情况、客户反馈等数据,自动进行绩效评估并预测员工可能遇到的困难。此外，云计算技术为人力资源管理提供了更大的灵活性，员工可以随时随地在任何设备上访问人力资源信息。

6.5.3 数字时代工作分析的新方向

随着信息技术的发展和社会经济的变化，组织对工作分析的需求也越来越多样化和复杂化，并主要表现在以下六个方面。

1. 关注未来导向的工作分析

未来，组织结构将变得越来越虚拟化，工作模式也将更加灵活，远程工作或混合工作环境逐渐成为常态。当工作经历变革或重新创建时，工作分析需要能够体现出这种未来的组织需求及趋势预测。因此，工作分析需要不断适应这些变化，更加重视技术驱动下新职业的识别、灵活工作和虚拟化组织下的工作方式，现有职业所需技能的更新、调整及变化。此外，工作分析还需要综合考虑全球经济和市场变化带来的影响，以确保其内容和方法能够满足未来组织的需求。通过预测未来的职业需求和技能要求，组织可以更好地进行人才规划和培养，保持竞争优势。

2. 数字技术提升工作分析效率

工作分析的效率依赖于信息收集与分析的技术。传统的工作分析主要依靠人工完成，耗费了大量的人力、物力和财力。随着人工智能和数据科学的发展，各种算法、智能分析工具与平台在工作分析中得到了广泛应用，大幅度提升了分析效率。组织可以通过收集和分析员工的工作表现、技能水平、学历背景等大量数据，开展预测性工作分析，更好地服务于组织战略及人力资源管理需求。例如，机器学习算法可以帮助识别员工的潜在技能缺口，预测员工的职业发展路径，从而制订个性化的培训和发展计划，提升员工的工作满意度和留任率。此外，通过实时数据分析和反馈机制，组织可以快速调整和优化工作流程，提高整体工作效率。

3. 开展跨学科的工作分析研究

在快速变化的工作环境中，工作分析不再是一个孤立的领域，而需要与战略管理、心理学、计算机科学等相关学科展开交叉融合，以应对现代组织面临的复杂挑战。这种跨学科的研究方法有助于从多维度深入揭示工作分析的影响因素，帮助组织设计出能够促进员工持续学习、不断提升适应性的工作结构和流程。例如，将心理学理论应用于工作分析，可以更好地理解员工的动机和行为，设计出更加人性化的工作流程；将计算机科学的最新进展应用于工作分析，可以开发出更加高效和智能的分析工具，从而提升工作分析的精准度和实用性。结合经济学理论，组织还可以评估和优化工作分析的成本效益，确保资源的高效配置。

4. 个性化的工作分析

随着员工多样性的增加，个性化的工作分析变得越来越重要。每个员工都有其独特的技能、兴趣和职业目标，因此，组织需要根据员工的个人特质进行定制化的工作分析和职业发展规划。通过利用大数据和人工智能技术，组织可以更精准地识别员工的优势和不足，从而制订个性化的培训和发展计划，最大化员工的潜力。

5. 持续的工作分析和反馈机制

传统的工作分析往往是一次性的，但在快速变化的数字时代，持续的工作分析和反馈机制变得尤为重要。通过建立实时数据收集和分析系统，组织可以持续监测员工的工作表现和工作环境的变化,及时发现问题并采取相应的措施。这不仅有助于提高工作效率,还能增强员工的工作满意度和组织的灵活性。

6. 全球化视角下的工作分析

随着全球化进程的加速,跨国公司和远程工作的普及,工作分析也需要具备全球化视角。不同国家和地区的文化、法律和市场环境各不相同,组织需要在进行工作分析时充分考虑这些因素,以制定符合全球市场需求的工作标准和策略。这不仅有助于组织在全球范围内实现资源的最优配置,还能增强其在国际市场上的竞争力。

总之,随着技术的进步和工作环境的不断变化,工作分析需要不断创新和发展,以满足未来组织的需求。通过关注未来导向、利用数字技术提升效率、开展跨学科研究、实现个性化、建立持续反馈机制以及具备全球化视角,工作分析才能真正发挥其在组织中的战略价值,助力组织在数字时代取得持续成功。

本章小结

工作分析是组织全面掌握工作信息与情况的基本管理活动,包括工作名称分析、工作任务分析、工作权责分析、工作流程分析、工作关系分析、工作环境分析以及任职资格分析等内容,可分为以工作任务调查为核心的任务导向型,以人员工作行为调查为核心的人员导向型,以及以生产环节调查为核心的过程导向型三种类型。

工作分析作为人力资源管理的基石,旨在为人力资源规划提供基础,为人员选拔和任命提供依据,为人员培训和开发提供指导,为人员考核和升职提供参考,为薪酬和福利公平提供保证。此外,工作分析对组织的整体管理具有重要意义,有助于提高组织效率,推动科学化管理,促进组织和个人协同发展。

工作分析需要遵循系统性、动态性、目的性、经济性、职位性与应用性的原则,其流程包括准备、实施、运用三大阶段,最终结果包括工作描述、工作说明书、资格说明书、职位说明书。

批判性思考与讨论题

1. 如何理解工作分析的概念?
2. 工作分析的内涵和特征是什么?
3. 工作分析的内容是什么?工作分析的类型有哪些?
4. 工作分析的结果有哪些?
5. 简述工作分析的有关专业术语。
6. 工作分析的目的和原则是什么?
7. 工作分析的作用主要体现在哪些方面?
8. 工作分析的流程包括哪几个阶段?具体是什么?
9. 简述工作分析产生和发展中的关键人物及其观点。
10. 数字时代下工作分析面临的挑战有哪些?
11. 简述数字时代背景下工作分析的发展趋势。
12. 结合本章的学习,简要描述你对工作分析的认识和理解。

案例分析

实操训练题

实训目的： 掌握工作分析的含义、原则和作用，正确处理工作分析过程中发生的问题。

实训程序：

1. 教师将全班学生分成若干小组，以 5~8 人为一组，各组一起阅读下述案例情景，然后进行小组讨论，回答下列问题。

2. 每组成员对案例情景进行诊断，对需要开展工作分析的企业进行判断，分析是否需要以及如何进行工作分析。

3. 针对下列问题，每组有 10 分钟的讨论时间，讨论结束后，每组将有 3 分钟来陈述所形成的观点和答案。所有小组陈述完毕后，教师分享并讲解现实中的工作分析实践。

案例情景：

2011 年 5 月密西西比河的洪水袭击了位于密西西比州维克斯堡的奥普蒂玛空气过滤器公司。很多房屋被洪水冲垮。公司发现不得不雇用三组全新的员工。这里的问题在于：那些老员工对自己的工作十分了解，此前从没有人为他们起草职位描述。当 30 名新员工就位时，他们彻底困惑了，不知道自己应该做什么以及如何去做。

对位于其他州的客户来说，此次洪水很快就成了旧闻，他们只想买到空气过滤器，不愿意听任何借口。总裁费尔·曼为此绞尽脑汁。他现在只有 30 名新员工、10 名老员工以及原来的工厂厂长美比莱恩。他决定去找来自当地一所大学商学院的顾问琳达·罗伊谈谈。罗伊立即让公司的那些老员工填写了一份职位调查问卷，在问卷上列出了他们需要履行的所有工作职责。这下争论立即爆发：曼和美比莱恩都认为，这些老员工为了使自己的工作显得更加重要而夸大其词，而老员工却坚持认为自己的回答真实地反映了实际承担的工作职责。与此同时，客户还在要求公司尽快提供空气过滤器。

资料来源：德斯勒. 人力资源管理：第 14 版[M]. 刘昕，译. 北京：中国人民大学出版社，2017.

相关讨论问题：

1. 曼和罗伊应该忽视老员工的抗议，用自己认为恰当的方式来编写职位描述吗？为什么？你将如何解决这些分歧？

2. 你将如何进行工作分析？曼现在应该做些什么？

第7章 工作分析的流程

研究内容

1. 工作分析的前期准备工作内容;
2. 工作分析的实施流程。

关键概念

工作分析流程(job analysis process)
工作环境分析(work environment analysis)
组织分析(organization analysis)
岗位分析(position analysis)

开篇案例

孙经理工作分析实施中的问题

A公司人力资源部的孙经理在工作中发现,不同部门之间存在很强的推诿、扯皮现象,工作流程也很不合理。因此,孙经理上报总经理,希望进行工作分析,重新制定职位说明书,并更新组织的架构。

在公司批准其方案后,孙经理立即建立了工作分析项目组,带领小组成员开始资料收集工作,并深入一线对员工进行访谈,但收到的反馈非常不理想。很多员工开始抱怨工作分析给自己安排了不合理的任务,错误地判断了自己的工作数量和工作质量,工作分析就是吃饱了没事干,非但不能有效地优化组织架构、增加企业效益,反而劳民伤财,付出了成本,又干扰了员工正常的工作秩序。孙经理的工作分析刚开始就遇到了很大的阻力,不得不终止。

工作分析是企业人力资源管理的一项常规性、基础性的工作,但同时也是一项非常复杂、烦琐、充满挑战性的工作。工作分析的内容需要围绕着企业环境、企业组织结构与岗位而开展,并随着企业环境的变化、企业组织结构的变革及企业岗位体系的调整而相应地发生变化。因此,在工作分析正式进行之前,先要对企业所面临的宏观工作环境及微观工作环境、企业的组织架构及岗位进行分析。在此基础上,依次从工作分析计划的制订、工作分析的设计、工作信息资料的收集与分析、工作分析结果的表达与运用四个阶段实施工作分析。

资料来源:张岩松.组织设计与工作分析[M].北京:北京交通大学出版社,2023.

7.1 工作分析的前期准备工作

7.1.1 工作环境分析

工作环境分析分为宏观工作环境分析和微观工作环境分析。宏观工作环境分析涵盖了对企业外部及内部环境的分析。外部环境因素包括政治、经济、文化和技术等方面,这些因素会影响企业的岗位设置及工作分析。内部环境因素则包括企业的战略目标、文化、领导风格和员工等。而微观工作环境分析是对岗位工作条件及员工要求的全面评估,也称为"工作背景分析"。工作环境分析有利于充分了解工作所处环境情况,有助于准确描述岗位及制定任职说明书,从而提高工作说明书的准确性和实用性。

1. 宏观工作环境分析

1)外部环境分析

外部环境因素是指在企业所处环境中对企业战略的制定、日常经营活动、人力资源管理活动等有影响的各种因素。企业外部环境包括一般外部环境和特定外部环境,前者主要包括政治环境、经济环境、社会环境、技术环境等,而后者主要包括顾客、供应商、竞争者与替代者、社会公众等外部利益相关者。这里主要关注企业所处的一般外部环境的分析,包括企业外部的政治、经济、社会、技术等方面的环境分析,简称 PEST 分析(political, economic, social, technological analysis)。

(1)政治法律环境。政治法律环境是指一个国家的政治制度、政策法规及国际政治形势的发展状态等,是对企业经营与管理活动影响最大的外部因素,在企业生产经营活动中起到基本保障作用。企业做出有关招聘、培训、绩效评估、晋升、解雇等方面的人力资源管理决策时,需要充分考虑政治法律环境的影响,尤其在人力资源管理决策可能涉及有关法律法规中明确指出的限制性和保护性条款时,比如性别歧视、年龄歧视、弱势群体保护等方面。因此,在编写工作说明书时,企业必须特别谨慎,重点关注法律规定中的有关条款,以避免法律纠纷。

(2)宏观经济环境。宏观经济环境会直接反映在国内生产总值、通货膨胀率、储蓄、就业水平、人均收入水平、汇率等经济指标上,而这些指标直接影响企业的战略决策和人力资源规划发展战略以及人力资源规划的制定与实施。宏观经济环境影响区域间和区域内人力资源数量和质量的流动,直接影响企业人力资源获取的数量与质量、难易程度和成本。因此,企业在进行人力资源管理工作时,需要根据经济环境状况制定更具适应性和灵活性的人力资源规划,及时调整企业发展战略与管理模式。工作分析作为人力资源管理的基础工作,更应该根据宏观经济环境进行科学规划和及时调整,以适应经济环境变化。

(3)社会文化环境。社会文化环境是指企业经营所在地的社会结构、文化传统、宗教信仰、价值观、行为规范、生活方式等多种因素构成的环境氛围。社会文化环境中的这些因素潜在影响企业的组织结构和工作安排。社会文化环境的变化也会潜移默化地影响到企业内部管理者及员工的行为和认知模式,进而会导致企业组织结构、制度制定、工作安排的变化。此外,处于不同社会文化环境中的员工也对企业的行动和决策产生不同的观点和理解。因此,在工作分析过程中,企业需要特别关注社会文化环境变化,以避免冲突和问题。

(4) 技术环境。技术环境是指企业所处环境中的科学技术因素及与其相关的各类社会现象的集合，涉及科技体制、科技政策要求、科技发展状况、技术进步、科技发展未来趋势等。技术环境的变化对企业的工作性质和管理方式有显著影响，直接改变企业经营与管理活动。因此，企业需适应技术变化，提升工作分析效率，同时预见技术变革带来的挑战。

2) 内部环境分析

内部环境分析是对影响人力资源管理的企业组织内部因素的分析。这些因素是企业能够控制的内部因素，对工作分析有直接影响。企业借助内部环境分析，能够明确企业的优势和劣势，便于企业战略实施和调整、管理流程优化和目标管理。下面从这些因素与工作分析的相关性出发，重点选取企业战略目标、企业文化、领导者的风格、员工等因素进行分析。

(1) 企业战略目标。企业战略是企业为适应未来环境的变化，致力于企业生产和经营持续稳定发展而制定的全局性、长远性、纲领性的决策和计划。企业战略也反映了管理者对行动、环境和业绩之间关键联系的理解。企业战略目标是企业的总体方针，决定了企业中人员配置及发展的方向，明确了企业未来人员供需的情况，指导着企业人力资源管理活动的进行。科学合理地进行岗位设置是企业战略目标实现的基础。因此，进行工作分析，确定岗位配置，需要与企业战略目标保持一致。工作说明书需依据战略目标进行调整，以支持企业的长期发展。

(2) 企业文化。企业文化诠释了企业特有的精神财富和物质形态，包括企业的价值观、道德规范、行为准则、企业制度和文化传统等，其中，价值观是企业文化的核心。企业文化会影响员工行为和工作态度。例如，倡导创新的企业文化会引导员工做出更多具有创新性的行为或活动，激励员工不断创新。优秀的企业文化可以正确引导员工做出有利于企业战略目标实现和与企业价值观一致的行为选择。因此，在工作分析过程中，企业应考虑企业文化对岗位设置和人力资源管理的影响。

(3) 领导者的领导风格。领导者是指在某个领导职位上，拥有一定的领导权力，承担特定的领导责任，执行某些领导职能的人。领导风格体现领导者的行为模式。领导者的个性、经历领导风格直接影响企业相关战略的制定和实施，以及企业文化的形成。领导者在影响他人时，会采用不同的行为模式来达成目的，有时侧重于监督和控制，有时侧重于表达信任和授权，有时侧重于说服和解释，有时侧重于鼓励和建立亲和关系。

美国著名心理学家库尔特·卢因(Kurt Lewin)及其同事从20世纪30年代开始研究团队氛围和领导风格。卢因等人发现，领导者在团队中并不是总以同样的方式体现其领导角色，他们通常使用不同的领导风格，这些不同的领导风格对团队成员的工作绩效和工作满意度产生不同的影响。此外，不同的领导风格会对组织决策类型和管理方式产生不同的影响，尤其在人力资源管理中，不同领导风格的领导者会选择不同的管理模式，这将影响人力资源管理的内容和重点，影响工作分析和人力资源管理的实施。因此，了解领导者的领导风格有助于调整工作说明书的内容。

(4) 员工。员工是指在企业中以各种形式雇用的人员，包括正式员工、合同工、临时工和实习生等。由于员工在能力、态度、个人目标和品质等方面存在差异，企业的人力资源管理方法也需要因人而异。此外，不同的工作岗位对员工有不同的要求。因此，工作分析人员需要根据岗位要求和员工特征制订针对性的人力资源管理方案。工作分析人员的素质差异也会影响工作分析结果。企业的工作分析人员可以是企业内部人员,也可以是从外部聘请的专业咨询专家。内部人员的优势在于对企业内部情况比较了解,而外部人员则能提供更加公正、客观的分析。企业不论选择哪种方式,都必须确保工作分析人员具备较高的专业水平和丰富的经验,以保证工作分析的准确性和企业发展的前瞻性。

2. 微观工作环境分析

微观工作环境主要涉及工作中的物理条件,包括自然环境和安全环境两个方面。微观工作环境对员工的心理状态、行为模式、工作效率以及最终的工作成果有着显著的影响。为了让员工能够在最佳状态下工作,组织必须提供一个既舒适又安全的工作环境。微观工作环境的主要组成因素有微气候、噪声与局部振动、色彩与照明、粉尘与毒物、辐射等。因此,在工作分析过程中,组织必须考虑这些因素对员工身体健康和工作表现的影响,并采取相应措施来控制这些影响。微观工作环境的构成参见图7-1。

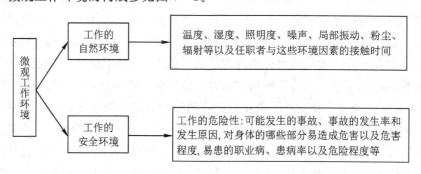

图7-1 微观工作环境的构成

(资料来源:任正臣.工作分析[M].2版.南京:江苏凤凰科学技术出版社,2020.)

1)微气候

微气候是指局部工作环境中的气候条件,包括温度、湿度、气流速度以及作业现场中机器设备、原料、半成品或成品的热辐射等。微气候对员工的工作效果有直接影响。微气候条件如果不佳,可能会增加员工的劳动强度和疲劳感,甚至引发健康问题或安全事故。同时,不良的微气候也会影响机器的正常运行,导致生产过程中的不安全状况。因此,在进行工作分析时,工作分析人员应详细了解这些环境因素对员工的影响,并在工作说明书中详细说明如何尽量减少这些影响。

2)噪声与局部振动

(1)噪声。噪声是指对交流和思考产生干扰的环境声音,对噪声的感受因个体差异而有所不同。在生产环境中,噪声常常是一个有害因素。适度的低噪声环境有利于员工情绪的调节和工作效率的提升,而高噪声强度则会增加生理负担,导致疲劳、情绪不稳、反应能力下降等问题。噪声还可能对听力造成长期伤害。因此,工作分析人员需要测定噪声等级,并根据噪声标准确定适宜的工作时间,以减少噪声对员工的影响。工作说明书中应包括噪声作业的要求和员工的适应能力。

(2)局部振动。局部振动是指使用手持振动工具或接触受振动工件时,直接作用或传递到人的手臂的机械振动或冲击。局部振动对员工有三个主要影响：首先，会影响视觉，造成视野不稳定和视觉疲劳；其次，会导致身体健康问题，如手部血管痉挛和神经感觉障碍；最后，会对心理状态产生负面影响，导致员工烦躁不安。工作分析人员应评估局部振动的强度，并将其记录在岗位评价表中，同时制定减少振动影响的措施，并在工作说明书中详细说明。

3）色彩与照明

（1）色彩。色彩对员工的视觉和心理状态有重要影响。合适的色彩配置能够提升工作环境的舒适感，减少错误和事故，提高工作质量；还可以减轻视觉疲劳，改善员工的心理状态。因此，工作分析人员应重视色彩对员工的情绪和工作效率的影响，选择合适的色彩方案，并在工作说明书中体现。

（2）照明。照明条件直接影响工作效率和员工的视觉舒适度。照明包括自然采光和人工光源。适当的照明能够提高工作效率，减少视觉和精神疲劳。工作分析人员需要测定照明的强度，确保照明条件满足岗位的需求。工作说明书中应明确照明条件的要求。

4）粉尘与毒物

（1）粉尘。粉尘是指悬浮在空气中的固体微粒，对员工健康有严重危害。粉尘可能导致呼吸道疾病和视力下降，还会影响工作环境的光照效果和员工情绪。在工作分析时，工作分析人员应测定粉尘的种类和浓度，并制定相应的防护措施，如安装通风系统和规定粉尘清理工作。工作说明书中应包括粉尘控制的要求和防护措施。

（2）毒物。毒物指的是生产过程中使用或产生的有毒物质，这些物质可能通过呼吸道、皮肤等途径进入员工体内，造成健康危害。工作分析人员应对毒物进行测定，制定防护措施，并在工作说明书中详细描述相关的安全要求。企业应改进工艺、重新设计工作流程，缩短毒物接触时间。

5）辐射

辐射是指热、光、电磁波等形式的能量传播。现代科技环境中，如计算机使用，可能会导致辐射污染。辐射可能对员工健康产生负面影响，如疲劳和情绪不稳定。在工作分析时，工作分析人员需要评估辐射强度，并建立辐射安全防护体系，包括设备管理、安全设施建设、员工培训等，确保工作环境的安全。工作说明书中应明确辐射防护的要求和措施。

7.1.2 组织分析

组织分析是通过对组织架构、业务流程和岗位体系的分析研究，识别企业架构设计、业务流程和岗位设置在企业运行过程中的问题和缺点，帮助企业厘清各项业务与组织结构之间的联系，为企业持续发展奠定基础。

1. 企业组织架构分析

企业组织架构分析是对企业内各部门的职责、权限及部门之间的关系进行界定和描述的过程，涉及企业内部资源的配置、流程的设计、业务的开展以及管理的实施。组织架构的概念不仅包括企业的结构和组成，还涵盖了企业的发展战略、组织权责和内部关系等方面。因此，深入了解企业的组织架构对于进行有效的工作分析至关重要，它可以帮助我们更好地理解工作内容与组织架构之间的联系,使工作分析不再是孤立的任务,而是融入企业整体战略和运营流程中,从而提高分析的效率和针对性。

1)企业组织架构分析的内容

企业组织架构的设计和分析需要根据企业的战略目标、规模以及所处的外部环境进行调整。进行组织架构分析时,应重点考虑以下几个方面:

(1)企业目标。企业目标是企业发展的基础,它为企业的组织架构提供了指导方向。为了实现长远发展,企业必须明确目标,并确保组织架构能够支持这些目标的实现。明确企业目标能够使工作分析更具针对性和有效性。企业进行组织架构分析时,要把握企业目标的合理性和分解的有效性。目标的合理性对于企业的发展至关重要,只有在合理目标的指导下,企业才能有效分解目标,进行横向和纵向的目标细化。横向分解是将整体目标分配到每一个岗位和个体,而纵向分解则是根据企业成长阶段将整体目标分解为不同的阶段任务。这种分解方法有助于确保每个阶段的目标得以实现,从而推动企业整体目标的达成。

(2)企业的合理分工与统一协调。在设计企业组织架构时,设计者需要将企业目标分解到各个部门和岗位,同时对每一个部门和岗位进行工作分析和关系分析,确保每个部门和岗位分工合理且协调一致。设计者应综合考虑企业内部各部门之间的关系和职责均衡性,避免出现职责不均和资源浪费。将业务活动按照技能相似性或业务流程逻辑进行归类,可以实现高效的业务活动组合,从而提升工作效率和协作效果。

(3)企业组织结构精简与效能的平衡。精简意味着减少不必要的管理层级和岗位设置,从而降低人力成本,并避免管理中的内耗和资源浪费。精简的组织结构可以提高企业的运作效率和协作能力,帮助企业实现战略目标。因此,设计者在设计时应关注结构的简洁性,同时确保其能有效支持企业的经营需求和战略目标。

(4)统一指挥与有效管理幅度。统一指挥原则要求每位下属仅向一位上级汇报工作,形成清晰明了的指挥链,这有助于避免多头领导和指挥链混乱。管理幅度也是设计组织结构时需要考虑的因素。管理幅度的确定受到任务复杂性、管理者素质、沟通方式及环境变化等多方面的影响。合理的管理幅度有助于提高管理效率,防止管理过度或效率低下。

(5)明确权责利。明确的权责利是确保组织结构有效运作的关键。每个部门和岗位应有明确的职责和相应的权限,并且权力和责任应当相匹配。明确的权责关系有助于避免权力滥用和责任无法履行,从而提高员工工作的积极性和工作效率。在实际运作中,确保权责利的对等能够促进部门之间和岗位之间的良好协作。

(6)组织结构的稳定性与弹性。稳定性是企业长期存在和发展的基础。稳定的组织结构和人员构成能够为工作分析提供和谐的环境,从而促进工作分析的顺利进行。同时,组织结构应具备一定的弹性,以适应外部环境的变化。组织结构的弹性能够帮助企业灵活调整,以应对市场变化,提高竞争力。设计者在设计时应综合考虑企业的稳定性和弹性,确保企业能够在变化的环境中保持竞争优势。

2)企业组织架构分析的结果:组织结构说明书及部门职责说明书

企业组织架构分析的结果体现在组织结构说明书和部门职责说明书中。部门职责说明书明确规定了部门的职责和使命,而工作分析是将部门的工作职责分解到部门内的各岗位上。

进行工作分析时,通过对部门职责说明书的分析研究,就可以了解部门和岗位间的配置关系及专业分工。因此,企业现有的组织结构说明书和部门职责说明书为工作分析提供了重要参考,确保各部门和岗位的职责和权力明确。通常情况下,企业组织结构说明书及部门职责说明书应包括以下内容:

(1)企业基本情况。组织结构说明书应包括企业的基本信息,如企业名称、部门和岗位设置、人员编制、行政负责人、办公地点及活动范围等。这些内容有助于全面了解企业的基本情况。

(2)职责、权限与工作方法。说明书中应详细描述企业及其部门和岗位的职责与权限,并阐述相应的工作方法。这些描述有助于确保工作操作规范化,提升工作效率。

(3)企业组织关系描述。组织关系描述包括企业内部和外部的关系。内部关系描述主要包括企业组织结构图,通过结构图明确岗位构成、上下级关系及层次。外部关系描述则涵盖企业与其他组织的关系。

3)企业组织架构分析的实施步骤

企业组织架构分析可以按照以下步骤进行:

(1)发放组织分析调查表。工作分析人员向各部门发放调查表,要求各部门根据企业战略和任务填写,内容涉及企业组织结构、部门权责、组织关系描述、工作方法等。该调查表一般由部门负责人填写。

(2)审核调查表。各部门将填写好的调查表提交给上级部门,由上级部门根据企业目标和部门工作任务进行审核,确保内容的准确性和完整性。

(3)形成初稿。工作分析人员根据调查表的内容指导部门形成职责与结构说明书的初稿。

(4)审核和修订。工作分析人员对初稿进行审核和修订,确保说明书的准确性和完整性,最终形成正式文件。

2. 企业业务流程分析

1)业务流程的含义

业务流程是指企业为实现特定目标而进行的一系列有序、相互关联的活动。这些活动通过将输入资源转化为所需的输出结果,支撑企业的运作和发展。企业的运营活动可以看作是一个完整的流程,其中包括从社会环境中获取原材料、资源和其他要素,经过企业内部的加工和转化,最终生产出产品或提供服务,满足市场需求,并实现企业的经济和社会效益。

业务流程不仅仅是一个单纯的"输入—转化—输出"链条,也是一个动态、不断演变的系统。业务流程的设计需要考虑多个因素,包括企业的目标、资源的配置、市场的需求等,确保各个环节的顺畅衔接和高效运作。举例来说,某企业的维修服务流程可能涵盖从接收客户维修请求、诊断问题、修复设备,到最终交付设备并进行客户反馈的全过程,每一步都环环相扣,以实现最终的服务目标。

2)业务流程的基本要素

在分析和设计业务流程时,企业需要关注四个基本要素:活动、活动间的逻辑关系、活动的承担者和活动的执行方式。这些要素共同决定了业务流程的结构和效率。

(1)活动。活动是构成业务流程的核心单元。每个活动都是将输入转化为输出的具体操作。活动包括四个主要方面:输入(如原材料、信息)、处理规则(如操作步骤、标准)、资源(如设备、人力)和输出(如成品、服务)。例如,在生产制造过程中,一个活动可能涉及将原材料通过特定工艺处理成半成品,这个活动的输入是原材料,处理规则是生产工艺,资源是生产设备和工人,输出则是半成品。

(2)活动间的逻辑关系。活动之间的逻辑关系决定了业务流程的运行方式。其主要有三种基本关系:串联关系、并联关系和反馈关系。串联关系的活动是按照严格的顺序进行的,一个活动完成后,下一个活动才能开始。这种关系在业务流程中较为常见,例如,生产线上相互衔接的工序。并联关系是多个活动同时独立运作但共同影响流程的最终结果。例如,项目管理中,市场调研、产品设计和生产准备可能同时进行,而各活动都会最终有助于项目的成功。反馈关系是活动之间存在相互作用和控制的关系,多用于发现和处理复杂的问题,例如,生产型企业通过反馈机制不断改进产品的生产工艺。

(3)活动的承担者。活动的承担者是业务流程的直接执行者,对业务流程的效果至关重要。活动承担者可以是员工、团队或自动化系统。活动承担者的素质和数量直接影响流程的效率和质量。例如,在客服流程中,客服人员的能力和数量直接影响客户问题的解决满意度和服务质量。

(4)活动的执行方式。执行方式的变化能够显著影响业务流程的效率。技术的发展会促进业务执行方式由手工操作转变为自动化操作,从而提高处理速度和减少错误。例如,在银行存取款业务中,技术进步促使传统的柜台取款方式逐渐被ATM(自助取款机)取款方式所替代,这种变化使得取款过程更加简便和高效。

3)业务流程分析的步骤

业务流程分析是一个系统化的过程,通常包括以下几个步骤:

(1)明确目标。设计业务流程前,需要明确两个主要目标:企业整体目标和业务流程设计目标。明确企业整体目标,可以准确把握企业的战略方向和长期发展目标,保持业务流程分析和设计与企业目标相一致,为业务流程分析和设计提供指导。明确业务流程设计目标,即明确业务流程应达到的具体成果,如提高效率、降低成本或提升客户满意度。例如,在分析和设计客户服务流程时,需要确保该流程能够在满足客户需求的同时,提升服务效率,并与企业的整体战略目标保持一致。

(2)收集信息。收集信息是业务流程分析和设计的重要步骤。企业通过宏观环境分析获得市场趋势、竞争态势和行业发展动态的信息,通过内部分析获得企业现有的业务流程、资源配置和运营状况,通过需求分析确定客户需求和业务需求。此外,企业还要收集行业标准、技术进步、竞争对手的做法以及企业内部的业务数据和员工反馈的信息。

(3)确定业务流程。在信息分析的基础上,企业要组织专家进行头脑风暴,形成业务流程设计的初步方案,重点确定企业业务流程路线、人员配置和任务设计,依次确定主要的操作步骤和活动顺序,决定每个活动的承担者及其职责以及详细设计每个任务的操作步骤和要求。设计时要特别关注流程的细节,确保每个环节都能高效运作,并最终实现业务目标。

(4)检验业务流程。业务流程分析和设计完成后,需要进行检验,以确保其在实际运作中的有效性。企业通过模拟测试业务流程在实际环境中的表现,并根据测试结果调整业务流程,解决发现的问题。在检验过程中,企业需要考虑到各种可能的意外情况,并对流程进行必要的调整,以确保其在各种条件下的稳定性和高效性。

4)业务流程的优化

优化业务流程是提升企业效率、降低成本和增强市场竞争力的关键步骤。企业业务流程的优化主要包括以下三个方面内容:

(1)原有业务流程的优化。优化原有业务流程主要涉及以下三个方面:一是业务流程质量的优化,即提高流程的效果,包括从起点到终点每个环节的质量,通过质量评价,识别并改进流程中的不足。二是业务流程周期的优化,即缩短完成业务流程所需的时间,包括处理时间和等待时间。优化处理时间与活动承担者的素质和数量有关,减少等待时间则有助于释放资源,提高效率。三是业务流程成本的优化,即降低流程的成本,提高经济效益。计算成本时,企业不仅要考虑部间的分解,还应按流程计算成本,以优化成本效益比。

(2)业务流程的延伸。业务流程的延伸是将优化业务流程的范围扩大到企业外部,包括供应商、销售商和顾客,通过建立完整的供应链和服务链条,实现更高效的业务运作。例如,与供应商协商构建优化原材料采购流程,或与销售商合作共同优化提高产品配送效率的配送流程。

(3)流程实现方式的转变。随着技术进步和市场环境变化,业务流程的实现方式也需要不断更新。例如,企业可以引入新的自动化技术、数字化工具或改进的工作方法,以提高流程效率和灵活性。

因此,业务流程的优化不仅是对现有流程的改进,也是对企业战略和市场需求的响应。通过持续的分析和优化,企业能够保持竞争优势,并在不断变化的环境中实现可持续发展。

3. 企业岗位体系分析

企业岗位体系是指企业为了完成特定的生产或管理任务而设立的一系列工作位置。每个岗位都具有明确的职责、权限和工作环境。岗位是企业运营的基本单元,是专业分工的结果和工作分析的对象。要进行有效的工作分析,首先要深入了解企业的岗位体系,明确各类岗位在企业中所扮演的角色及其具体任务。

1)岗位特征与构成要素

(1)岗位的特征。岗位作为企业运营及构成的基本单元,具有以下几个主要特征:

①客观性。岗位是独立于个体存在的客观实体,不因人员的变动而改变其本质属性。岗位是企业组织结构中的固定部分,每个岗位都有其特定的职责和任务,不受岗位主持人主观意愿的影响。

②因事设岗。岗位的设立基于企业的实际工作需求和任务,强调职务与职责的紧密联系。企业根据其业务流程和工作需求设立岗位,每个岗位都有明确的任务和工作内容,岗位的存在是为了完成特定的工作任务。

③合理的人员配备。为了实现岗位的功能,岗位需要配备适当的人员,即岗位需要配置具备相应技能和素质的员工。因此,企业在设置岗位时,不仅要考虑岗位的职责和任务,还要考虑合适的人员配备,以确保岗位工作有效运行。

(2)岗位的构成要素。岗位体系由每一个独立的岗位组成,而每个岗位都有相应的构成要素,主要包括以下五个方面:

①工作。工作是岗位的基础要素,包含岗位需要完成的任务、工作内容、方法和质量要求等。具体而言,工作要素决定了岗位的主要功能和性质。每个岗位都有其特定的工作内容和任务,明确这些任务和内容是进行工作分析的基础。

②岗位主持人。岗位主持人是岗位的主导要素,负责实际主持和执行岗位任务。岗位主持人的能力和积极性直接影响岗位的绩效。企业选择岗位主持人时,需要确保岗位主持人应具备完成岗位任务所需的知识、技能和素质,以实现岗位的目标。

③岗位职责与职权。岗位职责是指完成工作任务所需的责任,职权是完成职责所需的权力,两者共同确保岗位任务的顺利完成。

④环境。环境要素包括工作地点、工作条件、职位关系和培训需求等,影响岗位任务的执行效果。良好的工作环境可以提高岗位主持人的工作效率和满意度,进而提高岗位的整体绩效。

⑤激励和约束机制。企业通过激励措施和约束手段,调动岗位主持人的积极性,确保岗位任务按要求完成。激励机制包括物质奖励和精神奖励,而约束机制则包括规章制度和工作纪律。

2)企业任务与岗位任务

任务是为达到特定目标而进行的一系列活动,包括企业任务与岗位任务。明确企业任务和岗位任务是开展工作分析的基础。

(1)企业任务。企业任务是指企业及其各部门的工作目标和职责。明确企业任务有助于确定各部门和岗位的具体职责,为工作分析提供方向。进行工作分析前,工作分析人员需收集、整理和分析企业及部门的任务目标和职责信息,以确保工作分析的针对性和有效性。企业任务的明确是进行工作分析的前提。只有在明确企业任务的基础上,才能有效地进行各岗位的任务分析。

(2)岗位任务。岗位任务是指每个工作岗位的具体职责和任务。岗位任务的确定需基于企业的整体目标和各部门的任务。分析和明确岗位任务,可以确保每个岗位的设立都有其必要性,从而为后续的工作分析奠定基础。岗位任务的明确不仅有助于岗位职责的划分,还可以帮助企业优化人力资源配置,提高整体工作效率。

4. 组织架构、业务流程、岗位体系与工作分析的关系

企业的组织架构、业务流程和岗位体系是一个有机整体,三者相互依赖,互为基础。三者从不同侧面对企业进行分析,是企业进行工作分析的起点。

业务流程是企业为实现其目标所进行的一系列相互关联的活动,决定了企业的组织架构和岗位设置,每个岗位都是为完成特定的业务流程任务而设立的。企业的组织架构是根据业务流程和岗位设置来设计的,它保证了各项工作任务能够顺利进行。组织架构的合理性直接影响到业务流程的效率和效果。岗位体系是企业组织架构的具体表现形式,它将业务流程中的各项任务分解到具体的岗位,并明确每个岗位的职责和任务。岗位体系对企业效能的发挥和任务的完成起着关键作用,是组织架构和业务流程的具体体现。

综上所述,工作分析需从业务流程、组织架构和岗位体系三个方面综合考虑,通常按照业务流程分析、组织架构分析、岗位体系分析的顺序进行。由于业务流程的调整会涉及组织架构的变化,而组织架构的变化也可能影响业务流程,有时需同时进行这两方面的分析。对业务流程、组织架构和岗位体系的全面分析,可以为工作分析提供翔实的信息和数据资料,为企业适应动态环境保持高效运作和持续发展提供保障。

7.1.3 岗位分析

1. 岗位分析的含义及内容

1)岗位分析的含义

岗位分析是对企业内部各类岗位的性质、职责、权力、工作环境以及岗位间关系、岗位承担者应具备的资格条件进行系统分析,并将分析结果汇总成工作说明书等人力资源管理规范性文件的过程。岗位分析过程不仅包括对每个岗位所承担任务的详细说明,也包括每个岗位所需人员的资格条件。进行岗位分析不仅可以了解岗位特征,还为企业制定详细的工作说明书等人力资源管理文件提供了依据,以规范和指导企业的各项管理工作。

岗位分析是工作分析的核心环节。科学、严谨的岗位分析能够为企业提供全面的岗位信息,帮助企业进行有效的工作分析和人力资源管理。通过岗位分析,企业可以提高管理效率,优化人力资源配置,确保各岗位职能的有效发挥。

2)岗位分析的内容

(1)岗位分析的前提。岗位分析以企业的业务流程、组织架构和岗位体系三个方面分析为基础,其结果对企业业务流程、组织架构和岗位体系的优化调整提供参考和依据。因此,对业务流程、组织架构和岗位体系的分析,为岗位分析提供了基础数据和信息,而岗位分析形成的说明书等文件,则为业务流程、组织架构和岗位体系提供了参考和依据。

(2)岗位调查。在开展岗位分析前,首先需要进行岗位调查。企业通过系统的岗位调查可以获取企业岗位体系、岗位任务、岗位权力及岗位关系等相关信息。岗位调查不仅为岗位分析提供了必要的信息支持,也为后续的人力资源管理工作打下了坚实的基础。

(3)岗位设置。岗位设置主要包括以下三个方面:①界定岗位工作范围和内容。通过岗位调查获取岗位相关信息后,即可对岗位存在的时间空间范围以及工作内容进行科学界定,分析岗位名称、性质、权力、工作对象、工作环境及岗位间联系等因素,最终对这些信息进行归纳总结。②人员配备分析。根据岗位特点,分析岗位所需人员的素质要求,确定任职人员的资格和条件,包括知识水平、工作经验、道德素质、心理品质和身体状况等。③编制岗位设置表。在明确岗位工作范围和内容后,编制岗位设置表,详细列出岗位信息和人员配置要求。

(4)形成管理文件。工作分析人员将岗位分析的结果整理成书面形式,制定工作说明书、岗位规范等人力资源管理文件,以规范和指导企业的人力资源管理工作。这些文件可以帮助企业明确各岗位的职责和要求,提高管理的规范性和科学性。

2. 岗位调查

1)岗位调查的含义及作用

岗位调查是通过科学的方法,收集与岗位相关的信息的过程。这些信息为编制工作分析文件和进行其他组织管理工作提供了必要的资料和依据。岗位调查不仅仅是一般的情况了解,而是系统深入的调查,可以获取与岗位相关的第一手资料。

岗位调查是岗位研究的重要组成部分。企业通过科学、系统的岗位调查,可以准确、全面地掌握岗位研究所需的各种信息,为岗位分析、岗位设计和岗位评价等工作提供有力支持。如果不认真进行岗位调查,缺乏全面、准确的信息,即使在后续工作中进行了认真仔细的整理和分析,也难以得出科学、准确的结论。

岗位调查的结果将有助于优化业务流程和组织架构。具体而言,企业中的每个岗位都可以看作是业务流程的一个环节。只有经过周密的岗位调查和岗位分析,明确各个岗位在业务流程中的重要性,才能合理设置岗位职责,进而对企业的业务流程进行整合和优化。企业组织架构优化是根据企业的战略目标和管理实际需要进行的系统调整和改进。岗位是企业的细胞,企业组织架构的调整必然涉及岗位的变化和调整。因此,企业在进行组织架构调整和优化前,需要对各岗位进行详细的调查分析,了解岗位的职责、权力及人员任职资格,从而为组织架构的调整提供依据。

2)岗位调查的内容

进行岗位调查,首先要在明确岗位设置目的、岗位的地位和作用的基础上,逐步明确岗位的职责和权限、岗位间的关系、岗位承担者的任职资格和要求及岗位工作环境等。岗位调查的内容主要有以下几个方面:

(1)岗位设置目的及岗位的地位和作用。工作分析人员从企业的整体业务流程和组织架构入手,分析岗位设置的具体目的、岗位在组织架构中的地位以及在业务流程中发挥的作用。

(2)岗位职责和权限。岗位职责和权限是工作分析的重点内容。在岗位调查中,工作分析人员需要收集各岗位职责与权限方面的相关信息,确定岗位的主要职责、具体任务、操作程序、所需使用的设备工具以及工作方法等。

(3)岗位间关系。岗位间关系是指对任务开展涉及的岗位进行梳理,主要分析某一岗位与其他岗位之间的关系,包括上下级关系、同级关系以及与外部合作部门的关系,确保岗位工作顺利进行。

(4)岗位任职资格和条件。岗位任职资格和条件是指岗位的任职人员应具备的基本素质要求,主要是明确岗位所需的人员素质要求,包括知识水平、学历、工作经验、个人综合素质、专业技能及其他因素,如性格要求、生理要求等。

(5)岗位工作环境。岗位工作环境是指岗位任职人员开展工作所处环境的总称。岗位工作环境调查主要是调查岗位的微观工作环境,包括工作地点、气候条件、噪声、粉尘等基本内容,必要时可以增加其他相关内容。

3)岗位调查的原则和方法

在进行岗位调查时,只有遵循一定的调查原则和选择合理的调查方法,才能获得翔实准确的岗位基础资料。

(1)岗位调查的原则。岗位调查应遵循以下原则:①科学性原则。岗位调查应采用科学的调查方法和程序,如问卷调查法、访谈法、工作日志法等,确保调查结论的科学性与严谨性,为后续工作奠定基础。②系统性原则。岗位调查应系统化进行,调查对象应涉及与岗位相关的系统因素和条件。例如，对某一岗位进行调查，不仅要调查岗位本身，还需要了解其上下级、同级岗位的任务和职责等。③规范性原则。岗位调查应严格按照规范进行，包括调查程序的先后、结果的统计过程等，保证调查的规范性和严谨性，确保调查任务的有效完成。④实事求是原则。收集和整理数据要真实反映实际情况，进行科学评估，为后续工作提供真实可靠的基础数据。

(2)岗位调查的方法。岗位调查的目的在于收集岗位基础信息，而收集岗位分析信息的方法有多种，不同方法都有各自的优缺点。在进行岗位调查时，工作分析人员需要根据调查要求、调查对象特征等因素，选择一种或多种方法。常用的岗位调查方法主要有以下几种。①资料分析法：对现存基础资料进行整理、分析和总结的一种岗位调查方法，这种方法不仅能降低工作分析的成本，也能为后续调查分析奠定基础，是岗位调查非常重要的方法。②观察法：直接观察岗位工作现场，获取第一手资料，了解实际工作情况和环境。③书面调查法：通过问卷或其他书面形式，收集岗位相关信息，确保数据的全面性和准确性。④工作参与法：工作分析人员亲自参与岗位工作，深入了解岗位任务和工作流程，获取直观的工作体验和信息。⑤访谈法：工作分析人员与岗位主持人或相关人员进行详细访谈，了解岗位职责、工作方法和工作环境等，获取详细的岗位相关资料。

3. 岗位设置

1）岗位设置的含义

岗位设置是指根据企业战略目标和员工需求，结合组织架构和业务流程，遵循一定原则将相似的工作任务分类合并，设立具体岗位，并通过确定总岗位数量进行动态管理的过程。企业在特定时期的工作量决定了岗位数量。岗位设置包括对岗位职责、权限、工作方式及与其他岗位关系的设计和规定，是人力资源管理的基础工作。

明确的岗位职责和任职条件是实施技术聘任和合理设置岗位的重要内容。岗位相对固定，但人员可以流动。任何在该岗位工作的人都需具备任职条件，并履行相应岗位职责。企业根据企业规模和业务发展情况设立相应数量和种类的岗位。因此，岗位设置应从实际出发，坚持因事设岗，而非因人设岗。

2）岗位分类

岗位分类，也称岗位分级或岗位归级，是指通过科学的方法，根据岗位的工作性质、特征、复杂程度、责任大小以及人员素质，对企业岗位进行多层次划分的活动。岗位分类主要包括横向分类和纵向分类。

岗位的横向分类是根据岗位的不同性质，先将所有岗位划分为若干大类，然后在大类基础上，再按每类岗位的具体性质和特征细分为若干种类，最后根据每个种类中岗位的显著特征，将其进一步划分为若干小类。岗位的纵向分类是在横向分类的基础上，根据岗位工作的复杂程度、责任大小以及人员的任职资格等因素，对同一职系中的岗位划分出不同的岗级，并对不同职系中的岗位统一规定岗等。岗级指的是在同一职系内，工作复杂程度、任务大小、责任轻重以及人员资格条件相近的岗位群；岗等则是指工作性质或主要职务不同，但工作复杂程度、责任轻重及人员资格条件相近的岗位群。

3) 岗位设置的内容

岗位设置主要是对岗位工作任务、工作职能和岗位关系进行设计。

(1) 工作任务设计。工作任务设计可以从广度、深度、完整性和自主性四个方面入手：①任务的广度。单一任务容易让员工感到枯燥，因此任务设计应多样化，让员工在完成任务时能够参与不同的活动，保持兴趣。②任务的深度。任务设计应有层次，从简单到复杂，提出不同程度的技能要求，增加挑战性，激发员工的创造力。③任务的完整性。完整的任务能让员工产生成就感，使其看到自己的工作成果，感受到工作对企业或团队的意义。④任务的自主性。适当的自主权能增强员工的责任感，使其感到被重视，认识到自己工作的重要性，从而提高工作热情。

(2) 工作职能设计。工作职能设计应从方法、责任、权力、沟通和标准五个方面进行：①工作方法。工作方法设计应灵活多样，不同岗位的工作性质不同，采用的具体方法也应有所区别。②工作责任。责任界定要适度，负荷过低或无压力会导致低效，而过高的负荷和压力会影响员工身心健康，导致抱怨和抵触情绪。③权力。权力与责任相对应，责任越大，权力范围越广。④沟通。企业内各岗位的沟通包括垂直沟通、平行沟通和斜向沟通。⑤工作标准。工作标准包括行为标准和结果标准（如任务完成的数量和质量要求、评估体系等）。

(3) 岗位关系设计。岗位关系是指企业内各岗位在工作流程中确定的相互关系。企业是一个有机联系的整体，由相互联系和制约的环节构成。岗位关系设计包括上下级岗位之间的关系设计、同一岗位不同员工之间的关系设计、岗位与部门之间的关系设计。

4) 企业的定编定员

(1) 定编定员的含义及原则。岗位设置在实际操作中主要涉及企业的定编定员问题。定编定员是指在企业发展战略的指导下，采用科学的程序和方法，根据组织结构设计和职能分解，对岗位数量和结构进行合理设置，确定企业的编制和配备人员的过程。

定编侧重于"编制"的角度，即岗位数量和结构；定员则关注"人数"的角度，即人员配置数量。定编定员是一种科学的用人方法，要求企业以精简高效为原则，以未来发展为导向，力求以最少的人力资源投入获得最大的经营成果。定编定员的目的是解决企业各岗位需要什么样的人员和多少人员，通过对用人数量的规定，促使企业少用人、多办事，确保各部门岗位不重复、工作不遗漏，实现岗位设置的规范化、合理化和科学化。

定编定员是企业人力资源管理的基础，为制订生产计划和人事调配提供依据，可有效防止招聘的盲目性，促进企业改善劳动人事组织，避免机构臃肿、人浮于事和效率低下的问题，提高劳动生产率。定编定员必须遵循一定的原则，具体如下：①效率优先原则。定编定员的核心是为了提高企业的劳动生产率和经济效益。②成本控制原则。企业通过优化组织结构可以减少不必要的人员开支。③适应性原则。定编定员要能够适应企业的发展需求，具有一定的灵活性。④科学性原则。定编定员要采用科学的方法和工具，确保定编定员的合理性和准确性。

(2) 定编定员的方法。企业进行定编定员工作，需要选择合适的方法确定各类岗位及其所需人员数量。由于企业内各类人员的工作性质、工作效率以及其他定编定员影响因素的不同，定编定员的方法也各有差异。

①效率定编定员法：根据企业的生产任务、员工的工作效率和出勤率等因素计算所需人数。其目的是确保生产效率和按时完成任务。劳动定额是指平均每名员工在单位时间内完成

的工作量,或完成单位工作量所需的时间,分为产量定额和时间定额两种基本形式。

产量定额计算公式为

$$定员人数＝计划期内生产任务总量/(员工劳动定额×出勤率)$$

时间定额计算公式为

$$定员人数＝生产任务×时间定额/(工作时间×出勤率)$$

②设备定编定员法:根据任务确定所需设备数量,并依据班次、设备条件、岗位区域、劳动负荷量、工人看管定额和出勤率来确定所需人数。这种方法多适用于以机械操作为主、使用同类设备、采用多机床看管的岗位。

计算公式为

$$定员人数＝设备开台数×单机定员标准×平均开动班次/出勤率$$

③工作岗位定编定员法:根据岗位数量、各岗位的工作量和班次等因素确定所需人数。该方法适用于看管大型联动设备的人员、自动流水线岗位以及没有设备、不能实行劳动定额的人员,如检修工、质检工、电工等。

计算公式为

$$定员人数＝岗位定员标准×岗位数×班次×轮休系数/出勤率$$

④比例定编定员法:按照企业员工总数或某类人员总数的比例计算另一类人员的定编定员。这种方法适用于辅助生产或服务性部门。该方法操作简单、成本较低,但未考虑企业实际情况,可能限制企业发展,影响战略目标的实现。

⑤职责分工定编定员法:根据企业的经营规模、管理方式、人员素质等因素,按照组织结构、职责范围和业务分工确定所需人数。该方法多适用于管理人员和工程技术人员,使成员职责明确、分工明确。

5)岗位设置表的编制

岗位设置表是企业进行岗位设置与定编定员工作的书面成果,是规范化管理的重要标准文件。它通常有岗位设置总表和部门岗位设置表两种形式。

(1)岗位设置总表。岗位设置总表是对企业各部门及岗位的汇总管理,是规范化方式的统一排表,主要包括以下几个栏目:

①岗位部门。企业由多个部门组成,每个岗位隶属于不同的部门。在岗位设置总表中,应标明每个岗位所属的部门,方便信息搜索与查询,支持工作分析。

②岗位编号。规范化管理需要每个文件有唯一编号,例如合同编号、证书编号。同样,岗位设置表中的岗位也需编号。岗位编号要求正规和规范,岗位编号方法如图7-2所示。用G表示岗位设置表编号,G前数字表示行业及企业代码,G后数字表示部门、科室代码及岗位代码。例如,无科室的部门用G-10、G-20表示,有科室的部门用G-11、G-12、G-21、G-22等表示。岗位代码按顺序排列,第一个岗位为001,第二个岗位为002等,方便计算机处理和信息化服务。

③岗位名称和岗位定员。岗位名称要确定,称呼要统一,例如,最高管理者称总裁或总经理,各部门领导称部长或经理,其下属称主管或专员等。岗位设置总表中要列出所有岗位。岗位定员是指每个岗位的任职人数,帮助企业明确人力资源状况。

表7-1为某公司的岗位设置总表。

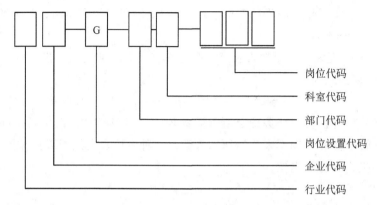

图7-2 岗位编号方法示意图
（资料来源：任正臣.工作分析[M].2版.南京：江苏凤凰科学技术出版社，2020.）

表7-1 某公司岗位设置总表

部门	岗位编号	岗位名称	岗位人数/人
公司总部	HT-G-Ⅰ	董事长	1
	HT-G-Ⅱ	总裁	1
	HT-G-Ⅲ	运营总监	1
	HT-G-Ⅳ	市场总监	1
	HT-G-Ⅴ	财务总监	1
	HT-G-Ⅵ	行政总监	1
	HT-G-Ⅶ	技术总监	1
	合计		6（董事长不计）
总裁办	HT-G-1001	主任	1
	HT-G-1002	秘书	1
	HT-G-1003	司机	1
	合计		3
企业管理部	HT-G-2001	部长	1
	HT-G-2002	企划专员	1
	HT-G-2003	企管专员	1
	HT-G-2004	网络信息专员	1
	HT-G-2005	合同法律专员	1
	合计		5
生产部	HT-G-3001	部长	1
	HT-G-3002	计划统计专员	1
	HT-G-3003	生产调度专员	1
	HT-G-3004	设备管理专员	1
	HT-G-3005	安全管理专员	1
	合计		5

续表

部门	岗位编号	岗位名称	岗位人数/人
资产管理部	HT-G-4001	部长	1
	HT-G-4002	资产管理专员	1
	合计		2
人力资源部	HT-G-10001	部长	1
	HT-G-10002	人事培训专员	1
	HT-G-10003	薪酬福利专员	1
	合计		3
行政部	HT-G-11001	部长	1
	HT-G-11002	行政管理专员	2
	HT-G-11003	基建管理专员	1
	合计		4
职能部门总计			28

资料来源：任正臣.工作分析[M].2版.南京：江苏凤凰科学技术出版社，2020.

（2）部门岗位设置表。部门岗位设置表是各部门根据实际情况制定的表格，主要介绍本部门内岗位数量、工作职责及岗位定员等情况。

每个部门都需要一张岗位设置表。此外，高层管理岗位如总经理、各副总或总监之间的分工也需一张岗位设置表。因此，企业的部门岗位设置表数量应比部门数目略多。表7-2为某集团公司企业管理部的岗位设置表。

表7-2 某集团公司企业管理部岗位设置表

部门名称	企业管理部		
本部门岗位设置总数/个	5	本部门总人数/人	5
岗位名称	岗位人数/人	主要职责分工	
部长	1	全面负责集团的发展战略研究与管理，集团规章制度管理，企业文化建设管理，合同、法律事务管理以及计算机网络和信息化管理	
企划专员	1	负责集团发展战略研究与管理、集团刊物的编辑	
企管专员	1	负责企业规章制度的编制、上报、审批，以及企业文化建设管理	
网络信息专员	1	负责网络软硬件维护、网上信息编辑发布、集团信息化管理系统筹建、办公自动化系统管理	
合同法律专员	1	负责法律事务咨询，参与重大合同谈判及起草，进行员工法治教育，处理集团、各子公司的法律纠纷，管理各类经济合同	

资料来源：任正臣.工作分析[M].2版.南京：江苏凤凰科学技术出版社，2020.

通过编制岗位设置总表和部门岗位设置表，企业能够全面了解各个部门和岗位的设置情况，进而实现规范化管理，提高工作效率。岗位设置总表作为宏观管理工具，为企业各部门的岗位设置提供整体视图，确保各部门之间的岗位分工明确、职责清晰；部门岗位设置表则进一步细化各部门内部的岗位设置情况,便于各部门进行具体的管理和操作。这两类表格相辅相成,共同构成企业岗位设置与定编定员工作的基础文档。这些表格还为企业的人力资源规划、人员招聘、培训及绩效考核等工作提供了重要依据。

7.2 工作分析的实施过程

工作分析的本质是一个信息流动的过程,包括信息输入、信息分析和信息输出。随着外部环境的动态变化以及企业的发展和组织结构的变化,工作分析需要适时地调整,以将复杂的岗位信息转化为有序的分析结果。具体流程可以分为工作分析计划的制订、工作分析的设计、工作信息资料的收集与分析、工作分析结果的表达和应用四个步骤。

7.2.1 工作分析计划的制订阶段

1. 明确工作分析的目的

明确工作分析的目的不仅是工作分析的关键问题,也是整个过程中不可或缺的环节。在企业管理中,不同的人力资源管理需求(如制定工作说明书、优化工作设计、确定培训需求、制定薪酬制度等)意味着工作分析的目的也会有所不同。这种多样性影响了所需信息的类型、处理复杂度、工作量、分析人员的选择和预算。因此,明确工作分析的目的对于准确界定工作分析的范围、对象和内容至关重要,这样才能选择合适的方法收集信息,从而提高分析的有效性和效率。

每一个岗位都由工作、岗位主持人、职责与职权、环境、激励和约束机制五个要素构成,而工作分析的目的是细致地收集和分析各岗位五个构成要素的详细资料,为企业人力资源管理决策提供依据。工作分析的核心目的主要有以下几点:①准确描述岗位。工作分析旨在全面了解和描述各岗位的职责、要求及工作内容。这包括对岗位任务以及岗位对任职者的技能和知识要求的详细描述。通过准确描述岗位,企业可以更好地理解每个岗位在整个组织中的作用。②编制或修订工作说明书。工作分析的结果用于编制或更新工作说明书,使其能真实反映岗位的职责和要求。这不仅有助于制定招聘标准,还能确保现有员工的工作内容与企业的实际需求一致。③优化工作设计。对工作职责和流程的深入分析,可以发现和解决现有工作设计中的问题,从而优化工作流程,提高工作效率,并提升员工满意度。④明确岗位要求。工作分析帮助企业制定招聘标准和测试方案,确保招聘到符合岗位要求的候选人。通过明确岗位要求,企业可以更有效地评估应聘者的适应性和能力。⑤制订培训计划。根据岗位职责和要求,工作分析为设计针对性的培训方案提供依据。企业明确岗位需求后,可以制订有针对性的培训计划,以提高员工的能力和工作表现。⑥明晰任务和职责。明确工作的任务、职责和权限,有助于减少职责重叠和推诿现象,确保组织内部的责任清晰和高效运作。⑦进行工作评价。工作分析支持企业进行系统的工作评价,帮助平衡薪酬待遇,实现公平与公正。对工作的相对价值进行评估,可以确保薪酬体系的合理性。⑧评估工作绩效。通过设定明确的绩效标准,工作分析可以提高绩效评价的客观性和公正性,使绩效管理更具有效性和透明度。

在实际操作中,不同目的下的工作分析侧重点是不同的。当工作分析目的是编制工作说明书并为空缺岗位招聘员工时,工作分析的重点在于明确岗位的工作职责和对任职者的要求。当工作分析目的是员工培训和开发时,工作分析的重点在于评估每项工作的职责和所需的能力,以设计符合实际需求的培训计划,提高员工的综合素质。当工作分析目的是评估工作绩效时,工作分析应集中在设定工作任务的评估标准,包括任务完成的时间、质量和数量等,以制定有效的考核体系。当工作分析目的是确定薪酬体系时,工作分析侧重于通过定量的方法对岗位进行评估,以确定每一岗位的相对价值。

工作分析可以解决如下管理问题。①明确岗位工作量:帮助企业明确每个岗位的工作量,优化资源分配。②完善工作职责:明确每个岗位的职责,提升工作效率。③作为薪酬调整的依据:根据工作分析结果进行薪酬调整,确保薪酬公平。④细化考核标准:提供明确的考核标准,提升绩效管理的有效性。⑤加强任职资格体系的建设:完善任职资格体系,提升招聘和培训的针对性。

当遇到以下情况时,企业应考虑进行工作分析:①管理体系和业务流程不畅。如果企业的管理体系和业务流程出现瓶颈,导致运行效率低下,企业需要进行工作分析以发现并解决问题。②客户需求提升。当客户的需求提升,而现有的产品和服务无法满足时,工作分析可以帮助企业调整产品和服务以适应新需求。③缺乏明确的工作说明。如果缺乏明确的工作说明,员工对职责和要求不清晰,工作分析有助于制定清晰的工作说明。④工作说明书与实际不符。即便有书面的工作说明书,但如果与实际工作不符,则需要通过工作分析调整说明书的内容。⑤职责不清或推诿现象。当企业经常出现职责不清、推诿扯皮或决策困难时,工作分析可以明确各岗位的职责,提升工作效率。⑥组织结构或工作流程调整。在企业组织结构或工作流程发生变革时,工作分析可以帮助重新优化和调整。⑦招聘新员工。招聘新员工时,在难以确定用人标准的情况下,工作分析有助于明确招聘标准。⑧员工培训。当制订有针对性的培训计划时,现有培训方案不适用,工作分析可以提供有效的培训依据。⑨绩效考核。在制定员工绩效考核标准时,如果缺乏按岗位设定的考核标准,工作分析可以帮助明确考核标准。⑩建立薪酬体系。在建立新的薪酬体系时,各岗位的价值需要进行评估,工作分析可以提供必要的信息支持。

2. 确定工作分析的内容

1)工作分析内容的确定

在明确工作分析目的后,确定工作分析的具体内容是确保分析结果准确和有效的关键步骤。这涉及对岗位内涵与外延的详细解析,包括分析对象的表现形式和范围。以下是对各方面内容的详细说明:

(1)岗位划分与资料收集。岗位划分要求根据企业的组织结构和实际业务需求,将岗位细化为若干职能模块。这一过程需要综合考虑岗位的功能、工作流程以及岗位对企业整体目标的贡献。合理的岗位划分有助于清晰界定各岗位的职责和作用,为后续的工作分析奠定基础。资料收集是指全面收集与岗位相关的文档和数据,包括现有的职位描述、组织结构图、工作流程图等。资料应包括定性和定量数据,以确保对岗位的理解既准确又全面。此外,历史数据,如员工的工作绩效记录和岗位变动记录,也可以为分析提供支持。

(2)调查内容的分类与筛选。调查内容分类是将需要调查的信息进行系统分类,如岗位任务、职责范围、工作条件、工作环境等。这有助于确保所有相关因素都被考虑到,并使分析过程更有条理。调查内容筛选是依据工作分析的最终目标,对调查内容进行优先级排序和筛选。例如,若目标是制定招聘标准,则需优先关注岗位的核心职责和必备资格条件;如果目标是提升培训效果,则应重点分析岗位的技能要求和知识缺口。

(3)时间管理。进行工作分析时,工作分析人员需要详细规划工作分析各阶段的时间。合理的时间分配有助于提高分析效率,避免因为时间管理不当而导致的分析结果滞后或遗漏。同时,时间管理也涉及对各阶段任务的优先级设置,以确保关键任务优先完成。

(4)选择工作分析方法。根据工作分析的目的选择合适的方法,例如问卷调查法可以广泛收集员工的反馈,工作日志法能够跟踪员工的日常活动,观察法可以直接了解岗位的实际操作,访谈法则可以深入了解岗位的复杂性和面临的挑战。选择合适的方法需要考虑到数据的可靠性、信息的深度以及实施的可行性。

(5)工作量与任务描述。首先需要明确分析的总体工作量,包括各岗位的任务复杂度和数量。具体描述每项任务的工作量、所需时间及资源,有助于准确评估岗位的实际需求。在此基础上,详细描述岗位的主要任务和职责,包括完成每项任务所需的技能和知识。任务描述应覆盖工作中的每个环节,确保全面了解岗位的工作内容和要求。

(6)内外部联系。在工作分析过程中,工作分析人员要与相关部门进行有效沟通,以获取必要的信息和支持。内外部联系的协调能够确保信息的准确性和完整性,并促进分析结果的有效应用。

(7)其他影响因素。工作分析过程需要考虑可能影响工作分析结果的其他因素,如企业文化、团队合作情况等。这些因素可能影响员工的工作态度和绩效,因此工作分析人员在分析过程中需要给予充分关注。

2)工作分析的具体内容

工作分析是工作岗位定等和归纳的系统过程,具体内容包括工作标识、工作描述、工作环境、任职资格等。

(1)工作标识。工作标识包括以下几种:

①工作名称。工作名称是对岗位的基本定义,它通过简练的词汇揭示岗位的主要职能和性质,使其在组织内部和外部得到清晰识别。选择工作名称时,应确保它能够准确反映岗位在组织中的位置和角色特征。它是工作标识中最重要的标志。例如,"人力资源部部长"清晰地说明了该岗位的主要职责是管理人力资源,而"机修班长"则表明该岗位负责设备维护。在命名时,还需考虑名称对员工心理的影响。精心设计的名称,如"环卫保洁员"相比于"清扫工"可以提升职位的吸引力和尊重感,"形象设计师"相比于"理发师"则更具职业化和艺术感。

②工作代码。工作代码是岗位的标准化标识符,通过统一的编码体系来表示岗位。工作代码可以展示岗位所属的部门、上下级关系及其工作性质。例如,代码中可能包含部门编号和职位等级等信息,这有助于系统化管理和分析岗位数据。

③工作地点。工作地点指的是岗位的实际工作位置,包括办公室、生产车间、实验室等具体地点。明确工作地点有助于理解岗位的工作环境和条件,同时影响岗位的招聘标准和工作安排。

④其他识别标志。其他识别标志包括可能的特殊要求或条件,如是否需要经常出差、是否需持有特定证件等,有助于进一步明确岗位的特殊性质和管理需求。

(2)工作描述。工作描述通过对工作任务、工作权责、工作关系、劳动强度、工作活动和程序、职业条件等的描述,全面认识工作本身。

①工作任务。工作任务分析旨在详细了解岗位的主要职责和任务,包括任务的具体内容、执行过程的独立性和多样性,以及所需的操作程序和方法;还需考虑所用设备和材料的要求,以确保所有工作内容得到充分描述。

②工作权责。工作权责分析明确每项任务的决策权限和责任范围。这包括确定谁对任务的完成负责、决策权的范围以及需要哪些批准。这有助于避免职责重叠和职权冲突,提高工作效率。

③工作关系。工作关系分析关注某一岗位与其他岗位之间的互动和依赖关系。这包括上下级关系、协作关系以及岗位在晋升和调动中的角色。了解这些关系有助于理解岗位在组织中的位置和影响。

④劳动强度。劳动强度分析涉及岗位的工作负荷,包括工作时长、工作压力和劳动强度指数等。评估这些因素有助于合理安排工作和休息时间,呵护员工的健康和提升工作效率。

⑤工作活动和程序。工作活动和程序分析包括对完成任务所需的步骤、资源和设备的描述。明确工作流程和所需资料,有助于优化工作方法,提高工作效率,并为员工提供清晰的操作指南。

⑥职业条件。职业条件分析涵盖了薪酬、福利、工作时间和晋升机会等方面。这一分析有助于员工评估岗位的吸引力,同时为企业制定合理的薪酬和职业发展政策提供依据。

(3)工作环境。工作环境是指工作所处的条件和环境状况,包括工作的物理环境、安全环境、社会环境和聘用条件,直接影响工作人员的健康和工作表现。

①工作的物理环境。物理环境分析包括对工作场所的温度、湿度、照明、噪声等因素的评估。这些环境条件直接影响员工的舒适度和工作效率,因此需要详细分析,并确保符合健康和安全标准。

②工作的安全环境。安全环境分析关注工作场所的潜在危险和健康风险,包括职业病、工业卫生等方面。这有助于识别和管理安全隐患,制定有效的安全管理措施,呵护员工健康。

③工作的社会环境。社会环境分析涉及对工作所在地生活条件、社会氛围、同事特征及工作关系的评估。这些社会因素可能影响员工的工作满意度和表现,因此工作分析人员在工作分析时需要考虑这些因素对员工心理和社会互动的影响。

④聘用条件。聘用条件包括工作时数、工资结构、福利待遇等方面的信息。这些条件影响招聘标准和薪酬政策,同时也反映了企业内部和周边的文化及生活设施。

(4)任职资格。任职资格是指满足岗位工作需求的最低要求,主要包括四个方面的内容:

①必备的知识。任职资格分析首先要明确岗位所需的基本知识和技能。这包括最低学历要求、对政策法规的了解,以及相关技术和工艺的知识。明确这些要求可以确保任职者具备履行岗位职责的基本能力。

②必备的经验。必备经验指的是岗位所需的工作经验和专业训练,包括相关领域的工作经验、职业证书和工艺流程的实际经验。这些经验要求确保任职者能够有效应对实际工作中的各种情况。

③必备的能力。必备能力包括岗位所需的注意力、决策力、创造力和组织力等。这些能力对于岗位的工作表现至关重要,因此工作分析人员需要详细分析和评估,以确保任职者具备完成工作的必要能力。

④必备的心理素质。心理素质分析涉及任职者的职业性向、心理运动能力和气质性向等。这些心理素质影响任职者的工作适应能力和表现,因此工作分析人员要给予足够重视。

(5)其他相关信息。

①培训。培训内容分析包括培训的种类、数量以及最低要求。明确培训要求有助于提高员工的技能水平和工作能力。特别注意最低要求(如学历和上岗培训)和优先权(在劳动力市场条件较宽松时使用)可以帮助制订合理的培训计划。

②非工作行为条件。这部分内容通常包括招聘时的其他条件,如相关证书、工具要求、年龄限制等。虽然这些条件不会直接影响工作的质量和责任,但在招聘过程中具有重要参考价值。

确定工作分析内容时应对术语进行统一规范,以减少信息误差。信息表达方式的多样性可能导致对同一问题的理解和结论有所不同,因此,标准化术语和信息表达是确保工作分析结果一致性和可靠性的关键。

3. 制订试点工作计划

制订工作分析计划前,应该先选择试点部门开展工作分析试点,通过对试点部门的工作事项安排、时间估算来确定整体工作分析的工作计划,具体见表7-3。

表7-3 工作分析试点工作计划表

序号	阶段	主要工作	时间安排
1	准备工作	收集与分析现有资料	三天
2		确定需补充收集的资料	
3		选择使用工具	
4		排定实施日程	
5	实施前期	召开部门会议	半天
6		公布日程、发放工作日志或问卷	
7		告之填写方法	
8	实施中期	记录日志与现场观察	一周
9		整理日志和观察记录	
10		基层访谈和中层访谈	
11	实施后期	整理和分析资料	两天
12		针对结果与该分析岗位的上一级管理人员进行沟通	
13		根据分析结果确定是否需要再次收集资料	
14	改进试点完成情况	修改补充工作分析程序及实施办法	一天

资料来源:任正臣.工作分析[M].2版.南京:江苏凤凰科学技术出版社,2020.

4. 确定整体工作安排

在试点部门工作分析完成后,总结与改进试点部门的工作分析结果,根据工作分析中出现的问题对整个工作分析流程进行优化调整,确定工作分析工作的整体时间安排与其相应的内容。具体而言,根据试点情况,制定全面的工作事项安排,然后进行全面的调查与访谈,进行调查与访谈结果分析,撰写各部门总结、分析调查结果,对不全面的部分进行补充收集,将结果上报分管领导。

在企业高层的支持下,明确工作分析工作的牵头部门(一般为人力资源管理部门)、工作分析启动会如何召开、工作分析启动会的议事事项、岗位分析活动如何宣传以及其他各部门如何参与等事项。

制订工作分析计划时需注意以下事项:①岗位工作量分析必须由部门负责人签字认可。②因部门工作计划冲突可能耽误进度时,必须事先提出。③当分析结果与部门意见冲突时,由部门负责人和人力资源部协商,必要时重新收集资料,无法解决则报分管领导处理。

7.2.2 工作分析的设计阶段

工作分析设计阶段的内容主要包括选择工作分析方法、组建工作分析项目组、准备工作分析资料、获得相关人员的支持与理解等。工作分析人员需要综合考虑企业的整体环境、工作特点、方法的优缺点和分析用途科学合理地选择工作分析方法,可以综合运用多种方法进行工作分析以适应不断变化的工作环境和需求(详细内容见第8章)。这里重点介绍工作分析设计阶段的其他内容。

1. 组建工作分析项目组

进行工作分析时,工作分析人员需要对业务流程链条的各个环节进行深入的梳理和优化。这个过程涉及对流程上、中、下游的每个环节进行详细的了解、探究和评价。通过系统性分析,工作分析人员可以建立一个促进企业价值链优化、部门职能改进以及岗位职责精细化的信息资源库。可见,工作分析不仅仅是一项单独的任务,它要求业务流程链条上的各个部门和岗位协调合作。所以开展工作分析,需要相关部门的人员参与,通过项目化的形式推进,并组建一个工作分析项目组。为了确保工作分析顺利进行,工作分析项目组通常可以依据以下原则和标准来成立。

1)工作分析实施主体呈现多样性

工作分析涉及业务流程的多个环节,因此,参与项目的人员应该具备多样性。除了人力资源部门的人员之外,涉及业务流程的各个职能部门的相关人员也要参与其中;如果需要,项目组也可以引入外部咨询机构的专业人员。这样多样化的参与主体可以带来不同的视角和专业知识,从而提高工作分析的全面性和准确性。工作分析实施主体呈现多样性特征,如表7-4所示,表中列出了三类工作分析实施主体的优缺点。

表7-4 工作分析实施主体的三种选择

主体	说明	优势	不足
组织内人力资源部	以人力资源部门为主,其他部门配合	节省成本;实施主体了解企业文化、战略和现状	耗费大量人力和时间;如果工作分析方面的经验不丰富,会影响实施效果
组织内其他部门	由工作分析需求部门自己实施工作分析,人力资源部门提供支持	节省成本;实施主体非常熟悉本部门工作,收集的信息全面、专业	从人力资源管理的角度看,实施过程和形成的工作分析结果文件可能不专业,会影响工作分析的信度

续表

主体	说明	优势	不足
外部咨询机构	聘请咨询机构实施工作分析，人力资源部门配合咨询顾问，协调问题，确保计划的实施	工作分析经验丰富；咨询机构处于第三方的中立位置，员工易于接受工作分析结果，相对也容易给工作分析人员提供真实的信息	耗费咨询费用；咨询顾问不了解企业具体情况，企业需要花费时间与他们进行企业文化、战略、管理等方面的沟通

资料来源：朱勇国．工作分析与研究[M]．北京：中国劳动社会保障出版社，2006．

工作分析实施时需要由工作分析实施主体主导整个工作分析过程。企业通常根据工作分析的目的和项目实际需要从内部、外部两个角度来考虑，决定是由企业内部职能部门人员，还是由外部咨询机构人员来主导工作分析进程。表7-5总结了决定工作分析实施主导者和参与人员需要考虑的多种因素。

表7-5 确定工作分析实施主导者和参与人员要考虑的因素

考虑因素	内容
工作分析目的	工作分析的目的、导向在一定程度上会影响工作分析主体的选择决策。对于某些目的，需要采用比较直接、常规的工作分析方法，组织内部可以自行解决；对于一些目的，例如运用于岗位评价、绩效考核、培训开发评估、招聘测试等方面，则要求相当专业的技术和科学的流程，必须由外部咨询机构来承担
工作分析方法要求	在工作分析业界，工作分析工具主要有两种类型——有专利权的商业工具和公开共享的工具，因此工作分析方法的不同将会影响工作分析主体的选择。一些信息收集方法（针对内部人员和外部人员）在效果方面将会产生明显的差异，比如访谈法等。工作分析筹备小组在决策时应考虑预期采用的工作分析方法的要求
培训对比	内部操作有利于培训内部员工，便于工作分析的动态管理；外部咨询的培训效果往往较差。内部培训工作的进程和质量将会影响整个工作分析的过程和结果
质量对比	工作分析结果的质量对比主要取决于内部人和外部咨询机构在工作分析领域的实力对比，一般外部咨询机构拥有专业技术上的优势，但对于组织的熟悉程度弱于组织内部人，因此对工作分析质量的预期取决于工作分析筹备小组对技术和经验的偏好和判断
成本对比	对于大多数组织来说，聘请外部咨询机构是相当昂贵的，尤其是外部咨询机构的社会声誉有很高的附加值，因此首要考虑因素是内部操作和外部咨询的成本对比。外部咨询的成本主要是合同约定的各项费用，如咨询费、差旅费、交通费、住宿费等；内部操作的成本主要是员工薪资、机会成本、办公费用、培训费、购买工作分析工具费用，以及其他信息收集、使用费用等
时间对比	工作分析的时限是确定内部、外部的另一个考虑因素，由于外部咨询成本相对较高，阶段性、短期的工作分析可采用外部咨询的方式，长期的、动态的工作分析应采用内部操作的方式

续表

考虑因素	内容
可信度对比	一般而言,组织内部进行的工作分析由于分析人员的内部人身份,往往在过程和结果方面的公正性会受到组织高层和内部员工的挑战;在公正性方面,外部咨询机构具有相当的优势。由于外部咨询机构的专家身份,工作分析的过程和结果更具权威性,更容易获得组织内部员工的信息和积极参与

资料来源:万希,等.工作分析:人力资源管理的基石[M].北京:电子工业出版社,2017.

选择工作分析项目组成员时,需要考虑成员的专业素质、沟通能力、协作能力、管理能力等素质,这些都可能影响工作分析项目成效。因此,企业需要综合考虑工作分析项目组成员的任职资格和内外部专家的优劣势对工作分析项目成效的影响,如表7-6和表7-7所示。

表7-6 工作分析项目组成员任职资格

任职资格
1. 具有数据信息收集、分析和处理能力;
2. 对工作分析所涉及的业务流程有较为全面的了解;
3. 对工作分析所涉及的业务部门人员有一定的了解;
4. 具有一定的工作分析知识、技能和经验;
5. 具有人力资源管理、社会心理学、管理学及工作分析涉及专业领域的相关知识背景;
6. 具有访谈、笔记、协调、时间管理等技能,以及一定的文字和语言表达能力;
7. 具有理解力、分析力、观察力;
8. 具有团队合作、知识共享能力

资料来源:相飞,杜同爱.组织设计与工作分析[M].北京:中国人民大学出版社,2021.

表7-7 外部专家与内部专家优劣势比较

专家类型	优势	劣势
外部专家	聘请外部专家来实施工作分析比在企业内部保留专职的工作分析人员更节省费用;外部专家作为企业外部的人员,对企业内的问题分析会更加客观、可信;外部专家往往具有在不同企业中开展工作分析的丰富经验	外部专家对企业具体的工作业务流程缺乏了解,他们在进行工作分析之前要花大量时间去了解工作业务,这样可能会影响工作分析的进程;有时,外部专家的介入可能会对企业员工造成压力,使他们对外部专家产生排斥心理,提供不正确的信息,影响工作分析的结果;外部专家对企业的方方面面都不了解,因此,工作分析所需的时间就会延长
内部专家	来自企业内部的工作分析专家对企业工作流程和企业文化都有较详细的了解,在进行工作分析时可以节约大量时间,提高工作分析的效率;由于都是企业内部员工,在进行工作分析时,员工出现抵触情绪的可能性比较小	企业工作分析的周期比较长,企业保留专职工作分析人员会增加企业的成本;可能会出现近亲现象,企业内部专家对企业存在的一些问题看得不够透彻,不能客观、公正地看待问题;经验不如外部专家丰富

资料来源:万希,等.工作分析:人力资源管理的基石[M].北京:电子工业出版社,2017.

2) 参与人员要具备稳定性

为了保证项目的顺利推进,项目组成员必须具备稳定性。项目参与人员需要有足够的时间和精力投入项目中。如果参与人员频繁更换,将可能导致信息传递断层和工作进度的延误。因此,保持项目组成员的稳定性是工作分析顺利进行的重要保障。

3) 遵循规范化的准则

工作分析作为一个系统工程,需要遵循规范化的准则,以确保工作的有序开展。这包括制定详细的工作流程、规则和标准,以保证各个环节的高效协作和信息的准确传递。规范化的准则是确保工作分析效果的基础。

4) 项目组成员要有明确的职责分工

清晰的职责划分对于项目的成功至关重要。每个项目组成员的职责应该明确,以便于高效分工和协作。这不仅有助于提高工作效率,还能避免因职责不清而产生的混乱和重复工作。工作分析项目组成员的职责划分具体如表 7-8 所示。

表 7-8 工作分析项目组成员各自职责

项目组成员	职责
企业高层领导	1. 发布相关政策; 2. 动员全体员工配合人力资源部的工作; 3. 为工作分析的顺利进行铺平道路; 4. 验收工作分析成果
部门领导	1. 动员本部门员工配合岗位信息调查工作; 2. 协助人力资源部收集和整理岗位信息; 3. 协助人力资源部编制本部门工作说明书
人力资源部门	1. 制订工作分析的实施方案并执行; 2. 整体上掌控工作分析的实施情况; 3. 设计工作分析相关工具(如表单、调查表等); 4. 对内部员工进行工作分析培训; 5. 与其他部门进行协调与沟通; 6. 获取企业高层领导的支持和配合; 7. 进行岗位信息的收集、分析、整理; 8. 编制工作说明书
外部专家	1. 协助人力资源部制订工作分析实施方案; 2. 协助人力资源部设计工作分析相关工具(如表单、调查表等); 3. 协助人力资源部编制工作说明书; 4. 提供工作分析过程中的技术支持
岗位任职者	尽可能提供有关岗位的全面的、详尽的资料

资料来源:相飞,杜同爱.组织设计与工作分析[M].北京:中国人民大学出版社,2021.

这些原则和标准可以帮助企业有效地组建工作分析项目组,推动工作分析的顺利进行,实现对业务流程链条的优化和改进。

2. 准备工作分析资料

为有序地开展工作分析,项目组要准备一些工作分析的基础性材料,涉及介绍工作分析目的与意义的宣传材料、数据信息收集的基础性表单和部门及岗位的基础信息,如表7-9所示。

表7-9 工作分析所需资料

分类		说明
宣传文件	文字材料	介绍工作分析的目的、意义、方法、注意事项等
	PPT(演示文稿)	
工作表单	工作计划	用于收集工作分析所需信息,这些信息是开展工作分析的基础信息
	访谈提纲	
	访谈记录表	
	观察提纲	
	观察记录表	
	调查问卷	
相关岗位与人员信息表		这是与相关部门人员沟通所需的制式化表单,项目组也可收集相关部门原有的职能说明、工作说明书等

资料来源:相飞,杜同爱.组织设计与工作分析[M].北京:中国人民大学出版社,2021.

3. 获得相关人员的支持与理解

为了顺利推进工作分析,并确保其有效实施,获得各方面的支持和理解至关重要。工作分析通常涉及对现有业务流程的调整或重组,尤其是在面临组织变革的情况下,可能会触及原有工作规则的变化。因此,各相关人员的支持变得尤为重要。工作分析需要获得以下人员的支持:

(1)高层领导的支持。高层领导的支持是工作分析顺利进行的关键因素。高层领导的认可和支持可以确保工作分析方案的有效执行,推动工作分析融入企业的各个层面。高层的支持不仅提供了必要的授权,还可以为工作分析的各项措施和计划实施提供保障。

(2)职能部门管理者的支持。职能部门管理者通常是岗位的直接上级,能够从整体角度理解岗位职责,并对部门的职责进行把控。他们的支持可以提供翔实的信息,确保工作分析的准确性。此外,职能部门管理者也将使用工作分析的成果,因此,他们的支持对于工作说明书的完善和实施具有重要作用。

(3)员工的支持。员工作为实际执行岗位职责的人员,他们的支持和理解是工作分析成功的关键。工作分析可能会对员工的日常工作产生影响,因此,获得员工的信任和合作将有助于确保工作分析成果的顺利应用。员工的支持也能确保工作说明书在实际工作中的有效性和可操作性。

7.2.3 工作信息资料的收集与分析阶段

1. 工作信息资料的收集

在进行工作分析时,全面地收集信息对于准确描述和优化岗位至关重要。以下是需要收集的主要信息类型及其说明:

(1) 工作活动。工作分析人员需明确工作任务的流程、工作任务与其他工作和设备的互动关系,以及完成任务所需的具体行为和动作。分析这些因素可以更好地理解任务的实际需求和操作步骤,从而优化工作流程和提高效率。

(2) 工作中人的活动。工作分析人员要关注人员在工作中的具体行为,包括身体动作、沟通方式以及作业中的基本动作;此外,还需要评估工作中员工的体能消耗,包括精力和体力的消耗。了解这些信息有助于评估工作的难度和员工的工作负荷,为岗位设计提供依据。

(3) 工作中使用的设备。工作中的各种设备、工具和辅助用品,如计算机、电话等,其使用情况直接影响工作的效率和质量,因此它们的功能和在工作中的作用需要明确。

(4) 与工作相关的因素。这包括完成工作所需的各种知识(如专业技能、法律知识等)和其他相关资源。了解这些因素有助于确定岗位所需的知识和技能,从而制订相应的培训计划和招聘标准。

(5) 工作绩效的信息。工作绩效的信息包括完成工作的时间、投入的成本以及可能出现的误差。这些信息有助于评估工作效率和效果,为改进工作流程和提高绩效提供参考。

(6) 工作的背景条件。工作地点(如室内或室外)、时间条件以及工作环境的物理条件(如噪声水平等)等背景条件影响员工的工作体验和工作效果,因此需要加以考虑。

(7) 工作对人的要求。这涵盖与岗位相关的个人特质要求(如性格和兴趣)、所需的技能、教育背景、工作经验、身体条件以及工作态度。这些要求直接影响岗位的适配性和员工的工作表现。

对上述信息的系统收集和分析,可以形成全面的岗位描述和工作要求,为企业优化岗位设置和提升整体工作效率提供数据支持。

2. 工作信息资料的获取途径与注意事项

在进行工作分析时,工作分析人员需要从多个来源获取详细的工作信息资料。以下是获取这些资料的主要渠道及相关注意事项。

1)信息来源及其特征

(1) 工作任职者本人。工作任职者对其岗位的职责和日常工作最为了解,他们可以提供关于岗位任务、工作过程、所需技能以及实际挑战的第一手资料。直接与任职者交流有助于获取详细的工作内容和实际操作细节。然而,个人的主观性可能会影响信息的客观性,因此需要综合考虑其他来源的信息。

(2) 管理监督者。管理监督者通常掌握着较为全面的工作流程和岗位职责,能够提供对岗位职能的全局性理解。管理监督者可以帮助明确岗位的战略意义以及如何与其他岗位和部门协作。他们的反馈有助于确认工作职责是否与组织目标一致,并提供对岗位优化的建议。

(3) 顾客。顾客的反馈能揭示工作成果对外部用户的实际影响,尤其是在客户服务岗位、销售岗位和支持岗位。顾客对服务质量和工作效率的评价可以反映工作职责的有效性和满足客户需求的程度。顾客反馈可以帮助识别岗位中的问题和改进机会。

(4) 外部工作分析专家。外部工作分析专家具有丰富的经验和专业知识,他们可以提供方法论上的指导和技术支持。他们能够运用系统化的工作分析工具,帮助准确描述岗位职责和工作流程。同时,他们也可以协助分析数据、制订改进方案和实施优化措施。

(5) 职业名词辞典。职业名词辞典提供了各种职业的标准化描述和定义。这些资料有助于理解不同职业的标准要求和典型职责。然而,这些描述可能较为一般化,需要结合具体企业的实际情况进行调整。

(6)以往的分析资料。这主要包括企业工作分析历史资料和国家职业分类标准相关资料,前者主要包括企业的岗位描述、工作流程图和部门职能说明书等,后者是根据《中华人民共和国职业分类大典》和《国际职业分类标准》对岗位任职人员进行所属社会职业的划分。这些资料为当前的工作分析提供了基础信息和参考依据,即使这些信息可能因时间推移而有所变化,它们仍可以作为分析和修订的基础。

(7)实地调研获取的信息资料。这主要包括与岗位直接相关的信息(如岗位职责、权限、能力要求等)和与岗位相关的环境信息(如上下级关系、工作关系等)。实地调研获取的信息类型和范围会受到工作分析目的、时间和成本等因素的影响。

2)收集信息的方法和注意事项

在工作信息的收集过程中,以下方法可以有效获取所需数据:

(1)问卷调查法:设计结构化问卷并分发给员工和管理者,以获取广泛的反馈。

(2)访谈法:与岗位任职者、管理者和其他相关人员进行深度访谈,以获得详细的信息和见解。

(3)观察法:直接观察员工的实际工作过程,记录工作步骤和细节。

(4)文献资料法:查阅已有的工作说明书、组织结构图和部门职能说明书等,利用企业过去的工作分析资料作为参考,进行对比和修订。

值得注意的是,不同信息源可能会有主观差异,工作分析人员应综合各种信息,确保数据的全面性和准确性。在实际工作中,实地观察和亲身参与可以帮助工作分析人员揭示书面资料中的不足,从而获得更真实的工作情况。综合运用这些方法和途径,可以有效地收集和分析工作信息,为后续的岗位描述、职能划分和优化提供坚实的数据支持。

3. 工作信息资料的整理和审核

(1)整理资料。整理资料的过程涉及将收集到的工作信息按照工作说明书的要求进行系统分类。这一过程不仅需要检查是否存在遗漏,还要确保所有信息的完整性。如果发现有遗漏或不全的地方,需要返回到前一阶段,继续进行必要的调查和数据收集,直到资料全面为止。此阶段的目的是确保所有需要的信息都被准确记录,并为后续分析做好充分准备。

(2)审核资料。工作分析项目组需要对收集到的信息进行验证,必要时,应组织相关人员进行审核,或者重新调查,以防信息出现偏差。这样可以修正初步数据中的不准确之处,使最终的资料更为精确和全面。这一阶段是保证工作描述和说明书质量的重要环节,其目的是确保最终文档的准确性和有效性。

4. 工作信息资料的分析

在确认所收集到的工作信息资料完整和准确之后,工作分析流程进入信息资料的分析阶段。这一阶段涉及对所收集的数据进行深入的整理、核对、筛选和分析。分析的目的是确保工作说明书的科学性和实践性。

1)信息资料分析的原则

(1)对工作活动进行系统分析,而非简单罗列。在分析资料时,工作分析人员应将工作职责分解成几个关键部分,重新组合和整理,而不是简单地列出任务或活动。例如,对前台接听电话的职责,可以描述为"按照公司规定接听电话,并迅速将其转接至相关人员",而不是逐项列出所有步骤。这种方法可以更清晰地反映职责的核心内容和要求。

(2)以工作本身为分析对象,而非个人。工作信息资料分析应集中于工作内容本身,而不是个人特征。工作分析人员对工作信息进行分类、归纳和整理,根据工作流程的先后顺序或不同工作之间的逻辑关系,全面梳理部门或团队的工作任务,进一步分析工作权限关系,以形成清晰的任务分配和权限结构表。

(3)以当前工作状况为基础进行分析。工作分析应基于特定时间内的职位实际情况,避免引入对工作的假设或预测。这意味着分析需要关注现有的工作状态和实际操作情况,而非预期的变化或未来的发展。

2)信息资料分析的主要内容

(1)岗位信息资料分析。岗位信息资料分析包括对岗位名称和岗位描述的深入分析。岗位名称应准确地反映岗位的功能和位置,并符合行业惯例,使外部人员能够迅速了解岗位的性质和职责。岗位描述分析则涵盖了工作任务的详细描述、工作权责的量化分析、工作关系的梳理以及劳动强度的评估。这一分析有助于全面理解岗位的职责和要求。

(2)工作环境分析。工作环境分析旨在评估工作条件和环境的影响,包括物理环境、安全环境和社会环境等。

(3)任职资格分析。任职资格分析旨在明确岗位任职人员所需的最低资格条件,包括必备知识、经验、能力、心理素质和身体素质。

通过以上分析,工作分析人员最终获得工作分析所需的以下资料:①工作活动资料,即各项工作实际发生的活动类型资料。②人类行为资料,即与个人工作有关的人类行为,如体能消耗、行走距离等资料。③工作器具资料,即工作中使用的机器、工具、设备和辅助设施资料。④绩效标准,即用数量或质量来评价工作成绩的方法。⑤相关条件,如工作环境、工作进度、组织行为规范及奖励措施等。⑥人员条件,即与工作相关的知识、技能及个人特征,如学历、训练背景、工作经验等。岗位分析信息的主要类型如表7-10所示。

表7-10 岗位分析信息

类型	具体内容
工作活动	1. 工作任务的描述,包括工作任务是如何完成的,为什么要执行这项任务,什么时候执行这项任务; 2. 此项任务与其他任务和设备的关系; 3. 进行任务的程序; 4. 承担这项任务所需要的行为; 5. 动作与任务的要求
工作中使用的机器、工具、设备和辅助设施	1. 使用的机器、工具、设备和辅助设施的清单; 2. 应用上述各项加工处理的材料; 3. 应用上述各项生产的产品; 4. 应用上述各项完成的任务

续表

类型	具体内容
工作条件	1. 人员工作环境,如是否在高温、灰尘和有毒环境中工作,工作是在室内还是户外; 2. 组织的各种有关情况; 3. 社会背景; 4. 工作进度安排; 5. 激励
对员工的要求	与工作有关的特征要求,包括特定的技能、特定的教育培训、与工作相关的工作经验、身体特征、态度

资料来源:张一弛.人力资源管理教程[M].北京:北京大学出版社,1999.

5. 确认信息与工作信息标准化

1) 确认信息

工作分析的结果直接影响组织的运行,因此这些结果必须经过验证和修订,以确保其准确性和实用性。为了保证工作分析结果的有效性和可靠性,需要对信息进行严格的确认,包括以下几个关键步骤。

(1) 设定确认时限:设定明确的时间框架来进行信息确认,以确保工作分析的及时性和有效性。时效性是保证信息在实际应用中仍然准确的关键因素。

(2) 指定专人负责信息检核:指定专门人员来进行信息的检核工作,确保信息能够及时传递和处理,避免因信息流转不畅导致的信息丢失或错误。

(3) 保存和管理文件:指定专人负责文件的保存工作,以确保所有信息资料准确无误地保存,并且文件完整无遗漏。这一步骤是确保数据安全和信息可追溯的重要措施。

2) 工作信息标准化

在企业管理过程中,人力资源管理体系需要统筹考虑工作分析的各个环节,并进行标准化处理。

工作分析内容的标准化包括对分析内容的规范化、结构化、分解化和具体化的处理。制定工作分析指标体系是工作分析内容标准化的核心步骤。工作分析指标体系不仅揭示了工作分析和评价的对象,还标志着标准化的完成。工作分析指标是用来解释工作分析对象数量和质量特征的一种操作化形式,是整个工作分析活动的基础和前提。具体而言,工作信息标准化通过以下五个要素来构建工作分析指标。

(1) 名称:对指标内容和形式的总体概括,简洁明了地描述指标的主要内容。

(2) 定义:对指标内容和操作的详细定义,确保所有相关人员对指标的理解一致。

(3) 标志:对指标级别进行区分和辨认的特征规定,以便对指标进行分类和评估。

(4) 标度:对指标级别范围或程度的规定,明确不同级别的具体标准和要求。

(5) 注释:对指标的来源、适用范围和操作问题的说明,提供必要的背景信息和使用指南。

工作信息标准化的过程不仅是规范和细化工作分析内容的关键步骤,也是为员工在工作中设定清晰目标和标准的重要依据。有效的标准化,能够确保工作分析的结果具有一致性和可操作性，为企业的管理和决策提供坚实的数据支持。

6. 描述与编制

工作分析人员对收集和整理的信息进行分析后，可以提炼出岗位的工作名称、工作职责、工作关系及任职条件等核心信息。这些信息需要按照工作分析的专业规范进行分类，并填写到预先设计好的标准格式中，从而形成工作说明书。

工作说明书是一份详细的书面文件，涵盖了岗位的目的、职责、任务、权限以及对任职者的资格要求。编写工作说明书时需遵循以下几个要点：

（1）关注工作本身，而非个人。工作分析人员应专注于岗位本身的要求和内容，而不是对某个具体个人进行评估。

（2）全面掌握资料。在编写工作说明书前，应尽量全面地收集和掌握所有相关资料，避免依赖主观臆断或片面的信息。

（3）进行对比和调查。在分析和整理信息后，必要时应进行对比研究，以决定是否需要进一步的调查或研究，以确保信息的准确性和完整性。

（4）修订工作描述与规范。根据分析结果，修改和完善工作描述及相关工作规范，以确保其准确反映岗位要求。

（5）形成最终工作描述与工作规范。对初步工作描述和工作规范进行修订后，形成最终的工作描述和工作规范，确保其符合实际需求。

（6）编制工作说明书。在最终的工作描述和工作规范基础上，编制正式的工作说明书，确保其全面、准确地描述岗位要求。

（7）应用与评估。将最终完成的工作说明书应用于实际工作中，并对工作分析的过程进行总结和评估，以便在未来的工作中不断改进。

7. 审校与批准

在工作分析完成后，重要的最终成果——工作说明书需要交由涉及的相关部门审校。这一过程包括将工作说明书与实际工作的需求进行对比，检查是否需要修订、补充或完善。具体步骤如下。

（1）审校和比对：将工作说明书提交给相关部门审校，与实际工作情况进行比对，识别可能存在的修订或补充需求。

（2）修改和完善：根据审校过程中收到的修改意见和建议，对工作说明书进行必要的修订和完善，确保其内容准确、全面。

（3）批准程序：按照企业的管理规程，将修订后的工作说明书提交给企业高层管理者审核和批准。

（4）正式公布和实施：工作说明书在经过高层管理者的签署批准后，再通过正式的沟通途径（如发布文件、公告、会议批示等）公布，并在企业内实施。

这一过程确保了工作说明书的准确性和实用性，同时保证了其符合企业管理的标准和要求。

7.2.4 工作分析结果的表达和应用阶段

1. 工作分析结果运用的指导与培训

为了最大限度地发挥工作分析的作用，并将其有效应用于实际管理中，需要确保这些结果能够深入管理和工作现场,从而解决实际问题并优化组织效能。实现这一目标的关键是对工作分析结果运用的有效指导和培训,这也是工作分析程序中不可或缺的一部分。工作分析结果运用的指导与培训包括:①制订培训计划。详细的培训计划可以确保所有相关人员理解工作分析结果的含义及其应用方法。②编制使用手册。明确的使用手册和指导文件可以帮助员工掌握如何有效运用工作分析成果。③进行案例分析。实际案例演练可以帮助员工理解如何将工作分析结果应用到日常工作中。

2. 制定和完善应用性管理文件

为了确保工作说明书等工作分析成果在企业中得到有效实施,企业需要将这些成果与实际的管理操作如考核指标和薪酬等级划定等整合,并结合企业的实际运营情况进行完善。这一过程是将工作说明书与其他相关管理文件进行整合,以确保信息的一致性和完整性。企业要定期更新和修订管理文件,以适应企业环境和市场的变化;同时,要制订详细的实施计划和时间表,确保工作说明书及其他文件得到有效实施。

3. 完善工作说明书体系

工作说明书不仅是工作分析的成果,也是组织管理体系的核心组成部分。完善工作说明书体系主要包括以下几个方面:

(1)建设信息管理机制。利用大数据技术持续跟踪组织、岗位及人员信息的变化,通过大数据分析,建立科学的计量模型,优化管理规范和标准化流程,提升企业的信息化建设和管理水平。

(2)系统化管理机制。建设系统化的工作说明书管理机制,包括设计、规划、分析、试用、反馈、修订和实施等全过程,确保工作说明书能够紧密对接企业管理活动的各个环节,发挥其在管理中的积极作用。

(3)工作说明书的运用。工作说明书由工作分析专业人员编制,但实际使用者是从事相关工作的员工。因此,在使用前需要进行充分的培训,以确保员工了解工作说明书的意义、内容及使用方法。例如,如何在招聘过程中应用工作说明书,如何根据工作说明书设定工作目标和标准,以及如何基于工作说明书进行员工考核和培训需求分析等。

(4)工作说明书的反馈与调整。为了确保企业管理的连续性,工作说明书必须与实际工作保持一致。工作分析作为一个动态过程,需要定期对工作说明书进行反馈和调整。随着企业及其环境的发展变化,某些工作任务可能会消失,新的任务可能会出现,工作性质也可能发生变化。因此,工作说明书需要定期审查和更新,以保持其适应性和准确性。工作分析人员在使用过程中收集反馈信息,以便及时发现和解决问题;根据反馈信息和实际情况调整和修订工作说明书,使其更加符合实际工作需求。

4. 工作分析的评估与反馈

在工作分析任务完成后,工作分析项目组需要对整体工作分析进行评估和反馈。这不仅有助于了解任务是否达到了预期目标,还有助于优化工作分析的过程和环节,为今后的工作提供借鉴经验。

评估和反馈的内容包括:①过程信息。评估工作分析过程的总体情况,包括是否满意、是否对工作产生影响、改进意见等。②内容信息。检查工作分析是否全面反映了岗位信息,是否准确界定了岗位性质和任职条件。③效果信息。评估工作分析是否达到了预期目的,是否明确了岗位职责和相互关系,是否提高了工作绩效,是否规范了操作方式和流程,等等。

本章小结

本章主要对工作分析的前期准备工作及其实施过程进行了详细介绍。

工作分析的前期准备工作主要包括工作环境分析、组织分析和岗位分析三项内容。工作环境分析包括宏观工作环境分析和微观工作环境分析。组织分析是通过分析研究,明确现行企业组织架构设置和运行中存在的问题和缺点的活动,包括企业组织架构分析、企业业务流程分析和企业岗位体系分析等内容。岗位分析是对各类工作岗位的性质和权责、岗位间关系、岗位工作环境及承担该岗位任务的人员所应具备的资格条件等进行系统分析,并将分析结果形成工作说明书等人力资源管理规范的过程。

工作分析的实施过程从本质上来讲其实是一个信息的流动过程,从输入到分析再到输出,可以分为四步:工作分析计划的制订、工作分析的设计、工作信息资料的收集与分析、工作分析结果的表达和应用。在工作分析计划的制订阶段必须明确工作分析的目的,确定工作分析的内容,制订试点工作计划以及确定整体工作安排。在工作分析的设计阶段,先要选择工作分析的方法,然后组建工作分析项目组。在工作信息资料的收集与分析阶段,要对与工作相关的信息资料进行收集、整理与审核,并对它们进行多方面的分析。工作说明书的反馈与调整将始终贯穿于企业的经营与管理活动之中。

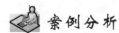

批判性思考与讨论题

1. 简述组织环境与工作分析的关系。
2. 工作分析前为什么要进行组织分析?
3. 简述企业组织架构的分析内容。
4. 简述业务流程及构成要素。
5. 简述岗位调查的内容、原则和方法。
6. 简述岗位设置的内容、原则。
7. 工作分析主要经过哪几个阶段?
8. 工作分析计划的制订阶段需要做哪些工作?
9. 工作分析的设计阶段需要做哪些工作?
10. 工作信息资料的收集与分析阶段需要收集哪些信息?途径有哪些?

案例分析

实操训练题

C公司规模不断扩大，部门与组织体系有了新的调整。公司管理层决定开展一次工作分析，对部门与岗位工作进行明确界定，为新业务的发展奠定良好的基础。在设计具体实施方案的时候，人事部出现了不同意见。有的认为，应该从收集基本信息开始；有的认为，应该直接进行访谈调查；有的认为，首先应该与各部门经理做个沟通；有的认为，应该与岗位任职者直接交流。

资料来源：张岩松. 组织设计与工作分析[M]. 北京：北京交通大学出版社，2023.

分组讨论问题：

C公司究竟应该怎样开展工作分析？

第8章 工作分析方法

研究内容

1. 工作分析信息收集方法的类别、基本程序及其评价；
2. 任务分析的内涵、步骤和方法；
3. 人员分析的内容、步骤和方法；
4. 方法分析的内容、步骤和方法。

关键概念

任务分析(task analysis)
人员分析(personnel analysis)
方法分析(method analysis)
问卷调查法(questionnaire method)
访谈法(interview method)
观察法(observation method)
工作日志法(work log method)
关键事件法(critical incident technique)
职位分析问卷(position analysis questionnaire)
工作要素法(job element method)
管理职位描述问卷(management position description questionnaire)
关键路径法(critical path method)
计划评审法(program evaluation and review technique)

开篇案例

E公司工作分析的方法

E公司是我国东部的一家大型零售企业。公司现有的组织结构是基于创业时的公司规划，随着业务扩张的需要逐渐扩充而形成的。在运行过程中，组织结构与业务上的矛盾已经逐渐凸显出来。部门之间、岗位之间的职责与权限缺乏明确的界定，推诿扯皮的现象不断发生。有的部门抱怨事情太多，人手不够，任务不能按时、按质、按量完成；有的部门又觉得人员冗杂，人浮于事，效率低下。面对企业存在的以上问题，人力资源部开始着手进行组织结构的变革，变革首先从进行工作分析、确定岗位价值开始。

首先,人力资源部开始寻找进行工作分析的工具与技术,在阅读了国内目前流行的基本工作分析书籍之后,从中选取了一份工作分析调查问卷,作为收集岗位信息的工具。其次,人力资源部将问卷发放到各个部门经理手中,同时在公司的内部网上发布了一份关于开展问卷调查的通知,要求各部门配合人力资源部的问卷调查工作。

据反映,问卷在被发放到各个部门经理手中之后,便一直搁置在他们的手中,并没有发下去。直到人力资源部开始催收时,很多部门才把问卷发下去。同时,由于大家都很忙,很多人在拿到问卷之后,都没有时间仔细思考,草草填写完事。还有很多人在外地出差,或者任务缠身,自己无法填写,而由同事代填。此外,据一些较为重视这次调查的员工反映,大家都不了解这次问卷调查的目的,也不理解问卷中那些生疏的专业术语,很多人想就疑难问题向人力资源部询问,可是也不知道具体该找谁。因此,大家在填写问卷时只能凭借自己的理解来填写,工作分析的一项重要内容是收集各类与工作相关的信息资料。本章在介绍工作分析信息收集的工具和方法基础上,对工作分析对象进行综合分析。无法把握填写的规范和标准。一个星期之后,人力资源部收回了问卷,但发现问卷填写的效果不太理想,有一部分问卷填写不全,还有一部分问卷答非所问;另外,有一部分问卷根本没有收上来。问卷调查没有发挥它应有的价值。

与此同时,人力资源部着手选取一些岗位进行访谈,但在试着访谈了几个岗位之后,发现访谈的效果也不好。人力资源部的主管负责对部门经理级以下的人员进行访谈,但访谈时出现的情况出乎意料。大部分时间都是被访谈者在发牢骚,指责公司的治理问题,抱怨自己的待遇不公,而在谈到与岗位分析相关的内容时,被访谈者又顾虑重重。访谈结束之后,访谈者都反映对该岗位的了解还停留在模糊的阶段。

资料来源:张岩松.组织设计与工作分析[M].北京:北京交通大学出版社,2023.

工作分析的一项重要内容是收集各类与工作相关的信息资料。本章在介绍工作分析信息收集的工具和方法基础上,对工作分析对象进行综合分析。

在实践中,工作分析的对象"工作"极为复杂,涉及"需要完成的工作任务""完成工作任务的劳动者行为""劳动者与工作任务匹配后的运作方式"等三方面内容。其中,对需要完成的工作任务进行分析主要揭示的是工作内容的结构,从劳动者行为入手进行人员分析侧重于揭示任职要求,从运作方式入手进行分析侧重于揭示工作方法,由此构成了任务分析、人员分析和方法分析三方面内容。

8.1 工作分析信息收集的基本方法

本节介绍工作分析信息收集的基本方法,主要包括问卷调查法、访谈法、观察法、工作日志法、关键事件法等。

8.1.1 问卷调查法

问卷调查法是工作分析中获取工作相关信息的最常用方法。问卷形式可以是结构化的,也可以是开放式的。从问卷设计的内容来看,问卷可分为通用性问卷和指定性问卷。通用性问卷内容具有普遍性,适用于各种类型的工作;指定性问卷则针对特定工作,提供更为详细的信息。

问卷收集的工作信息质量既取决于问卷内容设计的科学性和合理性,也受样本填答人员的文化程度、兴趣、态度、情绪以及所处环境等因素的影响。因此,整个过程需要认真准备。

1. 问卷调查的基本步骤

(1)调查准备。准备工作包括初步了解需要进行工作分析的工作范围和特性,确定进行工作分析的人员。在实施调查前,工作分析人员还需要征得样本对象上级的同意和支持,以增强调查的合法性,并通过上级的支持提供必要的资源和便利。

(2)精心设计问卷。精心设计问卷是获取大量有用信息的关键,要求问卷设计专业细致,确保能准确、有效地收集工作相关信息。问卷设计需要考虑以下因素:①调研目的是否明确;②问卷结构是否规范完整;③所设计的问题是否清晰、有逻辑性且与探讨目标相关;④样本对象的作答负担是否过重(如问卷长度和作答时间等)。因此,正式调查之前最好进行预测试,以便发现潜在问题并及时调整和修改。

(3)填写调查问卷。为提高样本对象参与调查的积极性和作答内容的真实有效性,尽可能减少误解导致的错误作答,工作分析人员可以采取以下措施:①确保样本对象在安静的场所和充裕的时间内进行填答;②向样本对象阐明调查的目的及其与他们的关联性;③鼓励样本对象真实、客观地填写问卷,不需对填答内容有顾虑;④提示样本对象填答的注意事项;⑤在场提供填答问题的解释,如样本对象不方便,亦可留下联系方式以便其进行相关咨询。

(4)回收调查问卷。样本对象填写完毕后,工作分析人员要认真检查是否有漏填、误填的情况。信息收集工作完成后,工作分析人员需要向样本对象致谢。

2. 问卷调查法的评价

1)问卷调查法的优势

(1)经济性。问卷调查可以扩大分析的样本量,用时较短,且不需要面对面沟通。样本对象可以在工作之余填答,不会影响正常工作,从而节省时间和人力。

(2)问卷调查收集的信息可以数量化,方便后续的数据处理和分析。

2)问卷调查法的缺点

(1)问卷设计需要耗费大量的时间和精力,这对设计者的专业性和细致度有较高的要求。

(2)问卷填答的可控性较差。样本对象可能由于自身理解力和表达能力的限制而误解问卷问题。涉及动机和态度等内容时,样本对象可能出于社会称许性的影响,没有真实表达自己的想法。此外,样本对象可能受作答环境、自身心理状态以及作答动机的影响,不积极配合或不认真填写,从而影响调查的质量。

3. 问卷调查示例

图8-1和表8-1分别为工作分析调查表和开放式工作分析调查表示例。

交警任务调查表

逐步核对,在符合本职任务的项目上画"√",并说明其对工作的重要性。

代号	重要性
1	很低
2	低
3	一般
4	高
5	很高

1. 保护交通事故现场证据_____
2. 在经常发生事故的地段注意防止发生新事故_____
3. 使用闪光信号灯指挥交通_____
4. 使用交通灯指挥交通_____
5. 发现违章驾驶员并填写情况表_____
6. 估计驾驶员的驾驶能力_____
7. 向违反交通规则的人解释交通规则和法律知识_____
8. 跟踪可疑车辆,观察违章情况_____
9. 签发交通传票_____
10. 向违反交通规则的人发出警告_____
11. 监视交通情况,搜寻违章车辆或人员_____
12. 检查驾驶证或通行证_____
13. 参加在职培训_____
14. 参加射击训练_____
15. 操作电话交换机_____
16. 擦洗和检验工作装备_____
17. 维修本部门的交通工具_____

图 8-1　交警工作分析调查表示例

(资料来源:萧鸣政.工作分析与评价[M].6版.北京:中国人民大学出版社,2023.)

表 8-1　开放式工作分析调查表示例

填表日期:　　年　　月　　日

工作部门		职位名称	

一、职责内容
1. 概述:

2. 所任工作:

工作项目	处理方式及程序	所占每日工作时数

续表

二、职责程度			
1. 工作复杂性：			
2. 所受监督：			
3. 所循规章：			
4. 对工作结果的负责程度：			
5. 所需创造力：			
6. 影响范围：			
7. 监督对象与范围：			
对上述内容的确认	填表人		（签名盖章）
检查以上所填内容是否正确,如有问题请直接指正。			
所属部门 上一级主管	（签名盖章）	所属部门 直接主管	（签名盖章）

资料来源：萧鸣政.工作分析与评价[M].6版.北京：中国人民大学出版社,2023.

8.1.2 访谈法

在工作分析中，访谈法常用于无法实际操作、现场观察或难以观察的工作场景。工作分析人员需要面对面地询问任职者、主管以及下属。访谈法涉及的内容比问卷调查法更为广泛，包括外显的生理和物理特征，以及内隐的心理特征。从访谈对象来看，访谈可以分为个别访谈和集体访谈。集体访谈通常针对工作内容相同或相近的员工。从访谈的目的来看，一是验证已获得的资料，二是弥补无法观察或者问卷和观察无法获取的资料。为了保证访谈的翔实性与完整性，访谈前应拟订详细的访谈提纲。访谈法要求访谈者对对象进行面对面提问与访谈，对技巧要求较高。简单来说，访谈法实施的关键主要体现在问题设计和访谈技巧两方面。

1. 访谈法的问题设计

访谈法离不开问问题，因此设计问题成为工作分析人员必备的一项技能。问题设计应遵循一些原则：

(1) 明确访谈的主题和目的。设计问题前，需明确访谈的研究目的和主题，确保所有问题都紧密围绕研究主题展开。

(2) 选择问题类型。封闭性问题提供有限的选择，便于统计和分析；开放性问题则允许被访谈者自由表达，获取更丰富的信息。选择问题类型应根据研究对资料的要求而定。

(3) 保持问题的逻辑性和顺序性。设计问题时，应遵循一定的逻辑性和顺序性，从一般性、开放性问题逐步过渡到具体的、封闭性问题，保持问题的连贯性和逻辑性。

(4) 确保问题简洁明了。问题表述应简洁明了，避免使用复杂或模糊的语言。要删除重复的问题，将有双重含义的问题拆成两个问题，将易引起偏向性的问题分开。

(5) 保持问题的客观中立。访谈者应保持客观中立，避免引导被访谈者或带有偏见。问题设计时，不应歧视任何特定群体或个人，保持访谈的公平和平等。

需要注意的是,在完成初次访谈后,如有必要,还需进行二次访谈,以检查和验证所需的问题和回答是否足够。

2. 访谈技巧和注意事项

问题设计发生于访谈前,而现场与被访谈者的沟通直接影响访谈结果。访谈技巧对于访谈的顺利进行和获取有价值的工作信息至关重要。以下是一些访谈技巧:

(1)营造融洽气氛。访谈者应主动解释访谈的目的和好处,营造融洽气氛,使被访谈者感到放松和舒适,促进信息的有效传递。

(2)层层追问。访谈者应善于运用层层追问的方法挖掘细节和内心世界。当被访谈者提到关键信息时,访谈者要及时追问以获取更多信息。

(3)迂回提问与引导谈话。遇到被访谈者不愿直面回答的问题时,访谈者可采取迂回提问的方法,避开正面提问,从侧面深入,避免尴尬和冲突。访谈者应善于启发被访谈者的思路,通过提问和倾听,引导被访谈者按照预定框架回答。

(4)注重倾听和反馈。访谈者要认真倾听被访谈者的回答并做好记录,给予被访谈者反馈。

(5)灵活应对。访谈过程中可能遇到突发情况,如被访谈者跑题或情绪激动,此时访谈者需灵活应对,及时调整访谈策略,确保访谈顺利进行。

除具备上述技巧外,访谈者还要注意以下事项:

(1)选择合适的时机和地点。根据访谈主题和被访谈者的情况,访谈者要选择合适的时机和地点,确保环境安静、舒适,有利于交流和沟通。

(2)尊重被访谈者。访谈者要尊重被访谈者的意愿和隐私,避免提出过于私人或敏感的问题。

(3)注重礼貌。访谈过程中访谈者应保持礼貌,避免冒犯或攻击性的语言,也避免傲慢的姿态。

(4)不在访谈中表现出任何偏好性,也不受自身爱好和观点影响。

(5)对于访谈中捕获的意外信息,应引起重视,并进行清晰记录。

3. 访谈法的评价

(1)访谈法的优势:①使工作分析人员了解到无法观察或者短期内观察不易发现的情况,还能获取被访谈者的工作态度、动机等较深层次的内容。②可用于问卷设计前、资料收集后的验证阶段等多种场合。③便于建立访谈者与被访谈者之间的双向沟通,有助于解释工作分析的必要性及潜在好处,并方便追问或澄清含糊不清的回答。

(2)访谈法的缺点:①成本较高。访谈需要协调大量时间和人力,并且为保证访谈质量,还需要对访谈者进行培训。②信息失真。访谈中收集到的信息可能会有扭曲和失真。被访谈者可能认为访谈是对其工作业绩的考核或薪酬调整的依据,故意夸大或弱化某些职责。

4. 访谈提纲示例

图 8-2 是一份访谈提纲示例。

> 您好:
>
> 　　首先感谢您来参加此次访谈。访谈的目的是要解决两个问题:弄清楚企业中每个职位都有什么工作,明确这些职位对员工有什么具体的从业要求。选择您来参加访谈,是因为您有长期、丰富的相关职位经验。您的配合是我们获得必要信息的重要保证。我们将对本次谈话的内容做必要的记录,结果只用于上述内容的分析,请您不必顾虑,如实回答。我们现在开始:
>
> 1. 你的岗位名称、岗位编号是什么?
> 2. 你在哪个部门工作?你的直接上级是谁?
> 3. 你主要做哪些工作?请举例说明。
> 4. 请你尽可能详细地讲述你通常一天的工作内容?各项内容的时间分配是怎样的?
> 5. 你对哪些事情有决策权?对哪些事情没有决策权?
> 6. 你在工作中需要接触的对象有哪些?主要开展哪方面的工作?
> 7. 你需要哪些设备和工具来开展工作?其中哪些是经常使用的、哪些是偶然使用的?你对目前的设备状况满意吗?
> 8. 你认为做好这项工作需要什么样的文化水平?需要哪些知识和技能?需要什么样的特质或心理素质?
> 9. 如果一个新员工进行了入职培训,你认为其需要多久可以正式上岗?
> 10. 你觉得目前的工作环境如何?你希望在哪些方面得到改善?你觉得公司的制度有哪些可以改善的地方,以便员工更好地工作?
> 11. 你喜欢现在的工作吗?你觉得这个工作在公司的价值和意义如何?
> 12. 你认为目前自己的工作情况怎么样?需要如何调整才能更好地完成工作?
> 13. 你还有需要说明或者补充的内容吗?
>
> 好的,访谈已经结束,衷心感谢您的合作!

图 8-2 访谈提纲示例

(资料来源:龚尚猛,宋相鑫.工作分析:理论、方法及应用[M].4版.上海:上海财经大学出版社,2020.)

8.1.3 观察法

观察法是指有经验的分析人员在工作现场,通过感觉器官或其他工具观察员工的实际工作过程,并用文字或图表记录某一时期内员工的工作内容、程序、形式和方法,随后再基于这些记录分析相关的工作因素,以达到分析目的的一种方法。观察法适用于分析具有外显行为特征的工作,特别是简单、重复性高、易于观察的工作。

根据观察对象的工作周期和工作的突发性,观察法可分为直接观察法、阶段观察法和工作表演法。直接观察法是指工作分析人员对员工的工作全周期进行观察的方法,适用于工作周期很短的岗位。阶段观察法是针对工作周期长或需断续进行的工作,研究者根据研究目的、提纲或观察表分阶段进行观察,以获取全面的岗位信息并进行汇总和整理的方法。工作表演法适用于阶段跨度大、周期长或突发性事件多的岗位。由于常规观察难以全面分析,工作表演法通过让员工模拟实际工作场景或突发事件处理过程进行观察和分析。

观察者可以在不同时间点观察不同工作者,以消除对不同工作者行为方式的偏见。由于不同员工在相同的工作任务下可能会表现出不同的行为方式,因此对同一工作者在不同时空下的多次观察,有助于消除工作情境与时间上的偏差。

1. 观察法的基本步骤

工作分析人员运用观察法进行工作分析需要遵循下列的基本步骤:

(1)制订观察方案或计划。首先要明确观察的具体目的和要解决的问题;其次,设计具体观察方案,包括观察对象、内容、时间、地点、方法、分析人员等;最后,根据观察方案,准备必要的工具,以便及时记录相关信息。

(2)做好观察准备工作。初步了解观察对象的工作及其所在环境,确保观察顺利进行,同时避免打扰观察对象。

(3)实地观察并记录观察对象的工作。一是应根据预先确定的目的和内容,详尽记录所有观察到的资料,包括工作行为、工作环境、工作流程、工作设备和工作方法等;二是要及时准确地捕捉观察对象的细节变化;三是实地观察时应尽可能不要引起观察对象的注意,以免干扰其正常工作。

(4)整理与分析观察资料。一是将观察到的结果以标准格式整理,进行分类和编号等处理;二是将记录内容转化成可分析的数据或信息,提取有价值的信息;三是识别工作流程中的瓶颈、冗余或不合理之处,评估工作负荷和工作环境对员工的影响。

(5)应用观察结果。撰写工作分析报告,并将报告提交给相关部门和人员,为人力资源管理、工作设计以及培训与发展等提供依据。

2. 观察法的评价

(1)观察法的优势主要有以下方面:

①真实性。观察法所收集到的资料多为第一手资料,基本排除了主观因素的影响,减少了沟通或信息传递过程中的失真和误解。

②全面性。工作分析人员可以观察到员工在工作中的具体操作流程、所使用的工具和设备、工作环境以及与其他员工的互动情况,从而对工作有较为全面的认识。

③动态性。观察法能够实时记录员工的工作行为和环境变化,捕捉到静态文档中难以体现的动态信息,有助于理解工作流程和发现潜在问题。

(2)观察法的缺点主要有以下方面:

①耗时较长。观察法需要分析人员花费大量时间进行实地观察,增加了工作成本和时间成本。观察时间较长,可能受员工工作习惯和情绪波动等因素的影响,导致结果存在一定的主观性。

②样本量受限。由于时间和成本限制,观察法通常只能选取部分员工或在特定时间段内进行观察,可能导致观察结果无法完全代表整个工作群体的真实情况。因此,需要注意样本的代表性和广泛性。

③适用性有限。观察法更适用于以体力活动为主的工作岗位。对于以智力活动为主或需要高度专业技能的岗位,观察法可能难以全面了解工作要求。此外,对于处理紧急情况的间歇性工作或需要高度保密的工作岗位,观察法也不适用。

3. 观察法的工作分析样表

下面对办公室主任的工作内容和过程进行如实记录和汇总,分别如表8-2和表8-3所示。

表 8-2 写实工作分析表示例

机构名称:办公室　　　职位:办公室主任　　　编制:3人(主任1人、打字员1人、办事员1人)

时间		工作活动内容	任务完成量	备注
开始时间	持续时间/分			
8:00	5	打电话到销售科	1次	
8:05	2	接电话	1次	
8:07	4	帮办事员登记材料	2份	
8:11	4	帮办事员校对	5页	
8:15	4	准备广告材料	1页	
8:19	1	接张厂长打来的电话	1次	
8:20	1	接李厂长打来的电话,他需要一封信件	1次	
8:21	6	与办事员商议工作	1次	
8:27	5	找李厂长要的信件	1次	
8:32	5	安排当天的工作	1次	
8:37	3	找王科长	1次	
8:40	4	找肖工程师	1次	
8:44	1	送李厂长要的信件	1次	
8:45	2	为张厂长打印文件	1次	
8:47	13	同张厂长商量,布置简报	1次	
9:00	2	开始复印李厂长的材料	1次	
9:02	10	把张厂长的材料归档	3次	
9:12	4	继续复印材料	1次	
9:16	5	与李厂长商议工作	1次	
9:21	2	向办事员布置复印任务	1次	
9:23	9	继续复印	2次	
9:32	8	分发信件	5次	
9:40	15	继续复印	2次	
9:55	10	整理档案材料	4次	
10:05	11	复印完材料	200份	
10:16	2	将复印材料交办事员装订	1次	
10:18	9	打电话与协作厂联系	1次	
10:27	2	接张厂长打来的电话	1次	
10:29	3	迎接参观者,并将其送到张厂长处	2人	
10:32	2	打电话到车间	1次	
10:34		略		

资料来源:萧鸣政.工作分析与评价[M].6版.北京:中国人民大学出版社,2023.

工作分析人员在完成表 8-2 的工作活动记录之后,将其内容进行归类总结,形成表 8-3,由此可以对工作有全面的了解。

表 8-3 写实分析汇总样表

事件类别	花费时间/分	发生次数/次
打印、复印等	43	6
接打电话	22	7
寻找信件、档案等	26	4
接受指令等	18	2
发出指令和计划	15	4
处理来信、文件	8	1
帮办事员工作	8	2
找人	7	2
写材料	4	1
迎接参观者	3	1
总计	154	30

资料来源:萧鸣政.工作分析与评价[M].6版.北京:中国人民大学出版社,2023.

8.1.4 工作日志法

当观察者和被观察者合二为一时,观察法便转化为工作日志法。这种方法要求员工以工作日志的形式详细记录每天的工作任务、步骤、方法、职责、权限及各项工作所花费的时间,系统收集和分析工作相关信息,以更好地理解工作内容、职责、关系及流程中的问题和改进点。

之所以采用这种方法,是因为员工最了解自己的工作,记录也最为经济方便。此方法适用于高水平、高复杂性的工作,以及需要系统分析和改进工作流程的情形。

1. 工作日志法的基本步骤

(1)准备阶段。首先,确定工作分析的目标,设立长期和短期目标,确保日志记录与工作目标一致。其次,根据分析目标,设计工作日志表格,包括日期、任务清单、时间分配、备注等栏目。复杂岗位可能需要更详细的表格。最后,对员工进行培训,介绍工作分析的目的和要求,明确日志填写的内容、格式和时间等。

(2)实施阶段。一方面员工在每天工作过程中实时填写工作日志表,确保记录的连续性和完整性,避免遗漏重要信息。另一方面,工作分析项目组定期检查日志的准确性和完整性,并提供必要的指导和支持以确保员工能够正确填写工作日志。

(3)分析阶段。收集所有员工的工作日志,进行整理和汇总;对数据进行统计分析,计算各项工作的平均时间、频率和重要性;通过数据分析,揭示工作特点、问题和瓶颈,为优化工作流程、提高工作效率提供科学依据。

(4)应用与反馈阶段。根据分析结果编写详细的工作说明书,优化工作流程;为员工提供针对性的培训和指导,将分析结果和建议反馈给相关部门和员工,鼓励其积极参与工作改进,不断完善工作日志法。

2. 工作日志法的评价

(1)工作日志法的优势。

①详细性。工作日志能够详细记录员工每天的工作内容、时间分配和具体活动,为管理者提供丰富的数据支持,有助于深入了解员工的工作状态和效率。

②客观性。员工自己的记录,可以较为客观地反映工作实际情况,减少主观判断带来的偏差。

③经济性。岗位员工自行记录工作日志,所需的人力和时间成本较低。

(2)工作日志法的缺点。

①耗时。员工需要花费额外时间来记录日志,这可能会增加工作负担。工作性质的特殊性也可能影响日志的准确性或工作的连续性。

②执行难度大。长期坚持记录工作日志需要员工有较高的自律性和责任感,否则容易流于形式或中断。分析人员还需要检查日志的真实性,因为个体可能会夸大自身工作量和难度。

3. 工作日志法示例

工作日志的格式多种多样,以下简要举一个例子,方便理解和操作(见图 8-3)。

工作日志填写说明:
1. 请您在每天工作开始前将工作日志放在手边,按工作活动发生的顺序及时填写,切不可在一天结束后一并填写。
2. 要严格按照表格的要求填写,不要遗漏那些细小的工作活动,以保证信息的完整性。
3. 请您提供真实的信息,以免损害您的利益。
4. 请您注意保留工作日志,防止遗失。
5. 谢谢您的真诚合作!

_____月_____日 工作开始时间_____ 工作结束时间_____ 岗位名称_____

序号	工作活动名称	工作活动内容	工作活动结果	时间消耗/分	备注
1	复印	复印文件	4张	6	
2	起草公文				
3	参加会议				
4	接待				

填写人_____

图 8-3 工作日志填写样例

(资料来源:龚尚猛,宋相鑫.工作分析:理论、方法及应用[M].4版.上海:上海财经大学出版社,2020.)

8.1.5 关键事件法

关键事件法(简称 CIT)是搜集工作分析信息的一种方法,评估者在绩效周期内记录员工身上的关键事件,作为绩效评估的依据。关键事件指的是员工在工作中非同寻常的行为,包括有效和无效的工作行为。它们描述了员工的工作行为及其具体情境,并对工作的结果产生决定性影响,如成功与失败、盈利与亏损、高效与低效等。

关键事件法具有天然的吸引力,因为信息来自有任务经验的人,人们往往乐于分享和听取知情者的真实故事。

1. 关键事件法的发展历程

关键事件法最初是在第二次世界大战期间,为解决军事飞行训练问题而开发的。当时,心理学家约翰·弗拉纳根(John Flanagan)被要求调查飞行员和机组成员的有效与无效行为,以改进空勤人员的选拔和训练。由于飞行员在训练中频繁犯错,军方认为训练内容需改进,以确保传达正确的信息。

1944年,弗拉纳根团队开始研究战斗领导力,通过采访战斗老兵,收集并分析了大量的有效和无效行为事件,最终确定了战斗领导力的各种行为类别。

二战结束后,弗拉纳根和同事成立了美国研究所,继续利用关键事件法研究军人和平民的关键行为。1950年,他们为通用汽车公司的德克瑞美部门开发了小时工的绩效评估工具,推动了关键事件法在不同行业中的应用,证明了其普遍性。

1954年,弗拉纳根在《心理学公报》上发表论文《关键事件法》,首次在学术领域提出这一概念。1955年,通用汽车公司开始实践应用关键事件法,并取得了显著成效,推动了该技术在业界的广泛应用。

之后,史密斯(Smith)和肯德尔(Kendall)开发了关键事件量表,进一步推动了关键事件法在工作绩效评估方面的发展。

目前,关键事件法已被广泛应用于各种职业和工作领域,如校长、牙医、急诊护士、警察、消防员、经理和主管等。它在工作分析、绩效评估和员工培训等方面发挥了重要作用,成为现代人力资源管理中的重要工具。

2. 关键事件法的实施与关键控制点

1)编写事件的规则

关键事件需要格式化呈现,以确保信息的完整和可靠。格式化模板为分析人员提供了信息收集的框架,提醒其收集哪些信息及在哪些方面深入探讨。这种格式化的方式还可以确保分析结果的一致性。收集的事件信息包括以下四个部分:

(1)背景。该部分内容主要提供事件背景信息。比如,事件发生的地点是哪里,后续行为发生在什么样的场合,有没有问题需要解决,需要做出的决定是什么,需要遵循的步骤是什么,还有没有其他参与人员,还有哪些信息可以加深对当前的理解。

(2)回应。此部分内容基于背景信息,详细描述业务专家如何思考并采取何种行动。这些信息用来解释这些行动为何被视为关键事件,也是被业务专家视为关键事件的原因。

(3)结果。这些信息是描述业务专家回应背景后的具体结果。结果可以从不同角度进行汇报。比如,业务专家是怎么看待结果的,其他人员又是如何看待的。

(4)反思。此部分内容通常整合在结果中,有时也可以独立列出。这些信息反映的是在获得某结果后,业务专家进行细致分析后的感受和思考。

以下是针对关键事件四部分内容的示例。

作为区域经理,我安排了与每个商店经理的月度绩效审查会议。我事先了解到这些会议可能不会很顺利,因为我们提高了大件家具的销售目标,只有少数商店达成了目标。与商店经理见面时,我格外小心,尽量理解他们的处境,因为讨论他们未达成目标的原因时,他们可能会采取防御措施。我采取了柔和的方法,后来了解到部分原因是我们的广告传单和延迟交货问题。一些商店经理表示,他们害怕与我开会,但非常欣赏我的会议方式,这确实缓解了紧张的气氛。

2)关键事件法的基本步骤

第一步:准备阶段。准备阶段需要完成两项工作:一是确定适用性,即评估是否适合运用关键事件法进行工作分析。例如,对下属进行工作评估或在合作初期与客户建立信任,这些任务都包含不可观察的思考和可观察的行为,适合运用关键事件法。二是选择业务专家,即选择具有丰富经验的业务专家,让他们在工作任务方面有深入参与。专家需要具备较强的反思能力和讲故事能力,这是关键事件法成功的重要因素。

第二步:收集关键事件。这一步是关键事件法的核心。收集关键事件可以进行一对一访谈或焦点小组访谈。一对一访谈可避免个人经验受他人看法干扰;焦点小组访谈若准备充分能营造良好氛围,唤起业务专家的记忆。

访谈前提供提示问题,帮助业务专家明确讨论的核心内容和兴趣边界。例如,场景1:我们需要您的意见,为未来的管理者制订一个培训计划,内容是如何向下属提供业绩反馈。我们需要您反思,您向员工提供工作表现反馈的经历,特别是记忆中最突出的具体环节。场景2:您能告诉我您最后一次向下属提供工作表现反馈的情况吗?根据您的经验,回想一下您向下属提供反馈的所有时间,您能描述这些情况吗?

在访谈期间,分析人员记录业务专家的讲述,确保信息完整。记录内容按照编写规则撰写,确保故事的真实性而非分析人员的看法。

第三步:从事件中推导出基本行为。事件本身并非关键事件法的最终产出。在工作分析的背景下,关键事件法被用来推导出存在于任务陈述中的潜在行为。不同的分析人员运用不同的方法和工具进行推导。其基本思路是归纳。具体来说,分析人员梳理每个事件,查看事件中的特定信息和其他事件的关联性,将相似事件归纳为一组,形成事件分组。分析人员完成事件分组后,邀请业务专家审查事件分组的意义和合理性。最后,分析人员在确保每个分组内容完整且相互排斥基础上,命名或设置标签代表事件分组的本质,并辅以定义和实例说明。图8-4的示例展示了区域经理"辅导店长提高门店销量"这一关键事件的任务组成部分、标签和操作定义。

任务名称:辅导店长提高门店销量

任务组成部分:

A. 遵循辅导的流程。在辅导过程中,区域经理应遵循一个流程,这一流程指导他们如何辅导店长。

B. 注意店长的反应。在辅导过程中,区域经理应注意店长的口头和非口头信息。

C. 在恰当的环境中开会。区域经理应确定有利于辅导店长的会议地点。

D. 用数据来支持评论。区域经理应注意根据实际的销售数据来支持所有的评论,而不是根据自身看法或道听途说。

E. 辅导后提供后续服务。在辅导结束后,区域经理应向店长发送后续信息,说明讨论的内容和需要采取行动的项目。

图8-4 关键事件示例

(资料来源:雅各布斯.工作分析指南:沉淀和传承组织经验与智慧[M].崔连斌,胡丽,译.北京:电子工业出版社,2023.)

以上示例展示了通过关键事件法得出的"辅导店长提高门店销量"的五个任务组成要素。这些要素可以用于制定标准化教练流程,供管理者使用。

第四步：撰写报告。报告应首先拟订一个草稿，然后经由业务专家、高层管理者和人力资源部门等利益相关者进行审查。草稿经审定修改后，形成最终的报告。最终的报告包含以下内容：①标题页；②摘要；③业务问题的简述；④如何收集关键事件的简述；⑤关键事件的代表性样例；⑥结果介绍，包含任务说明、任务的行为部分定义等。

3. 关键事件法的评价

关键事件法的优势体现在以下方面：

(1) 针对性强。关键事件法关注对工作结果有决定性影响的事件和行为，评估结果更具针对性。

(2) 客观性高。关键事件法通过记录和分析关键事件，将员工的工作行为与绩效评估结果联系在一起，使评价结果更客观。

(3) 应用广泛。关键事件法被广泛应用于人力资源管理的实践中，如甄选、培训需求确定和绩效评估。

关键事件法的缺点体现在以下方面：

(1) 耗时耗力。该方法需要花费大量时间和精力来搜集和整理关键事件信息，增加评估成本。

(2) 偏重极端事件。关键事件法往往关注极端绩效事件（最好或最差），可能忽略中等绩效水平的员工和例行性事件，难以进行全面评估。

8.1.6 其他方法及各方法比较

1. 其他方法

除了问卷法、访谈法、观察法、工作日志法和关键事件法外，还有其他两种简单实用的工作分析信息收集方法。

(1) 工作实践法。工作实践法是一种深入了解和分析工作的有效方法。分析人员直接参与到某一职位或工作中，通过细致体验，掌握第一手资料。该方法适用于短期内可以掌握的工作，但不适用于需要大量训练的复杂工作或具有危险性的工作。

(2) 文献分析法。文献分析法（又称资料分析法）利用历史和当前的资料获取工作相关信息。这些信息可以来自公司网站、内部报告、人力资源文件、过往工作分析结果、标杆研究和学术论文等。文献分析法成本较低，但信息可能不够全面，需要配合其他方法使用。

2. 各方法的比较

表8-4总结了各种方法的优缺点和适用范围，方便企业灵活选择和使用。

表8-4 工作分析常用方法和工具的比较

方法和工具	优点	缺点	适用范围
问卷调查法	成本低，速度快；调查范围广	问卷设计要求高；缺乏互动，被调查者作答意愿可能较低	作答对象要具备一定的阅读理解能力，适用于脑力劳动占比较高的工作
访谈法	了解无法观察的信息；获取工作态度、动机等深层次内容；双向沟通，互动性强	成本较高；被访谈者可能故意夸大或弱化某些职责，导致信息失真和扭曲	适用于脑力劳动占比较高的工作和处理紧急情况的间歇性工作，不适宜体力劳动方面的工作

续表

方法和工具	优点	缺点	适用范围
观察法	可以收集到大量一手数据,可以深入全面地了解工作情况	耗时较长,分析活动可能干扰正常的工作行为,适用的工作类型相对较窄	适用于标准化、周期较短、以体力为主的工作,适用于部分突发事件较多的工作
工作日志法	提供丰富的数据,成本低	耗时,干扰工作;员工可能不愿意填写,执行难度大	适用于工作内容固定、周期较短的工作
关键事件法	评估结果具有很强的针对性和客观性,被广泛应用于人力资源实践中	成本高;主要关注极端绩效事件,易忽略中等绩效水平的员工和例行性事件,难以进行全面评估	适用于挑选标准、确定培训内容和绩效评估时的行为观察
工作实践法	信息真实、全面	适用范围窄,如手工装配工作	适用于短期内可以掌握的工作,不适用于需要大量训练的复杂工作或具有危险性的工作
文献分析法	成本低,效率高,收集的信息可以作为工作分析的基础	信息不够全面,缺乏灵活性,需要结合其他方法一起使用	适用于岗位设置成熟、历史资料丰富的岗位,多用于工作分析的初期资料准备阶段

组织在选择工作分析方法时,还需考虑以下因素:

(1)目的。要选择与目的相匹配的方法以提高效率,降低成本。例如,以培训为目的的工作分析选用关键事件法,以确定培训内容;问卷调查法则适用于以人力资源调查为目的的工作分析。

(2)成本。不同方法对时间和人力的消耗不同,因此在进行工作分析时,要量力而行。相较而言,文献分析法、问卷调查法、工作日志法的成本较低;而访谈法和关键事件法的成本较高,需要消耗大量时间和精力。

(3)工作性质。不同工作的复杂程度和周期不同,在选用分析工具时也需要有不同的侧重。例如,观察法和工作实践法适用于简单、周期短的工作,而复杂性高、技术水平高、周期长的工作宜采用访谈法。

(4)待分析的样本量。当样本数量较多时选用问卷调查法,成本较低;样本量较少时选用访谈法、关键事件法等。

(5)客体情况。这里主要指的是分析对象的文化水平差异。针对不同工种的员工在选用方法方面也有差异。

因此,选择工作分析信息收集方法和工具需考虑其优缺点,并兼顾工作分析的目的、客体、工作性质和组织规模。此外,沟通也非常重要,分析人员需让对象明白工作分析的目的、过程和方法,确保分析工作顺利进行。

8.2 任务分析

8.2.1 任务分析概述

1. 任务

工作任务是指具有可识别的起点与终点、需要在一定时间内完成,并且产出结果可衡量的特定工作单元。不同任务之间相互独立,但可能会相互打断。衡量任务结果时,从"量"的角度考虑数量、速度、及时性和生产率等,从"质"的角度考量准确性和创新性等。

任务可能是体力活动、脑力或认知活动,或两者的结合。脑力或认知活动常需通过专家或专门技术来推断和了解。工作由特定人员、职位或工种所承担的所有任务构成,这体现了任务与工作的关系。通常任务分析先进行,之后分析人员根据任务间的相似性等将任务归入不同的工作中,因为任务分析为工作分析提供所需信息。

2. 任务分析

任务分析是通过目标分解、调查、观察等方法,对岗位职责的各项任务进行归纳整理,使之清晰化、系统化和模块化的过程。其目的是详细描述完成任务所需的行为技能、彼此之间的关系及其在任务中的功能。任务分析涉及工业工程、工业心理及人力资源管理等多个学科,具备跨学科性、科学性、层次性和系统性。

3. 任务行为模式

任务分析要确定工作任务所包含的工作行为,这涉及可观察的行为和不可观察的行为。尽管不同任务所涉及的行为有所不同,但行为模式在结构上相对稳定。常见的行为模式包括程序、解决问题、检验、决策、调整与修改、管理工作流程等。

表 8-5 详细介绍了六种常见的工作任务行为模式。除了程序外,其他行为模式更多依赖分析人员对信息的处理和分析。某些任务可能包含多种行为模式。例如,检验时可能需要解决问题。任务行为模式与岗位层级有关:管理层任务可能涉及规划和决策,技术岗位可能涉及解决问题或使用工具设备,有时技术人员也被要求参与决策和规划。

表 8-5 工作任务的行为模式汇总

任务行为模式	行为说明	需要记录的信息
程序	按顺序执行一系列步骤	• 步骤 • 质量要求、安全信息 • 内嵌的决策与问题
解决问题	根据问题找出可能产生问题的原因,采取行动以解决问题	• 问题情境识别 • 导致问题的原因 • 解决问题采取的行动
检验	检验产品或服务与预先设定是否相符	• 检验节点 • 检验步骤 • 检验节点指标 • 整体检验标准

续表

任务行为模式	行为说明	需要记录的信息
决策	根据不同情况做出决定,确定行为方向	• 决策的问题 • 决策情境与备择方案 • 决策方案制订
调整与修改	改动产品或流程使其效果与参照物相符	• 调整与修改节点 • 调整与修改效果 • 调整修改步骤
管理工作流程	组织和协调活动,推动工作流程的进展	• 工作流程步骤 • 工作流程设计的人员

资料来源:雅各布斯.工作分析指南:沉淀和传承组织经验与智慧[M].崔连斌,胡丽,译.北京:电子工业出版社,2023.

8.2.2 任务分析的基本步骤

任务分析的最终结果是产生一个能完整描述为实现工作系统目标所需要的人员、设备以及相互联系的信息库。具体基本步骤如下。

1. 制订任务分析方案

任务分析小组通常由工业工程、工业心理或人力资源管理等方面的研究人员或教授组成,小组需要确定执行方案的人员条件、划分职责并组织培训。成员需要具备实践经验,并接受过相关培训。在开展任务分析前,任务分析小组专家需要对成员进行培训,明确任务分析的目的、程序和逻辑关系,讲授任务分析的工作和方法,并通过模拟训练指导成员进行任务分析。专家需制作任务行为模式的指南,以帮助成员精准识别和界定不同的任务。上述提到任务行为的六种模式,相应地分别有六种任务分析模式。

程序分析是最常见、最容易分析的行为模式。程序分析类似于步骤说明或导航地图,要详细说明完成任务的步骤以及每个步骤的要求。表8-6呈现了一个程序分析样例。

表8-6 程序分析样例

任务名称:实验室测试

岗位名称:实验室技术员	岗位编码:AP100	工作领域:产品测试
步骤	质量要求	健康/安全要求
1. 拿取蒸馏水、乙醇和缓冲溶液		需遵守的安全措施: • 使用防护镜 • 使用防护手套 • 遵守《安全技术指南 L-106》 • 遵守《安全技术指南 L-108》 • 遵守《安全技术指南 L-110》
2. 用蒸馏水清洗探针电极原件	• 探针须完全浸入蒸馏水中 • 探针须完全清洁	

续表

3. 用乙醇清洗探针元件	• 探针须完全浸入乙醇中 • 探针须完全吸收乙醇	注：乙醇切勿洒到台面
4. 检验探针元件	探针需检验： • 电极顶端是否有较深划痕 • 接触器是否有磨损 • 塑料把手是否有斑点和裂缝 如遇上述情况，请联系主管	
5. 将探针放在干净的吸水纸上	整个探针都应放在吸水纸上	

资料来源：雅各布斯.工作分析指南：沉淀和传承组织经验与智慧[M].崔连斌，胡丽，译.北京：电子工业出版社，2023.

解决问题分析比程序分析更复杂，需先说明"问题"，即明确类似的问题情境，再阐明"解决"，即针对不同问题情境采取的行动方式。表8-7呈现了一个解决问题分析样例。

表8-7 解决问题分析样例

任务名称：解决实验室测试结果问题

岗位名称：实验室技术员	岗位编码：AP100	工作领域：产品测试
问题情境	可能原因	纠正措施
1. 不同批次的测试结果差异值不在-0.04~0.04范围内	• 探针未完全浸入测试溶液中 • 探针未完全清洁干净 • 样本批次不同	• 确保探针接触测试容器的底部 • 检验探针贴膜，必要时重新清洁 • 联系主管确认批次是否匹配
2. 测试结果始终超出上限	• 测试仪器默认没有复位到零	• 将测试计数器复位到初始位置
3. 测试结果在规格范围内，但样品不符合目视检查要求	• 测试容器被污染 • 样本温度不在规定范围内 • 批次生产要求发生变化但未下达通知	按以下步骤除菌清洁： • 确认使用正确的放置容器 • 去除当前样品 • 确定污染源头 • 重新装填溶液 • 复位测试仪器计数器 加热或冷却样本，达到温度要求 联系生产主管，确定批次

资料来源：雅各布斯.工作分析指南：沉淀和传承组织经验与智慧[M].崔连斌，胡丽，译.北京：电子工业出版社，2023.

检验分析也是任务分析中相对简单的分析过程。检验分析需要检查各个检验节点，在不同的检验节点明确检验步骤与检验指标。表8-8呈现了一个检验分析样例。

决策分析可能是众多任务分析中较难的一种，需要理清决策情境，了解不同的情境，然后根据不同的决策情境选择不同的行为。决策分析在实践中可能和解决问题分析相混淆，可以从发生时间上对二者进行区隔。一般来说，解决问题发生在完成其他任务或行为之后，而决策往往发生于开始阶段，用于指导个体行动的方向。例如，购买什么型号的手机就属于决策，而手机按键不灵敏则属于解决问题。表8-9展示了检验分析样例。

表 8-8 检验分析样例

任务名称:检验汽车油箱盖组装

检验节点	检验步骤	检验指标
1. 零件/网面冲洗	A. 将冲洗模板放置在网面上,在衬套孔中嵌入插销 B. 将冲洗模板的下边缘放在零件上,网面边缘下压 C. 将冲洗模板 X 沿零件滑动 注:在手指处,抬起模板部分上的网 D. 将冲洗模板 Y 沿零件滑动 注:在手指处,抬起齐平部分上的网	• 冲洗模板的较低一侧始终接触零件 • 冲洗模板的较高一侧不接触零件
2. 零件边缘/网身	A. 在零件边缘和网身之间放置测隙规,然后沿外边缘滑动 B. 将测隙规完全滑动到外边缘	• 测隙规的转动部分嵌在网身与零件之间 • 测隙规不转动的部分不嵌在网身与零件之间
3. 零件边缘抛光	A. 将零件正面朝下放置在检验台上 B. 对零件边缘部分进行目视检查 C. 用手指触摸零件边缘	• 边缘的表面必须光滑 • 边缘的表面必须没有任何毛刺或金属碎片

资料来源:雅各布斯.工作分析指南:沉淀和传承组织经验与智慧[M].崔连斌,胡丽,译.北京:电子工业出版社,2023.

表 8-9 检验分析样例

任务名称:选择涂装卡车车架的涂料添加剂

涂料	情况	使用的涂料添加剂剂量
A. 2.25 加仑固体涂料	• 不使用其他颜色 • 使用其他颜色	• 99 盎司 1586 活性剂,4 盎司 398 硬化剂 • 80 盎司 1586 活性剂,4 盎司 398 硬化剂
B. 2.35 加仑金属涂料	• 不使用其他颜色 • 使用其他颜色	• 99 盎司 1386 活性剂,8 盎司 398 硬化剂 • 80 盎司 1386 活性剂,8 盎司 398 硬化剂
C. 2.5 加仑固体涂料	• 不使用其他颜色 • 使用其他颜色	• 110 盎司 1586 活性剂,6 盎司 398 硬化剂 • 100 盎司 1586 活性剂,6 盎司 398 硬化剂
D. 2.5 加仑金属涂料	• 不使用其他颜色 • 使用其他颜色	• 110 盎司 1386 活性剂,6 盎司 398 硬化剂 • 100 盎司 1386 活性剂,6 盎司 398 硬化剂

资料来源:雅各布斯.工作分析指南:沉淀和传承组织经验与智慧[M].崔连斌,胡丽,译.北京:电子工业出版社,2023.

注:1 加仑(美)=3.785 L,1 美制液体盎司=29.57 mL。

调整与修改分析主要关注对某个对象或正在进行的活动进行调整和修改时采取的措施,以及改进后呈现的效果。其中,"调整"多用于对设备或实物的改动,"修改"多用于计划、报告、设计或某项进行的活动。表 8-10 展示了调整与修改分析样例。

表 8-10 调整与修改分析样例

任务名称：调整螺栓机

调整	目的	如何操作
A. 轴体量规	• 调整切割的长度	• 顺时针旋转——增加轴体长度 • 逆时针旋转——缩短轴体长度
B. 进给旋钮	• 调整进料辊进程	• 顺时针旋转——减少行程 • 逆时针旋转——增加行程
C. 加工准备	• 调整弹头进入模具的深度	• 顺时针旋转——弹头进入模具更深 • 逆时针旋转——弹头远离模具
D. 摇臂进程	• 通过凸轮固定帽的高度调整进程	• 顺时针旋转——增加摇臂进程 • 逆时针旋转——减少摇臂进程

资料来源：雅各布斯. 工作分析指南：沉淀和传承组织经验与智慧[M]. 崔连斌, 胡丽, 译. 北京：电子工业出版社, 2023.

管理工作流程这一任务行为模式反映完成某项流程已成为一项工作任务。因此，管理工作流程分析需要关注工作流程的步骤、各个步骤的内容以及参与者等。表 8-11 是一个管理工作流程分析样例。

表 8-11 管理工作流程分析样例

任务名称：管理维护报告的存档

步骤	说明	参与员工
1. 确认计算机活动的执行情况	收集以下已完成活动的相关报告、图纸和文件： • 日常维护 • 预防性维修 • 内部项目 • 承包项目 • 修改岗位 • 问题纠正	• 区域主管 • 维修主管 • 维修规划部人员
2. 通过图纸和文件审查报告	验证以下预防性维修活动： • 维护手册中规定的活动 • 根据预防性维修计划开展的活动 • 根据工作指令进行的活动 • 完成工作报告并提交给维修规划部 对于内部项目及承包项目，确保以下事项： • 收集项目完工后的项目文件 • 更新图纸	• 维修规划部主管 • 区域主管 • 首席工程师 • 团队队长
3. 核实图纸的准确性	检查所有可获得的图纸终稿，确保以下事项： • 图纸终稿与执行的工作相匹配 • 所有的反馈都在图纸上进行了更新 • 活动严格按照标准执行 • 备用零件已到位	• 承包商工程师 • 团队队长 • 维修规划部主管

资料来源：雅各布斯. 工作分析指南：沉淀和传承组织经验与智慧[M]. 崔连斌, 胡丽, 译. 北京：电子工业出版社, 2023.

2. 进行工作系统职能和工作系统运行分析

工作系统职能是指工作系统必须完成的所有操作。工作系统运行分析是确定工作系统运行中各个阶段所需完成的任务，并按顺序进行描述。确定任务的次序后，可以对任务进行详细说明和分析。在工作系统运行的每一阶段，列出的主要任务都应转化为任务分析工作表，一项任务可能包含多个工作表。

3. 形成任务分析的结果描述

任务分析小组按照分析表中的纵向标题来分析并描述任务及其子任务。这些标题的编号和内容因任务分析信息的不同而各异。任务分析的结果可以用一个或多个有序的任务分析记录表来表示，这些记录表描述的是完成任务过程中所采取的动作、使用的物体、任务特点、所需条件及其他信息。任务分析中所分析的信息种类取决于所提供的资料。任务分析记录表是设计者和评价者进一步分析和决策的依据。作为一个系统，它包括分析的硬件、人员、工作程序及所需的培训。

8.2.3 任务分析的方法和工具

1. 决策表

决策表通过将工作活动中的条件与行动分开，并以表格形式呈现，揭示不同条件下应采取的行动，适用于需要基于特定条件做出决策的任务分析。这种工具用于描述和处理复杂的决策逻辑和条件组合，常应用于软件测试、系统分析、业务流程优化等领域，但在输入输出不明确或分析对象过于复杂时，效果不佳。

2. 流程图

流程图以图形化方式展示工作任务的操作要素与流向，帮助理解任务之间的逻辑关系和顺序。流程图可以划分为多种类型，以适应不同的应用场景和需求。其主要类型如下：

(1) 数据流程图：表示求解某一问题的数据通路，规定了处理的主要阶段和所用的各种数据媒体。

(2) 程序流程图：表示程序中的操作顺序，包括指明实际处理操作的处理符号、表示流程方向的流程线等。

(3) 系统流程图：表示系统的操作控制和数据流，用于描述系统的整体结构和功能流程。

(4) 程序网络图：表示程序激活路径和程序与相关数据的相互作用。

(5) 系统资源图：表示适合于一个问题或一组问题求解的数据单元和处理单元的配置。

流程图是一种强大的工具，它以图形化的方式表示任务的逻辑关系和流程步骤，有助于系统地分析任务、发现问题和优化流程。通过绘制流程图，我们可以更加清晰地了解任务的各个环节和关键要素，为后续的决策和行动提供有力的支持。

3. 语句描述

语句描述借助语言揭示工作任务的要素、关系及运作要求，要求描述准确、具体，使用主动句式和定量化语句。任务分析的语句描述工具在任务定义、执行和评估过程中发挥重要作用，具有准确性、清晰性、系统性和实用性等优点，帮助团队或个人更好地理解和执行任务。但在使用语句描述工具时，需避免烦琐冗余的描述，并根据实际情况不断调整和完善内容，以确保与实际任务需求一致。

4. 时间列

时间列依据工作时间长短与顺序,揭示整个工作过程中各任务的轻重与相互关系。这种方法有助于了解任务的时间分布和优先级。具体编制方法如下:

(1)确定任务:明确需要分析的任务及其子任务。

(2)估算时间:对每个任务及其子任务进行时间估算,包括准备时间、执行时间和结束后的整理时间等。

(3)排列顺序:根据任务之间的逻辑关系(如先后顺序、并行关系等),将任务按时间顺序排列。

(4)记录时间列:将每个任务的开始时间、结束时间以及持续时间记录在时间列中。

时间列方法是任务分析中一种有用的工具。时间列方法有助于规划、监控和评估任务的时间安排,但其准确性依赖于任务分解的细致程度和时间估计的准确性,难以应对不确定性和突发事件。该方法使用时应合理分解任务,准确估计时间,保持灵活性。

5. 任务清单

任务清单列出岗位工作活动中的所有任务,由被调查者标明前后顺序、重要程度或困难程度等,有助于全面了解岗位的工作内容。生成任务清单通常包括以下步骤:

(1)明确工作范围:确定需要分析的工作或项目的范围,包括其目标、目的和主要活动内容。

(2)分解工作任务:将工作细化为具体任务项,可以采用工作分解结构(WBS)等方法进行分解。

(3)列出任务清单:将分解后的任务项以清单形式列出,并按逻辑顺序排序。

(4)完善任务描述:详细描述每个任务项,包括任务名称、描述、责任人、时间要求、资源需求和前置条件等。

(5)评审与修改:组织相关人员评审任务清单,讨论并根据反馈意见进行修改和完善。

8.3 人员分析

8.3.1 人员分析概述

人员分析以人员特征这一概念为起点和基础。以下将先阐述人员分析的基本概念,进而介绍其具体内容。

1. 人员特征

人员特征是指与人员分析有关的知识、技能、能力、品性及其他个人属性。特质用于描述个体区别于他人的个性,它表现为个体稳定的行为特征,同时也能反映个体的物理特征和其他属性。KSAO是知识(knowledge)、技能(skill)、能力(ability)和其他(others)个性特征的英文首字母缩写,指与工作有关的个人特征。

2. 人员分析的概念

人员分析是对与工作有关的工作人员的个性特征进行描述和分析,以确定出色完成工作的个体所具备的特质、KSAO等。

人员分析需要对个体个性特征等进行测量,使用问卷、访谈、面试等一系列工具、过程或方法。需要注意的是,人员分析不等同于人员测评。人员分析用于判定个体个性特质与工作之间的关系,而人员测评用于判断某个人是否具有某一特征或在多大程度上具有某一特征。

人员分析和人员测评的关系可以简单概括为基础与工具之间的关系,二者相互区别又相互联系,相互促进与相互依赖。人员分析主要基于工作分析明确职位所需的人员素质,人员测评主要基于人员行为特征判断目标人员是否具备职位所需的素质。人员分析是人员测评工具设计与活动实施的前提与基础,而基于职位工作分析的人员测评工具可以用于相似职位的人员分析。因此,人员分析可以为人员测评确定对象与内容,并为测评工具编制提供基础与素材;人员测评可以提高人员分析的效率和效果。

3. 人员分析的内容

由上述人员分析的概念不难看出,人员分析旨在寻找出色完成某些工作的个人特征,建立个人特征与工作绩效之间的关联性。个人特征涵盖内容较广,既包括表象的 KSAO、潜能、任职资格等,也包括潜在的个性、兴趣、价值观、态度、动机等(见图 8-5)。

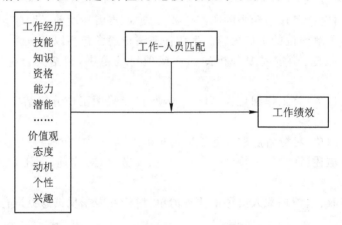

图 8-5 人员分析的主要内容

潜能与能力是描述个人才能的基本概念,是理解其他个人特征的基本依据。潜能指做某件事或学习某项工作的潜在可能性,包括智力和体能上的能力。能力则指个体从事某项工作已具备的水准,即现实能力。因此,具有某些潜能并不意味着一定能胜任与该潜能相关的某项活动。

知识指个体所具有的可直接应用于完成某项工作任务的信息体系。

资格是指就某一特定职位而言,所应具备的知识、技能、能力及其他个人条件组合。

工作经历是个体获得的工作经验,包括工作熟练程度、工作项目、工作方法和工作水平。

上述探讨的是个体工作或学习的现有能力和潜在能力。对潜能和能力的测评可以确定一个人在特定领域所能达到的专业水平。然而,单凭这些来了解和预测特定个体的行为是不够的,还必须考虑到其他潜在的个人特点,比如个性、动机等。不同于现有能力和潜在能力分析,对个性和相关特征的分析则用来解释一个人是怎样达到目前的专业水平的,在多大程度上可以成功地在组织中发挥这些能力。

个性指个体对他人、客体、环境做出的有别于他人的反应倾向,且相对稳定。个性与个人能力高低无关。个性可以通过特质反应量表测评出来。1973 年,卡特尔从大量调查中分离出

171个特质,并在此基础上概括形成16种个性特质,这些个性特质可以预测在具体情境中个人的行为表现。表8-12列出了用于区分个体特质的维度。

表8-12 16种主要特质

维度
1. 内向 VS 外向
2. 迟钝 VS 聪慧
3. 情绪稳定 VS 情绪不稳定
4. 顺从 VS 支配
5. 焦虑 VS 乐天
6. 轻松兴奋 VS 审慎负责
7. 胆怯 VS 冒险
8. 理智 VS 敏感
9. 真诚 VS 多疑
10. 现实 VS 幻象
11. 直率 VS 世故
12. 自信 VS 忧虑抑郁
13. 保守 VS 开放
14. 随群 VS 自立
15. 放纵 VS 自律
16. 镇定 VS 紧张

价值观是指个体判断事物是否有价值、有多大价值的标准和原则,是决定个人行为选择和价值取向的根本因素。价值观可以帮助人们明确自己的目标和追求。

罗克奇的价值观(Rokeach values)理论提出两类价值观:一是终极性价值观,是指个人价值和社会价值,用以表示存在的理想化终极状态和结果,是一个人希望通过一生实现的目标;二是工具性价值观,是指达到理想化终极状态所采用的行为方式或手段。表8-13展示了罗克奇价值观调查表。

表8-13 罗克奇价值观调查表

终极性价值观	工具性价值观
舒适的生活	雄心勃勃
振奋的生活(刺激的、积极的生活)	心胸开阔(开放)
成就感	能干
世界和平	轻松愉快
平等	干净
家庭安全(照顾自己所爱的人)	勇敢
自由	宽容

续表

终极性价值观	工具性价值观
幸福	助人
内在和谐	诚实
成熟的爱	想象力
国家安全	独立
快乐	智慧(有知识、善思考)
救世	理性
自尊	有爱心
社会承认	顺从
真挚的友谊	礼貌
睿智(对生活有成熟的理解)	负责
	自律

态度是指个体对特定对象(如人、社会团体、特定事件)的感受与倾向。

兴趣指的是个人对某些特殊活动的意向,如爱好、消遣方式、休闲内容等。

动机是驱动个体或群体采取行动、追求目标并满足某种需要的内在力量或心理过程。动机涉及个体对特定结果的渴望,以及为达成这些结果而付出的努力和坚持。动机影响行为的强度、持续性和方向性。动机强的劳动者在工作中会投入更多的努力和坚持。

上述内容是人员分析中要考虑的个体特征。实际的人员分析涉及的内容更广泛、更具体,不仅定义了有效的工作所需要的知识、技能和能力,还可以进一步扩展为包含各项特征所要求达到的水平和等级的综合图表。

8.3.2 人员分析在人力资源管理中的应用

人员分析是人力资源管理的基本工具,广泛应用于招聘和甄选、晋升、绩效管理、人力资源规划和培训与开发等各个环节。

1. 招聘和甄选

人员分析为发布招聘岗位要求提供信息,同时作为制定任职申请表和进行人员测试的依据,以此确保组织招聘的新员工具备岗位所需的特质和技能。

2. 晋升

人员分析可以确定个人是否具备更高级岗位所需的能力。据此,组织可以将这些能力作为潜在的考核指标,个人也可以通过习得相关能力来为晋升做准备。

3. 绩效管理

人员分析为管理者提供指导员工工作的标准,员工也可据此确定提升能力的方式,以提高绩效或作为个人发展计划的一部分。

4. 人力资源规划

人力资源规划需要比较人力资源的供给与需求,识别潜在供需缺口。人员分析提供所需的人员素质特质明细,帮助确定未来可能需要员工具备的能力。

5. 培训与开发

通过人员分析与员工实际状况的对比,人力资源部门可以设计培训项目,帮助员工习得相关能力。这不仅使员工在当前工作中表现更好,也为他们未来的晋升做好准备。

8.3.3 人员分析的步骤

人员分析需要遵循一定的步骤。

1. 第一步:组建混合式的分析小组

鉴于人员分析依赖于人的判断,组织在组建分析小组时需慎重选择,该小组可由内部工作人员和适当外部人员组成。它主要包含以下三类成员:①熟悉本岗位工作的员工及其管理者。这些成员了解具体岗位的实际工作内容和要求。②对人员分析工作熟悉的人力资源部门经理及代表。这些成员拥有专业的人员分析知识和技能。③了解组织使命和愿景的高层管理者。这些成员能确保人员分析与组织的战略目标一致。因此,整个分析小组应包含专业人员和利益相关者,以确保分析过程的全面性和准确性。

2. 第二步:针对选定的职位,识别与挑选素质特征

识别能力是此流程中的关键步骤。素质特征可以通过以下来源和方法来确定:
(1)查阅文献:查阅报告组织能力使用情况的文章和案例研究。
(2)互联网搜索:在互联网上搜索由咨询公司和其他组织提供的能力库。
(3)访谈:通过一对一访谈和小组访谈生成一套原始的素质特征。
在每种情况下,信息均来自高层管理者、经理和在职者。以下是用于收集数据的提示问题:

请思考_____这一岗位。请回想你所认识的任职这一岗位表现最优秀的人。你脑海中有这个人吗?现在告诉我这个人的个性特点是什么?我希望了解关于这个人的一些特点和特质。你能告诉我是哪些特点使他成功吗?

通过这些信息来源和分析方法,我们最终可以生成一个原始的能力表,以备后续审查。所有能力的呈现形式要一致,以便审查。能力不是岗位职责或工作任务,需要使用动词加宾语的形式。每项能力说明应代表一个确切的想法,通常带有某种行为导向,并且含义完整。例如,关注客户需求、在团队环境中解决问题、对他人敏感等。而使用"适应性""影响力"等可能存在模糊不清或不够完整的问题,难以在实践中应用。

在完成上述步骤后,可能会形成一系列能力清单。接下来关键在于挑选最能体现岗位需求的能力,其数量一般控制在5~8个。挑选素质项可以通过现场要求利益相关者排序选择,或通过线上调研的手段让不同地区的人员发表意见。例如,现场排序可以将每个能力项写在卡片上,然后要求利益相关者按照经验对各个能力项的重要性排序。线上调研不仅可以要求不同地理位置的利益相关者进行排序,还可以设计问题考量各个能力项的细微特征,如重要性、该素质的频率、素质能被观测到的概率。

在汇总以上素质排序的基础上,对素质进行挑选。挑选时可以参考以下标准:各个素质之间是否互斥,这些素质组合起来是否系统、全面,是否有任何遗漏的想法或不充分的地方,利益相关者之间是否对此达成了共识,利益相关者能否设想有人实际使用这一素质的情境。

3. 第三步：编写操作定义

在实践中，这一步骤可能与能力挑选同时发生，也可能发生在其之后。操作定义有助于利益相关者审查能力列表，进而挑选出最重要的能力。操作定义理清了每个能力的含义，减少了对同一个能力的理解误差。

操作定义的初稿应由最熟悉该流程的人员完成。编写操作定义应遵循以下标准：①操作定义应结合相关文献、案例研究等信息；②操作定义最终应以本组织为背景，由此产生的定义会与其他来源中的定义有所不同；③每个操作定义对应一个能力，不同能力的定义之间应有明确的界限；④不同能力的操作定义在格式和结构方面尽可能相近甚至一致；⑤操作定义应该解释能力的含义，而不是简单地重复能力的名称；⑥操作定义应该清楚地传达使用能力的目的。以下是针对上述几种能力的操作定义示例：

(1) 关注客户需求：能够在与客户互动时了解他们的情况，这应优先于简单解释组织的服务。

(2) 在团队环境中解决问题：能够按照设计好的流程来解决问题，让所有团队成员都参与进来，而不是单独行动。

(3) 对他人敏感：能够通过语言沟通或非语言沟通，感知他人可能对某种情况的反应。

4. 第四步：生成行为指标

生成行为指标作为人员分析的核心步骤，要求结合实践提供行为锚点，部分文献亦将其称为绩效指标。图 8-6 以成就导向为示例分析了该素质在三个层级上不同的行为表现。

素质项：成就导向
操作定义：表现出寻求完成重要成就的行为
能力层级：
第三级：为实现预期的结果而承担一定明确的风险
第二级：确立目标往往超出预期
第一级：寻求更有效的工作方法，以完成相同的目标

图 8-6 成就导向的行为表现示例

(资料来源：雅各布斯.工作分析指南：沉淀和传承组织经验与智慧[M].崔连斌,胡丽,译.北京：电子工业出版社,2023.)

乍一看，每个层级都有对应的编号，人们可能认为数字代表各素质的复杂程度或人在某个岗位中表现出的能力高低情况。但仔细观察，这些素质层级并不存在上述的关系，每个层级可能描述的是彼此完全不相关的行为，也可能是相互关联的。

以终为始是一个重要的原则。专家需先明确后续如何利用能力层级的信息来达成项目目标，再据此设计素质层级的呈现形式。具体操作中常用的方法是关键事件法，从经验丰富的人员或观察过该岗位工作的人员那里获取信息。

根据关键事件法，我们分析素质层级时会使用如下表达：

关于_____这一能力。让我简单地解释一下这个定义，以便你清楚地了解这个问题。关于这个能力，请告诉我你在工作中是否做过显示这个能力的工作，或者观察别人做过一些显示这个能力的工作？

我们可以根据访谈对象对这一问题的回答分析其含义，然后整合成不同的行为组，以此形成素质层级。我们可能会分出不同的层级,但要确定三个左右的素质层级。

每个层级描述的是彼此完全不相关的行为,只提供了支撑某素质的行为。以下是领导他人的能力层级的样例。①素质:领导他人。②行为层级:授权他人做决定,通过诚信待人获得他人信任,鼓励他人成功。

每个层级描述的行为相互关联,因为描述的是整个流程或其中的某几个部分。以下是在团队环境中解决问题的素质层级的样例。①素质:在团队环境中解决问题。②行为层级:收集有关问题的信息,让其他人参与确定原因,确定问题的替代解决方案。

5. 第五步:构建能力模型

能力模型反映的是能力相关的各种信息,以及能力之间关系的可视化呈现。

8.3.4 人员分析的方法和工具

1. 职位分析问卷

职位分析问卷(PAQ)作为一种工作分析系统,旨在全面覆盖并解析广泛多样的职位。其源于两大核心目标:一是创立一种普遍适用、可量化的方法,以精确界定各职位的任职资格;二是构建量化的评估体系,用以估算每个职位的价值,从而为薪酬制定提供科学依据。因此,PAQ在设计之初便力求能够分析各类工作情境。鉴于在复杂多变的工作环境中,人的行为具有共通性,PAQ侧重于从一般性的员工行为模式出发,描述工作是如何被执行的。

PAQ是一种以"人"为中心的工作分析方法,涵盖了与人员行为直接相关的信息体系,由6组共187个工作元素组成,每一组元素所描述的都是与工作相关的工作者行为。此外,PAQ的开发者还收集了68种与工作有关的人员行为特征,并与工作过程中的187个工作元素一一对应。表8-14列出了职位分析问卷中6个类别的工作元素。

表8-14 职位分析问卷中6个类别的工作元素

类别	问题内容	行为特征示例	工作元素数目/个
信息获取	员工在工作中从何处得到信息,如何得到	获得文字和视觉信息	35
工作难度	在工作中如何推理、决策、规划,信息如何处理	解决问题的推理难度	14
工作强度	工作需要哪些体能活动,需要哪些工具与仪器设备	使用键盘式仪器、装配线	49
人际关系	工作中与哪些人员有关系	指导他人或与公众、顾客接触	36
工作环境	工作中物理环境与社会环境是什么	是否在高温环境或与内部其他人员冲突的环境下工作	19
其他特征	与工作相关的其他活动、条件、特征是什么	工作时间安排、工作要求	34

资料来源:萧鸣政.工作分析与评价[M].6版.北京:中国人民大学出版社,2023.

PAQ 的研制者界定了 68 种人员特征,这些特征是那些被认为与各种职位有一定联系的工作人员的一般属性。68 种特征中,41 种属于智能特征,27 种是人们在不同类型工作中用于智能行为调节的兴趣和气质特征。人员特征举例见表 8-15。

表 8-15 人员特征举例

智能特征	兴趣、气质特征
词语理解	责任感
智力	交际
审美	灵感
嗅觉	独立工作
爆发力	舞台表现

资料来源:萧鸣政.工作分析与评价[M].6 版.北京:中国人民大学出版社,2023.

为把握职位分析问卷的功能,我们有必要对职位分析问卷的总体思路和编制技术做简要的说明。职位分析问卷的设计思路如下:

(1)确定职位分析问卷中的工作元素及其特征需求。构建职位分析问卷以筛选出与人员特征密切相关的工作元素,对每一个工作元素,评判它在相关特征上的等级,并确定每个工作元素特征分布情况。据此,可以构建有关职位的人员特征评价量表,得到职位分析问卷。

特征等级评定是非常重要的量化环节,一般由 8~18 名相关专家对某个工作元素在某一特征上的等级进行打分。等级评分标准如下:0 表示特征与此工作元素无关,1 表示微弱相关,2 表示有些相关,3 表示中等相关,4 表示颇为相关,5 表示极为相关。

(2)运用职位分析问卷的元素及相关特征进行职位分析。运用职位分析问卷的元素及相关特征来分析个体承担该职位工作时所需特征的结构,即使用该职位分析问卷对给定的职位加以分析,依据某职位相应的工作元素的特征评分值进行累加,计算出该职位的特征综合值。

我们选取了 68 种特征中的三种特征——词语理解、听觉和手指灵活,考察职位分析问卷中三种特征的得分,以此为示例说明如何构建有关职位的人员特征评价量表。从表 8-16 中可知,高水平的词语理解对于分析资料、决策、谈判、指挥这样的工作是必需的,而此特征在机动车驾驶等工作元素中得分较低。听觉与谈判、信号处理、指挥等工作元素有极高的相关性,手指灵活与机动车驾驶等工作元素有中等程度的关联。

表 8-16 PAQ 编制中 13 位专家对有关工作元素的人员特征等级评价结果的处理一览表(部分)

职位分析问卷工作元素	特征等级评价结果					
	词语理解		听觉		手指灵活	
	平均值	中位数	平均值	中位数	平均值	中位数
分析资料	4.73	5.00	0.00	0.00	1.39	1.00
决策	4.55	5.00	1.33	0.00	0.46	0.00
机动车驾驶	1.09	1.00	2.89	3.00	3.15	3.00
谈判	4.46	4.50	4.22	4.50	0.00	0.00
信号处理	2.55	3.00	4.11	4.50	2.77	3.00

续表

职位分析问卷 工作元素	特征等级评价结果					
	词语理解		听觉		手指灵活	
	平均值	中位数	平均值	中位数	平均值	中位数
指挥	4.36	4.00	3.78	4.00	0.69	0.00
冒险	0.00	0.00	1.89	0.00	1.31	0.00
工作结构	3.36	3.50	0.89	0.00	0.46	0.00

资料来源：萧鸣政.工作分析与评价[M].6版.北京：中国人民大学出版社，2023.

职位分析问卷作为人员分析领域的一项重要工具，其贡献不容忽视。该问卷通过精心设计的覆盖广泛工作行为的元素集合，并内置等级量表，为评估工作内容的多样性和复杂性提供了有力支持。这一体系不仅确保了评价的全面性，还通过人员特征量表与问卷元素的对应，简化了人员分析的过程，使得评估工作更加直观和便捷。

在实际应用中，PAQ展现了其广泛的适用性，能够跨越多种职业和工作情境，有效支持人力资源管理决策。然而，该工具篇幅较长，达到了28页之多，不仅增加了填写者的负担，也对阅读能力和耐心提出了较高要求。此外，问卷的复杂解释体系及其元素和特征的刚性设计也是其另一大短板。虽然大量的工作元素和严格的内容规定确保了评估的标准化，但也限制了问卷在不同工作情境下的灵活应用。

2. 工作要素法

工作要素法(JEM)由普里莫夫(Primoff)提出，是一种典型的开放式人员导向性工作分析系统。工作要素法从工作本身出发，研究组成该工作的各种要素，并对成功完成该工作所必须具备的人员特征进行分析。该方法着重于识别并评估影响工作绩效的关键要素，如知识、技能、能力、工作习惯和个性特征等。此处仅介绍与人员分析相关的内容。

工作要素法所关注的工作要素非常广泛，具体如下：①知识，如专业知识的掌握程度、外语水平、知识面的宽窄等；②技能，如计算机运用、驾驶技术、叉车操作技术等；③能力，如口头表达能力、判断能力、管理能力等；④工作习惯，如对工作的热爱程度、承担超负荷工作的意愿、工作时间不规律等；⑤个性特点，如自信、主动性、独立性、外向、内向等。

需要特别说明的是，只有那些对完成研究工作有重要影响作用的要素才能被列入考虑之中，而不是所有与工作相关的要素都进行考虑，这也是工作要素法与职位分析问卷的区别。

1）工作要素法的实施步骤

(1)收集与整理工作要素。专家小组负责收集工作要素。这些专家通常是对工作有深入了解的任职者或上级领导。他们通过头脑风暴法提出对工作有显著影响的具体、明确的要素，并尽可能覆盖工作的各个方面；随后将这些要素进行分类，将相同或相似的要素归为同一类别，并为每个类别命名；对每个类别的要素进行详细界定，明确其含义和范围。

(2)提炼工作要素表和划分工作要素分析维度。工作分析人员将整理后的工作要素汇总成表格，并根据其性质和重要性，将其划分为不同的一级维度和二级维度(子维度)。这有助于系统地理解工作要素之间的关系，并为后续的评价提供框架。

(3)评价工作要素。编制的工作要素评价表要包含以下评价指标以衡量工作要素的重要性、区分度和实施可能性：

①B(勉强接受)，评估要素是否为所有员工应具备的最低限度素质。

②S(优秀员工)，评估优秀员工所具备的特征是否能区分优秀员工。

③T(潜在麻烦)，评估缺乏某些要素是否会引起工作问题。

④P(实际可期望的)，评估在招聘中，求职者是否普遍具备这些要素，以确定实际可行的招聘标准。

⑤IT(一般能力要求)，表示工作对任职人员一般能力要求的大小。

⑥TV(综合能力要求)，表示工作对任职人员综合能力要求的大小。

工作分析人员将评价表发给主题专家小组成员，确保他们理解评价指标和评分标准，并让他们独立评价每个要素；收回评价表后，对结果进行数据处理和分析，包括计算每个要素的平均分、标准差等统计指标，并根据评分结果确定要素的优先级和重要性。

(4)评估与结果应用。工作要素法中的评估标准包括最低选拔要求要素(RS)、一般能力要求和综合能力要求。这些标准帮助区分不同水平的员工，并为招聘、培训等活动提供依据。

评价结果可以应用于多个方面，如招聘选拔、员工培训和绩效评估。通过分析评价结果，企业可以明确哪些要素是员工必须具备的，哪些是优秀员工所特有的，从而制定更精准的人力资源管理策略。

2)工作要素法的评价

工作要素法具有高度的开放性，可以灵活适应各种行业和岗位需求。与其他系统相比，其操作方法和数值标准转化过程更具客观性，有助于减少主观因素对分析结果的影响。其关注的要素范围广泛，包括知识、技能、能力、工作习惯和个性特征，这些都是成功完成工作的关键因素。全面分析这些要素可以确保结果的准确性和全面性。

然而，工作要素法在初步确定工作要素时过于依赖工作分析人员的总结。这可能导致大量要素的出现，其中一些可能并不重要，而是几乎适用于所有工作的通用要素，从而增加了分析的复杂性和难度。此外，工作要素法的评分过程较为复杂，对评分人员的专业素养和实践经验有较高的要求。

3. 管理职位描述问卷

管理职位描述问卷(MPDQ)是一种专门为分析管理职位而设计的工作分析工具。该方法由托尔诺(Tornow)和平托(Pinto)于20世纪70年代提出，并在1984年定型，旨在弥补传统工作分析方法(如PAQ)在管理职位分析方面的不足。管理职位描述问卷以工作为中心，通过定量化测试全面评估管理者的职责、要求、限制及工作特征，解决了如何描述、甄选、评价管理者工作及确定薪酬的问题。

管理职位描述问卷包括多个部分，涵盖管理工作各个方面。最终版本的问卷包含16个部分，如一般信息、决策、计划组织、行政、控制、督导、咨询与创新、联系、协作、表现力、监控商业指标、整体评定、知识技能与能力、组织层级结构、评论与反应、自我评价等，使用5级评分尺度进行评价。

收集到这些信息后，工作分析人员需要进行加工，以支持人力资源管理的多项职能。管理职位描述问卷从管理工作因子、管理绩效因子和工作评价因子三方面进行工作分析。具体而言，管理工作因子描述工作内容的因素，通过区分不同职位的工作内容的相同点和不同点，使工作描述更为清晰。薪酬管理人员和招聘人员常用这些因子来快速了解工作内容,并帮助管理者理解其职位与其他职位的区别。管理绩效因子用于评价管理工作的绩效,这些因子有助于提高管理业绩,帮助上级主管评价和指导管理者的表现,并明确管理者的培训需求。工作评价因子用于衡量管理职位相对其他职位的价值,评估某一管理职位对组织的贡献度。薪酬专家通常用这些因子来确定职位的薪酬等级及最终薪酬水平。

管理职位描述问卷专为管理职位设计,全面反映了管理者的工作特点和要求,且其评估结果对人事决策活动(如职位评价和薪酬设定)具有重要指导作用。然而,该方法也存在一些不足之处:问卷内容较多,填写和分析需耗费较长时间;此外,由于管理工作的复杂性,难以对所有类型的管理工作进行深入分析。

8.4 方法分析

方法是工作过程中采用的各种方式、程序和手段。方法分析以方法为分析对象,基于任务、步骤等静态层面展开动态分析,旨在探寻改进工作流程、提高工作效率与效果的优化路径。本节主要介绍方法分析的目的、内容、方法等内容。

8.4.1 方法分析概述

方法分析的目标是找到最优方式,实现任职者、工作手段、工作场地与工作任务之间的最佳匹配,力求在减少人力、物力、财力及时间消耗的同时,获得最佳工作效果。因此,方法分析的结果常被用于人员培训与考评,通过采纳最佳实践方法来培养和引导员工展现出高效的工作行为。

与人员分析和任务分析相比,方法分析具有独有的特点。它通常从宏观视角切入,逐步深入微观层面,从整体框架延伸到局部细节,全面分析整个工作活动与流程。而任务分析和人员分析则往往从具体部分着手,逐步扩展到整体,通过微观层面的剖析最终实现综合归纳。

1. 方法分析的目的

方法分析通过系统观察、记录和分析现有工作过程,旨在发现问题并提出最佳运作方式。其主要目的是解决以下核心问题:

(1)审视工作流程,识别并消除不合理或不经济的行为和环节,确保每一步都高效且必要。

(2)评估分工与协作,检查工作过程中的分工与协作是否合理经济,优化团队效能,减少资源浪费。

(3)配置优化,考察人、事、物之间的配置,发现不合理、不经济或不均匀现象,实现资源的最佳配置。

(4)激发员工潜能,探究员工在工作过程中是否充分发挥了主动性与创造性,识别限制其主动性和创造性的环节,以进一步激发员工的潜能。

2. 方法分析的主要内容

在实践过程中,上述分析目的具体体现为流程、方案方式和动作三方面内容,其中,流程更侧重于宏观与抽象层面的分析,方案方式则更注重中观与实践层面的探讨,而动作则更关注微观与具体的作业行为分析。

(1)流程。流程是工作思路和步骤的具体体现,揭示了工作分析对象的逻辑和顺序。所有工作流程都遵循基本的系统理论框架,包括输入、过程和输出三个核心要素,即在流程开始时,有一系列行动作为输入,为后续活动提供必要的信息;在流程结束时,产生相应的结果。常见的工作流程包括:①专有工作流程,支持组织产品生产或服务交付,体现组织的独特性。例如,电子制造公司和IT(信息技术)服务咨询公司的工作流程有所不同。②通用工作流程,在多个组织中出现,如销售、营销、采购等。虽然服务性质不同,但逻辑相似。③支持性工作流程,维持组织运作的流程,如招聘、选拔和培训。这些活动对组织至关重要,但不直接涉及产品生产或服务交付。④管理性工作流程,涉及规划、决策和管理,通常需要团队合作才能实现目标。

(2)方案方式。方案方式指的是在工作过程中,对不同程序及同一程序中工作要素(如人、财、物和任务)进行的各种组合和配置形式。这种分析揭示了工作要素的分布、组合方式以及运作模式,体现了工作的时空特征。方案方式的分析通常采用比较方法,利用现代工具和设备,结合组织设计理论,以寻找节省人力、资金和时间的最佳工作方案。

(3)动作。动作指的是在特定工作程序或方案方式下,工作者的具体操作行为。对动作的分析通过现场观察、录像记录或动作分析图像等手段进行,目的是识别不必要的动作和不合理的操作方式,从而设计出最优和最有效的操作方法。

8.4.2 方法分析的基本步骤

方法分析是一个系统性过程,涵盖多个环节。

1. 第一步:明确目标与选择重点

在开始方法分析之前,首先需要明确分析的目的和需要解决的问题,以此确定后续分析的方向和重点。其次,要发掘组织内存在的各种方法问题,确定分析的重点,以利于集中资源,针对关键问题进行分析和改进。以下列举了可能选择的重点:

(1)薄弱的环节、岗位和部门;
(2)占用人力、物力多和成本高的环节、岗位和部门;
(3)工作路线长、周期长、运作方式复杂的环节、岗位和部门;
(4)质量不稳定或低劣的环节、岗位和部门;
(5)体力消耗大、精神高度紧张的环节、岗位和部门;
(6)易出事故、危害性大的环节、岗位和部门;
(7)新增、新投入运转的环节、岗位和部门;
(8)其他有特殊要求的环节、岗位和部门。

2. 第二步:现场观察与记录

系统地观察现有工作过程,了解工作流程、操作方法和存在的问题;准确、完整地记录工作过程中的程序、方式、要求和动作,为后续分析提供可靠的数据支持。

3. 第三步:分析与问题识别

根据分析目标选择合适的分析方法,如流程分析、动作分析等;详细分析后,识别出工作流程中的问题及其根本原因,为后续优化改进提供明确方向。

4. 第四步:优化设计与再分析

针对发现的问题和原因,设计并开发新的改进措施;对新的程序、方案和操作进行再分析和评估,确保其可行性和有效性,以形成最佳工作方法。

5. 第五步:实验与验证

根据新方法建立相关的标准和要求,组织有关人员实施新方法,观察并记录实施过程中的问题和效果;根据实验中出现的问题进行必要的改进和完善,以确保新方法的稳定性和可靠性。

6. 第六步:总结与报告

总结方法分析的全过程,提炼关键发现和结论;将分析过程、结果和结论整理成报告,清晰展示分析的全过程、发现的问题、优化方案及其效果评估等信息。

8.4.3 方法分析的方法和技术

方法分析包括多种技术和工具,主要用于优化工时和流程。本部分简要介绍几种常用的工具和方法。

1. 有效工时利用率分析技术

有效工时利用率分析技术是一种深入分析工作过程中实际工作行为所耗费时间的方法,旨在揭示当前工作方法中的问题,并提出改进措施和优化策略。

有效工时利用率是指在规定的工作日内,实际用于生产劳动并能创造劳动价值的工时与制度规定的工时之间的比例,或者是指工作日内实际净工作时间与制度工作日时间的比例,通常以百分比表示。其计算公式为

有效工时利用率=(工作时间+必要工作时间+准备结束工作时间-损失时间-非工作时间-休息及生理需要时间)/制度工时×100%

式中,工作时间指直接用于完成工作的时间;必要工作时间指布置与维护岗位工作的时间;准备结束工作时间指为完成工作任务而事前进行准备和事后扫尾工作中所消耗的时间;休息及生理需要时间指午休、工间休、喝水、吃饭、上厕所等时间;非工作时间指工作者用于做那些非工作任务以外工作所消耗的时间;损失时间指由于自己行为不当、管理者管理不善或工作因故停顿造成的时间消耗。工作时间、必要工作时间与准备结束工作时间均为净劳动时间,而休息及生理需要时间、非工作时间与损失时间均为无效劳动时间。

对有效工时利用率的分析,可以揭示工作过程的组织合理性与有效性,发现并明确哪些工时消耗是必需的和有效的,哪些则是不合理和无效的。这有助于合理利用工作时间,减少时间浪费,挖掘工作潜力,改进工作方法,从而提高工作效率。

2. 标杆瞄准法

标杆瞄准法(benchmarking)作为重要的工作分析工具,通过设定优化目标,并与行业内或相关领域表现最优秀的企业对比,来衡量差距、明确改进方向。其目的是借鉴最佳实践,优化业务流程,提高效率和质量,从而增强企业竞争力。

标杆瞄准法的基本构成包括最佳实践和度量标准。通过比较和分析最佳实践,企业可以明确改进的方向和目标;而度量标准则用于量化比较结果,评估改进效果。运用标杆瞄准法进行流程优化时,需要遵循如下步骤:

(1)确定标杆对象。选择行业内外的优秀企业作为标杆对象,这些企业在流程管理等方面

具有显著的优势和成效。这里标杆对象是多样的,包括内部标杆(企业内部不同部门或单位之间的比较)、外部竞争对手标杆、外部行业标杆以及跨行业标杆等。

(2)收集和分析数据。收集标杆对象在流程设计、执行、监控和改进等方面的数据,对数据进行深入分析,识别标杆对象的最佳实践和优势。

(3)识别差距与问题。将本企业的流程与标杆对象的最佳实践进行对比,识别存在的差距和问题,分析差距产生的原因,明确优化方向和重点。

(4)制订改进计划。根据差距分析结果,制订详细的改进计划,包括改进目标、具体措施、责任人和时间节点等。

(5)实施改进计划。按照改进计划实施改进,对流程进行优化和调整。在实施过程中,监控进度和效果,及时调整方案以确保目标实现。

(6)总结与反馈。总结标杆瞄准过程中的经验和教训,为未来改进提供参考。将优化后的流程标准化和制度化,确保持续改进。

应用标杆瞄准法需要特别注意两点:在标杆瞄准过程中要保持客观公正的态度,避免主观臆断和偏见;标杆瞄准是一个持续不断的过程,不断跟踪和学习最佳实践,以保持持续改进。

3. ESIA 分析法

ESIA 分析法是一种系统性流程优化方法,包括消除(eliminate)、简化(simplify)、整合(integrate)和自动化(automate)四个步骤,旨在通过逐步减少非增值活动,优化核心增值活动,从而提升流程的整体效率和系统性,增强企业的竞争力。以下是各步骤的简要说明:

(1)消除。消除的目的在于去除流程中所有非必要的非增值活动,如过量产出、活动间的等待、不必要的运输、反复加工、过量库存、缺陷与失误、重复活动、反复检验等。

该步骤需要通过一系列问题来判断并清除多余的非增值环节,如"这个环节为什么要存在?""这个流程所产出的结果是整个流程完成的必要条件吗?""它的存在直接或间接产生了怎样的结果?"。

(2)简化。简化是指在尽可能清除非必要的非增值环节后,进一步简化剩余活动,降低复杂性。简化一般可从表格、程序、沟通、物流等方面进行,以减少复杂性和提高效率。

(3)整合。整合是对分解的流程进行整合,以使流程顺畅、连贯,更好地满足顾客需求。整合可以从活动、团队、顾客、供方等方面考虑。例如,团队整合是按流程任务进行逻辑上的延伸,组建跨层级、跨职能部门的流程作业团队;顾客整合是建立统一的顾客资源管理系统,以对顾客提供最佳产品或服务;活动整合是对经过简化的作业进行跨职能部门边界的一体化改造,使整个流程形成一个协调和高效的有机整体。

(4)自动化。自动化是在消除、简化和整合的基础上,实现流程的自动化。自动化重点考虑数据采集、传输、分析等重复工作。自动化使用成熟的或定制的软件系统来提高流程效率,但需确保其是在清除、简化和整合的基础上进行的。

ESIA 分析法在流程优化中已有很多应用。例如,某大型医院通过手机挂号、自助机挂号和网络预约等方式,显著减少了患者的等待时间,将挂号平均时间从 30 分钟缩短到 5 分钟。在高速公路工程项目中,ESIA 分析法通过优化合同管理手段、流程和机制,提高了管理效率,降低了成本。

4. 鱼骨图

鱼骨图,也称为因果图、石川图(Ishikawa diagram)或鱼刺图,是一种帮助识别和展示问题根本原因的可视化工具。它最初由质量管理专家石川馨博士于20世纪60年代提出,主要用于质量管理中分析导致质量问题的各种因素。在方法分析中,鱼骨图能够帮助团队识别流程中的问题,理解问题背后的复杂原因,并找出导致流程效率低下或效果不佳的根本原因。鱼骨图的具体操作步骤如下:

(1)定义问题。明确需要解决的核心问题,例如流程耗时过长、成本过高、客户满意度低等。在鱼骨图的右侧标明这个问题或结果,即要解决的核心流程问题。

(2)确定大类原因,并细化原因。根据问题的性质,识别可能的主要原因类别,通常包括人员、程序、政策、设备/技术、物料、方法、环境等。在每个大类下进一步细分,列出具体的潜在原因。团队成员应集思广益,尽量全面地考虑所有可能的影响因素。

(3)分析和评估原因。对列出的每一个原因进行评估,确定哪些是最可能的根本原因。这一步骤可以通过团队讨论、数据分析或专家意见等方式完成。

(4)制订行动计划。针对确认的根本原因,制订具体的改进措施或行动计划,以解决方法中存在的问题。

图8-7展示了运用鱼骨图分析"某公司订单流程耗时过长、客户投诉处理速度慢,导致客户满意度下降"的情况。图中对"订单处理流程耗时过长"这一问题,从人员、程序、设备/技术、物料和方法五个方面进行了原因分析。具体原因包括:①人员方面,主要是技能不匹配、人员短缺;②程序方面,主要是审批流程冗长;③设备/技术方面,主要是系统响应慢、硬件老化;④物料方面,主要是库存不足、供应商延迟交货;⑤方法方面,主要是数据录入错误、电子化程度低。

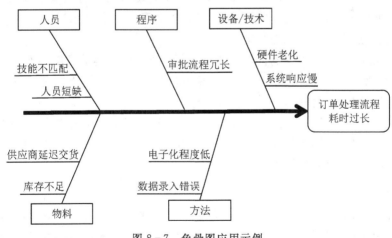

图8-7 鱼骨图应用示例

团队讨论后,发现审批流程冗长、系统响应慢、技能不匹配可能是主要原因。因此,公司决定优化审批流程,升级IT系统,加强员工培训。

5. 泳道图

泳道图,又称为跨职能流程图或跨功能流程图,是一个用于项目管理、业务流程分析和系统设计等领域的视觉工具。它通过明确地划分各个部门或角色在流程中的不同责任和任务,为复杂流程提供了清晰的概览。泳道图的名称源于其将不同职能部门划分成像游泳池泳道一样的方式。图8-8展示了一个管理性工作流程的泳道图示例。

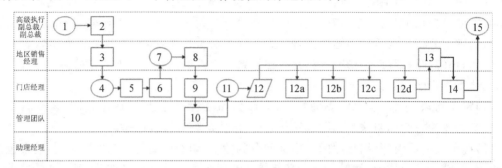

1—公司制定年财务目标;2—高级执行副总裁/副总裁将财务目标发给地区销售经理;3—地区销售经理将财务目标发给门店经理;4—门店经理查看财务目标;5—门店经理修改财务目标;6—门店经理将经修改的财务目标提交至地区销售经理审核;7—地区销售经理查看修改的目标;8—地区销售经理将修改的财务目标提交至副总裁审核;9—门店经理向管理团队提供月预算及财务目标;10—管理团队通知销售办公室、仓库相关预算及财务目标;11—门店经理检查日报告或周报告,确定门店是否能达成财务目标;12—门店经理解决相关问题,达成财务目标;12a—调整工作安排;12b—使用最佳实践;12c—关键任务辅导;12d—调整库存;13—地区销售经理对门店经理进行月度审核;14—门店经理告知管理团队目前月财务目标的达成情况;15—高级执行副总裁/副总裁将损益表发送给门店经理。

图8-8 泳道图步骤示例

(资料来源:雅各布斯.工作分析指南:沉淀和传承组织经验与智慧[M].崔连斌,胡丽,译.北京:电子工业出版社,2023.)

由于其强大的可视化效果,泳道图能帮助人们更好地理解和分析复杂流程中的各个环节及其参与者之间的关系,识别流程中的绩效问题,如瓶颈或浪费。泳道图通常用于展示团队、工作组、部门或多层组织中的流程结构。

泳道图包括泳池、泳道和分隔符三个核心绘制元素。泳池是泳道图的外部框架,泳道和流程都位于其中;泳池内部包含多个泳道,每个泳道代表一个特定的角色或部门;分隔符用于在泳道内划分不同的阶段或任务,使流程更加清晰。

绘制泳道图时,首先需要确定流程和参与者;其次,在每个泳道中添加流程步骤,并在泳道之间添加连接线,展示不同职能或团队之间的交互点;最后,根据需要调整、增加或删除某些步骤,生成能够有效实现目标的工作流程图。

6. 关键路径法

关键路径法(CPM)是基于数学计算的项目计划管理方法,属于网络图计划方法范畴,是现代项目管理中的关键分析工具。该方法最早由美国杜邦公司的摩根·沃克(Morgan Walker)和雷明顿兰德公司的数学家詹姆斯·E.克利(James E. Kelly)于1956年共同研究提出。它通过将项目拆分为多个独立活动,确定每个活动的工期,然后用逻辑关系将活动连接起来,从而计算项目的总工期、各活动的时间特点(如最早时间、最晚时间、时差)等。此外,关键路径法还能够分析项目的资源需求和分配情况。

关键路径法的基本步骤如下:

(1)分解任务。关键路线法的核心是通过网络图来规划和安排系统的活动,网络图的关键工作是任务分解。任何系统的工作都有一个总目标、总任务。为了实现预期目标,需要进行很多具体作业。而任务分解就是把总的任务分解为若干作业,并确定它们的衔接顺序和相互关系。

(2)绘制网络图。网络图用代号表示系统中的各项作业,依照实际衔接关系连接这些作业。网络图由节点(●)和箭线(→)两个基本要素组成:节点表示作业的开始或结束时刻,箭线表示作业间的逻辑关系和时间消耗。

(3)估算活动时间。做出网络草图后,计算网络图中各阶段所需的时间,以确定任务的完成期和相关作业的时差。需要计算以下时间参数:

①节点的时间参数,包括最早开始时间和最迟结束时间;

②作业时间参数,包括作业的最早开始时间、最早结束时间、最迟开始时间和最迟结束时间;

③作业的总时差,是指某项作业的时间宽裕度,即在不影响整个任务完工期的前提下,该作业从最早开始时间到最迟开始时间这个时间段内可以机动的时间。

(4)确定关键路径。关键路径是从项目开始到结束的最长路径。该路径上的活动没有时间机动余地,任何延迟都将直接影响项目的总完成时间。

(5)网络图的优化。调整和完善网络计划,力求实现最优的工期、最低的费用和最有效的资源利用。主要关注点是:在关键路径上通过合理配置资源缩短工期,在非关键路径上优化资源利用以支援关键作业。

(6)监控。在整个项目执行过程中,持续监控关键路径上的活动,确保项目按计划进行,及时调整资源分配和时间安排。

关键路径法在项目管理中有着广泛的应用,以下简要介绍几个常见的应用。

(1)时间优化:采取先进技术措施(如引入新的生产机器)、组织措施(如利用非关键活动的总时差,通过加班、延长工作时间等方式缩短关键活动的作业时间)等,缩短项目工程的完工时间。

(2)时间-资源优化:优先安排关键活动所需要的资源,利用非关键活动的总时差错开各活动的开始时间,以平衡资源需求高峰,在考虑工程进度的同时,尽量合理利用现有资源,并缩短工期。

(3)时间-费用优化:通过调整活动作业时间,可以在一定程度上平衡直接费用和间接费用的支出,在保证既定工程完工时间的条件下,使所需费用最少;或在限制费用的条件下,使工程完工时间最短。

此外,关键路径法在建筑行业用于规划施工顺序和时间表,在软件开发中帮助规划编码、测试和部署等活动。

7. 计划评审法

计划评审法(PERT)主要应用于科学研究、实验以及不确定性较大的工程计划安排。该方法通过对各项工序所需时间的估算,找出关键工序,合理安排人力、物力、财力,以求在最短时间内完成计划。美国阿波罗登月计划采用了计划评审法进行管理,用 11 年时间,投入 800 多万美元,42 万人参与,有几千所大学及科研机构和 2 万多家公司参加,最终成功将人类送上月球,并实现了多项技术突破。

由于无法对各个作业时间给出确切数值,计划评审法主要凭经验或试验研究结果估计出三种可能的时间：乐观估计时间、最可能的估计时间和悲观估计时间。基于这三个时间估算，计算出某作业的期望时间，从而将一个不确定型网络问题转化为一个确定型网络问题进行分析处理。

乐观估计时间是在最顺利条件下完成某项作业所需的时间，用 a 表示；悲观估计时间是在最不利条件下完成某项作业的时间，用 b 表示；最可能的估计时间是在正常条件下完成某项作业的时间，用 m 表示。基于三个时间，某项作业的期望（平均）时间为 $T_e = \dfrac{a+b+4m}{6}$。在此基础上，按照上述关键路径法的步骤绘制网络图。

需要指出的是，这样得出的完工日期只是一个可能完成的日期。到底有多大的可能性，可以将关键路线上各项作业的 T_e 相加，得出总完工日期 $T_{e总}$。再按式(8-1)求出关键路线上各项作业时间的方差：

$$\sigma^2 = \left(\dfrac{b-a}{6}\right)^2 \qquad (8-1)$$

然后，根据式(8-2)得出按所规定完工日期完成任务的可能性：

$$\lambda = \dfrac{T_s - T_{e总}}{\sqrt{\sum \sigma^2}} \qquad (8-2)$$

式中，λ 为任务按规定日期完成的概率；T_s 为任务按规定完成的日期；$\sum \sigma^2$ 为关键路线上各作业时间的方差之和。

本章小结

本章在阐述工作分析信息收集方法后，重点讲解了任务分析、人员分析和方法分析这三种综合工作分析方法。任务分析利用决策表、流程图使职责任务清晰化，人员分析借助 PAQ、JEM 等工具明确 KSAO 等特质，方法分析结合有效工时分析、标杆瞄准等技术优化工作流程。三者协同，提升效率，优化资源配置，确保任务高效、人员潜能发挥、流程顺畅。

批判性思考与讨论题

1. 工作分析信息收集各种基本方法的适用范围和优缺点是什么？
2. 试述任务分析的基本步骤。
3. 任务分析过程中具体会用到哪些方法和工具？
4. 人员分析在人力资源管理中的应用有哪些？
5. 人员分析有哪些方法和工具？试比较其特点与用途。
6. 试对方法分析、人员分析、任务分析的异同进行比较。
7. 试述方法分析中各种技术的内容、步骤和优缺点。

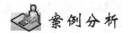 案例分析

实操训练题

1. 如果你所在学校要重新对全校教职员工绩效考核制度进行一次修订,重点修订专职教师和高校辅导员这两类职位。学校希望通过此次工作分析,准确界定这两类职位的具体工作职责以及责任细分,提炼出操作简单、有效、适用的衡量工作完成效果的指标,并提供依据。请分组讨论应运用什么方法开展此项工作,其具体步骤应是怎样的。

2. 把全班同学分成6个工作分析的小组(每个小组负责一类岗位),根据以下背景材料,结合各岗位的不同特征,讨论各岗位适合的工作分析方法,并说出原因。学生在全班分组展示讨论结果,教师点评、总结,师生共同评出最佳表现组。

背景材料:爱家公司是一家多元化综合型跨国企业集团,历经多年的发展,已成为集电视、空调、冰箱、通信、网络、数码、芯片、能源、商用电子、电子部品等产业研发、生产、销售、服务于一体的多元化、综合化集团。公司管理层逐渐意识到公司的管理制度在很多方面已经不能适应新的发展,希望通过工作分析,为公司人力资源管理工作打下基础。在此过程中,需理顺和调整一些不合理的岗位职责设置,并将新增加的岗位信息及时补充进去。公司人才被分成生产流水线上的工人、技术人员、销售人员、售后服务人员、研发人员和管理人员六大类。

资料来源:张岩松.组织设计与工作分析[M].北京:北京交通大学出版社,2023.

第9章 工作分析的成果

研究内容

1. 工作描述的内容、编写及注意事项；
2. 工作规范的内容、编写及注意事项；
3. 工作说明书的内容、编写及注意事项。

关键概念

工作描述(job description)
工作规范(job specification)
工作说明书(statement of work)
工作标识(job identification)
工作概要(job summary)
工作关系(work relationship)
工作权限(work permission)

开篇案例

多层次岗位工作说明书的快速编制：以某软件企业为例

KT企业是一家以软件开发为主营业务的企业，有300人的规模。为适应规范化管理的要求，该企业人力资源部门组织进行了岗位工作说明书的编制，由于时间紧迫，在此过程中，摸索总结出了适合该企业的多层次岗位工作说明书的快速编制方法。

1. 岗位的分类和特性

KT企业作为技术密集型的企业，其岗位包括管理、技术、销售、后勤四大类，管理类包括总经理、副总经理、中心经理、部门经理、经理助理等，技术类包括软件开发工程师、数据库工程师、系统集成工程师、数据工程师、测试工程师、技术支持工程师、售前工程师等，销售类包括销售总监、销售经理、销售助理等，后勤类包括行政、财务、审计、证券等。KT企业将岗位划分为多个层次，如将业务技术岗位划分成若干级别——初级、中级、高级、资深，体现岗位的业务晋升方向。

由于项目是一个临时性的工作，项目经理任职是有阶段性的。KT企业将项目经理划分为四个等级，各个中心、各个部门的每个岗位的员工只要满足项目经理认证的条件，都可以进行项目经理资格认证；每年3月组织认证，认证通过的项目经理进入项目经理资源库。在项目启动阶段，KT企业从中选择合适的人选，组建恰当的项目组，完成项目任务。项目管理属于矩阵管理，项目经理和部门岗位之间具有交叉性。企业根据项目的规模，确定相应级别的项经理,同时选择所需级别的岗位员工实施项目。

2. 多层次岗位工作说明书的编制方法和实践

(1)多层次岗位工作说明书快速编制方法。针对多层次的岗位特点,同个岗位不同级别的工作说明书往往有许多交叉、重叠之处。考虑到矩阵表可以形象和直观地体现多层次岗位的重叠性、递增性,KT企业借助Excel电子表格这一工具,用二维表格直观厘清同一岗位各种级别之间的分工和交叉,快速完成一个岗位系列各级别的工作说明。

(2)多层次岗位工作说明书编制实践。每个企业都有自身的特点,确定岗位系列、划分岗位类型都要结合企业发展的需要和员工工作内容的特点。按岗位性质划分,KT企业的技术部门确定了三类岗位,分别是管理岗位、技术岗位、事务岗位,并且对技术岗位设立四个级别。

确定岗位的系列、级别、类型后,就可以制定岗位级别分析表的样例。这里有几个原则:第一,覆盖原则。岗位说明、岗位职责和岗位要求要包含岗位全体员工的所有工作内容,通常可以依据工作分析的目的加以调整。第二,简化原则。岗位说明不是多多益善,而是简单扼要地描述,文字要浅显易懂,用语要明确,不能模棱两可,要使人一目了然。第三,折中原则。根据正态分布,中级包括的人数最多,包含的工作内容也较普遍,因此,建议从中级开始编写,可以提高效率,也容易操作。第四,统一原则。所有的岗位、级别确定后,使用统一的命名规范和编号规则。

岗位级别分析表包括岗位职责和岗位要求两部分。为了快速编制,用"—"表示该级别无对应职责或要求;如果该级别的职责或要求与左侧级别一致,则不填,用空白表示。

根据岗位级别分析表编制岗位工作说明书,其中包括岗位说明、岗位职责和岗位要求。岗位说明又包括岗位名称、岗位编号、所属部门、直属上司、岗位层级。

在完成岗位工作说明书的整理之后,高层主管、典型任职者、人力资源代表、工作分析人员共同组成评审小组,对岗位说明、岗位职责、岗位要求进行评审。评审通过的工作说明书即可使用。

(3)岗位工作说明书命名规范和编号规则。

①命名规范。基层每个岗位包括四个级别——初级、中级、高级、资深。每个级别的岗位工作说明书是一个Word文档,命名方式为"岗位工作说明书_(中心名称)_(岗位名称).doc",如"岗位工作说明书_工程服务中心_资深软件工程师.doc"。同系列的各级别岗位职责划分是编制岗位工作说明书的重要的过程文件,命名方式为"岗位职责划分_(中心名称)_(岗位名称).xls",如"岗位职责划分_工程服务中心_软件工程师.xls"。

②编号规则。每个岗位都有一个编号,编号格式为KT-GW-(中心代码)-(岗位序号+级别序号),如工程服务中心的中级软件工程师岗位编号为KT-GW-GC-012。各中心代码用字母表示,如工程服务中心为GC。岗位序号为中心内部的各岗位流水号,从01开始,最多到99;岗位级别以1位数字表示:初级1、中级2、高级3、资深4。

资料来源:邱祥峰,陈元元.多层次岗位工作说明书的快速编制:以某软件企业为例[J].科技经济导刊,2018(11):135-137.

9.1 工作描述

作为工作分析成果之一,工作描述主要指明工作执行者实际要做什么、如何做以及在什么条件下进行工作的书面规定。本节将首先对工作描述进行概述,然后详细介绍工作描述的内容、编写规范以及注意事项,并通过范例来加深对工作描述的理解和掌握。

9.1.1 工作描述概述

工作描述又称为职位描述、职业界定,是对企业中工作岗位的名称、工作目的、工作任务、所使用的物品和材料以及工作环境等进行书面描述的文件。通常情况下,一份完整的工作描述应明确工作内容、工作原因、工作方式、工作地点及工作条件等信息。其主要功能在于阐明工作任务、责任和职权,建立工作的程序与标准,使员工了解工作概要,并为企业进行员工的聘用、考核与培训等打下基础。

在企业实践中,工作描述的编写方式和重点取决于使用对象的特征,因使用对象的特征不同而有所区别。针对中高层管理人员,工作描述侧重于岗位间的权责关系及工作间相互关系等方面,便于中高层管理人员开展组织设计、人力资源规划与开发、企业内部人才梯队建设、员工职业发展规划设计等工作;而对于基层员工,工作描述应重点描述具体的工作流程和工作中的具体行为表现,这些信息将应用于员工招聘与甄选、培训需求确认、绩效考核和薪酬管理等方面,并有助于提升员工的岗位胜任能力。

9.1.2 工作描述的基本内容

根据不同的工作分析目标和使用者需求,工作描述内容的侧重点和要求有所不同,但通常情况下,工作描述包括核心内容和选择性内容两部分(见表9-1)。

表9-1 工作描述的内容

分类	内部项目	项目内涵	应用目标
核心内容	工作标识	工作名称、所属部门、直接上级职位、工资、代码、工作雇员数量、工作所在部门雇员数量等	向职位描述阅读者传递该职位的基本信息,使他们获得对职位的基本认识
	工作概要	关于该职位的主要目标与工作内容的概要性陈述	归纳工作内容和工作目的
	工作职责	该职位必须获得的工作成果和必须担负的责任	描述每个职位需要达成的工作目标以及对企业价值创造的意义
	工作关系	该职位在组织中的位置	说明职位在部门及企业中的位置
选择性内容	工作权限	该职位在人事、财务和业务上做出决策的范围和层级	组织优化、岗位评价
	工作范围	该职位能够直接控制的资源的数量和质量	管理人员的岗位评价、上岗引导
	绩效标准	职责的评价性和描述性量化信息	岗位评价、绩效考核
	工作压力	职位对任职者造成的工作压力	岗位评价
	工作环境	职位存在的物理环境	岗位评价、上岗引导

资料来源:相飞,杜同爱.组织设计与工作分析[M].北京:中国人民大学出版社,2021.

核心内容是任何一个工作描述都必须包含的、具有独有特征的部分，是区别工作之间差异的关键核心内容，如果存在缺失，将无法将本工作与其他工作加以区分。核心内容主要包括工作标识、工作概要、工作职责和工作关系。选择性内容是指那些并非是任何一份工作描述所必需的部分，主要由工作分析专家根据预先确定的工作分析的具体目标或工作类别有选择地加以描述，比如某项工作职责的量化信息、工作负荷等。

1. 工作标识

工作标识又称工作识别、工作认定，识别某一工作的基本要素，即某一工作区别于其他工作的基本标志。其目的在于让大家对某一工作职位有清晰直观的印象，便于区分。工作标识主要包括工作名称、工作身份、工作编号和工作地点等。

1) 工作名称

工作名称是工作标识中最重要的项目，是一组在重要职责上相同岗位的总称。好的工作名称能够直接指出工作所在领域和工作性质，往往很接近工作内容，并能很好地将本项工作与其他工作区别，例如人力资源总监、销售经理、针灸师等。在确定工作名称时，工作分析人员应该注意以下事项：

（1）工作名称应该比较准确地反映出主要的工作职责。比如，"质检员"这一工作名称就明确地指出了这个工作的职责。在实际工作中，工作名称使用不当极易造成他人的误解和困惑。比如，"大堂经理"这一工作名称，它的工作职责主要是接待和维持客户关系，负责迎送、引导、分流客户，解答客户咨询以及受理和协调客户投诉等事项，因此，更为合适的工作名称应该是"客户接待员"。

（2）工作名称应该指明职位在组织工作等级中所处的位置。比如，"销售总监"的工作等级高于"销售经理"和"销售专员"，而"销售经理"的工作等级高于"销售专员"。设置工作名称时也可以采用一些标识工作等级的工作名称，比如经理助理、销售助理、研究助理等。

（3）工作名称拟订时，应尽可能地参照社会上通行和公认的做法，这样拟订的工作名称既便于被接受和理解，也便于公司在薪资调查时进行调查和比较。

（4）工作名称拟订时，也要充分考虑任职者的心理，可以进行一定的艺术处理和美化，这样不仅能够提高该项工作的社会地位和声望，也可以提高员工对工作的认可度和满意度。例如，"发型设计师"要比"理发师""剃头匠"更为恰当好听，"环卫保洁员"比"清洁工"更好听。

2) 工作身份

工作身份又称工作地位，是指工作岗位处于公司的实际位置，通常列在工作名称之后。企业一般用工作岗位所在的部门、工作团队的名称定义工作身份，但具体到一些特定岗位，也可以采用工作地点特征来命名工作身份，如地区销售专员、快递员等。

界定工作身份主要包括以下几个方面：①所属的工作部门；②直接上级岗位；③工作等级（该工作在企业内工作等级分类中处于哪一等级）；④薪资水平；⑤所管辖的人数；⑥定员人数（岗位的人员编制）；⑦工作时间。

3) 工作编号

工作编号又称为工作代码，是由公司根据工作分析的结果对公司各类职位进行的编码。工作编码基本上要体现工作的重要特征，比如工作类别、工作等级、薪酬等级等，企业也可以根据自身情况决定编码信息。例如，某个企业的一个工作编码是 HR-03-06，其中 HR 表示人力资源部,03表示员工级,06表示人力资源部全体员工的顺序编号。因此,工作编号不仅体现了工作的重要特征,也便于企业规范化管理。

4) 工作地点

工作地点是指实际工作的物理位置,通常命名工作所在的部门或分支机构的名称时已明确给出。然而,现实中同样的岗位名称,但该岗位的工作地点可能截然不同,比如在同一家公司中,既有在西北地区工作的销售代理,也有在沿海地区工作的销售代理。因此,进行工作描述时,需要考虑工作地点的重要性,因为它会影响工作任职者的待遇和工作满意度。工作评价中应充分考虑工作地点,以便对在特殊地点工作的员工提供特别津贴。

表9-2为某公司财务部财务经理职位说明书中的工作标识。

表9-2 某公司财务部财务经理职位说明书中的工作标识

职位名称	财务经理	所在部门	财务部
目前任职者	×××	职位等级	主管级
工作代码	H0099	工作地点	M公司西北分公司
职位分析员	××咨询有限公司	分析时间	××××年××月

资料来源:任正臣.工作分析[M].2版.南京:江苏凤凰科学技术出版社,2020.

2. 工作概要

工作概要是对工作内容和工作目的进行简要概括,即用简洁的语言概括工作的总体性质、主要任务和预期目标,又被称为"工作目的"。工作概要能直观明确地将本项工作与其他工作区分。

工作概要有标准书写规范,一般以动词为开头,描述最为核心关键的工作任务。其标准书写规范为"工作行为+工作对象+工作目的"或"工作依据+工作行为+工作对象+工作目的"。从中,可以看出工作概要既不需要详细列出具体工作任务和活动,也不需要写出工作目的之外的内容(如绩效预期、时间限制等)。例如,人力资源部经理的工作概要是"根据公司的战略,制定、实施公司的人力资源战略和年度规划,主持制定、完善人力资源管理制度以及相关政策,指导、解决公司人力资源管理中存在的问题,努力提高员工的绩效水平和工作满意度,塑造一支爱岗敬业、团结协作的员工队伍,为实现公司的经营目标和战略意图提供人力资源支持";市场策划经理的工作概要是"负责市场信息的收集、整理和分析,提交市场调查报告,以支持市场战略决策";公司前台的工作概要是"承担公司前台服务工作,接听客户的来电,接待安排客户的来访,负责员工午餐券以及报纸杂志的发放和管理等行政服务工作,维护公司的良好形象"。表9-3中列出了工作概要书写中常用的动词。

表9-3 工作概要中的常用动词

类型	动词
1. 计划、制度、方案等文件	编制、制定、拟订、起草、审定、审核、审查、转呈、转交、提交、呈报、下达、备案、存档、提出意见
2. 信息、资料	调查、研究、对照、整理、分析、归纳、总结、提供、汇报、反馈、转达、通知、分布、维护管理

续表

类型	动词
3. 某项工作（上级）	主持、组织、指导、安排、协调、指示、监督、分配、控制、牵头负责、审批、审定、签发、批准、评估
4. 思考行为	研究、分析、评估、发展、建议、倡议、参与、推荐、计划
5. 直接行动	组织、实行、执行、指导、带领、控制、监管、采用、生产、参加、阐明、解释、提供、协助
6. 上级行为	许可、批准、定义、确定、指导、确立、规划、监督、决定
7. 管理行为	达到、评估、控制、协调、确保、鉴定、保持、监督
8. 专家行为	分析、协助、促使、联络、建议、推荐、支持、评估、评价
9. 下级行为	检查、核对、收集、获得、提交、制作
10. 其他	维持、保持、建立、开发、准备、处理、执行、接待、安排、监控、汇报、经营、确定、概念化、合作、协作、主持、获得、核对、检查、联络、设计、带领、指导、评价、评估、测试、建造、修改、执笔、起草、拟订、收集、引导、传递、翻译、组织、控制、操作、保证、预防、解决、介绍、支付、计算、修订、承担、支持、谈判、商议、拒绝、否决、监视、预测、比较、删除、运用

资料来源：万希，等.工作分析：人力资源管理的基石[M].北京：电子工业出版社，2017.

在编写工作概要时，为确保工作概要的独特性和有效性，工作分析人员通常拥有适当的自由度，但也需遵循以下原则：

(1)工作概要应简洁明了，最好用一句话概述。

(2)应明确工作的基本目的以及存在的理论基础，回答工作目的是什么和为什么要做这一工作的问题。

(3)如果工作描述基于某个理论框架或分析系统，应使用该系统的语言，保持一致性。

(4)避免将预期成果、任务、时间等超出工作目的和理论基础范围的细节包含其中，将这些细节在工作描述的其他部分说明，以保持工作概要的独立性。

3．工作关系

工作关系描述包含两个方面：一是工作职位在企业中的位置，二是工作任职者与内部及外部其他部门或人员的工作联系。前者是工作描述的核心内容，反映职位在组织中的上下左右关系，通常采用组织架构图或文字形式展示；后者反映的内容包括该工作受到谁的监督及监督谁，该工作可晋升、可转换及可迁移的职位有哪些，以及与哪些部门的职位有联系等，企业可根据自身需要选择包括的内容。此外，工作关系的频繁程度、目的和重要性也需说明。在实际操作中，工作分析人员应重点关注工作关系的对象和内容，将其反映在工作关系描述和工作职责描述中。

编写工作关系应遵循经常性原则和重要性原则。经常性原则要求列出频繁发生的工作关系，重要性原则要求列出发生频率较低(例如每年一次)但重要性很高的工作关系。因此，编写工作关系时，不需要列出所有的工作关系，而只需列出关键的部分工作关系。

4. 工作职责

工作职责是任职者所负责的工作在企业中承担的责任、工作内容和要求。它是工作描述的核心部分,是在工作标识和工作概要的基础上,对工作职位的具体内容进行细化。工作职责的描述应准确、清晰、系统,避免职责的交叉、重叠或遗漏。为了确保准确性,工作分析人员应对收集的信息进行深入分析,基于对业务流程和部门职能的全面理解进行职责界定。工作职责的分析方法主要有两种:一是对部门职能进行层层分解,二是基于工作流程进行分析。在实际操作中,这两种方法通常结合起来,互为补充。部门职责是界定各职位工作的基础。首先界定部门职责,再将部门职责分解到各职位,明确各职位的分工关系。有明确流程的任务可以按照流程分配,没有明确流程的任务可以通过部门职责的分解来确定。

工作职责的规范表述通常包括行动或角色(动词)、具体对象、职责目标(成果)三个部分,如图9-1所示。

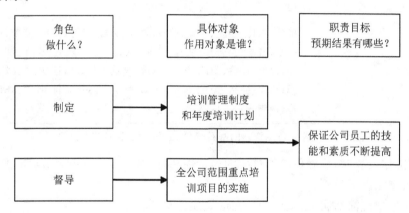

图9-1 某人力资源部培训主管职位责任描述示例
(资料来源:任正臣.工作分析[M].2版.南京:江苏凤凰科学技术出版社,2020.)

描述工作职责时必须注意以下几个问题:

(1)成果导向:描述工作职责时,要明确该职位需要完成的具体工作以及完成这些工作的目的,而不是详细描述如何完成这些工作的过程。这样可以更清晰地表达职位的目标和期望成果。

(2)完备性和稳定性:工作职责应该全面地涵盖该职位需要取得的所有关键成果,同时确保这些内容具有稳定性,不应包括那些由上级临时授权的、动态变化的工作内容。这样才能明确职位的核心职责,并确保职责描述的一致性和可靠性。

(3)明确指向:每一项工作职责都应该直接指向一个唯一的工作成果,避免职责之间的交叉与重叠。这样可以避免混淆,使每项职责更加清晰明确,有助于任职者更好地理解和执行自己的工作。

(4)避免使用专业术语:在职责描述中,尽量避免使用任职者或其上级不熟悉的专业术语。使用通俗易懂的语言可以确保所有相关人员都能准确理解工作职责,从而避免误解和沟通障碍。

(5)清晰表述:当工作职责中涉及多个行动或对象时,要分别进行清晰的表述,避免引起歧义。尽量避免使用模糊性的动词和数量词,如"领导""管理""许多""一些"等。这些模糊的词汇容易导致职责描述不够具体,给任职者的理解和执行带来困扰。

5. 工作权限

工作权限是指企业根据职位的工作目标和职责,赋予职位的权限范围、层级及控制力度。职位权责配置要同时进行,确保权责对等。有责无权会导致责任人无法对结果负责,而有权无责会使企业变得无序。因此,在制定职位职责后,工作分析人员需要明确规定其权限范围,确保职责的完成效果。

工作权限的描述主要用于管理人员的工作描述与工作评价,以确定职位对企业的影响和过失损害程度。在工作描述中明确表达该职位的权限,可以进一步强化企业的规范化,提升任职者的职业意识,并帮助其培养职业能力。

界定工作权限可以从以下两个角度考虑:

(1)对象职责的承担程度。工作权限可采用"全部承担、一部分承担、协助承担"三个级别来描述,不同级别的描述差异主要体现在动词上。职责动词的对象可以归纳为两类:①制度/方案/计划/报告,用审批、审核、主持草拟/设计、分担草拟/设计、协助草拟/设计来区分。②业务活动,用主导、督导、组织执行、分担执行、协助执行来区分。

(2)工作权限所指向的对象。工作权限描述根据工作权限所指向的对象不同采用不同的形式。例如,财务权限:批准……元以内的费用;人事权限:批准……类(或级别)以下员工的录用、考核、升迁、出差、请假等;业务权限:批准……事项。因此,工作权限描述可根据具体岗位的工作对象采取不同权限描述方式。

工作权限的划分需要遵循权责统一与系统化原则。首先,要以权责统一原则为基础,确保每个职位既有相应的职责也有相应的权力;其次,权限的划分不能仅通过工作职责分析完成,而必须依靠系统化的组织安排,在纵向上根据职能定位与管理人员的职业水平进行分权,在横向上根据业务流程的分解进行分权。同时,还需考虑企业内部的信息沟通、资源共享、风险分散、责任分担等因素,形成系统性、分层分类的"分权手册",从而可以确保企业运作的规范性和高效性。

6. 绩效标准

绩效标准,又称为业绩标准或业绩变量,是在明确界定工作职责的基础上,规定如何衡量每项职责完成情况的标准。它描述了企业期望工作人员在执行每项任务时应达到的标准,包括衡量要素和衡量标准两个方面。衡量要素指从哪些方面评估职责的完成情况;衡量标准则是这些要素必须达到的最低要求,可以是具体的数字或百分比。常见的指标有销售额、市场占有率、设备利用率和客户投诉率等。

确定绩效标准应遵循 SMART 原则:①具体(specific)原则。绩效考核要针对特定的工作指标,避免笼统概括。②可度量(measurable)原则。绩效指标应量化或行为化,可以获得验证数据或信息。③可实现(attainable)原则。绩效指标在努力下可以实现,避免目标过高或过低。④现实性(realistic)原则。绩效指标应能被证明和被观察。⑤时限(time bound)原则。完成绩效指标要有特定期限。

确定绩效标准可以从两个方面入手:一是将职责所要达成目标的完成情况作为绩效标准;二是通过分析职责完成的整个流程,找到对完成效果影响最大、最重要的关键点,作为绩效标准。需要注意的是，要把握绩效标准对职责最终完成效果的影响程度，影响程度越大，该指标越可取。同时，还要判断绩效标准能否转化为可衡量的指标，指标是否可以量化或细化，反映指标的数据或事实能否收集到，以避免凭感觉打分的现象。

7. 工作环境

工作环境描述包括经常性工作场所的自然环境、安全环境和社会环境。具体而言，自然环境描述涵盖了工作场所的基本条件，包括工作场所是室内还是室外，以及温度、湿度、照明、噪声和粉尘等情况；此外，还应包括与这些因素的接触时间和舒适度。例如，某些工作可能需要长时间在高温或低温环境下进行，或者在噪声较大的环境中进行，这些因素都可能影响员工的舒适度和工作效率。安全环境描述涉及工作场所的危险性，可能对人员造成伤害的具体部位，事故发生的频率及原因；还包括从事该工作的职业病风险及其严重程度，工作人员的精神紧张程度，以及工作时间的波动性。例如，一些工作可能需要处理危险化学品，或者在高空作业，这些工作环境的危险性较高。此外，出差频率、是否经常加班、工作负荷和体力消耗的大小也是安全环境描述的重要组成部分，这些因素都会对员工的身心健康产生影响。社会环境描述包括工作地点的生活便利程度，工作环境的孤独感，以及部门同事间的关系。例如，工作地点是否靠近公共交通点，周围是否有便利的生活设施，都会影响员工的生活便利程度。而工作环境的孤独感和同事间的关系则会影响员工的心理健康和工作满意度。

此外，与工作环境密切相关的还有工作压力。工作压力指的是由于工作本身或环境特点给员工带来的压力和不适感。员工的身心健康越来越受到重视，工作压力也逐渐被纳入工作描述中。工作压力因素主要包括工作时间的波动性、出差时间的比例、工作负荷的大小等。例如，一些工作可能需要频繁出差，或者工作时间不固定，这些因素都会增加员工的工作压力。

为了提高员工的工作积极性，工作描述除了包括上述内容外，还应列出该职位的工资结构、支付方式、福利待遇、晋升机会、休假制度和培训机会等内容。这些内容往往是影响员工工作态度和积极性的直接因素。例如，明确的工资结构和支付方式可以增加员工的经济安全感，良好的福利待遇和晋升机会可以激励员工努力工作，合理的休假制度和进修机会可以提高员工的工作满意度和职业技能。

总之，工作描述作为工作说明书的重要组成部分，不仅是制定工作规范的基础，还与工作规范共同服务于人力资源管理及其他企业管理活动。一个详尽的工作描述可以帮助企业更好地管理员工，提升工作效率，同时也可以帮助员工了解自己的工作职责和环境，提高工作满意度和积极性。

9.1.3 工作描述的编写

工作分析人员在明确工作描述的核心内容和可选内容后，就可以开始编写工作描述。编写工作描述是一个持续不断更新的过程，不是一蹴而就的任务。编写工作描述时需要特别关注以下几个方面。

1. 深入分析工作目标

在工作分析过程中，企业的战略从高层逐步分解到各个职位。不同职位对应着不同的目标，这些目标直接反映了该职位在企业中的地位和价值。因此，描述工作目标时必须进行深入的工作分析。进行工作目标描述时,通常使用"2W+1H"方法来确保目标描述的全面性。①why(为什么),即设立这个职位的原因是什么,依据是什么;②what(什么),即这个职位旨在实现什么具体目标;③how(如何),即这个职位通过什么方式或方法来达成这些目标。运用这种方法可以清晰地了解职位设立的目的和实现目标的路径,从而为后续的工作描述提供准确的依据。

2. 准确界定工作职责

工作描述需要明确界定每一项工作的职责范围,以便任务能够准确无误地完成。例如,"主持股东会议"和"参与股东会议"在责任和工作内容上存在显著区别。模糊的职责界定会导致工作执行中的混乱和低效率。因此,工作职责的界定应清晰明确,避免含糊不清,使每个职位的职责范围明确且易于理解。

3. 精准挑选关键要素

工作描述需要明确每个职位的关键要素。由于不同职位的关键要素不同,因此挑选时要特别注意。例如,对于一个初创企业中的人力资源招聘经理来说,"经验"可能是关键要素;而对于一个成熟企业的部门经理来说,"创新"则更为重要。司机的关键要素可能是"良好的心态",这是保证安全驾驶的基础。因此,挑选和描述职位的关键要素需要准确无误。

4. 突出核心能力

核心能力是完成职位工作所必需的基本条件。在职位资格描述中,核心能力的突出显示有助于确定适合的人选。例如,销售人员的核心能力是有效的沟通和影响能力,而高层管理人员的核心能力是战略决策和判断能力。工作描述应重点突出这些核心能力,以确保招聘到真正符合职位要求的候选人。

5. 其他注意事项

编写工作描述还需注意以下两个方面:①工作描述的适当长度。一般来说,工作描述不应过长。然而,严格规定长度标准可能会限制描述的充分性。工作描述的长度应由其服务的目的决定,即应能全面、准确地提供招聘者、培训者和其他使用者所需的信息。工作描述应避免过于简略或过于冗长,以保持描述的有效性和实用性。②工作描述的具体层次。工作描述的细节可以在不同层次上进行描绘。例如,车间的噪声可以通过其来源如喇叭进行描述,也可以通过声音的强度(如分贝)来更精确地描述;热度可以用"热"或"冷"这种日常用语进行描述,也可以通过温度测量进行更准确的描述。

编写工作描述还需要考虑工作描述的细节与成本、员工经验水平及资源的可用性。工作描述提供的细节越多,它作为信息源和行为工具的作用就越显著,但这也意味着需要投入更多的财力和时间资源。两种策略可解决此问题:①将工作描述作为唯一的信息来源。如果工作描述需要提供详尽的细节,这种详细的工作描述可以全面涵盖职位的职责、目标、要求等信息,有助于为员工提供清晰的工作指导。然而,这需要较高的资源投入,包括时间、精力和成本,以确保所有细节都得到准确和全面的描述。②将工作描述作为概括性陈述,详细内容包含在附件和指南中。工作描述本身提供的是职位的概述,而详细的工作信息则放在附件、指南或小册子中。这样做可以减少工作描述的复杂度,使其更加简洁易懂,同时将详细的操作细节和补充信息提供给需要的员工。这种方式有助于降低编写和维护工作描述的成本,同时确保员工可以在需要时获取具体的操作指南。

此外,在决定工作描述的范围和细节时,工作信息使用者的经验水平是一个关键考虑因素。经验丰富的员工通常对工作内容和职责已经有较好的了解,他们可能不需要详细的说明。对于这些员工,详细的工作描述可能显得冗余,因为他们已经熟悉如何完成工作,无须依赖于详细的书面规定。因此,选择工作描述的详细程度和范围应基于具体的组织需求、员工的经验水平以及资源的可用性。合理平衡详细描述与概括性陈述,可以有效地满足工作信息使用者的需求,同时优化资源的投入。

9.1.4 编写工作描述的注意事项

1. 权责利相一致

在编写工作描述时,每个职位的职责、权力和利益必须相一致。这意味着一个职位所承担的责任应当与其相应的权力和利益相匹配。如果某个职位负有重要的职责,但权力和利益却很小,这会影响工作的顺利进行,并挫伤员工的积极性。例如,如果部门主管负责安排和布置部门工作,但却没有考核、奖励和惩罚的权力,可能导致以下问题:员工可能不接受主管的工作分派,甚至对任务的完成态度不积极;而主管也无法有效地管理部门,无法确保工作任务的圆满完成。因此,权责利相一致是确保工作描述有效性的基础。

2. 工作描述与组织结构设计、职能分解表和职位设置表保持一致

工作描述、组织结构设计、职能分解和职位设置是人力资源管理中相互关联的环节。编写工作描述应特别注意以下几点以确保一致性和衔接性:①工作描述的基础。工作描述要根据企业的组织结构设计、职能分解表和职位设置表进行编写,确保描述内容符合这些设计的要求。②职责一致性。每个职位的职责应与部门或单位的职能分解表相一致,职位职责不应超出部门或单位职能分解表中的规定。③职责总和匹配。部门或单位里所有职位的职责总和应与职能分解表中所规定的职责一致。④职位名称一致性。工作描述中的职位名称应与职位设置表中的名称相符,避免混淆和误解。

3. 职责范围清晰

在编写工作描述时,每个职位的职责要划分清晰,避免职责重叠或职责空白。清晰的职责划分有助于提高工作效率和减少工作中的冲突。具体操作方式如下:①部门或单位负责人的职责原则上应与本部门或单位的职能分解表保持一致,这有助于确保领导层对部门或单位的整体职能掌握清晰。②部门或单位某项业务主管的职责应涵盖职能分解表中的相关几项,而部门或单位的全部业务主管的职责则应覆盖职能分解表中的所有职责。③职能部门或单位一般员工的职责应对应职能分解表中的一项或几项职责,确保员工的工作范围明确且不重叠。

因此,工作描述的编写需要兼顾权责利的平衡,确保与组织结构和职能分解表的高度一致,同时保证职责范围的清晰。这些要点有助于编写有效的工作描述,提高工作效率。

9.1.5 工作描述举例

下面以某公司理货员的工作描述为例来进一步了解工作描述的编写规范,见表9-4。

表9-4 某公司理货员的工作描述

工作名称	理货员	职位代码		所属部门	
直接上级	业务代表、市场督导专员	直接下级		薪金标准	

职位概要:对商品进行出样、陈列、标价、补货等工作,维护企业产品的终端形象

工作内容			
时间	计划阶段	执行阶段	检查阶段	改进阶段
营业前	1. 全面掌握商品上架陈列的基本原则和方法； 2. 熟练地掌握商品产地、用途、性能、特征、使用方法等知识； 3. 其他相关技巧。	1. 打扫责任区域内的卫生； 2. 检查购物篮、购物车； 3. 检查劳动工具； 4. 查阅交接班记录。	1. 检查工作做得是否标准化和规范化； 2. 检查工作中的失误与差错。	1. 调整与完善管理过程的规范性； 2. 总结经验,提升自我。
营业中		1. 巡视责任区域内的货架,了解销售动态； 2. 根据销售动态及时做好领货标价、补货上架、货架整理、保洁等工作； 3. 协助顾客做好服务工作,如回答顾客询问、接受顾客批评和建议等； 4. 协助其他部门做好销售服务工作,如协助收银、排除设备故障。		
营业后		1. 打扫责任区域内的卫生； 2. 检查购物篮、购物车； 3. 检查劳动工具； 4. 整理商品单据,填写交接班记录。		

权力
对商品进行出样、陈列、标价、补货等工作,维护企业产品的终端形象

工作协作关系	
内部协作关系	销售部、市场部等职能部门和各职能领导
外部协作关系	商超、卖场等

考核指标
任务的完成情况、服从安排、遵守制度、人际能力、专业知识及技能等

资料来源:任正臣.工作分析[M].2版.南京:江苏凤凰科学技术出版社,2020.

9.2 工作规范

工作描述主要聚焦于职位本身的职责和任务,而工作规范则涉及该职位所需的人员资格,

包括必要的知识、技能、能力以及其他特征。为了简化设计和管理，在实际应用中工作描述和工作规范通常会合并，这样工作规范就成为工作说明书中对职位担任者资格要求的重要组成部分。本节将重点分析工作规范如何列出员工在执行工作时所需具备的知识、技术、能力以及其他特征。

9.2.1 工作规范概述

工作规范，也被称为岗位规范或任职资格，是对员工在某一职位上胜任工作所必须具备的基本资格和条件的详细描述。这些规范涵盖了职位所需的最低要求，包括教育背景、工作经验、专业知识、技能、体能状况以及个性特征。需要明确的是，工作规范并不代表对最理想候选人的要求，而是满足职位基本职责的最低标准。

作为工作说明书的重要组成部分，工作规范与工作描述密切相关，但两者的侧重点有所不同。工作描述关注职位的具体任务和职责，而工作规范则强调履行这些职责所需的任职条件，主要用于指导招聘、选拔及评估过程。实质上，工作规范是从工作描述中提取的，并不独立存在。工作规范和工作描述的关系非常密切，工作描述提供了基础数据，使得工作规范的编写有据可依。

在编写工作规范时，两个关键点需要特别注意：①关注职位要求而非个人特质。工作规范应以具体职位的要求为核心，而不是任职者本身特质。工作规范应遵循人与职位匹配原则，准确反映职位的实际需求，而不是对任职者特质的主观夸大或贬低。工作规范的目标是找到能够适应职位要求的最合适人选，确保职位与人员之间的匹配度。②设定最低要求而非理想标准。工作规范应界定履行职位职责的最低要求，而不是设定理想或期望的用人标准。职位的绩效评估和薪酬等级的确定应基于职位在企业中的实际价值和功能，而不是主观理想或期望标准。理想和期望标准通常因人而异，难以统一，若以这些标准来编写工作规范，可能会影响管理的公正性和客观性。因此，工作规范应避免这种不一致性，确保其设定的要求具有实际可行性和公平性。

工作规范在企业人力资源管理中具有显著的作用，包括以下几个方面：①是招聘过程中的参考依据。工作规范为企业招聘提供了明确的参考标准，帮助企业在招聘过程中更准确地确定候选人是否符合职位要求。通过规范化的条件，企业能够改进选拔流程，找到最适合的员工，提高招聘的效率和效果。②是晋升管理的标准。在员工晋升方面，明确的工作规范提供了清晰的任职资格要求，避免了单纯以服务年限、笔试成绩等因素作为晋升依据的问题。明确的晋升标准能够确保晋升过程的公平性和透明度，使员工的晋升得到合理的评估。③为员工培训和职业发展提供方向。员工可以根据职位所需的任职资格条件进行针对性的培训和进修，这不仅能提升员工的工作绩效，还能激励员工的职业发展。通过了解职位要求，员工能够制订个人职业发展计划，并通过培训来弥补技能和知识上的不足，从而实现个人和企业的双赢。④提升员工满意度。清晰的工作规范有助于提升员工的满意度和忠诚度。当员工了解职位的基本要求时，他们能够更好地规划自己的职业路径，明确自身的发展方向。明确的要求和标准使员工能够清晰地知道自己在工作中需要达成的目标，这有助于增强员工的工作动力和提升满意度。

9.2.2 工作规范的基本内容

工作规范不仅包含了职位所需的基本要求，还涉及员工应具备的身体素质、教育背景、技能水平等方面。以下是工作规范的主要内容。

1. 身体素质要求

身体素质涉及个体在执行任务过程中表现出来的各种生理功能,如力量、速度、耐力、灵活性和柔韧性等。这些功能是衡量一个人身体健康状况的重要指标。工作规范中通常首先要求员工具备良好的健康状态,以保证其能够适应工作中的身体要求。一些特殊岗位可能还会有更为具体的身体条件要求。例如,送水工需要能够经常提放重达20千克的桶装水,而商场销售人员则需具备长时间站立的能力。这些规定旨在确保员工在工作过程中能够顺利完成体力相关的任务,并减少因身体素质不足而导致的工作效率低下或潜在的健康问题。

2. 受教育程度要求

受教育程度要求是指工作任职者在正式教育和职业培训中所达到的学历和专业水平。受教育程度要求包括学历要求和专业要求两个主要方面。学历要求是指任职者需要具备的最低教育水平,如本科或研究生。专业要求是指任职者具备特定领域的知识背景。例如,一个职位可能要求申请者拥有计算机科学或工程学方面的专业背景。企业通常采用"学历+专业"方法衡量受教育程度。尽管这种方法较为直接且易于操作,但其缺点在于同一学历层次的人之间可能存在显著的能力差异。此外,学历的真实性和准确性也存在一定风险。为了解决这些问题,一些国家和企业开始采用测量实际教育水平的工具。

3. 资格证书要求

资格证书要求是指国家或行业对某些职位所规定的职业资格认证。这些证书证明任职者具备了从事特定工作的专业能力和知识。不同的职业对资格证书的要求有所不同。例如,汽车修理工需要持有相应的技术资格证书,以证明其具备汽车维修的专业技能;而教师则需要拥有教师资格证书,证明其具备从事教育工作的资格。资格证书的要求确保了任职者具备完成岗位任务所需的最低标准,从而有助于提升工作质量和效率。企业通过设定这些要求,可以确保招聘到具备必要技能和知识的员工,避免因资格不符而引发的工作质量问题。

4. 知识要求

知识要求是任职者在特定工作领域需要掌握的基础理论知识、专业知识和其他相关知识。基础理论知识指的是与工作相关的基本理论,例如心理学、经济学和管理学等,这些知识为任职者在工作中应用专业技能提供理论支持。专业知识则是指任职者在某一领域所需的深入理论知识,例如对于某种机械设备的工作原理和性能的理解。其他相关知识可能包括行业政策法规、管理知识等。这些知识要求帮助任职者更好地理解工作内容和行业背景。

5. 工作技能要求

工作技能要求涉及任职者在工作中需要具备的具体技能。这些技能会随着岗位的不同存在较大差异,但一些基本的通用技能对于大多数职位都是必要的。例如,计算机操作技能、外语能力和文字编辑能力是许多职位的基本要求。工作规范中对技能的要求通常会关注这些通用技能,以便进行横向比较和评估。这些技能要求确保员工能够有效地完成日常任务,并能够适应不断变化的工作环境和技术要求。

6. 心理素质要求

心理素质要求是指员工在工作中应具备的心理状态和能力。这包括解决问题的能力、创造力、沟通协调能力和领导能力等方面。心理素质的要求通常根据岗位的性质和特点进行定制。例如，经营类职位可能要求员工具备强大的公关能力、市场开发能力和应变能力，而管理职位则可能更注重领导力和决策能力。个性特质如性格、气质和价值观也会被纳入考虑范围，以确保员工能够在特定岗位上有效地发挥作用并融入团队。

7. 经历要求

经历要求是指任职者的工作背景，包括社会工作经验、专业工作经验和管理经验等。社会工作经验指的是任职者在不同工作环境中的所有工作经历。专业工作经验则是指从事相同或相似职位的实际经验。管理经验则涉及在管理岗位上的工作经历。不同职位对这些经历的要求各不相同，例如技术性岗位可能更重视相关的专业经验，而高级管理职位则通常要求有丰富的管理经验。经历要求帮助企业评估应聘者在实际工作中的表现和适应能力，从而做出更合适的人事决策。

8. 道德要求

道德要求是指任职者应具备的职业道德和行为规范。这些要求确保员工在工作中表现出诚信、敬业和尊重等基本职业素养。例如，医生需要具备良好的医德，致力于救死扶伤；教师则应讲求立德树人，以培养学生为主要职责；商人需要保持诚信，以建立良好的商业信誉。良好的职业道德是高效工作的基础，它能够帮助企业建立良好的工作环境，提升员工的工作满意度和企业的整体声誉。

综上所述，工作规范涵盖了从身体素质要求到道德要求的多个方面，这些规范确保了任职者能够胜任其职位并有效地完成工作任务。在实际操作中，企业应根据自身的具体情况和岗位要求，选择适合的工作规范内容，以便招聘到最合适的人才。

9.2.3 工作规范的编写步骤

编写工作规范的过程是系统且细致的，主要包括获取工作信息、综合处理工作信息、编写和完善工作规范三个步骤。

1. 获取工作信息

在开始编写工作规范之前，工作分析人员必须进行全面的工作分析和调查，以确保获得准确和完整的工作信息。这一阶段包括两个主要方面：①分析现有资料和进行交流沟通。首先，对企业现有的相关资料进行分析，这包括职位描述、组织结构图以及以往的工作报告等。其次，与主要管理人员沟通交流，了解各个职位的工作目标、主要职责以及工作流程。②科学运用工作分析方法。采用各种工作分析方法来全面获取职位信息，包括职位的性质、责任大小及资格要求等。这些方法可能包括问卷调查法、访谈法、观察法和工作日志法等。运用这些方法可以系统地收集和记录各个职位的详细信息，为编写工作规范打下基础。

2. 综合处理工作信息

在获取足够的工作信息之后，工作分析人员需要对这些信息进行整理和处理，确保信息的系统性和条理性。具体步骤包括：①信息分类和整理。将收集到的信息按类别进行整理，分门别类地记录各项职责和要求。这样可以避免信息混杂，确保信息的系统性。②层次分解。根据部门职责和工作任务的层次结构，对工作信息进行逐层分解。首先将部门的职责界定清楚，然后将这些职责分解到具体的职位上，明确每个职位的分工关系和流程顺序。③任务分解与职位设置。根据部门任务的数量和工作要求,将工作任务分解到各个职位;确定职位设置,列出每个职位的详细要求和职责,形成初步的工作规范草案。

3. 编写和完善工作规范

工作规范初步形成后,还需要进行细化和修订。这一过程需遵循以下原则:①高层支持和认可。工作规范的编写要得到企业高层的支持和认可。高层的支持不仅能够提供资源和方向,还能增强规范实施的权威性。②员工参与和配合。在编写和修订工作规范时,工作分析人员要充分征求相关员工的意见和建议。员工的参与能够确保工作规范更符合实际操作需求,提高规范的可操作性和员工的认同感。③及时沟通。在整个编写过程中,工作分析人员要与所有涉及的人员保持及时沟通,确保各方对工作规范的内容和要求有明确的理解,并根据反馈进行适当的调整和修改。

9.2.4 编写工作规范的注意事项

1. 结合企业实际情况

工作规范中的任职资格条件必须充分考虑企业的实际情况,包括地理位置、行业特性以及企业规模等因素。这意味着设定的资格条件应与企业的实际运营环境和业务需求相符,避免过度苛求和不切实际的要求。例如,位于偏远地区的小型企业可能对候选人的地理适应性有更多的要求,而国际化大企业则可能注重跨文化沟通能力和国际业务经验。因此,工作规范的编写应具备灵活性,能够根据企业的实际需求进行调整,以确保其合理性和实用性。

2. 以工作描述为依据

工作规范的编写必须以详细的工作描述为基础。资格条件应直接与工作描述中的任务和职责相关联,以确保这些要求能有效支持岗位职责的顺利完成。工作描述涵盖了职位的主要职责、工作内容、所需技能和知识等方面,工作规范中的资格条件应基于这些信息。例如,对于需要在高噪声环境下操作机器的纺织车间工人,工作规范应包括对身体健康的要求,如无心脏病或高血压等,以确保员工能够在这种特殊环境下正常工作。

3. 遵守法律法规

编写工作规范必须严格遵守国家及地区的法律法规。工作规范中的任职资格条件应合法合理,绝不能涉及种族、宗教、性别、年龄、身体残疾等方面的歧视。所有规定必须符合国家的平等就业法律,以避免法律风险和社会责任。例如,招聘广告和工作规范中不应包含任何可能导致歧视的要求或语言。这不仅是合法合规的要求,也有助于建立公正、包容的企业文化,从而吸引更多优质的候选人。

总的来说,编写工作规范是一项需要细致考量的工作,它要求结合企业实际情况,依托工作描述,并严格遵守相关法律法规,这样编写出的工作规范才能既符合实际需求,又合法合规,从而有效地支持企业的人力资源管理和招聘工作。

9.2.5 工作规范编写举例

表9-5是某企业财务经理的工作规范。

表 9-5 某企业财务经理工作规范表

职位名称	财务经理	职位代码	×××	所属部门	财务部
职系		职等职级		直属上级	财务总监
薪金标准		填写日期		核准人	

职位概要： 主持公司财务预决算、财务核算、会计监督和财务管理工作；组织协调、指导监督财务部日常管理工作，监督执行财务计划，完成公司财务目标。

工作内容：
1. 根据集团公司中、长期经营计划，组织编制集团年度综合财务计划和控制标准；
2. 建立、健全财务管理体系，对财务部门的日常管理、年度预算、资金运作等进行总体控制；
3. 主持财务报表及财务预决算的编制工作，为公司决策提供及时有效的财务分析，保证财务信息对外披露的正常进行，有效监督检查财务制度、预算的执行情况以及进行适当的调整；
4. 对公司税收进行整体筹划与管理，按时完成税务申报以及年度审计工作；
5. 比较精确地监控和预测现金流量，确定和监控公司负债和资本的合理结构，统筹管理和运作公司资金并对其进行有效的风险控制；
6. 对公司重大的投资、融资、并购等经营活动提供建议和决策支持，参与风险评估、指导、跟踪和控制；
7. 参与确定公司的股利政策，促进与投资者的沟通顺畅，保证股东利益的最大化；
8. 与财政、税务、银行、证券等相关部门及会计师事务所等相关中介机构建立并保持良好的关系；
9. 向上级主管汇报公司经营状况、经营成果、财务收支及计划的具体情况，为集团高级管理人员提供财务分析，提出有益的建议。

任职资格：

教育背景：会计、财务或相关专业本科及以上学历。

培训经历：受过管理学、战略管理、管理能力开发、企业运营流程、财务管理等方面的培训，5 年以上跨国企业或大型企业集团财务管理工作经验，有跨行业财务工作经历者优先考虑。

技能技巧：
1. 具有全面的财务专业知识、账务处理及财务管理经验；
2. 精通国家财税法律规范，具备优秀的职业判断能力和丰富的财会项目分析处理经验；
3. 擅长资本运作，有证券融资以及兼并收购的实际经验和综合投融资方案设计能力，并有多次投融资成功经验；
4. 谙熟国际和国内会计准则以及相关的财务、税务、审计法规、政策；
5. 熟悉境内外上市公司财务规则，从事过兼并、重组、上市等相关项目的具体实施；
6. 有良好的中英文口头及书面表达能力。

态度：
1. 为人正直、责任心强、作风严谨、工作仔细认真；
2. 有较强的沟通协调能力；
3. 有良好的纪律性、团队合作以及开拓创新精神。

工作条件：

工作场所：办公室

环境状况：舒适

危险性：基本无危险，无职业病危险

直接下属_____ 间接下属_____
晋升方向_____ 轮转岗位_____

资料来源：任正臣.工作分析[M].2 版.南京：江苏凤凰科学技术出版社，2020.

9.3 工作说明书

工作说明书在内容上包含工作描述和工作规范两个关键部分。这两个部分并非独立存在,而是紧密关联,共同形成了一个全面的系统。在实际编制工作说明书时,工作描述和工作规范可以分别列出,也可以合并为一份综合性的工作说明书。本节将详细介绍工作说明书的编制过程,并分析在编制过程中可能面临的主要问题。

9.3.1 工作说明书的概念

工作说明书是一份详细描述某职位工作内容的文件。它阐明了该职位的具体工作任务、执行方式以及工作条件等信息。工作说明书通常分为工作描述和工作规范两个部分。工作描述主要说明职位的工作任务和职责,回答工作任职者实际做什么、如何做以及在什么条件下做的问题;工作规范则是设定了完成这些任务所需的身体素质、学历、技能、知识、道德标准以及工作经历等要求。因此,工作描述回答了工作主要做什么的问题,而工作规范回答了由什么样的人来做的问题。

一份完善的工作说明书可以有效地明确职位的职责,使绩效标准的制定更加清晰,并帮助制定合理的招聘标准,例如所需的技能、经验和知识。通过这份说明书,企业可以更有效地匹配适合的候选人到合适的职位上。此外,工作说明书还对员工的培训和教育要求、薪酬制度的制定起着重要作用。

9.3.2 工作说明书在人力资源管理中的应用

工作说明书在人力资源管理中发挥着核心作用,其应用涉及人力资源管理的多个方面。以下是对工作说明书在九个关键人力资源管理活动中应用的详细描述。

1. 建立和健全人力资源管理制度

工作说明书为企业建立和完善人力资源管理制度提供了翔实的数据支持和理论依据。通过明确职位的具体职责和要求,工作说明书帮助企业制定科学、合理的管理政策。它将工作任务、职责和期望标准明晰化,使员工对自己的角色有清晰的理解,从而减少了角色混淆和内部冲突。人力资源部门可以利用这些信息制定各种规章制度,如考勤管理、请假流程、晋升规则等,确保这些制度既符合实际操作需求,又能得到员工的广泛认同和支持。

2. 人力资源规划

工作说明书在制定人力资源规划时具有不可或缺的作用。它提供了职位的详细描述,包括所需的技能、经验和职责等,是企业能够准确预测未来人才需求的重要前提。随着企业发展战略的调整,企业可能会出现职位的增减、职责的变更以及人员需求的变化。工作说明书可以帮助企业动态调整人力资源规划,及时了解这些变化,从而有效地进行人才供给和需求预测。通过这种方式,企业能够确保在人才资源的配置上既有前瞻性,也具备实际操作的灵活性,支持企业的长期发展战略。

3. 定编定员

定编定员过程需要建立在对职位详细了解的基础上,工作说明书为此提供了必要的信息支持。它将企业内部的职位进行系统化的划分和分类，为企业确定职位数量和进行人员配置提供了依据。通过工作说明书，企业可以对各个职位的性质、难度和职责进行详细分析，并将职位分为不同等级，制定相应的人员编制标准。这种分类和等级划分帮助企业更好地管理职位结构，确保职位设置与实际需求相匹配，从而优化内部资源配置，提高组织的运作效率和灵活性。

4. 人员招聘和配置

在人员招聘和配置过程中，工作说明书提供了详细的职位要求，包括必要的学历、经验、技能和其他资格条件。这些信息可以帮助企业制定精准的招聘广告和筛选标准，提高招聘的有效性和效率。招聘时以工作说明书作为标准，确保了所选候选人能够满足职位的要求，从而降低招聘风险，减少用人成本。同时，明确的职位要求提高了员工与岗位的匹配度，避免了"大材小用"或"小材大用"的情况，有效地实现了资源的合理配置。

5. 制定绩效考核标准

绩效考核是企业管理中关键的环节，而工作说明书为绩效考核提供了明确的基础。工作说明书清楚地描述了每个职位的职责和期望，绩效考核标准可以基于这些描述设定，从而确保考核的客观性和准确性。明确的岗位职责帮助企业制定具体的绩效指标，使考核过程更具透明度和公正性，减少了主观性和随意性。这样的绩效标准有助于减少考核过程中可能出现的争议和摩擦，提高了绩效管理的科学性和有效性。

6. 建立合理的企业薪酬体系

建立薪酬体系时，工作说明书是基础工具，它提供了职位的复杂程度、责任大小和所需能力等信息，这些信息对于工作评价至关重要。通过对职位的详细描述，企业能够进行科学的工作评价，确定各职位的相对价值。薪酬体系的设计必须基于这些评价结果，以确保薪酬结构的公平性和合理性。合理的薪酬体系不仅可以反映工作价值，还能提高员工的满意度和留任率。

7. 为员工培训提供标准

员工培训的效果往往取决于培训的目标和内容，工作说明书在这方面发挥着重要作用。它详细列出了完成职位所需的知识和技能，为培训计划的制订提供了依据。通过分析工作说明书，企业可以识别员工的培训需求，制订有针对性的培训方案，避免培训的盲目性和资源浪费。

8. 进行工作设计和再设计

在工作设计和再设计的过程中，工作说明书提供了宝贵的信息资源。它不仅揭示了当前职位的工作状态，还分析了现有工作内容的合理性。企业可以利用这些信息进行新职位的设计，或对现有职位进行再设计，包括优化组织结构、改进工作流程、改善工作环境、提高员工参与感等。

9. 职业生涯管理

工作说明书帮助企业和员工明确职位之间的关系和晋升路径，形成基于职位的职业生涯发展通道。通过描述职位的职责和发展机会，工作说明书为员工的职业规划提供了明确的方向和标准。它不仅提高了员工对职业发展的预期，还增强了员工的职业动机和满意度。此外，明确的职业生涯路径有助于企业制定合理的晋升政策，提升员工的忠诚度和长期承诺。

因此，工作说明书在各个方面的应用为企业提供了系统化的管理工具，提升了人力资源管理的科学性和效率。有效地应用工作说明书,能够帮助企业优化资源配置、提高工作绩效、提升员工满意度,支持企业实现战略目标和长期发展。

9.3.3 工作说明书的内容

工作说明书的内容主要涵盖两个方面:一是对工作岗位本身的详细分析,包括岗位的目的、职责和任务,以及该岗位与其他岗位的关系;二是对岗位任职资格的研究,即能胜任该岗位的人员所需的条件和资格,如工作经验、学历、能力特征等。

从具体项目要求来看,工作说明书的内容包括必备核心项目和可选项目。由于工作分析是员工招聘、培训、绩效评估和薪酬设计等人力资源管理活动的基础,因此在时间、成本等条件允许的情况下,工作说明书应尽量编写详尽且全面。否则,在实际运用中,每当需要时可能都要重新进行工作分析并编写新的说明书,这不仅会消耗大量的时间、精力和资源,还会对人力资源管理造成困扰。

如果时间、人力、财力等方面有限制,企业可以根据实际需求对工作说明书的内容进行选择和取舍。通常情况下,工作标识、工作概要、工作职责和工作关系是任何一份工作说明书的核心内容,而其他内容则可以根据工作分析目标进行选择性编写。表9-6列出了工作分析的直接目标与工作说明书所需包含内容的对应关系。

表9-6 工作分析的直接目标与工作说明书内容的对应关系

说明书内容	工作分析的直接目标				
	组织优化	招聘甄选	培训与开发	绩效考核	薪酬管理
工作标识	★	★	★	★	★
工作概要	★	★	★	★	★
工作职责	★	★	★	★	★
工作关系	★	★	★	★	★
工作权限	★				
责任细分(履行程序)	★				
工作范围					★
职责的量化信息	★		★		
业绩标准				★	
工作条件					★
工作压力因素					★
工作特点与领域		★			
任职资格		★	★		★

资料来源:任正臣.工作分析[M].2版.南京:江苏凤凰科学技术出版社,2020.

9.3.4 工作说明书的编制规范

工作说明书的编制,是将工作分析结果(包括工作描述和工作规范)整合为企业正式文本的过程。此文件有助于设计企业管理架构,并为人力资源管理活动提供依据。值得注意的是,工作说明书的编制没有固定模式,企业可根据需求决定内容详简。由于工作说明书从"事"和"人"两个方面考虑人力资源管理,因此在编制过程中需要遵循一定规范。

1. 准确与清晰

工作说明书应当详细而准确地描述岗位的工作情况,包括职责、任务和工作环境等方面的信息。描述语言应尽量简明、直接,使用现代时态,让人一目了然。这要求每个岗位都有独立的说明书,避免千篇一律的内容,确保每个岗位的独特性和准确性。具体的要求如下:①描述清晰。描述工作内容,要避免含糊不清的语言,确保每一句话都明确表达岗位的职责和任务。②具体的任务。任务描述应具体到操作层面,如"操作某种设备"而不是"进行设备操作",避免使用模糊词汇。③明确的职责范围。每个岗位的职责范围应清楚地划定,避免职责重叠或不明确,确保岗位职责的独立性。④避免主观评价。工作说明书中应避免使用主观评价或感性描述,所有内容均应基于事实,确保描述的客观性和准确性。

2. 逻辑合理

在工作说明书中,职责和任务的排列应遵循一定的逻辑顺序,通常按职责的重要程度和所需时间来排列。这种逻辑编排有助于使用者理解和使用说明书,确保工作职责的清晰分布。具体要点包括:①职责排序。职责根据重要性和所需时间排列,确保最重要和时间消耗最多的职责排在前面。②层次分明。职责和任务的描述应有层次感,先概述主要职责,再细分具体任务,形成一个清晰的职责体系。③关联性。职责描述应体现出岗位与其他岗位的关联性,确保工作流程的连贯性和协调性。

3. 简明易懂

工作说明书应简明扼要,以确保易读性和易理解性。描述应避免过于复杂和冗长,确保所有员工都能读懂,而不仅仅是专业技术人员。具体要求包括:①语言简洁。工作说明书要使用简洁明了的语言,避免长句和复杂的词汇,确保信息传达的清晰性和准确性。②表达通俗。专业术语要转化为通俗易懂的语言,使非专业人员也能理解岗位的工作内容和要求。③要点突出。编制工作说明书要抓住岗位的核心职责和要求,主要职责不超过十项,确保描述的重点突出以及信息传达的有效性。

4. 具体而实用

工作说明书应具体描述岗位的工作内容和要求,使用具体动词和实用信息,以便于实际操作和执行。具体要求包括:①使用具体动词。使用"安装""加工""分析"等具体动词,明确岗位的具体工作内容和操作要求。②标注频率。标注各项职责的出现频率或在总职责中所占的百分比,突出职责的重要程度和实际工作量。③提供实用信息。提供岗位实际操作中所需的技能、知识和工具,确保工作说明书的实用性和可操作性。

5. 完整和细致

工作说明书应尽可能完整和细致,确保涵盖岗位的所有关键信息。具体要求包括:①全面参与。在编制过程中,任职者、主管领导、专家和人力资源管理人员要全方位参与,确保内容的全面性和准确性。②细致描述。对岗位职责、工作环境、任职要求等的描述要细致,避免内容过于简略或片面,确保信息的完整性。③避免主观性。工作描述和任职资格要具有客观性,避免主观性和片面性,确保描述的公正性和准确性。

6. 动态统一

工作说明书的编制和管理应具有动态性,能够随着行业发展和企业变革及时更新。同时,工作说明书应在格式和内容上保持统一。具体要求包括:①动态管理。企业要建立工作说明书的动态管理机制,由专人负责定期更新,确保工作说明书内容的时效性和准确性。②统一格式。工作说明书应采用统一的格式和标准,确保企业内部各岗位说明书的一致性和协调性。③适时调整。企业要根据工作分析的目的和企业实际需求,对工作说明书的内容进行适时调整,确保内容的适应性和实用性。

通过遵循上述六个规范,企业可以编制出准确清晰、逻辑合理、简明易懂、具体实用、完整细致、动态统一的工作说明书,为招聘、培训、薪酬核定、绩效考评等各项人力资源管理活动提供坚实的基础和科学依据。

9.3.5 工作说明书的修改

工作说明书的修改是一个细致而全面的过程,旨在确保工作说明书准确反映岗位实际情况。这个过程不仅需要对初步拟订的内容进行仔细审核,还要进行全面的对比分析,并根据实际情况进行必要的调整和修改。

1. 审核与对比

工作分析小组首先对拟订的工作说明书进行详细审核。审核内容包括岗位职责、工作任务、任职资格等方面。通过审核,工作分析小组可以发现工作说明书中可能存在的描述不准确、不完整或不清晰的地方,然后将工作说明书与实际的工作情况进行详细对比,找出其中的差异和不足之处。这个过程不仅需要工作分析小组的参与,还需要相关岗位员工和其直接主管的反馈,以确保工作说明书的内容与实际工作相符。

2. 反馈与调查

在审核与对比的过程中,收集相关人员的反馈意见非常重要。这些反馈意见可以来自岗位员工、部门主管以及其他与该岗位相关的人员。他们的实际工作经验和观点可以帮助工作分析小组更好地理解岗位的具体要求和特点。根据这些反馈意见,工作分析小组决定是否需要进行再次调查研究,以获取更详细和准确的信息。再次调查研究过程可运用访谈法、问卷调查法、观察法等方法,以确保获得的信息全面、真实。

3. 修改与调整

根据收集到的反馈意见和调查结果,工作分析小组对工作说明书进行必要的修改和调整。这个过程需要仔细分析反馈意见,识别出哪些是合理的改进建议,并进行实际的修改。修改的内容可能包括对岗位职责的重新定义、工作任务的具体化、任职资格的调整等。修改过程中要注意保持工作说明书的逻辑性和一致性,确保其能够清晰、准确地反映岗位的实际情况。

4. 汇总与汇报

在完成修改与调整工作后,工作分析小组将所有工作说明书汇总,并向领导小组汇报。领导小组可以对修改后的工作说明书进行最终审查和确认。如果领导小组认为有必要,还可以对工作说明书进行个别调整和修正,以确保其完全符合企业的要求和标准。

5. 编辑与存档

工作说明书的内容最终确定后,即可进行编辑整理,并进行规范化的存档管理。存档后的工作说明书不仅可以作为人力资源管理的重要参考文件,还可以在未来需要时随时调用。编辑和存档过程需要确保工作说明书格式统一、内容完整,并方便查阅和更新。

通过以上步骤,企业可以确保工作说明书的内容与实际工作情况保持一致,减少企业内各工作之间互相推诿和扯皮的现象。同时,这也有助于改进工作方法,为人员招聘、培训、任用、提升、调动、评价等人力资源管理活动提供可靠依据。

9.3.6 工作说明书的动态调整

工作说明书的动态调整是确保其长期有效和实用的重要手段。虽然工作说明书的编写完成标志着工作分析的阶段性结束,但它并不是一成不变的。随着企业的不断发展和变化,工作说明书需要进行动态调整以保持其有效性和实用性。

(1)反馈调整。在实际使用过程中,使用者可能会发现工作说明书中不适应的部分,企业应根据他们的反馈意见修改工作说明书,以提高其适用性。比如,员工在实际工作中可能发现某些职责描述过于笼统或不准确,对工作说明书进行修改可以解决这些问题,确保其更加贴近实际工作需求。

(2)环境变化。企业内部和外部环境的变化会直接影响岗位职责和工作任务的内容。随着企业规模的扩大、新技术的引入、市场需求的变化等,原有的工作任务可能会消失,而新的任务则会产生,现有职位的性质、内涵和外延都会发生变化。工作说明书需要及时调整来反映这些变化,以保持其对实际工作的指导性和参考性。

(3)组织结构变化。随着组织结构的扁平化,团队协作成为主要工作方式。团队成员之间职责不再分明,而是共同负责企业绩效。因此,工作说明书需要动态调整,以适应团队工作模式的需求。动态调整的工作说明书能够较好地满足团队"无边界工作"和"无边界组织"特征的需求,因为工作说明书中工作任务的性质以及任职者所需的能力、技术、知识、经验等一般不需要调整,而任职者的责任范围则随着实际情况需要不断重新划分。

综上所述,只有对工作说明书进行合理运用和动态调整,才能充分发挥其价值。企业在使用工作说明书时,应不断收集反馈意见,及时进行调整和完善,以保持其有效性和适应性。

9.3.7 工作说明书编制的注意事项

在编制工作说明书时,工作分析小组及人力资源管理部门需要注意以下几点。

1. 对工作分析的结果取得一致认同

工作说明书的编制以工作分析为基础,工作说明书是工作分析的结果,是将工作分析所获得的结论按照一定逻辑顺序整理形成的书面文件。因此,编制工作说明书前,要进行详细的工作分析和调查,了解每个职位的工作任务、目标、条件、上下级关系、任职资格等。在此基础上,工作分析小组对工作分析调查获得的结果进行统计、审核、分析与评估,尤其是在对同一职位的调查存在较大差异时,应对有关项目进行商议,达到意见统一,确保工作说明书内容准确、全面,为后续工作奠定基础。

2. 定位清晰,高层认同

编制工作说明书时,定位应明确,即工作说明书是描述现状还是未来状态,要回答工作职责"是什么"还是"应是什么"的问题。若是为解决"应是什么"的问题,在界定职责时需调整现存的职责交叉、职权不明或职责划分不合理的现象,这可能导致部分员工职责和权限变动,招致抵制。因此,工作分析小组或人力资源管理部门应与高层领导深入讨论,明确规范职责的意义,明确工作说明书的定位,并取得领导对职责变更的理解和支持。在实施过程中,高层领导应率先树立岗位责任意识,对各项工作实行归口管理,以提高工作说明书的权威性,并营造良好的岗位责任氛围。

3. 格式统一,用语准确,内容得当

在工作说明书编制的具体格式上,企业应按照实际情况,选择统一基本的格式,要注意整体的协调性,做到美观大方。语言要做到简明、直接、表意精确,不能含糊其词,更不能有歧义,避免使用过于专业的术语,确保所有员工都能理解,提高工作说明书的可读性,同时有效减少因理解偏差引起的执行问题。内容应详细描述岗位的主要职责、工作任务、工作环境、工作关系、任职资格等,确保员工能够全面了解岗位要求,并准确执行,确保内容的实用性、条理性和逻辑性。

4. 及时沟通

工作说明书的编制最好在固定办公地点由工作分析小组成员统一进行,以便及时沟通讨论。每个成员侧重编制熟悉的部门或职位的工作说明书,或所有成员同时编制一个部门所有职位的工作说明书。编制过程中,可借调熟悉该部门情况的人员参加,客观分析和评价职位。完成一个部门的工作说明书后,再进行下一个部门工作说明书的编制。工作分析小组定期进行全组成员沟通,及时纠正偏差,形成统一编制风格。每个成员应及时与相关部门主管及职位工作人员沟通,使工作说明书尽可能与实际情况相符,并取得理解和认同,确保内容准确反映实际工作情况,得到岗位员工的认可和支持。

这些注意事项不仅有助于提高工作说明书的质量和实用性,还能为企业人力资源管理活动提供坚实的基础。

9.3.8 工作说明书编制中存在的问题和误区

许多企业在完成工作说明书编制后发现,工作说明书的规范和约束作用对提高人力资源管理成效的积极影响并未达到预期效果,主要原因在于编制过程中常出现一些问题和误区。

1. 编制工作说明书中的常见问题

1) 岗位职责界定不明确

现实中很多企业存在岗位职责不清晰、任务分配随意、责任推诿等管理问题。工作说明书的编制应当超越简单的任务描述,而是通过系统的工作分析,明确岗位的职责和权限,以规范工作流程,实现科学管理。具体来说,编制前只有深入开展工作分析,详细了解每个岗位的工作任务、目标、工作条件、上下级关系及任职资格等因素,才能确保岗位职责的明确性与合理性,避免职责不清导致的管理混乱。

界定岗位职责时,首先要明确部门的整体职责,因为岗位职责是部门职责的分解。在编写部门职责时,应分析部门的工作任务、流程和职责分工,确保部门内每个岗位的职责都得以明确,并采用工作流程图找出工作流程及岗位间的衔接关系,帮助解决职责交叉的问题。职责交叉现象需具体问题具体分析,避免简单化处理,确保每个岗位员工都能清晰地理解自身的职责和权限。

根据部门职责、任务量和工作要求,将部门职责、工作任务分解到部门的各岗位,确定部门的岗位设置和人员安排,并明确各岗位的岗位职责及各岗位间的分工关系。如果某项工作任务由多个岗位共同承担,需要准确描述各岗位在这一工作中承担的责任。这一过程也可作为企业定员定编的依据。

2)岗位职责描述不规范,用语不准确

岗位职责的描述应该准确、清晰,并真实地反映岗位的责任、权限和工作目标。然而,很多企业在描述时用语模糊,如"负责""管理",这导致岗位职责的描述过于笼统,无法有效传达实际要求。理想的岗位职责描述应采用"动词+宾语+结果"的格式,明确描述任务内容及实现的目标。例如,人力资源部经理的职责可以描述为"负责组织制定人力资源战略,确保公司的发展战略得到有效支持"。这样的描述不仅明确了任务,还指明了预期结果,使岗位职责更加清晰可操作。

3)宣传不到位,员工不理解

工作说明书的目的是帮助员工明确自己的工作责任、岗位作用以及企业的要求。在编制过程中,企业应充分与员工沟通,确保他们理解工作说明书的意义和内容。然而,许多企业在工作说明书编制完成后,未对员工进行充分宣传和解释,导致员工不了解工作说明书的作用,甚至误解为对自身工作的限制。特别是对于任职资格的界定可能引发员工的担忧和抵触情绪。企业应在工作说明书编制过程中做好宣传和解释工作,消除员工的顾虑,确保工作的顺利实施。

4)定位不明晰,高层不认同

工作说明书编制需要明确目标,是描述当前岗位的实际情况,还是预期的岗位状态,即岗位职责"是什么"和"应是什么"的问题。如果工作说明书的编制解决的是"应是什么"的问题,将涉及岗位职责的调整,可能会引起员工的抵制和反对。因此,在编制工作说明书之前,工作分析小组应与高层领导讨论,明确说明书的定位和目的,获得高层的支持和理解。在工作说明书实施过程中,高层领导应积极推动岗位责任的落实,并通过实际行动体现岗位管理的价值,以帮助各级员工理解和执行新的工作规范。

5)工作说明书修订不及时,缺乏实用性

随着企业的不断发展和市场环境的变化,岗位职责和工作内容也发生变化,需要调整。工作说明书应定期修订,以保持其与实际工作的相关性。通常情况下,工作说明书每1~2年应进行一次修订,而在重大组织变革或战略调整时,更需要及时更新。然而,许多企业在修订工作说明书时缺乏动态调整的机制,导致工作说明书内容过时或不适用。企业应建立动态管理制度,确保工作说明书能够及时反映企业实际情况,并由专人负责管理和更新,以提高其实用性和有效性。

6)工作规范与工作描述缺乏联系

工作说明书的工作规范部分以工作描述部分为基础,但在实际编制中,很多企业忽视了两者之间的内在联系。工作规范的制定应充分考虑工作描述中提到的职责和要求,而不是以主观经验或现有岗位人员情况为依据。科学合理的工作规范应建立在对工作职责、工作设备、工作环境等因素的认真分析基础上。例如,在招聘时应根据工作职责合理拟定任职资格,而不是单纯追求名校、高学历等条件。这样可以保证工作说明书的实际应用效果,提升招聘和员工管理的科学性。

2. 编制工作说明书中的主要误区

规范的工作说明书是企业人力资源管理活动的重要依据,但其实用性受到企业在编制工作说明书时存在的误区的影响。

1) 仅为岗位评估服务

工作说明书确实是岗位评估的重要依据,但其功能远不止于此。它还为招聘、晋升、培训等人力资源管理环节提供基础信息。企业应将工作说明书作为招聘广告、晋升标准、培训计划等的基础,保证人力资源管理的各个环节都建立在完整和准确的岗位信息之上。

2) 描述的是"现在做的",不是"应该做的"

在编制工作说明书时,往往会参照当前员工的实际工作,这容易导致工作说明书描述的是现状而非岗位应有的职责和要求。工作说明书的编制应侧重于岗位的实际职责和预期目标,而不是当前员工的工作方式,确保描述的内容能够适用于所有岗位任职者。

3) 以"优秀员工"的标准为基准

工作说明书不应仅以优秀员工的标准为基准,而应确保符合岗位的实际要求。企业应设计合理的岗位要求,适合大多数符合基本条件的员工,而不是仅针对个别优秀员工的高标准。这样可以避免招聘难度过大或对员工期望过高,从而更好地适应岗位的实际需求。

4) 有了说明书就能顺利工作

工作说明书提供了岗位职责和任务的概述,但并不包括具体的操作方法、时间安排和执行细节。员工在履行工作说明书中的职责时,还需了解岗位的管理制度、流程节点及作业指导书,并在实际工作中根据这些信息进行操作。工作说明书应作为员工工作的指导工具,而具体的操作细节则需通过其他管理文件和实际工作经验来补充。

5) 由上一级主管完成

编制工作说明书的过程应涉及上下级的协作。下级员工提供实际工作信息,上级主管进行审核和修改。这种协作方式可以确保岗位职责描述的准确性,并避免由上级主管单独完成的情况。工作说明书的编制和修订工作应由上级主管和人力资源部门共同负责,以确保其全面性和实用性。

9.3.9 工作说明书编制举例

工作说明书的格式多样,编制关键在于使用统一格式,以准确、简洁的语言表述工作描述和工作规范的全部或主要内容,从而形成规范、准确、便于使用的管理文件。

编制工作说明书一般采用表格和叙述两种形式。表格形式简洁明了,便于快速查阅和比较不同职位的要求,而叙述形式详细描述职位的各方面信息,适用于需要更全面了解职位的情况。企业可以合理使用这两种形式,使工作说明书清晰、易用,为人力资源管理活动提供可靠依据。下面将分别举例加以说明。

1. 表格形式的工作说明书

(1) 总经理的工作说明书,如表 9-7 所示。

表9-7 总经理的工作说明书范例

单位名称			
岗位名称	总经理	直接上级	
直接下级	人力资源部经理、财务部经理、质量部经理、生产副总、商务副总等	下级人数	
工作职责	组织分析企业的战略环境,在企业战略的指导下制订经营计划并组织计划的实施,对经营活动的过程和结果负责		
工作内容	1. 战略规划及制度管理 ①遵守国家法律法规的有关规定,主持企业的经营管理工作; ②组织分析、研究企业所处的外部环境和内部条件,监督、指导行政部制定企业的战略规划和战略目标; ③审批、完善企业的各项管理制度,保证企业的管理体系科学、有效、高速地运行。 2. 组织结构及业务流程 ①组织拟订企业内部管理机构设置方案,并组织实施; ②组织拟订企业各项业务开展所应遵循的标准业务流程,并监督执行; ③对各职能部门的设立、合并、撤销、变更提出建议。 3. 年度经营计划 ①组织拟订企业的年度经营计划,并组织实施; ②分解和下达企业的年度经营计划; ③督导各项经营目标的完成进展,并随时给予下属方向性、指导性意见。 4. 财务管理 ①组织进行企业重大投资项目的可行性论证,以及组织制订企业的重大投资项目计划和融资方案,并督导计划及方案的实施; ②监控企业资金的筹集、调配及使用,督导对企业新开发项目进行投资风险、资金保障等方面的分析,掌握企业的经济运行状况、财务状况; ③审批各项财务支出。 5. 人力资源管理 ①拟订企业高层人员配置方案,批准下属部门中层管理人员聘任方案; ②审批企业年度人员编制计划及薪酬方案; ③定期听取直接下级的工作述职,并对其工作业绩进行考核评定。 6. 质量管理 ①负责组织建立、健全企业的质量管理体系,并领导企业产品的全面质量管理工作; ②负责组织制订企业的年度质量计划,建立、健全质量指标考核体系,并监督检查质量成本统计、分析与控制及质量管理制度的执行情况。 7. 技术管理 ①负责组织建立、健全企业的技术管理体系,审批新产品开发申请; ②组织重大技术改造项目的论证,并就质量难题进行技术攻关; ③审批企业的模具设计、采购及验收方案。 8. 生产及采购管理 审批企业的年度生产、采购计划及采购资金预算,并对计划的实施情况进行监督和考核。		

续表

工作内容	9. 商务管理 ①负责组织制定企业的营销策略及发展规划，审批企业的年度销售目标及销售计划，并对计划的实施情况进行监督和考核； ②监控商务部应收账款的回收工作，审批各项销售费用，控制销售费用开支； ③定期听取商务副总的工作述职，并对其工作业绩进行考核评定。 10. 企业文化与公共关系 ①培育和发展品牌，依据企业的经营方针、战略决定企业文化及形象宣传的基调与主题，塑造良好的企业形象； ②代表企业对外开展商务活动，与政府有关部门和社会团体、机构建立和保持良好的合作关系。 11. 事务管理 ①代表企业签署各种合同、协议，签发企业的日常行政、业务文件； ②主持总经理办公例会，召集下属参加企业的重要专题会议； ③巡视、监督、检查和推动企业各部门的工作； ④在必要的情况下对下级进行授权； ⑤指导、协调企业各职能部门的工作，及时对直接下级的工作争议做出裁决。 12. 其他职责 履行企业章程规定的其他职责。
权限	①企业中层管理人员的聘任及解聘权； ②下属部门及负责人业绩的考核权； ③直接下级奖惩的决定权； ④财务规定的资金使用及审批权； ⑤董事会规定的其他权限。
责任	①对企业经营计划的完成负责； ②对企业内部管理的有效性负责； ③对企业的品牌塑造负责； ④对企业中层管理人员的人事决策风险负责； ⑤企业章程中规定的其他责任。

任职资格				
	性别	不限	年龄	35岁以上
	学历	本科及以上	专业	企业管理、市场营销、财务管理等
	经验	8年以上企业管理工作经验，在生产制造企业中从事管理工作并担任高层管理者5年以上，具备现代企业管理的先进理念		
	知识	熟悉生产管理、人力资源管理、财务管理相关的专业知识，了解行业动态、国家相关政策		
	技能	具有较强的领导能力、谈判能力、判断能力、协调沟通能力、应变能力、开拓创新能力,熟悉工业企业管理及管理现代化方法等知识		
	职业道德	诚信、廉洁、敬业、严谨、执着坚韧、事业心强、能严守企业的秘密		

资料来源：葛玉辉. 工作分析[M]. 北京：电子工业出版社，2020.

(2) 人力资源管理部经理的工作说明书,如表 9-8 所示。

表 9-8 人力资源管理部经理的工作说明书范例

工作名称	人力资源管理经理	所属部门	人力资源管理部	工作编号	020201
直接工作上级		行政副总经理		工资等级	
工作目的:全面负责公司的人力资源管理工作					
工作要求:工作细致、服务意识强					
工作职责: 1. 编写、执行公司的人力资源管理规划; 2. 招聘:负责制定招聘程序、组织社会和学校招聘、安排面试和综合素质测试; 3. 绩效考核:负责制定考核政策、考核文件,进行考核沟通,并负责不合格员工的辞退工作; 4. 激励与报酬:负责制定薪酬、晋升政策,组织提薪、晋升评审; 5. 福利:负责制定福利政策,办理社会保险与福利; 6. 人事关系:办理员工各种人事关系转移,办理职称评定手续; 7. 培训:组织员工岗前培训,协助办理培训进修手续; 8. 与员工积极沟通,了解员工工作、生活情况。					
衡量标准: 1. 工作报告的完整性; 2. 公司其他员工对人力资源管理部工作的反馈意见。					
工作难点:如何更好地为员工服务					
工作禁忌:服务意识差、行动迟缓					
职业发展道路: 可转换的职位:行政部助理　　　　可升迁的职位:行政副总裁					
任职资格: 1. 工作经验:5 年以上管理类工作经验; 2. 专业背景要求:曾从事人力资源管理工作 2 年以上; 3. 学历要求:本科及以上; 4. 年龄要求:30 岁以上; 5. 个人素质:积极热情、善于与人交往、待人公平。					

资料来源:任正臣. 工作分析[M]. 2 版. 南京:江苏凤凰科学技术出版社,2020.

2. 叙述形式的工作说明书

表 9-9 为某公司招聘专员的叙述形式工作说明书范例。

表9-9 招聘专员的工作说明书范例

所属部门:人力资源部
直接上级:人力资源部经理
工作等级:9~12

1. 工作职责:
   在人力资源部经理指示下,制订和执行企业的招聘计划,制定、完善和监督执行企业的招聘制度,安排应聘人员的面试工作等,为企业招聘优秀、适合的人才。具体包括:
   (1)根据企业发展情况,提出人员招聘计划;
   (2)执行企业招聘计划;
   (3)制定、完善和监督执行企业的招聘制度;
   (4)制订面试工作流程;
   (5)安排应聘人员的面试工作;
   (6)进行应聘人员材料管理;
   (7)进行应聘人员材料、证件的鉴别;
   (8)负责建立企业人才库;
   (9)完成直属上司交办的所有工作任务。
2. 工作衡量标准:
   (1)上交的报表和报告的时效性和建设性;
   (2)工作档案的完整性;
   (3)应聘人员材料的完整性。
3. 任职资格:
   (1)工作经验:3年以上大型企业工作经验;
   (2)专业背景要求:曾从事人事招聘工作2年以上;
   (3)学历要求:本科,大专以上需从事专业3年以上;
   (4)年龄要求:25岁以上;
   (5)英语水平:达到大学英语四级水平;
   (6)计算机水平:熟悉使用Windows和MS Office系列软件;
   (7)个人素质:独立工作能力强,工作认真,责任心强,善于表达。
4. 职业发展道路:招聘经理→人力资源部经理。
5. 工作情况:规定工作时间,早晨8:30至下午5:00,每周5天。
6. 其他要求:能够随时准备出差,不可请1个月以上的假期。

资料来源:龚尚猛,宋相鑫.工作分析:理论、方法及运用[M].4版.上海:上海财经大学出版社,2020.

本章小结

工作说明书是工作分析的产物,旨在以标准化的格式详细描述特定职位的工作内容及所需资格。工作说明书包括工作描述和工作规范两个主要部分。工作描述是以书面形式规范化地呈现岗位的各项工作特征,包括工作性质、任务、职责、工作关系以及工作环境等的正式文件。工作描述详细描述了岗位的基本要求和工作内容,帮助明确每个岗位的功能和责任。工作规范是指任职者胜任该岗位需要具备的资格和条件,包括必要的教育背景、工作经验、技能特征等。工作规范确保了任职者具备完成工作任务所需的能力和知识。这两部分内容并不是简单地排列在一起,而是紧密相关,共同构成一个系统化的整体。工作描述和工作规范相辅相成,确保岗位职责和资格要求得到全面而准确的表达。

本章首先介绍了工作描述和工作规范的内容、形式、编写规范及应注意的事项;其次,介绍了工作说明书的概念、应用、内容、编写规范和动态调整,并综合分析了在编制工作说明书过程中的注意事项、存在的问题和误区。

批判性思考与讨论题

1. 什么是工作描述?工作描述包括哪些具体内容?
2. 简述工作描述编写要注意的问题。
3. 什么是工作规范?工作规范的主要内容有哪些?
4. 简述工作规范的编写步骤。
5. 什么是工作说明书?
6. 工作说明书的编制应该遵循哪些规范?
7. 编制工作说明书的注意事项有哪些?
8. 简述编制工作说明书中存在的问题与误区。

案例分析

实操训练题

以下某公司招聘专员的工作说明书,请就其编写得是否规范展开小组讨论,并请说明原因。

某公司招聘专员的工作说明书

岗位名称:招聘专员

所属部门:人力资源部

岗位职责:负责招聘计划的制订与实施

　　　　　负责招聘渠道的选择与维护

　　　　　负责应聘人员的联络与接待工作

　　　　　负责招聘员工的绩效与考核工作

任职资格:身体健康,大学本科学历,人力资源管理相关专业

资料来源:张岩松.组织设计与工作分析[M].北京:北京交通大学出版社,2023.

第 10 章 工作分析的应用

研究内容

1. 工作评价的基本概念、原则和依据、方法与技术；
2. 工作设计中工作岗位设置和工作再设计的内容、原则和方法；
3. 工作分析在人力资源管理中的应用。

关键概念

工作评价(job evaluation)
工作设计(job design)
排列法(ranking method)
归级法(classification method)
因素比较法(factor comparison method)
因素评分法(point-factor method)
岗位设置(job structuring)
工作再设计(job redesign)

开篇案例

工作说明书成为员工守则的一部分

泰山公司成立于 2020 年,是一家高新技术企业。经过几年的努力,公司发展到 15 个部门 300 名员工。各个部门的经理主要通过外部招聘或内部重组时的人员调配而来,管理经验丰富。员工比较年轻,知识层次比较高。

企业目前正处于快速发展期,在各方面暴露出不少问题。①人员紧张。公司业务不断扩张,使得人员非常紧张。各部门存在一人兼多职的现象。②部门间职责不清。作为一个新企业,仅 2023 年上半年公司组织结构就调整过 3 次。因时间仓促,部门之间职责划分不清,工作互有重叠,不时出现互相推诿的现象。③工资制度也不规范。高新技术行业以前是高工资领域,近年工资也略有调整,以适应竞争。公司拟通过规范工资制度,进一步调动员工工作积极性。

针对这些问题,公司领导决定通过咨询有关专家,明确各个部门职责。专家小组走访大量员工,并对公司的各种文献资料进行详细分析。专家认为上述问题的根源在于缺乏完备的工作分析。通过与公司高层的沟通,他们决定采用工作日志、问卷调查和现场观察的形式制定工作说明书,即首先明确每一个岗位的职责、任职资格、工作性质和范围、岗位目标。

为此，专家和各个部门经理一起探讨部门的岗位设置，力求科学合理。在岗位确定后，公司开始发动全体员工对确定的岗位进行描述，并在专家指导下制定工作说明书。工作说明书明确了部门中每位员工的职责权限及所需资格条件。

资料来源：张岩松. 组织设计与工作分析[M]. 北京：北京交通大学出版社，2023.

10.1 工作评价

10.1.1 工作评价概述

1. 工作评价的基本概念

工作评价是指依据工作分析的结果，运用某些方法确定组织中各岗位和职位相对价值的活动。具体来说，工作评价在工作分析的基础上，按照一定标准，对工作的性质、强度、责任、复杂性及所需资格条件等关键因素的程度进行综合评价，以实现对组织内各岗位工作的定量化和价值化，建立科学、公平、公正的岗位管理机制。

工作评价有以下两个基本特征。

(1) 工作评价的中心是"事"而非"人"。工作分析以岗位所承担的工作任务或职责为对象进行客观比较和定位。换言之，工作分析围绕岗位所涉及的工作本身和工作要求展开，具有客观性，而与岗位上具体劳动者的态度、能力、动机等主观因素无关。其在具体的实操中表现为：①从事同样工作的员工应获得相同的薪酬；②工作评价仅与工作岗位有关，而与岗位上员工的业绩无关。

(2) 工作评价衡量的是各类职位或岗位的相对价值，而非绝对价值。岗位评价根据各岗位对组织的贡献度、困难度等工作评价指标体系，对岗位工作的相关因素进行测定、评比与估价，以此来确定岗位之间的相对关系，确定岗位的等级层次。这不仅包括对相同职类进行纵向比较决定相对价值，也包括跨职类的横向比较决定相对价值。工作评价所得的是岗位等级与分数，进而确定岗位的薪酬。

2. 工作评价的基本原则和依据

工作评价是复杂的系统工程，需要调动大量的人力、物力，涉及不同部门和人员。为保证准确性与公平性，工作评价需要遵循以下原则：

(1) 明确性原则。工作评价是一个系统工程，包含评价指标、评价标准、评价方法、数据处理、操作人员等若干子系统。为保证子系统有效运行以及整个系统产出结果的有效性，需要制订明确可行的方案、计划及文件规定。

(2) 实用性原则。工作评价需从企业的生产、经营和管理的实际出发，科学合理地反映各岗位的劳动消耗和不同岗位之间的劳动差别。此外，工作评价的方法多样，各种方法在使用难度、牵涉时间与成本等方面也有差异性。企业要从企业的现实条件和实际需求出发，在充分理解各种方法特征的基础上综合选择和使用相关必要的评价方法。

(3) 客观性原则。该原则要求在评价过程中，必须确保评价者的个人利益不被牵涉其中，同时杜绝政治考量及任何形式的个人偏见。这可以确保工作评价的操作者能够秉持客观立场,有效抑制个人主观情感对评价结果产生的潜在负面影响,从而保证评价结果的公正性和准确性。

(4)代表性原则。代表性原则要求工作评价主体的选择具有代表性、被评价岗位及其评价要素具有代表性、评价结果对工作价值具有代表性,以此使得评价结果在执行和应用层面获得最大程度的支持。

(5)一致性原则。开展工作评价的主体对评价因素以及同一工作的评价结果应具有高度相似性,也就是要求方差低,由此表明一致性高,结论可靠。

(6)弹性原则。弹性原则意味着工作评价并不是一劳永逸的,需要随着组织内外环境的变化进行调整。这就要求工作评价设计时需要建立针对不准确或过时评价的修正机制。人力资源部门需要定期检查工作评价的结果,并进行更新和完善。员工也应被赋予对所在岗位工作评价进行反馈和质疑的权利,建立沟通和反映意见的渠道。

3. 工作评价的作用

工作评价的作用主要体现在以下几点:

1)为建立公平合理的薪酬福利体系提供科学依据

工作评价依靠科学的评价系统和过程控制系统,确定工作之间的相对价值,使得岗位薪酬的制定处于统一标准下,克服不同岗位之间由于工作性质、工作内容不同造成的价值对比障碍;通过引入理性分析方法和构建程序公平,为薪酬和福利分配提供量化和客观依据,从而促进企业提升内部公平性和外部竞争力。

2)为招聘、岗位管理、绩效考核等人力资源决策提供参考

工作评价通过对工作进行科学的定量评价,量化岗位特征并直观反映岗位价值,从而帮助人力资源管理工作明确岗位需求、优化职位设置、建立量化指标,为招聘、岗位管理以及绩效考核等人力资源决策提供重要参考,实现企业的战略目标。

3)有利于人力资源的优化配置

工作评价作为一种有效的工具,能够精确地匹配岗位能级、个人能力与薪资等级,确保性质相同或相近的岗位拥有统一且公正的评判。这不仅为组织在人力资源优化配置方面提供了科学依据,还有助于最大限度激发人才潜能,确保组织能够充分发掘并发挥人才的最佳效益。

4)有利于组织管理的优化升级

工作评价通过对岗位工作的难易程度、任职资格、责任大小等因素进行量化评价,对组织岗位进行等级划分,并以量值表现岗位的等级,有利于优化职位管理流程,明确和梳理管理关系,建立更加有效的组织体制。

5)有利于健康的组织文化建设

工作评价的客观公平性有利于实现薪酬的合理化,实现薪酬与贡献一致,促进组织内部和谐与合作,营造积极进取的文化氛围。

4. 工作评价与工作分析的关系

工作评价与工作分析在人力资源管理中密切相关、相互依赖,二者共同构成人力资源管理的基石,为招聘、培训、绩效考核、薪酬管理等其他人力资源管理模块提供了重要支持。

工作分析是工作评价的起点,工作分析所得到的关于工作的详细信息是工作评价的基础;而工作评价则基于工作分析,在工作分析基础上确定各项工作的等级,保证工作间的公平有序,确定合理的薪酬结构。

从工作分析和工作评价在薪酬设计中的作用来看,首先,工作的信息收集是输入端;其次,将收集的信息进行工作分析是中间环节;再次,基于工作分析确定的岗位信息进行工作评价是核心环节;最后,基于工作评价衡量不同岗位的相对价值,进而制定岗位序列和薪酬标准,确定各岗位的薪酬水平,这便是最终产出。

10.1.2 工作评价的方法与技术

工作评价的概念首次于1920年在查尔斯·比多签署的美国管理协会的工作报告中提出。1926年,本奇首次将因素评分法和排列法结合创造出因素比较法并进行了试验。到20世纪20年代末,工作评价的四种基本方法,即排列法、归级法、因素比较法和因素评分法,得到了大范围的推广和试用。目前工作评价使用的方法五花八门,除了上述四种基本方法外,新的评价方法和技术也被开发出来并得到广泛使用。这些方法呈现出复杂化、科学化、专业化和个性化的特点。本节仅介绍四种基本方法。

1. 排列法

排列法,也称排序法、部门重要次序法,是由评定人员凭借个人工作经验和工作描述对职位的重要性进行判断,根据工作岗位的相对价值按高低次序进行排列,从而确定岗位等级的工作评价方法。

1) 排列法的步骤

第一步:基于工作分析,准备工作职位资料。

排列法要求对工作进行系统分级,这就需要评价人员对要评价的工作职位进行全面调查,收集有关岗位方面的资料、数据等。因此,使用排列法首先要基于工作分析,准备一系列职位资料,包括职位说明书、资格说明书、工作说明书等,使得评价人员对岗位的任务、责任、与其他岗位的联系、工作条件、技能和能力要求等工作要素有清晰的了解,以便进行分级。

第二步:制定评价标准,选择评价人员。

排列法依靠内部力量完成,评价人员为组织内任职人员,因此为保证他们对职位评价的公平与公正,需要制定评价标准,特别是一套客观的评价因素,包括工作难度、工作责任等。

评价人员是直接影响工作评价结果的关键因素。因此,除了制定客观的评价标准外,还需要慎重选择评价人员。在具体的实操过程中,工作评价小组一般由管理部门推荐的人员和员工代表组成。完成评价小组成员筛选后,还要对评价人员进行评价方法、标准、对象等方面的培训。

第三步:评价人员通过卡片排列法、配对比较排序法、轮流排序法等对各个职位进行对比,对岗位重要性做出评判,然后将每个岗位所有评价人员的评价结果按照某种计算方法综合到一起,再基于综合分数形成所有职位等级顺序,即岗位序列。

下面简要介绍卡片排列法和配对比较排序法,并提供两种方法使用时的示例,以方便在实际操作中参考。

卡片排列法,是将工作说明简明地写在小卡片上,按次序排列。先将难度或价值最大的工作排在最高等,难度或价值最小的工作排在最后,再确定中等的,最后确定最高和中等之间的等级以及最低和中等之间的等级。

假设某公司有 A、B、C、D 四个岗位需要评价,评价小组由三位评价人员组成。以下是卡片排列法的一个简化样例(见表 10-1)。在这个样例中,岗位 A 的平均排序最低(即价值最高),岗位 D 的平均排序最高(即价值最低)。需要注意的是,以上样例仅用于说明卡片排列法的基本操作流程和结果呈现方式。在实际应用中,评价人员需要根据具体岗位的实际情况和公司的评价要求进行详细的分析和判断。此外,为了提高排序的准确性和可靠性,评价小组可以采用多轮排序、匿名评价、专家评审等方式来优化评价过程。

表 10-1 卡片排列法应用示例

待评工作	岗位描述(简化)	评价人员 1 排序	评价人员 2 排序	评价人员 3 排序	平均排序
A	负责公司产品研发工作	1	2	1	1.33
B	负责公司市场营销工作	2	1	3	2
C	负责公司人力资源管理工作	3	3	2	2.67
D	负责公司行政后勤支持工作	4	4	4	4

配对比较排序法,是将要评价的每一岗位的工作分别与其他岗位工作逐一进行比较,在此基础上做出"不难"(标记为 0)、"难度相同"(标记为 1)、"难"(标记为 2)等结果。评价小组通过统计各工作难度次数总额决定各岗位工作等级排序。表 10-2 是配对比较排序法应用示例。

表 10-2 配对比较排序法应用示例

职位	1	2	3	4	5	6	7	8	9	10	本职位等级较高的号码合计数
1. 门卫											
2. 档案员											
3. 计划员											
4. 焊工											
5. 磨工											
6. 压气机装配工											
7. 电话接线员											
8. 油漆工											
9. 机床维修工											

资料来源:萧鸣政.工作分析与评价[M].6 版.北京:中国人民大学出版社,2023.

2)对排列法的评价

在众多岗位评价方法中,排列法是最为简单、最易操作的。这种方法不对岗位进行因素划分,只是对岗位相对重要性排序,并不量化彼此之间差异性大小。运用该种方法可以迅速划分工作岗位等级,有时它也作为初步措施用于识别不合理薪酬差异。但是排列法主观性过强、评价结果弹性较大,随着其他方法的发展,其使用机会越来越少。从上述操作不难看出,排列法适用于小型组织机构,在大型组织机构中,一旦涉及部门之间工作职位的比较和评价就比较困难。

2. 归级法

归级法又称岗位分类法,是在工作分析基础上,先确定等级结构,然后按岗位的工作性质、特征、繁简难易程度、工作责任大小和人员必须具备的资格条件,对每个等级分别进行描述,再据此将所有岗位分配到相应等级中。这种方法是对排列法的改进,其核心步骤是定义各等级,保证等级之间的差异性,以便归类。

1)归级法的步骤

第一步:收集岗位资料。

为了划分岗位的等级,必须掌握需要评价的每一个岗位的详细资料。这些资料需要事先准备好,包括有关岗位的工作任务和责任的说明材料。

第二步:岗位分类。

在收集必要的工作岗位说明和其他资料基础上,将岗位划分为职业群,再将职业群划分为不同的岗位系列,之后将各岗位系列进一步划分为不同岗位等级。需要注意的是,某一特定的岗位等级所包含的各种工作岗位具有以下特征:它们的工作任务、要求和责任大体相当,以至于可使用相同的等级序号;它们将被纳入同样的人力资源管理目标之中,包括支付大体相当的薪酬。

第三步:建立岗位等级结构和等级标准,编写岗位等级说明。

在前一阶段岗位等级划分完毕后,需要比较不同岗位系列和不同职业群中的岗位等级,以最终平衡并确定整个组织所有岗位总体分类的等级。为了达到这一目标,需要准备一套总体岗位等级说明或岗位等级概要。

每一个等级都应编写一个简要而明确的说明,为决定每个岗位应划入哪个等级提供指导标准。岗位等级说明中应包括工作的任务、类型和特点。

岗位等级的数目必须能容纳已确定的各个职业群。考虑到工作任务的范围、种类以及组织内部的薪资和晋升政策等因素的影响,岗位等级的数目还需要工作评价小组在与工会或员工代表进行磋商之后才能确定。一般来说,岗位划分成7~14个等级即可满足需要。需要指出的是,不同的职业群在等级数目上可能是不同的,如生产岗位一般设9个等级,专业技术岗位可设10个等级,管理岗位则可设14个等级。等级数目的最终确定和等级说明的制定工作,需要工作评价小组与工会或员工代表共同合作完成,不能仅仅依靠专家意见就草率决定。

第四步:岗位归级。

在岗位等级数目和岗位等级说明确定好之后,就要把工作评价范围内的所有岗位划入适当的等级之中。具体做法是把工作岗位概要与岗位等级的说明进行比较,以判断每个岗位划入哪个等级最为适合。工作评价小组一般具体实施这一工作,在遇到比较复杂的问题或有员工申诉时,要及时做出反应并对岗位资料的收集工作进行调整。

2)归级法的评价

归级法作为一种工作评价方法,具有简单易行、客观性强、适应性强等优点,但也存在等级标准确定困难、影响评定结果、适用范围有限和主观性仍然存在等缺点。在实际应用中，企业应根据自身情况选择合适的工作评价方法，并结合其他管理手段共同构建科学、合理的人力资源管理体系。

归级法的优点包括：相对于其他复杂的工作评价方法来说，操作过程较为简单，所需经费、人员和时间也相对较少；建立了明确的等级标准体系，这些标准都参照了制定因素，使得评定结果比排列法等方法更为准确、客观；由于等级的数量以及等级与组织结构之间的相应关系在各个工作列等之前已经确定下来，因此采用归级法分出的等级结构能如实反映组织结构的情况。

归级法也存在一些缺点：确定等级标准是关键环节，但该步骤主观性大，不同系统的岗位评比易产生争议，难有定论；由于等级标准常常在知道分类结果之后才能被确定，这在一定程度上影响了评定结果的准确度；在大型企业或生产过程复杂、岗位类别较多的情况下，其应用可能会变得复杂且难以操作。

3. 因素比较法

因素比较法是一种量化的岗位评价方法，主要用于确定不同岗位的相对价值和薪酬水平。该方法通过比较岗位之间的共同报酬因素来评估岗位的相对重要性，进而为岗位设定合理的薪酬标准。

因素比较法是在确定标杆岗位和付酬因素的基础上，运用根据标杆岗位和付酬因素制成的因素比较表，将待评价岗位的付酬因素与标杆岗位进行比较，从而确定待评价岗位的付酬标准。这种方法结合了排列法和因素评分法的特点，通过对岗位报酬因素的系统比较，实现岗位的量化评估。

1）因素比较法的步骤

第一步：确定评价因素。

因素比较法一般需要确定 3～5 个岗位评估所依赖的因素。本奇提出了五个因素，分别是脑力要求、技能要求、体力要求、职责和工作环境。这些因素的选择应基于岗位的实际特点和企业的需求。

第二步：选择关键岗位。

关键岗位是因素比较法中的关键，因为整个方法都依赖于关键岗位的内容和与之相应的支付额。研究者提出关键岗位需要具备以下一些特征：工作内容为人们熟知，且在一段时间内保持稳定；关键岗位须包含评价因素的所有方面；关键岗位的支付率在组织内得到广泛认可，各岗位间薪酬级差要保持相对稳定。通常标杆岗位的选择应覆盖企业内不同层级、不同职能的岗位，以确保评估的全面性和准确性。

第三步：关键岗位等级化。

根据选定的评价因素，对标杆岗位进行排序。这项工作一般由工作评价小组及从事这项工作的人员完成。对于各因素之间差别的判断，工作评价小组成员通过讨论达成一致意见。

第四步：分配支付率。

为了确定每一因素等级的支付率，工作评价小组首先要确定各关键岗位因素所应得的支付率，这要以该因素对某一特定关键岗位的重要性为基础。例如，建筑工人每小时工作应得报酬为 10.8 薪点，那么它在各评价因素应得的小时报酬额为体力要求 3.1，脑力要求 1.2，技能要求 2.5，职责 0.8，工作环境 3.2，共计 10.8。在同一评价系统中，另外一个岗位分配给每一评价因素的支付率可能完全不同,例如,销售部门经理每小时应得19.9薪点,各评价因素应得报酬额为体力要求0.5,脑力要求6.5,技能要求5.1,职责7.2,工作环境0.6。

工作评价小组先通过这种方式将支付率分配到关键工作的每一因素上,然后使用统计方法或由小组讨论来决定每一关键岗位的每一评价因素最后应得的报酬数额。这种方法明显缺乏理论和实践基础,难以证明某一岗位因素支付率确定的合理性,主观性较大。

第五步:确定关键岗位的支付额。

因素比较法成功实施的关键在于两方面:一是因素评价的精确度与客观性,这直接影响岗位间相对价值的准确衡量;二是合理确定每一关键报酬因素的报酬水平,这直接关系到薪酬体系的公平性和激励效果。

在实施过程中,若遇到对关键岗位等级划分存在显著意见分歧的情况,应启动工作评价小组的复核机制。工作评价小组将重新审视并核定相关岗位的等级,力求在充分沟通与理解的基础上达成共识。然而,若经过调整一个或多个等级后,仍无法消除分歧,达成一致意见,那么为了维护薪酬体系的整体性和公正性,有必要考虑将该岗位从关键岗位系列中暂时或永久剔除,直至能够明确其合理的等级和报酬水平为止。这样的处理方式确保了因素比较法的有效性和可靠性,同时也为企业的薪酬管理提供了更为稳固的基础。

第六步:制作因素比较表。

因素比较表是因素比较法的重要工具,所有其他岗位都可以与关键岗位的各评价因素进行比较,以便确定自己的等级。每一岗位的薪酬额可由分配给该岗位的每一评价因素的价值相加得出,关键岗位每一因素薪酬额的分配则需要由工作评价小组仔细讨论决定。

2)因素比较法的评价

因素比较法的优点在于:通过系统化的比较和量化分析,提高了评估结果的精确性和客观性;具有较强的通用性和灵活性;评估过程相对直观和系统化,易于向员工解释其评估标准和结果。但是,因素比较法也有一些缺点,比如涉及多个步骤和复杂的比较过程,需要耗费较多的时间和人力成本;对评价者要求高,以确保评估结果的准确性和公正性;对于岗位之间差异较小或报酬因素难以明确界定时,其适用性可能受到限制。

4. 因素评分法

因素评分法,又称因素评价法,是一种较为普及的衡量岗位价值的定量方法,广泛应用于企业或组织的岗位评价中。该方法首先选定关键评分因素,并对各因素进行等级划分与点数加权,随后评估现有岗位在各因素上的得分并求和,得出岗位总价值。

因素评分法的核心在于精确确定各因素及其等级,以衡量岗位间的差异;同时,合理设定各因素权重,以体现其在整体评价体系中的相对重要性。

1)因素评分法的步骤

第一步:确定评价范围。

评价范围的确定取决于组织对近期成本与长期成本的考虑。对于一个限制性的岗位范畴,比如工厂、办公室工作和管理岗位,制订一个单独的方案是可能且相对容易的。然而从长期来看,为组织里的所有岗位制订一个统一的方案可能更有效,也更经济。

第二步:选取评价指标或者评分因素。

适用于一个评价方案的评价指标的数目通常为5~10个。选取评价指标要遵循下列原则：评价指标必须能够区别不同岗位的价值，必须与所有岗位有关；评价指标应该反映各自评价岗位的一个特定价值特征又不会在意义上相互重复，同时满足组织和员工的要求。

第三步：界定指标。

每个指标代表整个岗位价值的一个方面。为了使评价人员的评价行为有统一标准，必须对指标做出清楚的定义。指标须按等级打分，只有这样才能让评价人员在评价时比较容易发现岗位之间的差异。指标等级也必须给出确切的定义，以保证评价人员在打分时保持一致。等级定义一般遵循两个原则，一是定义真实客观而非模棱两可，二是等级数目应该尽量减少。

以"经验要求"指标为例，可定义为："在一般情况下一个先前无经验的人完成工作、达到操作和心理熟练通常所需要的时间：(1)1个月之内；(2)1～3个月；(3)>3个月～1年；(4)>1～3年；(5)3年以上。"

第四步：确定评价指标相对价值。

每个指标的等级分之和一般等于整个岗位等级的总分。这里对各评价指标采用不同的权重。指标权重一般通过特别工作组的评判确定或由工作评价小组测定。工作评价小组通常由关键决策者或职能部门，如财务、工程、市场等部门的代表以及人力资源部的代表、工人代表或工会组成，也可以邀请工作评价专家加入。工作评价专家对工作评价小组给予指导，并提出一般用于岗位评价的各种可能指标。工作评价小组考虑所提出的指标，并且从中选择指标。

第五步：建立工作评价系统。

工作评价系统包括岗位评价指标、定义和等级，以及必要的附加信息，如岗位鉴定资料、部门、管理者、工作任职的背景资料等。

第六步：评价岗位在每个指标上的等级。

评价人员依据详尽的工作描述资料以及清晰界定的评价指标说明，逐一将他们的评价结果准确记录在岗位评价系统所提供的答案表上。完成记录后，这些评价结果将被输入计算机系统中，或者通过其他高效的数据处理手段进行进一步的分析与整理。

第七步：确定岗位等级。

岗位等级是对评价指标进行评估的结果。每个评价指标被赋予不同的权重，使指标的相对价值以百分数形式体现。工作评价小组确定了相关等级与权重后，通常选择一组岗位样本进行试验性评价，以便检验该方案是否达到区分不同岗位之间价值的理想目标。通常可以调整点值来使方案得到所有部门的承认。在评价效果达到预期目标后，即可对所有的岗位进行评价。

2) 因素评分法的评价

因素评分法作为一种常用的评价方法，在各个领域都具有广泛的应用价值，其优点明显。该方法通过量化各因素来评价工作，使评价结果更加公平和准确；该方法有明确的评价标准和流程，相对规范且容易操作，尤其适合做定量评估，也是其他综合评价方法的基础。但是该方法具有以下缺点：实施复杂、周期长；在确定因素和评分标准时仍存在一定的主观性；评价者可能受到各种因素的影响（如人际关系、个人偏见等），导致评价结果出现偏差。

10.2　工作设计

工作设计是对工作规范的设定、修改或重新调整，也是工作分析结果运用的重要内容。工作设计主要包含岗位设置和工作再设计两部分内容。

10.2.1 岗位设置

工作设计中的岗位设置,又称为岗位设计,其内涵主要涉及根据组织需要并兼顾个人需要,对组织内部各岗位进行规划、定义和安排的过程。这一过程旨在确保每个岗位都有明确的任务、责任、权力以及确定某一岗位与其他岗位的关系,从而优化人力资源配置,提高组织效率。

1. 岗位分类

企业中的岗位按照其性质划分为管理岗位、专业技术岗位和工勤技能岗位等。

(1)管理岗位。管理岗位是担负领导职责或管理任务的工作岗位。这些岗位通常承担决策、计划、组织、指导和控制等管理职能。管理岗位可以进一步细分为高层管理岗位(如总经理、常务副总经理等)、中层管理岗位(如部门经理、主管等)和基层管理岗位(如班组长、车间主任等)。

(2)专业技术岗位。该类岗位主要从事专业技术工作,通常要求具备特定的专业知识、技能和经验。专业技术岗位可以分为高级、中级和初级三个层次,具体细分为多个等级。

(3)工勤技能岗位。工勤技能岗位承担技能操作与维护、后勤保障、服务等职责。这些岗位通常要求具备特定的操作技能和服务意识。工勤技能岗位可以分为技术工岗位和普通工岗位,进一步细分为高级技师、技师、高级工、中级工、初级工五个等级。

除了上述按性质划分的岗位类型外,岗位还可以根据职责的不同进行划分,如营销岗位、行政岗位、其他特殊岗位等。营销岗位是指面向客户或市场,通过一系列活动直接为公司带来经济收益的岗位,如销售人员、客户服务人员、市场部人员等。行政岗位是指从事行政、文秘、人力资源、财务等工作的岗位,如行政助理、秘书、人力资源专员、财务助理等。其他特殊岗位如研究员、咨询师、设计师、编辑等,这些岗位需要根据具体的行业和组织需求进行设置。

2. 岗位设置的原则

岗位设置是组织管理中至关重要的一环,它直接关系到企业的运营效率、员工满意度以及战略目标的实现。以下是岗位设置的重要原则:

(1)战略导向原则。岗位设置应紧密围绕组织的战略目标进行,确保每个岗位都能为实现战略目标贡献力量。通过明确岗位职责和目标,每个员工都能理解自己的工作如何与组织整体目标相关联。

(2)因事设岗原则。组织根据工作任务和业务流程来设置岗位,而不是因人设岗。这意味着要分析组织需要完成哪些任务,然后基于这些任务来设计岗位,确保每个岗位都有其存在的必要性。

(3)精简高效原则。岗位设置应追求精简高效,避免冗员和不必要的层级。组织可通过合并相似职能、减少管理层级、明确职责分工等方式,提高组织的运行效率和响应速度。

(4)权责对等原则。每个岗位都应被赋予与其职责相匹配的权力,以确保员工能够有效地履行职责。同时,岗位要有明确的责任范围,使员工对自己的工作结果负责。

(5)整分合原则。岗位设置既要实现岗位的明确分工,又要在分工基础上有效地综合,使各岗位职责明确且能上下左右同步协调,以发挥最大的企业效能。

(6)动态调整原则。随着组织内外部环境的变化和战略目标的调整,岗位设置也需要进行相应的调整。组织应定期评估岗位设置的合理性和有效性，及时进行调整和优化。

3. 易出现的问题

岗位体系在建立初期能够符合岗位设置的原则，但是在之后的实际运转中，常会有人因为图省事或是其他原因，使岗位职责和领导关系上出现与当初设想相违背的地方。这些岗位不合理的地方，表面上能方便人们的工作，实际上却给企业带来了很多问题，容易出现职责不清、互相推诿扯皮的情况。以下是一些常见的问题。

1）多头领导

不少企业在岗位设置中存在多头领导的现象，即同时有两个或两个以上的管理者对同一员工进行领导。在实际工作中，员工对每位领导的指示都要贯彻，最终会形成大家都来管、谁也不负责的情况，员工不知道最终听谁的。多头领导的问题如果不能得到解决，将直接影响企业的工作效率，也会影响工作任务的下达和信息的传递速度。

多头领导常常会带来越级管理。领导是否可以越级管理是一个理论上似乎很明确，但实际工作中频频出现的问题。事实上，越级管理是一种正常状态下所产生的不正常现象。在企业管理中，越级管理主要是指领导在其管理范围内直接越过下级管理人员而对非直接下级行使职权，也包括不同部门的高级经理人相互跨越自身的职责范围部门对其他部门行使职权。

2）副职设置过多

现实中的很多企业尤其是国企和事业单位，为人员安排的需要，人为地设置了很多副职。这一方面提高了人员成本，另一方面出现了副职只管一两个部门的情况，造成分管过细，使得信息流不畅，容易产生本位主义。在设计副职岗位时，管理幅度因素需要着重考虑，避免副职岗位设置过多。

3）岗位复杂、重叠

有些企业将岗位的工作职责人为地划分为若干个职位，导致岗位复杂。这严重违反了精简高效的原则。与此相仿的是岗位设置重叠。在组织中，有些岗位性质相同、职责相近、作用相同、任职资格和工作环境等也均相似，却由于人员的不同而冠以不同的岗位名称，这种情况属于岗位重叠。

4）以技术岗位或业务岗位代替行政管理岗位

很多企业中存在着以技术岗位或业务岗位来代替行政管理岗位的现象。技术岗位本身不是管理岗位，该岗位所赋予的职责是对企业内的其他技术人员进行技术上的指导。但是有些企业在进行岗位设置时，却用该岗位完全代替行政管理岗位。需要明确的是，虽然技术岗位或业务岗位被赋予了某些管理职能，但是行政管理岗位仍然有存在的必要。

4. 岗位设置表示例

岗位设置表包括公司岗位设置表和部门岗位设置表，可以分别参考第 7 章的表 7-1 和表 7-2 进行设置。

10.2.2 工作再设计

工作再设计是企业在运营过程中，为了提升工作效率、提高员工满意度与参与度，以及优化整体人力资源配置而进行的对现有岗位设置、工作职责、工作流程等方面的重新思考与调整过程。这一过程不仅涉及对现有工作内容的重新评估与规划,还可能包括创造新的岗位工作角色,以适应企业不断变化的业务需求和市场环境。工作再设计的目的是优化人力资源配置,为员工创造能够发挥自身能力、提高工作效率的管理环境。如果工作分析是对现有岗位工作的客观描述,那么工作再设计就是对现有岗位工作规范的认定、修改或任务的完整描述,它需要以工作分析提供的信息为基础。因此,这两项工作是整个人力资源开发与管理工作的基础。

1. 工作再设计的内容

工作再设计的内容主要涉及对工作内容、工作职能、工作关系等方面的重新思考与调整。

(1)工作内容。工作内容的再设计即确定工作的一般性质问题,明确员工需要完成哪些具体的任务或活动。其目的在于使工作内容更加明确、具体,有助于员工了解自己的工作范围和职责。

(2)工作职能。工作职能是指每项工作的基本要求和方法,包括工作责任、工作权限、信息沟通、工作方法和协作要求等。工作责任明确了员工在工作中应承担的职责和压力范围;工作权限赋予员工完成工作任务所需的权力和资源;信息沟通则是建立有效的信息沟通机制,确保员工之间、员工与上级之间能够顺畅地交流信息,促进工作的顺利进行;工作方法指导员工高效地完成工作任务,包括使用的工具、技术和流程等;协作要求明确了员工在工作中需要与其他部门或团队成员进行协作的方式和要求。

(3)工作关系。工作关系是指个人在工作中所发生的人与人之间的关系,包括与他人交往的关系、建立友谊的机会和集体工作的要求。优化工作关系,可以增强团队的凝聚力并提高协作效率,提升员工的工作满意度和归属感。

(4)工作结果。工作结果是指工作的成绩与效果的高低,包括工作绩效和工作者的反应。前者是工作任务完成所达到的数量、质量和效率等具体指标,后者是工作者对工作的满意度、出勤率和离职率等。

(5)工作结果的反馈。这里主要指工作本身的直接反馈和来自别人对所做工作的间接反馈。反馈机制可以让员工了解自己的工作表现,从而激发员工的工作积极性和改进动力。

2. 工作再设计的原则

工作再设计原则是在重新规划工作内容、职能、关系以及结果的过程中需要遵循的一系列指导性原则。这些原则旨在确保工作再设计的有效性和可行性,同时满足组织和个人的需求。以下是一些主要的工作再设计原则:

(1)效率原则。工作再设计应以提高工作效率为核心,通过优化工作流程、调整工作内容和方式,确保工作能够更加高效地完成。

(2)系统化设计原则。工作再设计应进行整体考虑,将各项工作视为一个相互关联的系统,确保各项工作的协调性和一致性。在设计工作时,企业要考虑不同工作之间的相互影响和依赖关系,确保各项工作能够顺畅衔接,形成合力推动组织目标的实现。

(3)匹配原则。工作再设计应确保工作与员工的能力、兴趣和价值观相匹配,使员工能够充分发挥自己的优势和潜力。在设计工作时,企业要对员工的能力、兴趣和价值观进行评估和分析,根据评估结果为员工分配适合的工作任务和工作岗位,以提高员工的工作满意度和绩效表现。

(4)灵活性原则。工作再设计应具有一定的灵活性,以适应组织内外环境的变化和员工个人发展的需求。在设计工作时,企业要考虑未来可能的变化因素,如技术进步、市场变化等,为工作留有一定的调整空间;同时,要关注员工的个人发展需求,为员工提供多样化的职业发展路径和机会。

(5)激励性原则。工作再设计应关注员工的激励因素,通过增加工作的挑战性和自主性等方式,激发员工的工作积极性和创造力。在设计工作时,企业要考虑增加工作的趣味性和吸引力,使员工能够在工作中获得成就感和满足感;同时,要给予员工适当的授权和信任,让员工在工作中发挥更大的自主性和创造力。

总之,工作再设计的原则是一个综合性的体系,需要充分考虑效率、系统性、匹配性、灵活性和激励性等因素。企业只有遵循这些原则,才能设计出更加合理、有效和具有吸引力的工作岗位,从而提高员工的工作满意度和绩效表现,推动组织的持续发展和创新。

3. 工作再设计的主要方法

工作再设计的目标是使工作更有效,同时能给员工更多的自我激励和工作满意感。工作再设计的方法主要有以下三种。

1)工作轮换

工作轮换是指组织有计划地让员工在预定的时期内变换工作岗位,从而使其获得不同岗位的工作经验。其目的在于使人的活动多元化,从而避免产生厌倦。比如,某高校学院内部的行政支持人员三年进行一次轮岗,本科生、硕士生和博士生教务之间轮岗或者与其他人事专员之间轮岗。

工作轮换的好处是明显的。它拓宽了员工的工作领域,给予他们更多的工作体验和更多的发展机会,让员工感受到工作的新鲜感和工作的刺激,使员工掌握更多的技能,增进从事不同工作的员工之间的理解,提高协作效率。一个人在掌握有效地完成任务所需的技能之后常常容易产生厌倦和单调感,这会随着时常的工作轮换机会而减少。另外,更广泛的工作体验也使得人们对组织中的其他活动有了更多的了解,从而为人们担任更大责任的工作,尤其是高层职位做好准备。因为随着一个人在组织中职位的提高,他便需要全面了解错综复杂、相互关联的活动,而这些技能通过组织内的工作轮换可以迅速获得。

工作轮换也有些缺点。它适用的范围较小,多数工作是无法进行轮换的。轮换后由于需要熟悉工作,可能会使效率降低。将一个工人从先前的岗位转入一个新的岗位不仅会增加培训成本,还会使工作初期的效率降低。范围广泛的工作轮换规划可能造成大量的工人被安排在他们经验很有限的工作岗位上。尽管这样的规划有可能带来显著的长期效益,但组织需要有良好的对策处理日常出现的问题,这些问题可能产生于让缺乏经验的员工去完成新的任务,也可能产生于轮换后的经理人员在缺乏经验的情况下就对手头的工作做出决策。工作轮换还可能使那些聪明而富有进取心的员工的积极性受到影响,因为这些人喜欢在他们所选定的专业中寻找更大的、更具体的责任。最后,一些证据也表明,非自愿地对员工进行工作轮换,可能导致旷工和事故的增加。

2)工作扩展

工作扩展是指员工工作的扩大化和丰富化,它又分为纵向扩展和横向扩展。横向工作扩展要求员工完成更多种类的工作任务,它改变了员工的工作内容和职责。纵向工作扩展要求员工参与计划、组织和监控自己的工作,它改变了员工完成任务的方式,从本质上来说,这种工作扩展是一种分权。

(1)工作扩大化。工作扩大化是增加工作的内容或者延长工作的周期,使员工的工作变化增加,要求更多的知识和技能,从而提高员工的工作兴趣。工作扩大化的实质内容是增加每个员工应掌握的技术种类和扩大操作工作的数目,其目的在于降低对原有工作的单调感和厌烦情绪,从而提高员工对工作的满意度,发挥内在的热情。

工作扩大化的好处在于可以提高产品质量,降低劳动成本,提高员工的满意度,提高工作效率。但是,工作扩大化的努力所取得的成果远不尽如人意。工作扩大化试图避免过度专业化导致的多样性缺失,但这种工作再设计方法只是简单地增加员工所从事的同类任务数目,并没有给员工的活动赋予多少挑战性和意义。难怪有员工吐槽道:"原先我只是做一份烦人的工作,现在我得做三份烦人的工作!"

(2)工作丰富化。工作丰富化是对工作责任的垂直深化。它使得员工在完成工作的过程中,有机会获得成就感、认同感、责任感和自身发展。正如赫茨伯格所提倡的,工作丰富化是对工作内容和责任层次基本的改变,旨在向员工提供更具有挑战性的工作。

赫茨伯格指出,实行工作丰富化应遵循以下原则:以增加责任和提高难度的方式改变工作;赋予员工更多的责任和自主权;向员工反馈其业绩;创造有利环境来为员工提供学习机会,以满足他们个人发展的需要。

尽管工作丰富化优点明显,能为员工提供更多的激励,提高员工满意度,进而提升工作绩效,但是工作丰富化需要改造工作本身的内容,所以困难重重,而且对员工的要求较高。因此,从某种意义上讲,工作丰富化的成效在一定程度上取决于员工的成就动机。

3)工作时间选择

工作再设计的另一个内容涉及工作时间安排。在大多数地方,人们按固定的时刻表从家里来到工作地点。企业可以根据劳动力市场的状况、所从事工作的种类以及员工的偏好,采取不同的时间方案。

(1)压缩工作周。压缩工作周是指把正常的周工作时间安排在更短的工作日内进行的方案,如每周工作 4 天、每天工作 10 小时(简称 4-40)的方案。4-40 方案由于能够给员工更多的闲暇时间,减少了通勤时间及调整设备等时间浪费,其短期效果明显。但是,日工作时间的延长可能会使得时间效用逐步下降,且员工可能难以协调好工作与个人生活。

(2)弹性工作时间。弹性工作时间方案是要求员工每周工作一定的时数,但在限定范围内可以自由变更工作时间的一种时间安排方案。它一般分为共同工作时间(核心工作时间)和弹性工作时间两部分,在核心工作时间内所有员工都到工作岗位工作,而在弹性工作时间内员工被允许做灵活的安排。

弹性工作时间制可以使员工在工作时间安排上能行使一定的自主权,更好地根据个人需要安排自己的工作时间,员工因此能够将他们的工作活动调整到最具效率的时间进行,同时更好地协调工作和非工作事务。但是,这种安排会给管理者如何管理核心工作时间以外的员工造成困难,也容易导致工作轮班的混乱。

(3)工作分担或职位分享。工作分担允许两个或更多的员工分担原来的一个全日制工作,并分享该工作的报酬和福利。工作分担适应了一大批难以提供全日制工作的人员的要求,而且使得企业可以在既定岗位上吸引更多的人才。同时,由于工作时间较短,员工的工作效率可以大大提高。

(4)应急工。应急工是指企业在面临动态环境时灵活配备的员工。应急工帮助公司在业务繁忙时增加生产,在业务淡季避免裁员,同时又保持了核心员工队伍的稳定和精干。应急工这一工作安排反过来又满足了员工对自由和工作多样性的需要,但是如何处理好应急工的待遇问题和调动其积极性是十分困难的事情。

(5)远程办公。远程办公是让员工通过现代互联网技术在家工作。员工利用现代互联网技术在家工作既减少了通勤时间,又提高了处理家庭问题的灵活性。但是这种方案对管理者监管员工表现构成了挑战,同时员工也因缺乏正规办公室提供的日常社会交往而带来一系列协作问题与心理问题。

10.3 工作分析在人力资源管理中的应用

工作分析作为人力资源管理领域的基石与核心工具,其重要性远不止于一种基础方法或技术层面,而是构筑起整个人力资源管理体系的坚实基础。它与其他关键环节紧密相连,为人力资源规划提供科学依据,为组织人员招募提供标准,并且关乎组织培训效果和绩效管理。本节主要介绍工作分析与人力资源管理其他关键环节之间的联系,以便大家更全面地理解工作分析在组织管理中的战略地位与深远意义,进而在实践中更好地运用这一工具,推动组织人力资源管理水平的持续提升。

10.3.1 工作分析在人力资源规划中的应用

人力资源规划是组织为了实现其战略目标与远景规划,根据组织内外环境的变化和组织发展战略,科学地预测、分析组织在未来环境变化中人力资源的供给与需求状况,制定必要的人力资源获取、利用、保持和开发策略,确保在需要的时间和需要的岗位上,获得各种必需的人力资源,并使组织和个体得到长期利益的过程。这一规划过程包括了对人力资源数量、质量、结构以及流动等方面的预测、分析和规划,以及为实现这些规划所需采取的政策、制度、措施和行动计划的制定与实施。工作分析的结果可以为组织的人力资源需求和供给分析提供坚实的科学依据,进而促进相应的人力资源管理政策、制度和措施的制定。

1. 工作分析与人力资源需求预测分析

组织针对未来一定时期的组织经营战略目标,建立执行组织,并明确为实现组织目标所需要的关键部门、职能和岗位、能力,以此预估组织的各职能与岗位的人力需求,此过程需借助工作分析。

2. 工作分析与人力资源供给预测分析

人力资源供给预测包括外部人力资源市场供给预测和内部人力资源供给预测。

工作分析通过详细的职位描述和任职资格要求，明确了组织对人才的需求标准。这些标准可以作为外部人力资源市场供给预测的重要参考，帮助组织了解市场上符合这些要求的人才的供应情况。工作分析还揭示了不同职位所需的技能、知识和能力。这些信息有助于组织预测未来市场上哪些技能和能力将更受欢迎，哪些人才将更稀缺，从而为外部招聘和人才引进提供指导。

组织内部人力资源供给预测同样需要工作分析提供依据，如组织职位的晋升、调配情况、员工的培训记录以及员工的自然流失等方面。通过这些信息资料的整理，组织可以对内部人力资源供给进行评估预测。如工作说明书中工作关系的描述就包括工作可晋升、可轮换的职位。在任职资格中，对工作经验进行分析，可以遴选出公司发展业务所需的人才。如某制造企业转型商贸企业，即从员工的工作经验中挑选出曾经开过店、做过业务的人员，再经过个人意愿调查、强化培训，然后将其充实到商贸业务中。

3. 工作分析与人力资源策略制定

人力需求和人力供给的分析比较，为人力资源策略的制定提供了依据，具体内容如表 10-3 所示。

表 10-3 工作分析与人力资源策略制定

情况		工作分析的应用
内部供应可满足		根据工作分析的结果，对内部人员进行培养、晋升、轮调或采取支援等方式，以保障组织经营战略目标实现所需的人力
内部供给不足	当地外部招募	根据组织所缺少人员的规格，在当地进行外部招募
	当地外部供给不足	1. 全国或全球招聘； 2. 自我培养：根据人力需求规格，遴选优秀人才送至相关企业、研究所、大学进行培训
供给过剩		1. 裁员； 2. 工作岗位职责分解，两个人干原来一个人的活，并协商降薪或申请补助； 3. 减少工作时间，8 小时减为 6 小时，薪水亦相应降低。 注：以上均需对工作说明书进行修订，可以降薪但不能低于当地最低薪资标准

资料来源：萧鸣政，张满，张占武.组织设计与工作分析[M].北京：高等教育出版社，2019.

4. 工作分析与人力资源规划的评估

人力资源规划的合理性与准确性在执行阶段必须通过系统的评估机制来加以验证，在这一过程中，工作分析扮演了至关重要的角色。评估人力资源规划的有效性，关键在于考量招募进来的人员是否与组织的期望和要求相匹配，在岗员工是否充分胜任其岗位职责，以及培养、晋升、轮岗的人员是否成功达到了新岗位所设定的各项要求。为了实现这些评估目标,必须依托工作分析所确立的岗位职责、具体任务以及绩效标准。将这些标准与员工的实际工作表现进行对照分析,可以客观、全面地评估人力资源规划的执行效果。对于发现的不适应或未达预期目标的情况,组织应当及时在人力资源规划的执行过程中进行调整和优化,甚至必要时重新制定人力资源规划策略,以确保组织的人力资源配置始终与战略目标和业务需求保持高度一致。

10.3.2 工作分析在员工招聘与选拔中的应用

招聘工作是整个人力资源管理工作的基础环节,对组织中人力资源的形成起至关重要的作用。组织招聘员工的程序一般包括:明确招聘需求,制订涵盖招聘要求和标准、渠道和方式、期程、人员及预算等内容的招聘计划,发布招聘信息并收集合适人选,通过评测进行人员甄选,最终录用人员。工作分析的内容将贯穿人员招聘的整个过程,是人员招聘的基础。

1. 工作分析与招聘需求

通过工作分析,企业可以准确界定所需工作岗位的数量、具体职责以及工作内容,从而明确招聘的具体岗位和人数,避免招聘的盲目性和随意性。具体来说:根据工作分析可以确定企业直接人力需求的合理性,判断招聘间接人力、关键人力的数量与质量和组织编制、岗位职责是否匹配,进而最终确定招聘职位的职责及人力规格。

2. 工作分析与招聘计划

通过工作分析,招聘者可以清晰地了解一个工作岗位的具体职责、所需完成的任务以及完成这些任务所需的技能和知识。这些信息为制定招聘广告和招聘策略提供了准确的基础,有助于吸引具备相关能力和经验的候选人。在招聘过程中,工作分析帮助招聘者准确分析岗位的核心职责和技能要求,并将其转化为具体的招聘标准。这些标准在筛选简历和初步面试阶段尤为重要,能够保证只有符合岗位要求的候选人进入后续的选拔流程。通过工作分析,招聘者可以更加精确地评估候选人的能力和经验,提高招聘的准确性和效率。

3. 工作分析与评估设计

工作分析能够揭示出岗位所需的关键技能和素质,为面试和评估流程的设计提供指导。招聘者可以根据工作分析的结果,设计针对性的面试问题和评估方法,以全面、客观地衡量候选人是否具备胜任该岗位的能力。例如,对于需要高度沟通能力的岗位,可以设计情景模拟或角色扮演等面试环节,以评估候选人的沟通技巧和应变能力。

4. 工作分析与人员选拔

在选拔过程中,工作分析为评估候选人的匹配度提供了重要依据。选拔人员可以将候选人的技能、经验和素质与工作分析的结果进行对比,以评估其是否满足岗位要求。这种评估方式有助于选拔出最适合岗位要求的候选人,提高招聘的准确性和有效性。

除此之外,表10-4详细展示了工作分析在招聘、甄选和录用各个环节中的应用。

表 10-4　工作分析与招聘、甄选、录用的关系

甄选/录用流程	工作分析应用
简历筛选	受教育程度、工作经验、资格证书
电话邀约	受教育程度、工作职责、薪酬等
考试	知识、专业、能力要求
面试	工作职责、任务
背景调查	受教育程度、工作经历、工作关系
体检/报到	工作条件、工作环境
录用/签订合同	岗位体系、薪酬体系
试用期	岗位职责、任务
试用期考评	岗位绩效考核指标

资料来源：萧鸣政，张满，张占武.组织设计与工作分析[M].北京：高等教育出版社，2019.

10.3.3　工作分析在员工培训中的应用

员工培训是指企业有计划地开展的助力员工学习与工作相关能力的活动，这些能力通常涵盖知识、技能以及对提高工作绩效有关键作用的行为。一般而言，培训包含三个环节，即培训前的需求分析、培训的组织实施以及培训结果的总结反馈与效果评价。培训的首要工作是对培训内容进行选择和设计，有针对性的内容设计是培训活动真正发挥作用、提高员工能力、提升工作绩效的前提。对培训效果进行评价，则是衡量培训价值、进行下一阶段培训设计的必要环节，也是促进培训活动真正落地、取得实效的关键举措。培训内容的设计需要选择客观依据，培训效果的评价则需要客观标准，工作分析与评价的结果在这些依据与标准的制定与选择上发挥着重要作用。

1. 工作分析与培训需求

组织在进行培训与开发需求调查之前，需通过工作分析，依据组织的发展需求，构建组织及岗位的应知应会体系。组织应知应会体系是以组织整体为单位，分析为实现组织战略目标各层各类员工需要具备哪些通用的知识、技能和态度，如产业知识、企业文化、工业安全、法律法规、客户要求、品质服务意识等。而各岗位应知应会是通过工作说明书中的岗位目的、职责、任务、专业知识、岗位技能、工作关系、工作环境的具体要求，分析出从事各岗位的人员为完成岗位目标任务必须具备的知识、技能和态度，即应知应会，并确定各岗位应知应会的熟练程度。

在建立了组织和各岗位的应知应会体系后，组织需要通过基于工作分析设计的人员素质测评标准对目前在岗具体人员的知识、技能、态度进行评价，发现在岗人员的能力盘点评价结果与岗位应知应会标准要求之间的差距，确定培训需求。

2. 工作分析与培训设计

工作分析的对象是各类工作的性质、任务、职责、劳动条件和环境，以及员工本岗位所应具备的资格和条件等。工作分析正是在"人岗匹配"思维的指导下进行的，工作分析的结果一方

面提供了"岗"的要求,另一方面给出了"人"所应具备的条件。而培训正是企业实现"人岗匹配"的重要举措,是企业依据岗位要求对现有员工或潜在员工进行的有针对性的训练与开发。因此,工作分析的结果是培训内容设计的基本参照。

将工作分析结果转变成培训设计有三个重点方向:一是确立培训目标,二是确定达成目标所需要的知识和技能,三是设计培训内容。一般来说,每个任务说明都可被视为一个培训目标,将工作分析中的任务说明改编成培训目标只需要增加两个要素,即学员接受测试时的情况,以及达成培训目标时具体要获得哪些产出。图 10-1 提供了一个将任务说明改编成培训目标的示例。

任务名称:解决主管及其下属之间的冲突。

培训目标:提供 10 个主管及其下属冲突的情境案例,每名学员需要说明如何应对每个冲突情境。

学员提供的解决方案需要遵循以下指标:

a. 包括 ABC 冲突解决法中的所有步骤。

b. 达成双赢的结果。

c. 符合公司政策要求。

d. 对双方的工作绩效不造成负面影响。

培训赋能目标:

a. 能够理解什么是冲突。

b. 能够区分冲突情境和非冲突情境。

c. 能够定义什么是主管及其下属的冲突情境。

d. 能够理解 ABC 冲突解决法中的组成部分。

e. 提供一些工作情境,学员能够辨别哪些是主管及其下属冲突的情境,哪些不是。

f. 提供一些主管及其下属之间冲突的情境,学员能够针对各种情境选择合适的 ABC 冲突解决法。

图 10-1 依据工作分析编制培训目标的示例

(资料来源:雅各布斯.工作分析指南:沉淀和传承组织经验与智慧[M].崔连斌,胡丽,译.北京:电子工业出版社,2023.)

在确立培训目标后,组织需要以终为始设计实现培训目标所需要的知识和技能。以上述培训设计为例,在明确培训目标后,需要回答要实现以上培训目标,学员必须先学习哪些知识和技能。在本例中,学员需要掌握"冲突""冲突情境与非冲突情境""ABC 冲突解决法"。因此,在赋能目标中可以纳入对这些概念的学习,培训项目也需要增加相对应的学习内容。培训设计中的培训内容以任务分析和工作规范为基础,通常会以结构化在岗培训的形式呈现,以方便使用。

3. 工作分析与培训效果评价

在培训的全流程中,不仅培训目标与内容的选择依据需严谨,培训效果的评价同样需要一套明确的标准体系。评价培训效果的核心标尺,在于衡量参训员工是否成功达到了其岗位所设定的要求。具体而言,对于基础岗位培训,评估重点在于新员工是否充分理解并掌握了岗位的基本性质、日常任务、职责范围及工作环境;专业技能深化培训则聚焦于员工技能水平是否有所提升,是否达到了既定的技能层级标准;而对于领导才能的培训,关键在于评估受训者是否已具备担任领导职位所需的综合素质、资格认证及必备条件。这些标准共同构成了衡量培训成效的根本框架。实质上,评价培训效果的基本准则,是检验培训成果与预设培训目标之间的契合程度,其核心目的在于促进员工能力与岗位要求的精准对接。

培训效果的评估通常包括反应层面、学习层面、行为层面及效益层面四个层次。其中,依据工作分析所明确的工作职责、具体任务及绩效要求,进行反应层面和学习层面的评估相对较为直接和容易。反应层面主要关注学员对培训内容的满意度、参与度等即时反馈;学习层面则侧重于评估学员在知识、技能上的掌握程度,通常通过考试、测试等方式进行量化评价。然而,对于行为层面和效益层面的评估,其复杂性和难度显著增加。行为层面的评估需要观察学员在培训后将所学应用到实际工作中的行为改变,这往往需要依据职位说明书,通过长期跟踪、观察和记录来实现。而效益层面的评估更是深入培训对企业或组织整体绩效的影响层面,包括生产效率提升、成本降低、客户满意度增加等具体指标,这些都需要长时间的统计数据和深入分析来支持。

10.3.4　工作分析在绩效管理中的应用

绩效管理是一个综合性的过程,它涵盖了绩效计划制订、绩效辅导沟通、绩效考核评价、绩效结果应用以及绩效目标提升等多个环节。

1. 工作分析与绩效计划

工作分析是绩效管理的基础和前提。工作分析可以明确每个职位的职责、权限、工作环境、任职资格等关键信息,为后续的绩效管理工作提供详细的职位说明书和职责界定。这是制定合理、公平、可衡量的绩效指标的重要依据。

依据各职位说明书中的工作目的、职责、任务、工作关系等,再结合工作目标,可以提取各岗位的工作绩效管理指标,如 KPI(关键绩效指标)、OKRs(目标与关键成果)等。除了这些量化指标外,为了全面反映员工的工作表现与组织效能,组织还必须通过深入的工作分析,对岗位所需的能力、工作关系及环境等因素进行细致考察,从而提炼出非量化的评价指标。

2. 工作分析与绩效评价

绩效评价是指在一个工作周期结束时,根据收集的信息,选择相应的考评主体和考评方法,对员工或团队绩效目标的完成情况进行评价的活动。绩效评价的内容选择与标准设计是决定一项绩效评价活动能否真实反映员工绩效情况的前提条件。工作分析与评价的结果为考评内容与标准设计提供了依据。

从工作分析与评价的专业视角出发,职位说明书或工作描述详尽地阐述了岗位的本质属性、特点,以及所需员工的知识结构、能力水平、工作态度和工作环境等要素,实现了这些要素之间的科学匹配、明确界定与严格规范。简而言之,工作分析与评价为设计员工考评内容奠定了直接而坚实的基础,考评内容的构建直接以工作分析中对岗位的详尽要求为蓝本。同样地,考评标准的设计也紧密依托于工作分析所揭示的岗位要求,两者均是在"人岗匹配"这一核心理念的指导下展开的实践活动。考评工作的核心目的正是精确评估员工个人能力与岗位要求之间的契合度,因为员工与岗位要求的完美匹配,正是提升工作绩效不可或缺的先决条件。这一过程不仅关乎员工个人能力的发挥,也直接影响到企业整体绩效的提升与可持续发展。

需要强调的是,各个岗位性质不同,工作特点不同,环境的要求也不尽相同,因此其关键绩效因素不同,考评的内容和标准也应不同。在决定采用何种评价时,首先需要考虑的第一个问题是我们测量的到底是知识还是技能?对于知识,认知测试是最合适的。对于技能,绩效评价量表是最合适的。具体使用哪种可以根据是否具有预设的客观绩效标准进行选择。如果有预设的绩效标准,就意味着应该参考客观的参照物进行评分。若评价对象是过程,则使用检查表;如果评价对象是产品,则使用产品评价表。

如果没有预设标准,则使用数字评价量表。如果涉及多人进行评价时,就需要确保不同的评价人在各自评分时采用一致的标准。表 10-5、表 10-6 和图 10-2 分别呈现了检查表、评价表和评价量表的示例。

表 10-5 检查表示例

任务名称:组装燃油罐

步骤	标准	是	否
1. 在燃油罐支架中放置两个燃油管夹	燃油管夹需放在正确的位置		
2. 将燃油罐支架移动至 1 号工作站			
3. 使用夹具挡块将支架固定到位			
4. 从容器中移走燃油罐并扫描上面的标签			
5. 将装配标签贴在燃油罐过滤器顶部			
6. 使用扭矩枪拧紧螺栓	扭矩必须满足规格要求		
7. 移除管道左侧的可迅速拆卸的塞子			
8. 将燃油罐移动至 2 号工作站			
9. 将排水管移至燃油罐口			
10. 将排水管安装至燃油罐口,令管道对齐	管道必须对齐		
11. 将排水管夹安装至排水管小洞处	排水管夹必须与排水孔对齐		
12. 将燃油管安装至燃油罐口	燃油管夹必须与燃油管对齐		
13. 将压力管安装至燃油罐口	白点必须与罐口对齐		
14. 将燃油罐放入运输容器	要按规定放置零件		
15. 将纸板盖放于容器顶端			

标准:所有步骤必须无误完成

被评价人姓名:_____   评价日期:_____

评价人姓名:_____   整体评价:完成/未完成

资料来源:雅各布斯.工作分析指南:沉淀和传承组织经验与智慧[M].崔连斌,胡丽,译.北京:电子工业出版社,2023.

表 10-6　产品评价表示例

产品名称：检查提货单是否填写完整

检查点	标准	是	否
a. 承运人姓名、地址、联系方式	字迹清晰，与账单信息一致		
b. 收货人姓名、地址、联系方式	字迹清晰，与账单信息一致		
c. 运输识别号码	与发货人订单信息一致		
d. 发货人姓名、地址、联系方式	字迹清晰，与发货人订单信息一致		
e. 卡车拖车号码	字迹清晰，与拖车真实号码一致		
f. 账单接收人姓名、地址及其他信息	与发货人订单信息一致		
g. 发货数量	与发货人订单信息一致		
h. 发货物品	与发货人订单信息一致		
i. 特殊处理说明	根据要求		
j. 单件货物重量	与发货人订单信息一致		
k. 单件货物费用	与发货人订单信息一致		
l. 总计应收费用	数额与应收账款及应付账款差额一致		
m. 发货人签名	字迹清晰		

标准：完成所有检查点

被评价人姓名：_____　　　　评价日期：_____

评价人姓名：_____　　　　整体评价：完成/未完成

资料来源：雅各布斯.工作分析指南：沉淀和传承组织经验与智慧[M].崔连斌，胡丽，译.北京：电子工业出版社，2023.

岗位名称：经理

员工姓名：　　　　　　　　　　所属部门：

评价人姓名：　　　　　　　　　评价日期：

评价说明：请以你本人为参照，为另一名经理的能力表现进行评价。

A. 与经理同事建立互信关系

　　1　　　　2　　　　3　　　　4　　　　5

　　不达标　　　　　达到预期　　　　　超出预期

B. 与经理同事通力合作

　　1　　　　2　　　　3　　　　4　　　　5

　　不达标　　　　　达到预期　　　　　超出预期

C. 主动承担工作任务

　　1　　　　2　　　　3　　　　4　　　　5

　　不达标　　　　　达到预期　　　　　超出预期

D. 关注客户

　　1　　　　2　　　　3　　　　4　　　　5

　　不达标　　　　　达到预期　　　　　超出预期

E. 沟通技巧

　　1　　　　2　　　　3　　　　4　　　　5

　　不达标　　　　　达到预期　　　　　超出预期

图 10-2　经理评价量表示例

（资料来源：雅各布斯.工作分析指南：沉淀和传承组织经验与智慧[M].崔连斌，胡丽，译.北京：电子工业出版社，2023.）

3. 工作分析与绩效面谈

组织管理者与员工定期进行绩效面谈是绩效管理中的关键环节。在进行绩效面谈前,管理者需要对前期的工作流程、职责、难度与目标达成状况进行分析与评估。如何进行评估？根据双方达成一致的绩效考评指标与工作计划,依据工作分析中的工作流程与双方责任,对工作进度及成效进行评估。绩效考评指标中量化部分较容易评估,非量化部分需要靠管理者平时多观察员工的行为来积累,以便做出评估。由谁来评估？依据工作分析确定的工作关系,该员工的上级、关联者、下级都可以进行评估。绩效评估出来后,管理者与员工即可进行绩效面谈,对照工作分析中的工作日志、工作目标和工作实施流程总结经验、改善问题,若有必要,可以对工作目标进行调整,并确定下一阶段的工作计划。

4. 工作分析与绩效结果

绩效管理的结果必须在组织中进行应用以保证绩效管理体系的正常运行,否则就会陷入空谈,而绩效管理结果的应用与工作分析密不可分。

如果绩效结果超出预期,组织就应该对员工进行奖励和晋升,如根据工作分析所确定的工作关系进行职位的晋升或轮岗,根据工作分析中所确定的岗位薪酬体系加薪；绩效达到工作目标要求时,亦应有奖励或晋升；未达到目标要求的,没有奖励和晋升,并根据工作分析所确定的技能、能力标准与要求进行强化培训；与目标要求相距甚远,则应该依据工作分析所确定的职位关系与薪酬等级进行降级降薪等。

10.3.5 工作分析在薪酬管理中的应用

薪酬管理是企业依据员工付出,确定员工应得报酬总额、结构及形式的过程。工作分析是企业薪酬管理的基础。企业想要建立和保持一个有外部竞争力、内部公平性和激励作用的薪酬体系,必须重视和加强工作分析在薪酬管理中的应用。

1. 工作分析在薪酬管理中的作用

工作分析在薪酬管理中扮演着关键角色,与企业的职位设计、绩效管理、员工招聘以及培训与发展等职能密切相关。在所有这些职能中,工作分析对薪酬管理的重要性尤为突出。它不仅是进行岗位评价和建立职位体系的基础,而且是构建公平薪酬体系的核心依据。

通过全面和深入的工作分析,企业能够准确理解工作的具体要求和员工的行为标准。工作分析提供的工作描述和工作规范是其他人事管理活动的基础。工作分析通常在企业内部进行,其结果有助于将岗位进行分类和评价,衡量各岗位的可比价值,从而为薪酬体系的制定提供科学的决策依据。这些信息确保了薪酬体系的合理性和公平性,有助于提升员工的满意度和激励效果,同时支持企业的整体战略目标。

2. 工作分析在薪酬管理中的具体应用

为了有效利用工作分析在企业薪酬管理中的作用,首先需要通过工作分析构建职位体系,然后基于这一体系建立符合企业特点的薪酬制度,从而充分发挥工作分析在薪酬管理中的作用。

1) 依据工作分析建立职位体系

职位体系是企业根据岗位设立的管理制度,依据员工的实际能力确定岗位系列和职级,从而明确薪酬模式、薪酬等级和职业发展路径。因此,职位体系的建立是以岗位为基础的。

首先,通过工作分析对岗位进行清理,明确员工的岗位职责和类别,形成职责相近、知识技能要求类似的岗位组合,并将其划分为不同的岗位系列。

其次,在确定岗位系列后,通过岗位评价确定职级。即根据承担任务的不同和技能水平的高低,对岗位系列内部进行排序,赋予员工相应的职位级别。任何薪酬项目都应反映出岗位差异,因此需要确定若干职位等级作为确定工资的依据。

绝大多数企业在确定职级时,都以工作分析和岗位评价的结果为依据,评估每个岗位对企业目标实现的价值,反映不同岗位的相对价值和贡献。评价指标主要包括岗位工作的复杂性、工作责任和所需的资格条件等,而这些指标的获取和选择都必须以详尽的工作分析为基础。

2)依据职位体系构建薪酬制度

(1)薪酬模式的选择。岗位系列的划分是确定员工薪酬模式的基础。例如,通过工作分析,某企业将所有岗位分为管理、业务、技术和营销四大系列。管理岗位可以采用岗位绩效工资制或岗位年薪制,业务和技术岗位可以采用岗位绩效工资制、岗位技能工资制或协议工资制,营销岗位可以采用计件工资制或岗位技能工资制。

(2)薪酬结构的确定。薪酬结构指的是企业内各工作或岗位之间薪酬水平的比例关系,包括不同层次工作之间报酬差异的相对比值和绝对水平。薪酬结构主要涉及薪酬的固定部分与浮动部分的比例安排。企业依据经营战略、经济状况、人力资源策略和市场薪酬水平等因素,为企业内部不同价值的岗位确定不同的薪酬水平和要素,并提供确认员工个人贡献的方法。对于某一岗位系列或具体岗位,企业根据岗位职责和属性、工作条件来决定采用低固定薪酬、高浮动薪酬还是高固定薪酬、低浮动薪酬的结构,以实现最佳激励效果。

(3)薪酬差距的确定。薪酬差距主要分为两种:不同岗位间的差距和同一岗位不同等级的差距。岗位评价可以反映不同岗位在企业中的相对价值和贡献,从而解决岗位间的薪酬差距。对于同一岗位不同等级的薪酬差距,企业需要依据工作分析中对岗位任职资格的要求,科学地确定每一级别的能力素质要求,建立客观的评价标准,尽量减少薪酬内部的不公平性。

(4)确定薪酬水平。薪酬的组成与等级的确定可以在一定程度上确保企业内部的公平性。而薪酬水平的确定,主要依赖于国家法律法规、本地区劳动力市场薪酬水平以及同行业同类企业的薪酬水平。在进行薪酬调查时,企业不仅要关注薪酬标准和水平的高低,还需要比较同类岗位的工作环境、劳动强度和技能要求等基本要素,从而做出理性的对比和借鉴。

3. 工作分析在薪酬管理应用中应关注的其他问题

(1)企业内部的分工与协作。在实施工作分析时,人力资源部门需制定适合的岗位评价方法,并确保所有相关部门经理和员工的参与。各部门经理与人力资源团队应密切合作,确定岗位评价标准和方法,并选择参与评价的员工。员工不仅可以参与对岗位的评价,还可以对自身和同事的业绩及技能进行反馈。虽然人力资源部门主导薪酬管理,但制订和执行薪酬方案必须依赖全体员工和各部门的协作。这种协作有助于保证岗位评价的全面性和公正性,同时提升员工的参与感和认可度,从而增强薪酬管理系统的有效性和提升员工的满意度。

(2)动态调整的重要性。工作分析并不是一次性的任务,它需要根据企业的变化进行适时调整。随着科技的进步、市场竞争的变化以及企业的规模和战略目标的调整,企业的组织结构和岗位职责也可能会发生变化。因此,工作分析所形成的岗位描述和规范也需随之更新。

为了保持薪酬管理的有效性,企业应在发生组织变革或市场变化时及时重新进行工作分析。这包括修订岗位描述、更新岗位要求,并根据新的分析结果调整薪酬水平和结构。这种动态调整不仅可以确保薪酬体系与企业的战略和实际需求保持一致,还能提升薪酬体系的竞争力和公平性,有助于激励员工并支持企业的长远发展。

本章小结

本章从工作评价、工作设计以及工作分析在人力资源管理中的应用三个方面阐述了工作分析结果的应用。首先,工作评价部分介绍了工作评价的基本概念、基本原则和依据、作用及工作评价与工作分析的关系,并对工作评价的方法进行了简要介绍。其次,工作设计部分介绍了岗位分类、岗位设置原则、易出现的问题,并进一步介绍了工作再设计的内容、原则和主要方法。最后,工作分析在人力资源管理中的应用部分分别介绍了工作分析在人力资源规划、员工招聘与选拔、员工培训、绩效管理和薪酬管理中的具体应用。

批判性思考与讨论题

1. 简述工作评价与工作分析的关系。
2. 工作评价应遵循哪些原则?方法有哪些?
3. 试述岗位设置的原则及易出现的问题。
4. 试述工作再设计的内容、原则和方法。
5. 试述工作分析在人力资源规划中的应用。
6. 试述工作分析在员工招聘与选拔中的应用。
7. 试述工作分析在员工培训中的应用。
8. 试述工作分析在绩效管理中的应用。
9. 试述工作分析在薪酬管理中的应用。

案例分析

实操训练题

1. 在线观看电影《中国合伙人》后,简要阐述公司在不同发展阶段如何进行工作分析以及工作分析在人力资源管理中的应用。
2. 登录知名企业网站,查阅工作分析相关文章,总结这些知名企业进行工作分析的流程、获得成果及其应用,形成研究报告,与同学一起分享交流研究成果。

参考文献

[1] 陈俊梁,袁炜,陆静丹.组织理论与设计[M].2版.北京:中国人民大学出版社,2019.

[2] 郑锐洪,刘建准.现代企业管理[M].3版.大连:大连理工大学出版社,2022.

[3] 贾旭东.现代企业管理[M].2版.北京:中国人民大学出版社,2020.

[4] 王关义,刘益,刘彤,等.现代企业管理[M].6版.北京:清华大学出版社,2023.

[5] 张蕾.企业管理理论与案例[M].3版.北京:中国人民大学出版社,2020.

[6] 宁凌,唐楚生.现代企业管理[M].2版.北京:机械工业出版社,2019.

[7] 朱颖俊.组织设计与工作分析[M].北京:北京大学出版社,2018.

[8] 武立东,等.组织理论与设计[M].北京:机械工业出版社,2015.

[9] 宫艺恬.泰勒科学管理思想对现代社会管理实践的指导意义[J].现代商贸工业,2023,44(1):183-185.

[10] 纪光欣,孔敏.论泰勒科学管理理论的系统性特征[J].系统科学学报,2022,30(2):18-24.

[11] 吴亮.组织运转背后的"诱因":读《经理人员的职能》有感[J].公共管理评论,2015,18(1):136-142.

[12] 张晓东.组织结构,个体行为与企业绩效:灵动管理模式构建[M].成都:西南财经大学出版社,2015.

[13] 胡斌,王莉丽.物联网环境下的企业组织结构变革[J].管理世界,2020,36(8):202-210.

[14] 冯蛟,张利国,樊潮,等.组织结构变革背景下赋能型员工管理模式构建[J].中国人力资源开发,2019,36(5):157-169.

[15] 肖健.数字化转型背景下企业组织结构创新研究[J].商场现代化,2023(3):109-111.

[16] 宋雪燕.中小企业员工激励的问题和对策[J].中国市场,2018(18):100-101.

[17] 万舒琪.中小企业员工激励策略探析:基于马斯洛需求层次理论[J].纳税,2019(10):246-247.

[18] 王思明.基于企业核心能力的企业员工激励机制研究[J].中国软科学,2021(S1):253-259.

[19] 袁仕福.新经济时代需要新企业激励理论:国外研究最新进展[J].中南财经政法大学学报,2012,194(5):75-82.

[20] 李新,朱彧谦.浅谈信息化时代的企业组织结构变革[J].河北企业,2020(10):21-22.

[21] 陈军强.转型升级战略下的大型设计企业组织结构变革研究[J].西北水电,2020(1):104-107.

[22] 朱文仲.信息时代的企业组织结构变革研究[J].财富生活,2018(18):86-88.

[23] 李文煜.企业组织结构变革的影响因素和策略研究[D].武汉:湖北工业大学,2016.

[24] 陈沐鑫.X公司组织结构变革研究[D].武汉:湖北大学,2015.

[25] 李睿. 基于复杂适应系统理论的企业组织结构变革研究[D]. 太原:太原理工大学,2015.

[26] SMITH J,JOHNSON L. The evolution of organizational structure in the digital era[J]. Journal of Organizational Change Management,2022,35(2),185-202.

[27] WILLIAMS R,DAVIS M. Organizational structure transformation in the face of disruptive technologies[J]. International Journal of Management,2021,12(3),456-473.

[28] THOMPSON A,LEE P. Agile organizational structures for rapidly changing environments [J]. Journal of Business Strategy,2022,41(1),34-42.

[29] GARCIA F,RODRIGUEZ J. The impact of cloud computing on organizational structure and operations[J]. Information Technology and Management,2021,22(3),210-225.

[30] BROWN D,WILSON T. Evolutionary trends in organizational design:a review and outlook[J]. Journal of Organizational Behavior,2023,34(2),167-189.

[31] 高新华. 如何进行企业组织设计[M]. 北京:北京大学出版社,2004.

[32] 达芙特. 组织理论与设计:第9版[M]. 王凤彬,张秀萍,刘松博,等译. 北京:清华大学出版社,2019.

[33] 于群. 公司治理问题研究:一个法理学的视角[M]. 广州:广东人民出版社,2004.

[34] 王文钦. 公司治理结构之研究[M]. 北京:中国人民大学出版社,2005.

[35] 席酉民,赵增耀. 公司治理[M]. 北京:高等教育出版社,2004.

[36] 蒋志青. 企业组织结构设计与管理[M]. 北京:电子工业出版社,2004.

[37] 萧鸣政,张满,张占武. 组织设计与工作分析[M]. 北京:高等教育出版社,2019.

[38] 刘松博,龙静. 组织理论与设计[M]. 2版. 北京:中国人民大学出版社,2009.

[39] 任浩. 现代企业组织设计[M]. 北京:清华大学出版社,2005.

[40] 于斌. 组织理论与设计[M]. 北京:清华大学出版社,2012.

[41] 郑明身. 组织设计与变革[M]. 北京:企业管理出版社,2007.

[42] 张岩松. 组织设计与工作分析[M]. 北京:北京交通大学出版社,2023.

[43] LEVINE E L, ASH R A, HALL H, et al. Evaluation of job analysis methods by experienced job analysts[J]. Academy of Management Journal, 1983, 26(2):339-348.

[44] BRANNICK M T, LEVINE E L,MORGESON F P. Job and work analysis:methods, research, and applications for human resource management[M]. 2nd ed. Thousand Oaks:Sage Publications,2007.

[45] OLDHAM G R, FRIED Y. Job design research and theory:past, present and future[J]. Organizational Behavior and Human Decision Processes, 2016, 136:20-35.

[46] SACKETT P R, LACZO R M. Job and work analysis[M]//BORMAN W C,HGEN D R,KLIMOSKI R J. Handbook of psychology:Volume 12. Hoboken:John Wiley & Sons, Inc,2003:21-37.

[47] SANCHEZ J I, LEVINE E L. The rise and fall of job analysis and the future of work analysis[J]. Annual Review of Psychology, 2012, 63(1):397-425.

[48] STRAH N, RUPP D E. Are there cracks in our foundation? An integrative review of diversity issues in job analysis[J]. Journal of Applied Psychology, 2022, 107(7):1031-1051.

[49] VOSKUIJL O F. Job analysis:current and future perspectives[M]//EVERS A,

ANDERSON N,VOSKUIJL O F. The Blackwell handbook of personnel selection. Hoboken:Wiley-Blackwell,2017:25-46.

[50] 曹迪.浅谈如何运用工作说明书:工作说明书在 XM 公司应用的情况[J].当代经济,2007(10):32-33.

[51] 陈丽芳.工作分析在企业人力资源管理中的作用[J].中国集体经济,2021(14):116-117.

[52] 德斯勒.人力资源管理:第14版[M].刘昕,译.北京:中国人民大学出版社,2017.

[53] 杜永全,肖鸣政.我国企业岗位评价工作存在的问题及对策[J].中国人力资源开发,2011(9):40-43.

[54] 葛玉辉.工作分析[M].北京:电子工业出版社,2020.

[55] 龚尚猛,宋相鑫.工作分析:理论方法及应用[M].4版.上海:上海财经大学出版社,2020.

[56] 李文东,时勘.工作分析研究的新趋势[J].心理科学进展,2006(3):418-425.

[57] 李文辉.工作分析与岗位设计[M].北京:中国电力出版社,2014

[58] 李运亭,陈云儿.工作分析:人力资源管理的基石[J].人力资源,2006(2):40-44.

[59] 李中斌,等.工作分析理论与实务[M].大连:东北财经大学出版社,2021.

[60] 刘剑锋.企业组织结构重建中工作说明书的编制:以某集团公司全资子公司A为例[J].晋中学院学报,2013,30(2):42-44.

[61] 刘李豫,肖鸣政.企业工作评价中的常见问题及其解决方法[J].中国人力资源开发,2005(6):26-28.

[62] 刘晓晨.工作分析的常用方法[J].企业改革与管理,2010(10):66-67.

[63] 雅各布斯.工作分析指南:沉淀和传承组织经验与智慧[M].崔连斌,胡丽,译.北京:电子工业出版社,2023.

[64] 皮圣雷.综合鱼骨图及其在项目管理中的应用研究[J].中国软科学,2009(4):92-97.

[65] 任吉,魏巍.工作分析与岗位管理:基于数字化转型[M].北京:机械工业出版社,2023.

[66] 任正臣.工作分析[M].2版.南京:江苏凤凰科学技术出版社,2020.

[67] 孙健敏,崔兆宁,宋萌.弹性工作制的研究述评与展望[J].中国人力资源开发,2020,37(9):69-86.

[68] 万希,等.工作分析:人力资源管理的基石[M].北京:电子工业出版社,2017.

[69] 王伟丽.泳道图在管理信息系统分析中的应用浅析[J].中国管理信息化,2018,21(5):142-143.

[70] 相飞,杜同爱.组织设计与工作分析[M].北京:中国人民大学出版社,2021.

[71] 萧鸣政.工作分析与评价[M].6版.北京:中国人民大学出版社,2023.

[72] 苏宁,彭迎春.基于工作分析的社区卫生服务团队公共卫生人力资源配置研究[J].中国全科医学,2013,16(13):1093-1095.

[73] 杨宪雪,刘威威,王雨菲,等.基于ESIA分析法的产品开发审批流程优化研究[J].企业改革与管理,2020(1):9-10.

[74] 袁潇.人力资源管理中的工作分析与设计理论研究[J].企业改革与管理,2023(5):79-81.

[75] 黄广伟.新蓝德公司工作分析案例研究[D].广州:华南理工大学,2005.

[76] 张艳娟.企业工作分析方法的比较及选择[J].技术与市场,2006(1):68-69.

[77] 张一弛.人力资源管理教程[M].北京:北京大学出版社,1999.

[78] 朱勇国.工作分析与研究[M].北京:中国劳动社会保障出版社,2006.